ポケット漢検準1級問題集

短期間で実力養成！

成美堂出版

ポケット漢検準1級問題集

■頻度別問題集

頻出度 A 最頻出問題

頻出度 B 必修問題

もくじ

本書の見かた

出題ジャンル

問題

頻出度

頻出度はA～Cの3つに分かれています。右の「ひよこでわかる頻出度」も参考に。

頻出度 A **読み①**

次の____の**漢字の読み**を**ひらがな**で答えよ。**01～06**は**音読み**、**07～10**は**訓読み**である。

☑ **01** 禾穂が伸びていく。

☑ **02** 俗諺に惑わされる。

☑ **03** ご清穆の段お慶び申し上げます。

☑ **04** 厩舎に新しいわらを入れる。

☑ **05** 揖譲の礼をする。

チェックボックス

できた問題をチェックしましょう。

解説の中のアイコンの意味

出例	**似たような問題で、過去の実際の試験に出題されたもの** P.16の01では「禾穂」の読みが出題されていますが、同じ漢字を使った「禾穀」「禾穎」などの読みも過去の試験で出題されていることを示しています。		
豆	覚えておくとためになる解説	用例	解答または解答の一部を使った文例や語句
✕	間違いやすい例	熟語	解答の漢字を使った熟語の例
対義語	解答の熟語の反対の意味の熟語の例	類義語	解答の熟語と同じような意味の熟語の例
音読	解答の漢字の音読み	訓読	解答の漢字の訓読み
表外読み	常用漢字の表外読み	他訓 他音	解説の漢字のその他の音読み、訓読み

本書のメインコンテンツであるP.16～377の頻度別問題集のページの見かたです。赤シートをかぶせながら問題を解いていきましょう。

自己採点記入欄

合格点がとれるまで、くり返しましょう。

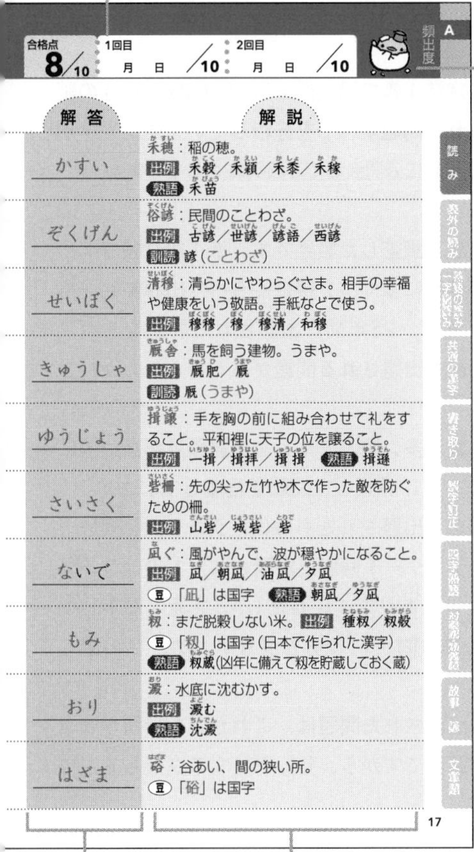

合格点 8/10　1回目 月 日 /10　2回目 月 日 /10　頻出度 A

解答	解説
かすい	禾穂《かすい》：稲の穂。 出例 禾穀《かこく》／禾穎《かえい》／禾黍《かしょ》／禾稼《かか》 熟語 禾苗《かびょう》
ぞくげん	俗諺《ぞくげん》：民間のことわざ。 出例 古諺《こげん》／世諺《せいげん》／諺語《げんご》／西諺《せいげん》 訓読 諺(ことわざ)
せいぼく	清穆《せいぼく》：清らかにやわらぐさま。相手の幸福や健康をいう敬語。手紙などで使う。 出例 穆穆《ぼくぼく》／穆《ぼく》／穆清《ぼくせい》／和穆《わぼく》
きゅうしゃ	厩舎《きゅうしゃ》：馬を飼う建物。うまや。 出例 厩肥《きゅうひ》／厩《うまや》 訓読 厩(うまや)
ゆうじょう	揖譲《ゆうじょう》：手を胸の前に組み合わせて礼をすること。平和裡に天子の位を譲ること。 出例 一揖《いちゆう》／揖拝《ゆうはい》／揖揖《しゅうしゅう》　熟語 揖遜《ゆうそん》
さいさく	砦柵《さいさく》：先の尖った竹や木で作った敵を防ぐための柵。 出例 山砦《さんさい》／城砦《じょうさい》／砦《とりで》
ないで	凪《な》ぐ：風がやんで、波が穏やかになること。 出例 凪《なぎ》／朝凪《あさなぎ》／油凪《あぶらなぎ》／夕凪《ゆうなぎ》 豆「凪」は国字　熟語 朝凪《あさなぎ》／夕凪《ゆうなぎ》
もみ	籾《もみ》：まだ脱穀しない米。出例 種籾《たねもみ》／籾殻《もみがら》 豆「籾」は国字(日本で作られた漢字) 熟語 籾蔵《もみぐら》(凶年に備えて籾を貯蔵しておく蔵)
おり	澱《おり》：水底に沈むかす。 出例 澱《よど》む 熟語 沈澱《ちんでん》
はざま	硲《はざま》：谷あい、間の狭い所。 豆「硲」は国字

17

ひよこでわかる頻出度

A
過去問23年分の試験で出題頻度が最も高い(3回以上出題された)もの

B
過去問 23 年分の試験で出題頻度が次に高い(2回以上出題された)もの

C
頻度は高くないが、覚えておきたい問題。過去問 23 年分の試験で1回以上出題されたもの

解説

解答の漢字や熟語の意味、そのほか覚えておきたい注意点など辞書いらずの親切な解説が書かれています

解答

赤シートで答えを隠してくり返し学習できます。

本書の特長

過去問23年分（69回分）を徹底分析！
試験に出る問題だけを完全攻略！

本書では、**漢字検定準１級の過去問23年分（69回分※）の試験で、実際に出題された問題すべてを分析**しています。
※準１級の検定は、１年間に公開会場で３回実施されています。

右の表が、頻出問題を調査した結果です。準１級試験では出題される漢字の数が非常に多く、２級にくらべて出題範囲が格段に広くなります。ただ、23年間に出題された問題をすべて調査してみると、何度も出題される問題があることがわかります。

本書では、出題回数が多い順、すなわち出題頻度が高い順にA、B、Cの３つのランクに分類して問題を掲載しています。

過去の試験で３回以上出題されたものはAランク、２回以上出題されたものはBランク、１回以上出題されたものはCランク、というように分けてあります。ただし、「共通の漢字」は今までに出題された過去問が11年分と少ないため、この限りではありません。

これまでに何度も出題された問題は、これからも出題されやすい「試験に出る問題」ですから、しっかりマスターして、得点源にしてください。

短期間でしっかり合格するために、本書は過去問を徹底的に分析した問題集になっています。赤シート対応、辞書いらずの親切な解説も特長です。

ジャンル	出題例（出題回数）
読み	誰何 紐帯 澱 硲 鴫(8回)／厩舎 鑓(7回)
表外の読み	設える 具に(8回)／肖る 件 詰る　他(7回)
熟語の読み・一時訓読み	鍾寵－鍾める 肇造－肇める(7回)／礪行－礪く(6回)
共通の漢字	退(退潮－退嬰)(6回)／雲(雲霞－雲上人) 佳(佳什－佳肴)他(4回)
書き取り（ノーマル）	宥める(8回)／冴える(7回)斡旋 梱包 湛える　他(6回)
書き取り(同音·同訓異字)	う－鵜 卯(15回)／せっけん－石鹸 接見　せく－咳く堰く　他(8回)
誤字訂正	培煙→煤煙 錦獣→禽獣(3回)／解渋→晦渋 功尚→好尚　他(2回)
四字熟語（書き取り）	猪突猛進 甜言蜜語(10回)／牽強附会 鳩首凝議　他(9回)
四字熟語（意味と読み）	一蓮托生(5回)／紫電一閃 文質彬彬 旭日昇天　他(4回)
対義語・類義語	強靱←→脆弱 進取←→退嬰(7回)／経緯＝顚末(6回)・遭遇＝逢着　他(5回)
故事・諺	栴檀は双葉より芳し。 糟糠の妻は堂より下さず。(8回)／天網恢恢疎にして漏らさず。 轍鮒の急。(7回)

出題頻度の高い問題を覚え
効率的に合格を目指す！

出題頻度の高い問題をマスターすることは、合格のために欠かせないことです。また、出題頻度の高い問題を学習するだけでなく、１回しか出題されていないような、頻出度の低い問題もマスターすれば、さらに合格の可能姓が高まります。

四字熟語（書き取り）のうち、
10問中６問はよく出る問題！

「四字熟語（書き取り）」の問題は、選択肢群からふさわしいひらがなを選んで漢字二字に直して答える問題で、10問出題されます。

過去問23年分を分析すると、出題される10問のうちの６問は、過去に４回以上出題された、つまり、「よく出る問題」です。そのため、過去４回以上出題されていたＡランクの問題を覚えると、10問中６問は正解出来るようになるといえるでしょう。

同様に、過去に２～３回出題されたものや、そのときの試験で初めて出題されたものの割合も下の表に示しました。

過去に４回以上出題されたもの	６問／10問中
過去に２～３回出題されたもの	２問／10問中
そのときの試験で初めて出題されたもの	２問／10問中

Aランク問題を学習すれば
6割の問題で得点できる！

まずはAランクの問題を学習することで、過去に出題された漢字のうち、大問の種類にもよりますが、おおよそ6割を学習することができます。それに加えて、Bランク、Cランクの問題も学習することで、得点力が高まります。また、解説にある「出例」や「熟語」を覚えると、より効率的に漢字を学習できます。

いつでもどこでも学習できる！
隠して覚えられる赤シート対応！

本書は、隠して覚えられる赤シート対応になっています。また、辞書を引かなくても済むくらい親切な解説がついています。ノートや辞書を持ち運ぶ必要はなく、通学中、通勤中、いつでもどこでも空いた時間で学習できるので、短期間でしっかり合格することができます。

漢字検定準１級の
出題範囲

- 漢字検定準１級で出題範囲とされる漢字は、約3000字です。約3000字とは、常用漢字2136字と、準１級用漢字を合わせたものです。

- （公財）日本漢字能力検定協会による、準１級試験の審査基準は以下のとおりです。

程度	常用漢字を含めて、約 3000 字の漢字の音・訓を理解し、文章の中で適切に使える。	
領域・内容	［読むことと書くこと］	常用漢字の音・訓を含めて、約 3000 字の漢字の読み書きに慣れ、文章の中で適切に使える。 ・熟字訓、当て字を理解していること。 ・対義語、類義語、同音・同訓異字などを理解していること。 ・国字を理解していること（峠、凧、畠など）。 ・複数の漢字表記について理解していること（圀－国、交叉－交差など）。
	［四字熟語・故事・諺］	典拠のある四字熟語、故事成語・諺を正しく理解している。
	［古典的文章］	古典的文章の中で漢字・漢語を理解している。

※約 3000 字の漢字は、JIS 第一水準を目安とする。

出題範囲の漢字は約3000字あり、２級までにはなかった文章題や表外読み、故事・諺なども出題されます。受検する前に、出題範囲について確認しておきましょう。

●実際の試験は、以下のような内容で構成されています。

（一）読み（音読み20問・訓読み10問）

（二）表外の読み（10問）

（三）熟語の読み・一字訓読み（10問）

（四）共通の漢字（２つ一組×５問）

（五）書き取り（20問）※

（六）誤字訂正

（七）四字熟語（書き取り10問・意味と読み５問）

（八）対義語・類義語（10問）

（九）故事・諺（10問）

（十）文章題（書き取り５問・意味と読み10問）

※本書では、問題形式の違いから、通常の「書き取り（ノーマル）」と、「書き取り（同音同訓異字）」の２つに分けて掲載しています。

ただし、（公財）日本漢字能力検定協会の審査基準の変更の有無にかかわらず、出題形式や問題数が変更されることもあります。

●準１級試験で重要なのは「準１級用漢字」（本書のP452〜501参照）をマスターすることです。読み、書きともにできるように、勉強する必要があります。ただし、常用漢字に関する問題（常用漢字の表外読み・共通の常用漢字）も出題されるので、下級の漢字でも、読み方がたくさんあるものや難しいものについて、学習する必要があります。

また、準１級試験では「読み」や「書き取り」など、全体的に、日常ではあまり使わないような言葉について問われることが多いので、しっかり準備をしておく必要があります。

漢字検定準１級の
採点基準

●漢字検定では、一画一画、はねるところ、続けて書くところ、離して書くところ、点にあるなし、などに注意して、楷書で丁寧に書かなくてはなりません。行書や草書のように崩した字体は、採点の対象にしてもらえません。

●準１級では、『漢検要覧１／準１級対応』（公益財団法人 日本漢字能力検定協会発行）に掲載されている漢字が採点の基準になります。
本書では、とめ、はね、はらいなどがわかりやすい教科書体を採用しています。

●準１級用漢字には、「標準字体」と「許容字体」があります。書き取りの分野の問題では、標準字体と許容字体のどちらを書いても正解になります。たとえば、「怒濤」と書く場合、標準字体を使って「怒濤」と書けば正解ですが、許容字体を使って「怒涛」と書いても正解になります。また、「亀」を旧字体で「龜」と書いても、正しく書かれていれば正解になります。

実際の試験では、文字を丁寧に書きましょう。せっかく書いた文字が崩れていたりすると、採点の対象外となってしまうことがあります。

- 準１級の試験では、１級用漢字を用いて解答してもかまいません。たとえば、書き取りで「サジ」という問題が出た場合、「匙」（準１級用漢字）「匕」（１級用漢字）どちらも正解になります。

- 本書では、準１級用漢字を使った別解となる解答は併記し、１級用漢字を使った別解は（　）で示してあります。

- 部首については、「⻍」「示」「𩙿」等の場合、「⻌」「礻」「飠」と書いてもかまわないことになっています。「迄・迄」「祇・祇」「餌・餌」、いずれも正解になります。また、字の中に「⺿・艹」の部分を含むものは「艹」と書いてもかまいません。「蔑」でも「蔑」でも正解になります。

- 準１級の合格点ラインは、正解率80パーセントです。試験は200満点ですから、160点程度を取れば合格です。

漢字検定の

●年齢、性別、国籍を問わず、だれでも受検できます。準1級試験では、準会場での団体受検はできません。また、コンピュータを使って行うCBT受検もできません。
申し込みには、以下の方法があります。
- インターネット申し込みのみ。日本漢字能力検定協会のホームページから受検者専用サイトで申し込みを行い、クレジットカードやＱＲコード、コンビニ店頭で決済を行う。

●試験は１年に３回、日曜日に実施されています。日程については、(公財) 日本漢字能力検定協会に問い合わせてください。

●検定会場は、全国の主要都市で行われています。願書に載っている検定会場から、自分の希望する会場を選びます。

●申込期間は検定日の約２か月前から１か月前までです。締切に間に合うように、余裕を持って申し込みをしてください。
検定料は変更になることがあるので、(公財) 日本漢字能力検定協会のホームページなどで確認してください。

●合否の発表は、検定日から約40日後、合格者には合格証書、合格証明書、検定結果通知が送られます。不合格者には検定結果通知が郵送されます。

実施要項

- 検定日当日は、以下の点に注意しましょう。
  - 受検票を忘れずに持参しましょう。受検票は、受検中に机の上に置いておかなければなりません。
  - 自動車やバイクで来ることを禁止している会場が多いので、事前に確認してください。
  - 当日はHBかBの鉛筆、または濃いシャープペンシルを持参しましょう。鉛筆は２本以上、さらに鉛筆が削れる簡単なものを用意しておくと安心です。消しゴムも持参しましょう。ボールペンや万年筆の使用は認められません。
  - 検定中は、携帯電話の電源は切っておきましょう。

- 検定料や試験日は、漢字検定の広告やホームページなどで、事前に確認してください。

問い合わせ先

公益財団法人 **日本漢字能力検定協会**

ホームページ　https://www.kanken.or.jp/

［本部］〒605-0074　京都市東山区祇園町南側551番地

ホームページにある「よくある質問」を読んで該当する質問がみつからなければメールフォームでお問合せください。
電話でのお問合せ窓口は0120−509−315（無料）です。

本書は原則として2024年５月時点のものです。受検をお考えの方は、ご自身で（公財）日本漢字能力検定協会の発表する最新情報をご確認ください。

頻出度 A

読み①

次の＿＿＿の**漢字の読み**を**ひらがな**で答えよ。**01～06**は**音読み**、**07～10**は**訓読み**である。

☑ **01** 禾穂が伸びていく。

☑ **02** 俗諺に惑わされる。

☑ **03** ご清穆の段お慶び申し上げます。

☑ **04** 厩舎に新しいわらを入れる。

☑ **05** 揖譲の礼をする。

☑ **06** 城の周囲に砦柵を築く。

☑ **07** 今日の海は凪いでいる。

☑ **08** 籾を蔵に運び込む。

☑ **09** 水槽の底に澱がたまった。

☑ **10** 硲の村で生まれ育った。

解答	解説
かすい	禾穂《かすい》：稲の穂。 出例 禾穀《かこく》／禾穎《かえい》／禾黍《かしょ》／禾稼《かか》 熟語 禾苗《かびょう》
ぞくげん	俗諺《ぞくげん》：民間のことわざ。 出例 古諺《こげん》／世諺《せいげん》／諺語《げんご》／西諺《せいげん》 訓読 諺(ことわざ)
せいぼく	清穆《せいぼく》：清らかにやわらぐさま。相手の幸福や健康をいう敬語。手紙などで使う。 出例 穆穆《ぼくぼく》／穆《ぼく》／穆清《ぼくせい》／和穆《わぼく》
きゅうしゃ	厩舎《きゅうしゃ》：馬を飼う建物。うまや。 出例 厩肥《きゅうひ》／厩《うまや》 訓読 厩(うまや)
ゆうじょう	揖譲《ゆうじょう》：手を胸の前に組み合わせて礼をすること。平和裡に天子の位を譲ること。 出例 一揖《いちゆう》／揖拝《ゆうはい》／揖揖《しゅうしゅう》　熟語 揖遜《ゆうそん》
さいさく	砦柵《さいさく》：先の尖った竹や木で作った敵を防ぐための柵。 出例 山砦《さんさい》／城砦《じょうさい》／砦《とりで》
ないで	凪《な》ぐ：風がやんで、波が穏やかになること。 出例 凪《なぎ》／朝凪《あさなぎ》／油凪《あぶらなぎ》／夕凪《ゆうなぎ》 豆 「凪」は国字　熟語 朝凪《あさなぎ》／夕凪《ゆうなぎ》
もみ	籾《もみ》：まだ脱穀しない米。出例 種籾《たねもみ》／籾殻《もみがら》 豆 「籾」は国字(日本で作られた漢字) 熟語 籾蔵《もみぐら》(凶年に備えて籾を貯蔵しておく蔵)
おり	澱《おり》：水底に沈むかす。 出例 澱《よど》む 熟語 沈澱《ちんでん》
はざま	硲《はざま》：谷あい、間の狭い所。 豆 「硲」は国字

頻出度 **A**

読み②

次の＿＿の**漢字の読み**を**ひらがな**で答えよ。**01**～**06**は**音読み**、**07**～**10**は**訓読み**である。

☑ **01** 翠黛の山を遠くに眺める。

☑ **02** 同盟国との紐帯を強化する。

☑ **03** 霊廟で祈りを捧げる。

☑ **04** 門番に誰何される。

☑ **05** 思いがけぬ椿事が出来した。

☑ **06** 急灘で船を操る。

☑ **07** 鴫は水辺に棲む鳥だ。

☑ **08** 奴凧を揚げる。

☑ **09** 鑓を取ったら日本一だ。

☑ **10** 八重葎に足を取られる。

解答	解説
すいたい	翠黛《すいたい》：遠くに霞む緑色の山。また、翠のまゆずみを施した美しい眉。出例 翠雨《すいう》／翠微《すいび》／翠嵐《すいらん》(緑の山の気)／青翠《せいすい》 熟語 翠煙《すいえん》(樹木にかかるもや)
ちゅうたい じゅうたい	紐帯《ちゅうたい》：二つのものを結びつける働きをするもの。 訓読 紐(ひも)
れいびょう	霊廟《れいびょう》：祖先の霊を祭ってある所。 出例 廟議《びょうぎ》／廟堂《びょうどう》／廟宇《びょうう》 熟語 廟社《びょうしゃ》(祖先の霊と土地の神を祭ったやしろ)
すいか	誰何《すいか》：「誰か」と名を問われること。 訓読 誰(だれ) 表外読み 誰(スイ・たれ・た)
ちんじ	椿事《ちんじ》：意外な出来事や事件。 出例 椿寿《ちんじゅ》(長寿) 熟語 椿庭《ちんてい》(父のこと)
きゅうだん きゅうたん	急灘《きゅうだん》：流れの急な瀬。流れの速い瀬。早瀬。 出例 灘響《だんきょう》／灘声《だんせい》
しぎ	鴫《しぎ》：チドリ目シギ科の鳥。 豆 鴫立沢は、神奈川県大磯町にある地名。西行の歌で有名。「鴫」は国字
やっこだこ	奴凧《やっこだこ》：奴(武家の下僕)をかたどった凧。 出例 凧《たこ》／凧糸《たこいと》
やり	鑓《やり》：武器の名。「槍《やり》」「鎗《やり》」と同じ。 豆 「鑓」は国字
やえむぐら	八《や》重《え》葎《むぐら》：アカネ科の植物。繁茂している雑草。 出例 葎《むぐら》

頻出度 **A**

読み③

次の____の**漢字の読み**を**ひらがな**で答えよ。**01〜06**は**音読み**、**07〜10**は**訓読み**である。

☑ **01** 壺中の天を楽しむ。

☑ **02** 馨香が遠くまで広がる。

☑ **03** 赫灼として歴史に刻まれる勝利だ。

☑ **04** 祖国を守るため矛戟を執った。

☑ **05** 前の大戦では尖兵として働いた。

☑ **06** 私はほんの樗材に過ぎぬ。

☑ **07** 日暮れに蔀を下ろす。

☑ **08** 鱈は冬の季語である。

☑ **09** 夕景を坐に見る。

☑ **10** 時の権力者に阿る。

解答	解説
こちゅう	壺中《こちゅう》：「壺中の天」は酒を飲んで俗事を忘れること。出例 唾壺《だこ》／銅壺《どうこ》／漏壺《ろうこ》 訓読 壺（つぼ）
けいこう	馨香《けいこう》：よい香り。よい感化が広まるたとえにも用いられる。出例 芳馨《ほうけい》／馨逸《けいいつ》（香気が普通と違うこと）／寧馨児《ねいけいじ》 熟語 馨気《けいき》（かおり、におい）
かくしゃく	赫灼《かくしゃく》：光り輝くこと。 出例 赫怒《かくど》 熟語 赫赫《かくかく》／赫炎《かくえん》
ぼうげき	矛戟《ぼうげき》：「矛」は柄の先に両刃の剣のついたもの、「戟」は枝状に刃のついたほこを指す。 出例 剣戟《けんげき》／戟《げき》／戟《ほこ》
せんぺい	尖兵《せんぺい》：部隊の前方で捜索・警戒を任務とする小部隊。出例 舌尖《ぜっせん》（舌の先、口先）／尖鋭《せんえい》／尖《するど》い 熟語 筆尖《ひっせん》（筆の先）
ちょざい	樗材《ちょざい》：自分の才能をへりくだって言う語。 出例 樗《ちょ》／樗才《ちょさい》 熟語 樗散《ちょさん》（無能の人物） 訓読 樗（おうち）
しとみ	蔀《しとみ》：寝殿造りにおける屏障具。出例 蔀《しとみ》戸《ど》／立蔀《たてじとみ》 熟語 半蔀《はじとみ》（上半分を開閉し、下半分ははめこみになっている蔀）
たら	鱈《たら》：北洋に分布する食用の魚。 出例 矢鱈《やたら》／真鱈《まだら》 豆 「鱈」は国字だが、中国でも用いる
そぞろ	坐《そぞろ》：何とはなしに。 出例 坐《いなが》ら／尻坐《こうざ》 熟語 坐視《ざし》（ぼんやり見る、無心に見る）
おもねる	阿《おもね》る：こびへつらうこと。 出例 阿《くま》／四阿《あずまや》 熟語 曲学阿世《きょくがくあせい》／阿附《あふ》

頻出度
A

読み④

次の____の**漢字の読み**を**ひらがな**で答えよ。**01〜06**は**音読み**、**07〜10**は**訓読み**である。

☐ **01** 友の鶯遷を祝う。

☐ **02** 我が茅屋に客人を招く。

☐ **03** 僧が錫杖を引きながら歩く。

☐ **04** 弓箭をもって朝廷に仕える。

☐ **05** 祖母の膝下で育てられた。

☐ **06** 甥姪は合わせて十人いる。

☐ **07** 岨道を登って行く。

☐ **08** 栂の木は建築資材にもなる。

☐ **09** 鰯の頭も信心から。

☐ **10** 後悔の念に苛まれる。

解答	解説
おうせん	鶯遷《おうせん》：立身出世すること。また、昇進や転居の祝いの言葉。 出例 残鶯《ざんおう》／鶯語《おうご》(鶯の鳴く声) 訓読 鶯(うぐいす)
ぼうおく	茅屋《ぼうおく》：粗末な住居。自分の家の謙称。 出例 茅茨《ぼうし》／茅舎《ぼうしゃ》 熟語 茅宇《ぼうう》(茅ぶきの家。あばら屋)／草茅《そうぼう》(草と茅。田舎のこと)
しゃくじょう	錫杖《しゃくじょう》：僧侶や修験者が持つ杖。 出例 巡錫《じゅんしゃく》／錫《すず》 熟語 賞錫《しょうせき(しゃく)》(功労などをほめて、金品や官位を賜ること) 訓読 錫(すず・つえ・たまもの)
きゅうせん	弓箭《きゅうせん》：弓と矢。武力、武門の印。 出例 火箭《かせん》／箭頭《せんとう》／箭《や》 訓読 箭(や)
しっか	膝下《しっか》：ひざもと。 出例 膝行《しっこう》 熟語 膝蓋骨《しつがいこつ》／膝行《しっこう》(貴人などの前における進退の仕方)
せいてつ	甥姪《せいてつ》：おいとめい。 出例 外甥《がいせい》(他家に嫁した姉妹の男子)
そばみち そわみち	岨道《そばみち》：険しい山道。 出例 岨《そば》／岨《そばだ》つ 熟語 険岨《けんそ》／岨峻《そしゅん》 音読 岨(ソ)
つが とが	栂《つが》：山地に自生する常緑高木。 出例 大栂《おおつが》 豆 「栂の木の」は音が似ていることから「いやつぎつぎ」にかかる枕詞として用いられる
いわし	鰯《いわし》：日本各地の沿岸でとれる海魚。食用・肥料用。問題文は「つまらぬ物でも信心すると有難く思うようになる」という意味の諺。 出例 潤目鰯《うるめいわし》／真鰯《まいわし》
さいなまれる	苛《さいな》む：きびしく責めること。苦しめること。 表外読み 苛(いらだつ・いじめる・きびしい・むごい・わずらわしい・からい)

頻出度 **A**

読み⑤

次の____の**漢字の読み**を**ひらがな**で答えよ。**01～06**は**音読み**、**07～10**は**訓読み**である。

⧄ **01** 君の慧眼には驚かされる。

⧄ **02** 玉座の前で叩首した。

⧄ **03** 書類に指紋を押捺させる。

⧄ **04** この土地に馴化した植物だ。

⧄ **05** 乃公出でずんば。

⧄ **06** 這般の事情により会は延期された。

⧄ **07** 浮世の柵を振り捨てる。

⧄ **08** 古老から不思議な噺を聞いた。

⧄ **09** 卑劣な行為を誹る。

⧄ **10** ご馳走を並べて饗す。

合格点 8/10　1回目　月　日　/10　2回目　月　日　/10

解答	解説
けいがん	慧眼《けいがん》：物事の本質を見抜く眼力。「慧」は「かしこい、ちえ」の意。出例 慧悟《けいご》／慧敏《けいびん》／敏慧《びんけい》 熟語 慧性《けいせい(えしょう)》／智慧《ちえ》
こうしゅ	叩首《こうしゅ》：頭を地面につけて礼をすること。出例 叩頭《こうとう》／叩扉《こうひ》／叩《たた》く
おうなつ	押捺《おうなつ》：印鑑やそれに代わるものを押すこと。出例 捺印《なついん》／捺染《なっせん》
じゅんか	馴化《じゅんか》：移された環境に次第に慣れ、適応していくこと。出例 馴致《じゅんち》／雅馴《がじゅん》／馴服《じゅんぷく》 訓読 馴(なれる・ならす・すなお・よい・おしえ)
だいこう	乃公《だいこう》：我。目上から目下に対する自称。問題文は「自分が出なくてどうする」という自信、自負を示す言葉。出例 乃父《だいふ》／乃至《ないし》
しゃはん	這般《しゃはん》：これらの、このたびの。出例 這箇《しゃこ》(これ、この)／這裡《しゃり》(このうち、この辺り)／這《こ》の
しがらみ	柵《しがらみ》：まとわりつくもの。出例 城柵《じょうさく》
はなし	噺《はなし》：珍しい、目新しいはなし。出例 小噺《こばなし》 熟語 噺家《はなしか》(「噺」は国字)
そしる	誹《そし》る：非難すること。熟語 誹誉《ひよ》／誹議《ひぎ》
もてなす	饗《もてな》す：歓待すること。出例 饗応《きょうおう》 熟語 饗宴《きょうえん》

頻出度
A

読み⑥

次の＿＿の**漢字の読み**を**ひらがな**で答えよ。**01**～**06**は**音読み**、**07**～**10**は**訓読み**である。

☐ **01** 裁縫と烹炊は母に仕込まれた。

☐ **02** 病竈は全て摘出された。

☐ **03** 汚れた世を蟬脱する。

☐ **04** 侃直な臣として信頼を得ている。

☐ **05** 新しい翰墨で書き初めをする。

☐ **06** 彼此を見比べる。

☐ **07** 運動能力が擢んでている。

☐ **08** 度重なる失敗を尤める。

☐ **09** 鐙は馬具のひとつだ。

☐ **10** 宛ら絵葉書のようだ。

解答	解説
ほうすい	烹炊《ほうすい》：煮たきすること。 出例 割烹《かっぽう》／烹煎《ほうせん》／烹《に》る
びょうそう	病竈《びょうそう》：病気の中心部。病菌に侵されている箇所。出例 釜竈《ふそう》／竈煙《そうえん》／竈《かまど》 豆 一般には「病巣」と書く
せんだつ	蟬脱《せんだつ》：世俗を超脱すること。蟬蛻《ぜい》に同じ（「蛻」は１級用漢字）。出例 残蟬《ざんせん》／蟬《せん》吟《ぎん》／蟬蜎《せんけん》 熟語 蟬吟《せんぎん》／秋蟬《しゅうせん》
かんちょく	侃直《かんちょく》：強く正しい。 出例 侃侃《かんかん》（剛直なさま）／侃侃如《かんかんじょ》
かんぼく	翰墨《かんぼく》：筆と墨。 出例 翰藻《かんそう》／筆翰《ひっかん》 熟語 書翰《しょかん》（この場合の「翰」は「手紙」の意）
ひし	彼此《ひし》：あれとこれ。 熟語 此岸《しきし》↔彼岸《ひがん》
ぬきんでて	擢《ぬき》んでる：人より卓越していること。 出例 擢《ぬ》く 熟語 抜擢《ばってき》／擢挙《たっ(てっ)きょ》
とがめる	尤《とが》める：過ちや欠点、失敗を責める。 出例 尤《もっと》も／尤物《ゆうぶつ》 熟語 尤悔《ゆうかい》（悔やみ、とがめること）／尤隙《ゆうげき》（仲たがい）
あぶみ	鐙《あぶみ》：馬の乗り手の足を支える馬具。 豆 準１級用漢字で馬具に関するものに鞍《くら》・轡《くつわ》がある
さながら	宛《さなが》ら：ちょうど。そのまま。 出例 宛《あたか》も／宛然《えんぜん》／宛転《えんてん》 表外読み 宛（エン・あたかも・さながら・あて・ずつ）

頻出度 **A**

読み⑦

次の____の**漢字の読み**を**ひらがな**で答えよ。**01〜06**は**音読み**、**07〜10**は**訓読み**である。

☑ **01** その穎脱ぶりは誰もが認めた。

☑ **02** 柴扉に隠れ住む。

☑ **03** 送り状を荷物に貼付する。

☑ **04** 自分は王朝の始祖の後胤だ。

☑ **05** 廠舎を野戦病院に使う。

☑ **06** 私の祖父は神社の禰宜だ。

☑ **07** 山の椛を写真に撮る。

☑ **08** 菰の上から養う。

☑ **09** 布を鴇色に染めた。

☑ **10** 家臣の忠勤を嘉する。

解答	解説
えいだつ	穎脱《えいだつ》：袋に入れた錐の穂先が自然と袋を突き抜けて表に出るように、才能が特別にすぐれていること。出例 穎異《えいい》／穎慧《えいけい》／穎才《えいさい》／穎哲《えいてつ》
さいひ	柴扉《さいひ》：柴（雑木）で作った扉。あばら家、また隠者の住まいの意。出例 鹿柴《ろくさい》／柴荊《さいけい》（「荊」は「いばら」）／柴門《さいもん》／薪柴《しんさい》 熟語 柴戸《さいこ》
ちょうふ てんぷ	貼付《ちょうふ》：はりつけること。「てんぷ」は慣用読み。 出例 貼用《ちょうよう》／貼《ちょう》する
こういん	後胤《こういん》：子孫。 出例 胤嗣《いんし》／王胤《おういん》／胤《たね》
しょうしゃ	廠舎《しょうしゃ》：仮屋。四方の壁が無く、屋根のみの建物。出例 工廠《こうしょう》（軍の工場）／造兵廠《ぞうへいしょう》
ねぎ	禰宜《ねぎ》：神主の下に位する神職。 出例 禰祖《でいそ》（父と祖先のみたまや） 他音 禰（デイ）
もみじ	椛《もみじ》：「紅葉」「黄葉」と同じ。 豆 「椛」は国字
こも	菰《こも》：まこも（イネ科の多年草）。「菰の上から」は「生まれ落ちたときから直ちに」の意。出例 真菰《まこも》／荒《あら》菰《こも》 熟語 菅菰《すがごも》／菰米《こべい》（米の代用としたまこもの実）
ときいろ	鴇色《ときいろ》：トキの羽のような淡紅色。 出例 鴇《とき》 豆 トキはほかに「朱鷺」とも書く
よみする	嘉《よみ》する：よしとすること。 出例 嘉節《かせつ》／嘉猷《かゆう》 熟語 嘉納《かのう》／嘉尚《かしょう》（「尚」は「尊ぶ」意）

頻出度 **A**

読み⑧

次の____の**漢字の読み**を**ひらがな**で答えよ。**01**～**06**は**音読み**、**07**～**10**は**訓読み**である。

☑ **01** 卜占で豊凶を知る。

☑ **02** 年の離れた兄を欽慕する。

☑ **03** 夙夜怠らず勉学に励む。

☑ **04** 突如にぎやかな都邑が出現した。

☑ **05** 弘誓の網に救われる。

☑ **06** 戦に備えて戎馬を集める。

☑ **07** 教訓を忽せに聞く。

☑ **08** 艮の方角は鬼門に当たる。

☑ **09** 関係者は悉く出席した。

☑ **10** 新作は乍ち売り切れた。

解答	解説
ぼくせん	卜占《ぼくせん》：うらない。出例 亀卜《きぼく》／占卜《せんぼく》 熟語 卜辞《ぼくじ》（うらなったことを記したもの）／売卜《ばいぼく》（報酬を得てうらなうこと）
きんぼ	欽慕《きんぼ》：うやまい慕うこと。 出例 欽羨《きんせん》／欽定《きんてい》　熟語 欽定《きんてい》（天子が決めること）／欽仰《きんぎょう》（ごう）
しゅくや	夙夜《しゅくや》：朝早くから夜遅くまで。 出例 夙昔《しゅくせき》／夙志《しゅくし》／夙《つと》 訓読 夙（つとに・はやい・まだき）
とゆう	都邑《とゆう》：繁華な都会。 出例 邑落《ゆうらく》（村）／辺邑《へんゆう》 熟語 城邑《じょうゆう》（都）
ぐぜい	弘誓《ぐぜい》：仏が広く衆生を救済しようとする誓い。 熟語 弘願《ぐがん》／弘通《ぐつう(ぐずう)》
じゅうば	戎馬《じゅうば》：軍馬。 出例 戎衣《じゅうい》／戎器《じゅうき》（兵器） 熟語 戎陣《じゅうじん》（戦の陣立て）
ゆるがせ	忽《ゆるが》せ：いいかげん。 熟語 粗忽《そこつ》／軽忽《けいこつ》　他訓 忽（たちまち）
うしとら	艮《うしとら》：北東のこと。 豆 「巽（たつみ）」は南東の方角のこと
ことごとく	悉《ことごと》く：すべて。余すことなく。 出例 悉《つぶさ》に／知悉《ちしつ》　豆 同じ読みに「尽く（常用漢字「尽」の 表外読み）」がある
たちまち	乍《たちま》ち：にわかに、急に。またたく間に。すぐに。 出例 乍《なが》ら

頻出度
A

読み⑨

次の____の**漢字の読み**を**ひらがな**で答えよ。**01～06**は**音読み**、**07～10**は**訓読み**である。

☑ **01** 禿筆をお目にかけたい。

☑ **02** 死者のために挽歌を詠んだ。

☑ **03** 突然の雨に蓑笠を借りる。

☑ **04** 山道で犬を連れた老爺に会った。

☑ **05** 上巳の節句を祝う。

☑ **06** 粟粒ほどの領地を守る。

☑ **07** 敵城を攻め倦む。

☑ **08** 玄関に沓脱ぎ石を置く。

☑ **09** 椙の苗木を植える。

☑ **10** 「俣」は日本で作られた漢字だ。

解答	解説
とくひつ	禿筆《とくひつ》：穂先のすり切れた筆。転じて自作の詩文の謙称。 出例 禿《はげ》／禿《ち》びる　熟語 禿頭《とくとう》(はげ頭)
ばんか	挽歌《ばんか》：死者を悼む詩歌。 出例 推挽《すいばん》 熟語 挽回《ばんかい》　訓読 挽(ひく)
さりゅう	蓑笠《さりゅう》：みのとかさ。昔の雨具。 熟語 蓑衣《さい》(みの)／笠子《りゅうし》(かさ)
ろうや	老爺《ろうや》：老人のこと。 出例 好好爺《こうこうや》／田爺《でんや》 熟語 阿爺《あや》(父のこと)
じょうし	上巳《じょうし》：陰暦三月の第一の巳の日。今は三月三日の雛の節句。 出例 辛巳《しんし》
ぞくりゅう	粟粒《ぞくりゅう》：アワの実。ごく小さなもののたとえ。 出例 稲粟《とうぞく》／一粟《いちぞく》
あぐむ	倦《あぐ》む：うまくいかずに持て余すこと。 出例 倦《う》む 他訓 倦(うむ・あきる・つかれる)
くつ	沓《くつ》：「くつ」は日本における読み方。出例 沓《くつ》石《いし》／沓巻《くつまき》　豆「沓」の本来の意味は、「重なる、むさぼる」など　熟語 雑沓《ざっとう》(混雑していること)
すぎ	椙《すぎ》：「杉」と同じ。 豆「椙」は国字
また	俣《また》：「俁」(1級用漢字)の字形の変化と言われる。 出例 二俣《ふたまた》　豆「俣」は国字

頻出度 **A**

読み⑩

次の＿＿＿の**漢字の読み**を**ひらがな**で答えよ。**01〜06**は**音読み**、**07〜10**は**訓読み**である。

☑ **01** 郁郁乎として文なるかな。

☑ **02** 楓葉荻花秋瑟瑟《しつしつ》。

☑ **03** 萱堂の長命を祈る。

☑ **04** 杵臼の交わりを結ぶ。

☑ **05** 鶴、九皐に鳴く。

☑ **06** 厨芥を可燃物の日に出す。

☑ **07** 祖父の家を屢訪ねた。

☑ **08** 親兄弟を蔑ろにする。

☑ **09** 財物を掠める。

☑ **10** 鳥が樫の実をついばんでいる。

解答	解説
いくいく	郁郁《いくいく》：文化の盛んなさま。出例 郁郁乎《いくいくこ》／郁烈《いくれつ》／郁《かぐわ》しい 熟語 馥郁《ふくいく》(よい香りが盛んにただようさま。「馥」は1級用漢字)／郁文《いくぶん》(文化が盛んなこと)
てきか てっか	荻花《てきか》：荻の花。「荻」は水辺などに自生するイネ科多年草。出例 岸荻《がんてき》／荻《おぎ》 豆 問題文は白居易の詩の一節
けんどう	萱堂《けんどう》：母の居室。転じて「母」を指す。 豆 椿堂《ちんどう》／椿庭《ちんてい》(父のこと)
しょきゅう	杵臼《しょきゅう》：きねとうす。「杵臼の交わり」は身分の上下に捉われない親交。 出例 臼杵《きゅうしょ》／鉄杵《てっしょ》
きゅうこう	九皐《きゅうこう》：奥深い沢。問題文は「声、天に聞こゆ」と続き、君子は世俗を離れ隠れていても、その偉大さが知れ渡るという意味。出例 皐牢《こうろう》
ちゅうかい	厨芥《ちゅうかい》：炊事場から出る野菜や魚介類のくず。 出例 厨子《ずし》／厨室《ちゅうしつ》／厨《くりや》
しばしば	屢《しばしば》：何度も。たびたび。 出例 屢述《るじゅつ》／屢次《るじ》
ないがしろ	蔑《ないがし》ろ：「無きが代(しろ)」の転。軽んずること。 出例 蔑《さげす》む 表外読み 蔑(ないがしろ・なみする(「無みする」の転。あなどる)・ちいさい・くらい)
かすめる	掠《かす》める：こっそり盗む、奪い取る。 出例 掠《かす》れる 熟語 掠奪《りゃくだつ》／掠盗《りゃくとう》
かし	樫《かし》：ブナ科の常緑高木。実(どんぐり)は食用になる。 豆「樫」は国字

頻出度 A

読み⑪

次の＿＿の**漢字の読み**を**ひらがな**で答えよ。**01～06**は**音読み**、**07～10**は**訓読み**である。

☑ **01** 輔弼の臣として重きをなした。

☑ **02** 待望の儲君が誕生した。

☑ **03** 桑梓は父母の恩や故郷を意味する。

☑ **04** 荏苒として歳月を過ごす。

☑ **05** 宴席に佳肴を並べる。

☑ **06** 鄭声に耳を塞ぐ。

☑ **07** 冷たい谷川の水を掬う。

☑ **08** 巧みな工作で大衆を煽る。

☑ **09** 藁が堆く積まれている。

☑ **10** 山鳥の羽で矢を矧ぐ。

解答	解説
ほひつ	輔弼《ほひつ》：君主の政治を補佐すること。 訓読 輔（たすける・すけ）／弼（たすける・たすけ・すけ）
ちょくん	儲君《ちょくん》：もうけのきみ。「皇太子」を意味する。 出例 皇儲《こうちょ》／儲嗣《ちょし》 熟語 皇儲《こうちょ》（天皇のよつぎ）／儲嗣《ちょし》（皇太子、東宮）
そうし	桑梓《そうし》：父母を敬い、ふるさとを思うこと。また、ふるさとや故郷のこと。 出例 上梓《じょうし》／梓行《しこう》
じんぜん	荏苒《じんぜん》：年月が長びくさま。物事がはかどらないさま。 熟語 荏弱《じんじゃく》（柔弱）／苒苒《ぜんぜん》（「荏苒」に同じ）
かこう	佳肴《かこう》：おいしい料理。「嘉肴」も同じ。 出例 肴核《こうかく》（酒のさかなと果物）／酒肴《しゅこう》
ていせい	鄭声《ていせい》：みだらな俗謡。「鄭音」も同じ。「鄭」は春秋時代の国名。 出例 鄭重《ていちょう》（「丁重」に同じ）
すくう	掬《すく》う：両手ですくい上げる。 出例 掬《むす》ぶ／掬《きく》す 音読 掬（キク） 他訓 掬（むすぶ）
あおる	煽《あお》る：そそのかす。 出例 煽《おだ》てる 熟語 煽動《せんどう》 他訓 煽（おだてる・おこる・あおり）
うずたかく	堆《うずたか》い：高く盛り上げてあるさま。 出例 堆朱《ついしゅ》（漆工芸の技法）
はぐ	矧《は》ぐ：鳥の羽などを竹につけて矢を作ること。弓に矢をつがえるという意もある。

頻出度
A

読み⑫

次の____の**漢字の読み**を**ひらがな**で答えよ。**01～06**は**音読み**、**07～10**は**訓読み**である。

□ **01** 条約の批准を允可する。

□ **02** 稗史を読み直す。

□ **03** 学長は斯界の重鎮だ。

□ **04** 雛鳥の牝牡を見分ける。

□ **05** 斎場には哀咽の声が満ちていた。

□ **06** 寸隙を縫って侵入した。

□ **07** 腕白息子には殆手を焼く。

□ **08** 敵を詑く作戦を立てる。

□ **09** 畑でとれた物を粥ぐ。

□ **10** 新しい榊を神棚に供える。

解答	解説
いんか	允可《いんか》：許すこと。 出例 允許《いんきょ》／允当《いんとう》　熟語 允許《いんきょ》　訓読 允（まこと・まことに・ゆるす・じょう）
はいし	稗史《はいし》：民間の物語。 熟語 稗官《はいかん》（王に世情を報告する小役人）
しかい	斯界《しかい》：この分野、この社会。 出例 斯学《しがく》／斯道《しどう》（この道）／斯《か》く 熟語 斯人《しじん》（この人）
ひんぼ	牝牡《ひんぼ》：めすとおす。 出例 牝馬《ひんば》 熟語 牝鶏《ひんけい》／牡蠣《ぼれい》（カキ）
あいえつ	哀咽《あいえつ》：悲しんでむせび泣くこと。 出例 咽下《えんか(えんげ)》／咽《むせ》ぶ 熟語 嗚咽《おえつ》（「嗚」は1級用漢字）
すんげき	寸隙《すんげき》：わずかのひま。わずかのすきま。 出例 空隙《くうげき》／隙《げき》／隙《すき》
ほとほと	殆《ほとほと》：非常に。切実にそう思う。 出例 殆《あや》うい／危殆《きたい》 他訓 殆（ほとんど・あやうい）
あざむく	詑《あざむ》く：だます、いつわる。「欺く」と同じ。
ひさぐ	鬻《ひさ》ぐ：売ること。出例 鬻腹《かゆばら》／芋鬻《うしゅく》／鬻《しゃく》薬《やく》　熟語 鬻売《いくばい》（売る、あきなう）／鬻爵《いくしゃく》（朝廷が金を取って爵位を売ること）
さかき	榊《さかき》：神事に用いる常緑樹。 出例 真榊《まさかき》 豆「榊」は国字

頻出度 A

読み⑬

次の____の**漢字の読み**を**ひらがな**で答えよ。**01～06**は**音読み**、**07～10**は**訓読み**である。

☐ **01** 病人の枕頭に親族が集まった。

☐ **02** 杏林は医師を意味する言葉だ。

☐ **03** 黛青の山々が霞む。

☐ **04** 豊頰の少女に心惹かれた。

☐ **05** いかにも楽しげな口吻だった。

☐ **06** 旅行に袖珍本を携行する。

☐ **07** 遜った言葉遣いをする。

☐ **08** 些か恥じ入る気持ちがある。

☐ **09** 長く裳裾を引いた。

☐ **10** 檜扇で顔を隠した。

解答	解説
ちんとう	枕頭《ちんとう》：まくらもと。 出例 枕辺《ちんぺん》 熟語 漱石枕流《そうせきちんりゅう》（負け惜しみの強いこと）
きょうりん	杏林《きょうりん》：中国の故事に基づく「医者」の異称。 熟語 杏花《きょうか》／杏仁《きょうにん》　訓読 杏（あんず）
たいせい	黛青《たいせい》：まゆずみのように濃い青色。 出例 粉黛《ふんたい》／青黛《せいたい》 訓読 黛（まゆずみ・かきまゆ・まゆ）
ほうきょう	豊頬《ほうきょう》：ふっくらした美しい頬。美人の形容に用いる。 出例 緩頬《かんきょう》／双頬《そうきょう》
こうふん	口吻《こうふん》：くちぶり、話し方。 出例 吻合《ふんごう》（両方がしっくり合う）
しゅうちん	袖珍《しゅうちん》：袖に入るぐらいの小型な物。 出例 領袖《りょうしゅう》／長袖《ちょうしゅう》
へりくだった	遜《へりくだ》る：他を敬い、自分を卑下すること。 表外読み 遜（のがれる・ゆずる・へりくだる・おとる）
いささか	些《いささ》か：少しばかり、わずか。 出例 些事《さじ》 熟語 些少《さしょう》／些細《ささい》
もすそ	裳裾《もすそ》：衣装のすそ。 出例 裳着《もぎ》　熟語 裳階《もこし》／裳層《もこし》／裳繡《しょうしゅう》（裳裾の縫い取り模様）
ひおうぎ	檜扇《ひおうぎ》：檜の薄板を重ねた扇。 出例 檜垣《ひがき》 熟語 檜皮《ひわだ》／檜葉《ひば》

頻出度 A

読み⑭

次の____の**漢字の読み**を**ひらがな**で答えよ。**01～06**は**音読み**、**07～10**は**訓読み**である。

☑ **01** 去年は辛酉の年だった。

☑ **02** 優渥なるお言葉を頂いた。

☑ **03** 蔚蔚として日を送る。

☑ **04** 月が恒星を掩蔽する。

☑ **05** 新しい計画を嘗試する。

☑ **06** 妾出の子を跡継ぎに決めた。

☑ **07** 遖ち酒盃を賜う。

☑ **08** 此の君とは竹の謂である。

☑ **09** 大金を手にして俄長者になった。

☑ **10** 雨の雫が落ちる。

解答	解説
しんゆう	辛酉《しんゆう》：干支の「かのととり」。辛は十干の八番目。酉は十二支のとり。 出例　己酉《きゆう》
ゆうあく	優渥《ゆうあく》：天子の恩沢や詔勅がねんごろで手厚いこと。出例　渥丹《あくたん》　熟語　恵渥《けいあく》／渥恩《あくおん》(恵渥、渥恩ともに、あつい恵みの意)
うつうつ	蔚蔚《うつうつ》：心が晴れないさま。「鬱」に同じ。 熟語　蔚然《うつぜん》(茂っているさま)／蔚藍天《うつらんてん》(青々した空)
えんぺい	掩蔽《えんぺい》：おおい隠して見えなくすること。 出例　掩撃《えんげき》／掩護《えんご》／掩《おお》う
しょうし	嘗試《しょうし》：こころみること。ためしてみること。 出例　大嘗《だいじょう》会《え》／嘗《な》める
しょうしゅつ	妾出《しょうしゅつ》：妾の子として生まれること。また、その人。 出例　妾宅《しょうたく》／臣妾《しんしょう》／姫妾《きしょう》
すなわち	迺《すなわ》ち：前で起きたことを受けて、次に起こることへ続ける語。そして。そこで。すぐに。出例　迺公《だいこう》
いい	謂《いい》：意味のこと。 出例　謂《いわ》れ
にわか	俄《にわか》：急に状況が変化するさま。突然、だしぬけ。 熟語　俄然《がぜん》／俄雨《にわかあめ》
しずく	雫《しずく》：水のしたたり。 豆「雫」は国字(但し、辞書によって扱いが異なる)

頻出度
A

読み⑮

次の＿＿の**漢字の読み**を**ひらがな**で答えよ。**01～06**は**音読み**、**07～10**は**訓読み**である。

☑ **01** 雛僧が木魚を叩いている。

☑ **02** 酒色に耽溺する。

☑ **03** 指導者の鼎談で結論を得た。

☑ **04** 難民の窮状を憐察する。

☑ **05** 夏の戊夜がほのかに白む。

☑ **06** 詩文を絢飾する。

☑ **07** 穀物を箕であおる。

☑ **08** お呪いで病気を治そうとする。

☑ **09** 篦で印をつける。

☑ **10** この件は姑く置いておこう。

解答	解説
すうそう	雛僧《すうそう》：小坊主。出例 雛妓《すうぎ》／雛孫《すうそん》 熟語 雛鳳《すうほう》（将来大人物になるであろう少年） 訓読 雛（ひな・ひよこ）
たんでき	耽溺《たんでき》：自制心を失うほど夢中になること。 出例 耽読《たんどく》 熟語 耽美《たんび》（美を求め熱中すること）
ていだん	鼎談《ていだん》：三人で話し合うこと。「鼎」は三本足の器。出例 鼎立《ていりつ》／鼎《かなえ》／鼎《まさ》に 熟語 鼎沸《ていふつ》（天下が乱れるたとえ）／鼎業《ていぎょう》
れんさつ	憐察《れんさつ》：あわれんで思いやること。 出例 哀憐《あいれん》／憐情《れんじょう》
ぼや	戊《ぼ》夜《や》：現在の午前3時または4時から2時間をいう。寅の刻。五更。 出例 戊申《ぼしん》／戊寅《ぼいん》
けんしょく	絢飾《けんしょく》：美しく飾ること。 出例 英絢《えいけん》（すぐれた美しさ）／絢《あや》 熟語 彩絢《さいけん》（あやのある美しさ）
み	箕《み》：穀物を殻や塵とふるい分ける農具。 熟語 箕賦《きふ》（箕ですくい取るように、むやみに税を取ること）
まじない	呪《まじな》い：神仏の力で災厄を免れるよう祈ること。✕のろい 出例 呪術《じゅじゅつ》／呪罵《じゅば》
へら	箆《へら》：印をつけたり糊を塗ったりする道具。竹や木を削って作る。出例 箆太《のぶと》い／竹箆《ちくへい》 熟語 箆竹《のだけ》（矢に用いる竹） 他訓 箆（すきぐし・かんざし・の）
しばらく	姑《しばら》く：当分の間、しばし。 熟語 姑息《こそく》（一時しのぎ）

頻出度 A

読み⑯

次の____の**漢字の読み**を**ひらがな**で答えよ。**01～06**は**音読み**、**07～10**は**訓読み**である。

☐ **01** 井蛙は以て海を語るべからず。

☐ **02** 額にいただく兜巾はいかに。

☐ **03** 孜孜として勉学に励む。

☐ **04** 君臣輯睦して世は治まった。

☐ **05** 問題の対応策を舛誤する。

☐ **06** 茸茸たる夏の野原だ。

☐ **07** 日本は瑞穂の国だ。

☐ **08** 艶姿にため息が洩れた。

☐ **09** 昔の誼で助力を頼む。

☐ **10** 過度の飲酒は健康を蝕む。

解答	解説
せいあ	井蛙《せいあ》：井戸の中の蛙。見聞の狭い人のたとえ。問題文は、見聞の狭い人に大道を聞かせても分からないという意。 出例 蛙声《あせい》
ときん	兜巾《ときん》：修験者のかぶり物。 出例 兜《かぶと》　熟語 兜率天《とそつてん》(内院には弥勒菩薩が住むとされる)　訓読 兜(かぶと)
しし	孜孜《しし》：つとめいそしむさま。 訓読 孜(つとめる)
しゅうぼく	輯睦《しゅうぼく》：やわらぎ、むつまじいさま。 出例 集輯《しゅうしゅう》　豆「輯」には「あつめる・あつまる」の意もある
せんご	舛誤《せんご》：誤ること。間違うこと。また、誤り。 出例 舛錯《せんさく》
じょうじょう	茸茸《じょうじょう》：草が盛んに茂っているさま。 出例 鹿茸《ろくじょう》　豆「茸」は日本では「きのこ」の意　熟語 茸毛《じょうもう》(細く柔らかい毛)
みずほ	瑞穂《みずほ》：瑞瑞しい稲穂。「瑞穂の国」は日本の美称。 出例 瑞瑞《みずみず》しい／瑞雲《ずいうん》　熟語 瑞雲《ずいうん》／奇瑞《きずい》(めでたいことの前ぶれとして起こる不思議な現象)
あですがた	艶姿《あですがた》：美しくなまめかしい姿。 出例 艶《なまめ》かしい／艶冶《えんや》
よしみ	誼《よしみ》：親交。なんらかのつながり。 出例 友誼《ゆうぎ》 熟語 厚誼《こうぎ》
むしばむ	蝕《むしば》む：虫が食ってその物の形をそこなう。病気などで、心身を少しずつ侵す。

頻出度
A

表外の読み①

次の＿＿線部分は常用漢字である。その**表外の読み**を**ひらがな**で答えよ。

⧄ **01** 状況を具に報告する。

⧄ **02** 接待の座を設える。

⧄ **03** 縦に権力を弄ぶ。

⧄ **04** あなたの幸運に肖りたい。

⧄ **05** 背信を詰る。

⧄ **06** 気負って槍を扱く。

⧄ **07** あれから十年を閲する。

⧄ **08** 全く強かな男だ。

⧄ **09** 邪な計画を立てる。

⧄ **10** 草むらで虫が集いている。

解答	解説
つぶさに	具《つぶさ》に：ことごとく。洩れなく。 豆 同じ読みの漢字：備《つぶさ》に（1級用表外読み）／悉《つぶさ》に
しつらえる	設《しつら》える：作る。用意する。 ✕こしらえる
ほしいまま	縦《ほしいまま》：思い通りにすること。 豆 同じ読みの漢字：恣《ほしいまま》（1級用表外読み）／擅《ほしいまま》（1級用漢字）
あやかり	肖《あやか》る：同じようになりたいと思うこと。 熟語 肖像《しょうぞう》　表外読み 肖（あやかる・かたどる・にる）
なじる	詰《なじ》る：問いただし、責めること。 熟語 詰問《きつもん》／難詰《なんきつ》
しごく	扱《しご》く：長い物を手に取って、もう一方の手で引き抜くようにすること。転じて、厳しく鍛えること。
けみする	閲《けみ》する：経過すること。 豆「けみする」には「しらべ見る」の意もある　熟語 閲歴《えつれき》／閲歳《えつさい》／検閲《けんえつ》／校閲《こうえつ》
したたか	強《したた》か：手ごわいこと。 豆 副詞として「甚《はなは》だしく」の意で用いることもある
よこしま	邪《よこしま》：間違っていること。邪悪。 熟語 正邪《せいじゃ》／邪道《じゃどう》
すだいて	集《すだ》く：集まって鳴いていること。 表外読み 集（すだく・たかる）

頻出度
A

表外の読み②

次の＿＿線部分は常用漢字である。その**表外の読み**を**ひらがな**で答えよ。

☑ **01** ご親切辱い。

☑ **02** 申し出を諾うには条件がある。

☑ **03** 若者が公園に屯している。

☑ **04** 悲喜交の人生だった。

☑ **05** 剰え雨まで降ってきた。

☑ **06** 今の出来事は夢か現か。

☑ **07** 退却の殿を務める。

☑ **08** 私の与り知らぬことだ。

☑ **09** 徐に口を開く。

☑ **10** 百歳に垂とする老人がいる。

解答	解説
かたじけない	辱《かたじけな》い：ありがたい。もったいない。 豆 同じ読みの漢字：忝《かたじけな》い（1級用漢字）
うべなう	諾《うべな》う：相手の言い分に同意する。申し出に対し承知する。また、服従する。 熟語 応諾《おうだく》／唯《い》唯《い》諾《だく》諾《だく》
たむろ	屯《たむろ》：集まっていること。 熟語 屯所《とんしょ》／駐屯《ちゅうとん》
こもごも	交《こもごも》：交互に入れ替わること。 豆「交交《こもごも》・交々《こもごも》」という表記もある
あまつさえ	剰《あまつさ》え：その事だけでなく、それに加えて。その上に。
うつつ	現《うつつ》：（夢に対し）現実のこと。
しんがり	殿《しんがり》：退軍の際、踏み止まって追う敵を防ぐこと。また、その部隊。殿軍。転じて、「最後」の意味で用いる。
あずかり	与《あずか》る：関わること。 熟語 関《かん》与《よ》／与《よ》知《ち》
おもむろ	徐《おもむろ》：慌てず、ゆったりしているさま。 熟語 徐行《じょこう》／徐看《じょかん》
なんなんとする	垂《なんなん》とする：「まさにそうなろうとしている」の意。 豆「成《な》りなんとす」の音便

頻出度
A

表外の読み③

次の____線部分は常用漢字である。その**表外の読み**を**ひらがな**で答えよ。

□ **01** 忘年会で部下を労う。

□ **02** 二人の間に凝りが残った。

□ **03** 郊外に家を購う。

□ **04** 右から二人目が件の男だ。

□ **05** 解決の緒が見つかった。

□ **06** 姉は語学に長けている。

□ **07** 万一のことを慮る。

□ **08** 今日の成功は偏に君のお蔭だ。

□ **09** 予て注意を与えていた。

□ **10** 悪事に与することはできない。

解答	解説
ねぎらう	労《ねぎら》う：働きを謝すること。 豆 同じ読みの漢字：犒《ねぎら》う（1級用漢字）
しこり	凝《しこ》り：後に残った晴々しない気分。また、硬くなっている部分。 豆 同じ読みの漢字：痼《しこ》り（1級用漢字）
あがなう	購《あがな》う：代価を払って入手すること。 ✕かう　熟語 購入《こうにゅう》／購買《こうばい》
くだん	件《くだん》：例の。「くだり」からきた言葉で、その意味のうち、「前の条」を表す。問題文は「前に話題にのぼっていた男」という意味。
いとぐち	緒《いとぐち》：手がかり。 豆 糸口（糸の端）からきた言葉
たけて	長《た》ける：熟達していること。 出例 長《おさ》　熟語 長所《ちょうしょ》／長技《ちょうぎ》
おもんぱかる	慮《おもんぱか》る：よく考えをめぐらすこと。 ✕おしはかる
ひとえに	偏《ひとえ》に：もっぱら。ほかでもない。 豆「一重《ひとえ》（そのものだけで、他と重ならない）」の意を表す
かねて	予《かね》て：前々から。あらかじめ。 豆「予」は「あらかじめ」とも読む
くみする	与《くみ》する：味方になること。仲間になって行動を共にすること。豆「与《くみ》し易《やす》い」は扱い易く、簡単に従わせられること

頻出度
A

表外の読み④

次の____線部分は常用漢字である。その**表外**の**読み**を**ひらがな**で答えよ。

☑ **01** 漸く気分が解れてきた。

☑ **02** 動もすれば怠りがちになる。

☑ **03** 弓に矢を番える。

☑ **04** 国王に謁える栄に浴す。

☑ **05** 暮れ泥む空が美しい。

☑ **06** 約やかな生活をする。

☑ **07** 無情の雨を憾む。

☑ **08** よく熟れるまでには時間がかかる。

☑ **09** 度重なる不運を託つ。

☑ **10** ほんの遊びで描いた絵だ。

解答	解説
ほぐれて	解《ほぐ》れる：塞いでいた気持ちが晴れてくること。もつれた物がほどけること。
やや	動《やや》：「動《やや》もすれば」は「どうかすると」の意。 豆「いくらか」を意味する「稍《やや》（1級用漢字)」は別の言葉
つがえる	番《つが》える：弓の弦に矢を当て、射る用意をすること。
まみえる	謁《まみ》える：身分の高い人にお目にかかること。拝謁すること。 熟語 謁見《えっけん》／賜謁《しえつ》
なずむ	泥《なず》む：「暮くれ泥なずむ」は暮れそうで、まだ暮れないでいること。 ✕なじむ
つづまやか	約《つづま》やか：質素なこと。 熟語 倹約《けんやく》／節約《せつやく》
うらむ	憾《うら》む：うらめしく思う。残念に思う。 熟語 遺憾《いかん》／憾悔《かんぶ》
こなれる	熟《こな》れる：熟達すること。また、食物を消化する意味もある。 ✕「うれる」は表内読み
かこつ	託《かこ》つ：嘆いて言う。不平を言う。 出例 託《ことづか》る
すさび	遊《すさ》び：心のおもむくままにするなぐさみ事。「すさぶ」は気の向くままに何かを行うこと。

頻出度 **A**

表外の読み⑤

次の____線部分は常用漢字である。その**表外**の**読み**を**ひらがな**で答えよ。

☑ **01** 適そこを通りかかっただけだ。

☑ **02** 儀式を掌る役目を負う。

☑ **03** 何やかやと論う。

☑ **04** 日々の仕事に勤しむ。

☑ **05** 国王に見えることになった。

☑ **06** 突然の物音に戦く。

☑ **07** 母に宛てて手紙を認める。

☑ **08** 頑に口を閉ざした。

☑ **09** 台本は粗書き終わった。

☑ **10** 相手が態とぶつかってきた。

解答	解説
たまたま	適《たまたま》：偶然。「偶《たまたま》」と同じ。 出例 適《かな》う 熟語 適然《てきぜん》(偶然であるさま)
つかさどる	掌《つかさど》る：役目として担当すること。「司《つかさど》る」に同じ。 熟語 職掌《しょくしょう》／分掌《ぶんしょう》
あげつらう	論《あげつら》う：理非について議論すること。可否を言い立てること。 熟語 論議《ろんぎ》／論争《ろんそう》／論駁《ろんばく》
いそしむ	勤《いそ》しむ：役目を果たすこと。励むこと。 熟語 勤勉《きんべん》／勤労《きんろう》
まみえる	見《まみ》える：お目にかかること。拝謁すること。 熟語 謁見《えっけん》／引見《いんけん》
おののく	戦《おのの》く：怖くて震える。 出例 戦《そよ》ぐ 熟語 戦色《せんしょく》(おののき恐れる顔色)／戦慄《せんりつ》
したためる	認《したた》める：書き記すこと。また、食事をとること。
かたくな	頑《かたくな》：片意地を張ること。 熟語 頑固《がんこ》／頑愚《がんぐ》
ほぼ	粗《ほぼ》：だいたい。あらまし。 豆 同じ読みの漢字：略《ほぼ》 表外読み 粗(ほぼ・あら)
わざと	態《わざ》と：故意に。

頻出度
A

熟語の読み・一字訓読み①

次の**熟語**の**読み（音読**み）と、その**語義**にふさわしい**訓読**みを（送りがなに注意して）**ひらがな**で答えよ。

□ **01** 鍾寵……鍾める

□ **02** 肇造……肇める

□ **03** 礪行……礪く

□ **04** 紛擾……擾れる

□ **05** 趨向……趨く

□ **06** 汎愛……汎い

□ **07** 畢生……畢わる

□ **08** 允可……允す

□ **09** 盈虚……盈ちる

□ **10** 臆度……臆る

解答	解説
しょうちょう あつめる	鍾寵《しょうちょう》：寵（めぐみ、いつくしみ）を一身にあつめること。非常にかわいがること。 鍾《あつ》める：あつめる。一か所にまとめて寄せること。**出例** 鍾美《しょうび》……鍾《あつ》める
ちょうぞう はじめる	肇造《ちょうぞう》：はじめて造ること。 肇《はじ》める：はじめて行う。
れいこう みがく	礪行《れいこう》：学問や技芸の向上のために、はげみ努めること。 礪《みが》く：砥石でとぐ。みがく。転じて、はげむ。
ふんじょう みだれる	紛擾《ふんじょう》：乱れ、さわぐこと。争ってもめること。 擾《みだ》れる：かきみだれること。 **出例** 擾化《じょうか》……擾《な》らす
すうこう おもむく	趨向《すうこう》：物事がある方向へ向かうこと。 趨《おもむ》く：ある方向へ向かう。おもむく。
はんあい ひろい	汎愛《はんあい》：すべてを広く平等に愛すること。博愛。 汎《ひろ》い：ひろく行き渡る。
ひっせい おわる	畢生《ひっせい》：生まれてから死ぬまでのすべての期間。終生。 畢《お》わる：物事が途絶えておわる。おわりになる。
いんか ゆるす	允可《いんか》：ゆるすこと。許可。 允《ゆる》す：相手の意見を聞き入れて、ゆるす。承認する。
えいきょ みちる	盈虚《えいきょ》：満ちることと、空虚なこと。月の満ち欠け。 盈《み》ちる：いっぱいになる。満ち足りる。
おくたく おしはかる	臆度《おくたく》：おしはかること。 臆《おしはか》る：推量する。おしはかる。 **出例** 臆説《おくせつ》……臆《おしはか》る

頻出度 A

熟語の読み・一字訓読み②

次の**熟語**の**読み(音読**み)と、その**語義**にふさわしい**訓読**みを(送りがなに注意して)**ひらがな**で答えよ。

☑ **01** 曝書……曝す

☑ **02** 冶金……冶る

☑ **03** 弘毅……毅い

☑ **04** 匡弼……弼ける

☑ **05** 檮昧……昧い

☑ **06** 劃定……劃る

☑ **07** 凋残……凋む

☑ **08** 優渥……渥い

☑ **09** 晦冥……晦い

☑ **10** 遁辞……遁れる

解答	解説
ばくしょ さらす	曝書《ばくしょ》：書物を風に当てるなどして虫干しすること。 曝《さら》す：風や日光が当たるままにしておく。
やきん いる	冶金《やきん》：鉱石から金属を取り出して精製したり、取り出した金属を合金にしたりすること。 冶《い》る：金属や鉱石を溶かして加工する。
こうき つよい	弘毅《こうき》：度量が広く、意志が強いこと。 毅《つよ》い：意志が強く、くじけない。 出例 果毅《かき》……毅《つよ》い
きょうひつ たすける	匡弼《きょうひつ》：間違いを正し、足りないところを補いたすけること。 弼《たす》ける：補佐する。付き添ってたすける。
とうまい くらい	檮昧《とうまい》：愚かなこと。「檮」は切り株の意。また、無知のさまを表す。 昧《くら》い：くらい。知識が足りない。道理がわからない。
かくてい くぎる	劃定《かくてい》：はっきりと区切りを決めること。 劃《くぎ》る：区分する。 出例 劃然《かくぜん》……劃《くぎ》る
ちょうざん しぼむ	凋残《ちょうざん》：しぼんでそこなわれること。弱って衰えること。 凋《しぼ》む：しおれて縮む。衰える。
ゆうあく あつい	優渥《ゆうあく》：心がこもって手厚いこと。 渥《あつ》い：手あつい。
かいめい くらい	晦冥《かいめい》：暗くなること。まっ暗やみ。 晦《くら》い：暗い。よくわからない。 出例 晦渋《かいじゅう》……晦《くら》い
とんじ のがれる	遁辞《とんじ》：責任のがれの言葉。言いのがれ。 遁《のが》れる：逃げること。

読み
表外の読み
熟語の読み・一字訓読み
共通の漢字
書き取り
誤字訂正
四字熟語
対義語・類義語
故事・諺
文章題

頻出度
A

熟語の読み・一字訓読み③

次の**熟語**の**読み（音読**み）と、その**語義**にふさわしい**訓読**みを（送りがなに注意して）**ひらがな**で答えよ。

☑ **01** 纏着……纏う

☑ **02** 顛墜……顛れる

☑ **03** 徽言……徽い

☑ **04** 膏沃……膏える

☑ **05** 董督……董す

☑ **06** 勃爾……勃かに

☑ **07** 綿亙……亙る

☑ **08** 恢偉……恢きい

☑ **09** 耽溺……耽る

☑ **10** 拘繫……繫ぐ

解答	解説
てんちゃく まとう	纏着《てんちゃく》：まといつくこと。 纏《まと》う：巻きつける。着る。
てんつい たおれる	顛墜《てんつい》：ころげ落ちること。 顛《たお》れる：たおれる。ころぶこと。いただき、てっぺん。 **出例** 顛落《てんらく》……顛《くつがえ》る
きげん よい	徽言《きげん》：よい言葉。名言。 徽《よ》い：よい。美しい。
こうよく こえる	膏沃《こうよく》：土地が肥えていること。土地が肥えて、作物がよく育つこと。 膏《こ》える：地味が豊かになる。土地が肥える。
とうとく ただす	董督《とうとく》：人や軍隊を監督して正すこと。とりしまること。 董《ただ》す：取り締まる。見張る。 **出例** 董理《とうり》……董《ただ》す
ぼつじ にわかに	勃爾《ぼつじ》：物事が急に盛んになることやその様子。 勃《にわ》かに：突然に。急に。
めんこう わたる	綿亙《めんこう》：長く連なり続くこと。 亙《わた》る：連なる。わたる。
かいい おおきい	恢偉《かいい》：肥え太っていて大きいこと。 恢《おお》きい：広い、大きい。広くする、大きくする。 **出例** 恢廓《かいかく》……恢《ひろ》い
たんでき ふける	耽溺《たんでき》：あることに夢中になって他をかえりみないこと。多くは、よくない遊びにおぼれることをいう。 耽《ふ》る：あることに夢中になる。
こうけい つなぐ	拘繋《こうけい》：人を捕まえて、つなぎとめておくこと。 繋《つな》ぐ：離れないよう引きとめておくこと。ひと続きにして切れないようにすること。

頻出度 **A**

共通の漢字①

次の各組の二文の（　）には**共通**する漢字が入る。その読みを後の□から選び、**常用漢字（一字）**で記せ。

☐ **01**
- 保守勢力の（　　）潮が目立つ。
- （　　）嬰的な思想を批判する。

☐ **02**
- （　　）霞の如き大軍が攻め寄せた。
- （　　）上人が優雅な宴に集う。

☐ **03**
- （　　）什を集めて家の集を作る。
- 旅の宿で（　　）肴の膳を囲む。

☐ **04**
- 幕府の（　　）老が凝議した。
- （　　）怨をついに果たす。

☐ **05**
- 蓋（　　）の英雄もついに滅ぶ時がきた。
- 経（　　）済民を政治の指針とする。

うん
か
がい
しゅく
せい
たい
てん
ふう

解答	解説
退	退潮《たいちょう》：勢力が衰えること。 退嬰《たいえい》：あとずさること。消極的なこと。 出例 退勢《たいせい》／退蔵《たいぞう》
雲	雲霞《うんか》：人が大勢集まることの形容。 雲上人《うんじょうびと》：宮中の清涼殿殿上の間に昇ることを許された貴族。
佳	佳什《かじゅう》：詩歌の素晴らしい作品。 佳肴《かこう》：おいしい料理や酒のさかな。
宿	宿老《しゅくろう》：経験を積んだ老巧の人。 宿怨《しゅくえん》：忘れることのできない恨み。年来の恨み。旧怨。 出例 宿弊《しゅくへい》
世	蓋世《がいせい》：世をおおい尽くすほど気力がすぐれていること。 経世《けいせい》：世を治めること。

頻出度 A

共通の漢字②

次の各組の二文の（　）には**共通**する漢字が入る。その読みを後の□から選び、**常用漢字（一字）**で記せ。

☑ 01
（　　）鋭分子を捕えて投獄する。
（　　）達に従って霊山に登る

☑ 02
ついに出家の（　　）懐を果たす。
（　　）封家から多額の寄付があった。

☑ 03
条約締結のため奔（　　）に疲れた。
ついに（　　）数の尽きる時が来た。

☑ 04
友人の多くは（　　）籍に入った。
君主の野望に（　　）胎を抱いた。

☑ 05
群衆で埋まった街は（　　）騒の巷と化した。
冬の川で泳ぐとは酔（　　）なことだ。

き
きょう
けん
しょ
せん
そ
めい
ゆう

解答	解説
先	先鋭《せんえい》：急進的な思想を持ち、容赦なく政治批判をすること。 先達《せんだつ》：ある分野の先駆者。登山の案内人や修験道の指導者。
素	素懐《そかい》：かねてより抱いていた願い。 素封家《そほうか》：代々続く家柄の資産家。
命	奔命《ほんめい》：命令に従って忙しく立ち回ること。 命数《めいすう》：天から与えられた命の長さ。寿命。
鬼	鬼籍《きせき》：死者の戒名・俗名・死亡年月日などを記した過去帳。 鬼胎《きたい》：恐れや心配のこと。
狂	狂騒《きょうそう》：狂ったように大騒ぎすること。 酔狂《すいきょう》：酔った勢いで正常な判断力を失うこと。物好きなこと。 出例 頓狂《とんきょう》／風狂《ふうきょう》

頻出度
A

共通の漢字③

次の各組の二文の（　）には**共通**する漢字が入る。その読みを後の□から選び、**常用漢字（一字）**で記せ。

☐ 01
- 旧友を（　　）履のごとく捨て去る。
- 時（　　）を改める気運が高まった。

☐ 02
- あたたかい御（　　）情を賜った。
- 先生の御（　　）恩のおかげで進学できた。

☐ 03
- 倉（　　）の間、失礼申し上げる。
- （　　）爾ながらお伺いしたい。

☐ 04
- 食糧を年齢別に（　　）分する。
- 期日目前に成（　　）を得た。

☐ 05
- 道路も鉄道も国民の（　　）税で出来た。
- 苦慮の末に（　　）路を開く。

あん
けつ
じゅう
そつ
へい
ほう
よう
りゅう

解答	解説
弊	弊履《へいり》：破れたはきもの。惜し気もなく捨ててしまえるもの。 時弊《じへい》：その時代の悪習や弊害。
芳	御芳情《ごほうじょう》：相手の暖かい親切心を敬っていう語。 御芳恩《ごほうおん》：相手から受けた温情を敬っていう語。
卒	倉卒《そうそつ》：慌ただしく忙しいこと。突然であること。 卒爾《そつじ》：突然。「卒爾ながら」は「突然で失礼ですが」の意。 出例　卒寿《そつじゅ》
案	案分《あんぶん》：物品や金銭などを、基準になる数量に応じた割合で分けること。 成案《せいあん》：でき上がった考えや文書。 出例　断案《だんあん》
血	血税《けつぜい》：血のにじむような努力をして納めた税。負担の重い税金。 血路《けつろ》：敵の囲みを破って逃げる道。困難を切り抜ける道。 出例　膏血《こうけつ》／心血《しんけつ》

頻出度 A

書き取り（ノーマル）①

次の＿＿＿線部分の**カタカナ**を**漢字**で答えよ。

☑ **01** ナダめすかして連れて行く。

☑ **02** 戦いに勝ってガイカをあげる。

☑ **03** 今日は頭がサえている。

☑ **04** フンソウを終えて出番を待つ。

☑ **05** 修験者がホラ貝を吹く。

☑ **06** ダイタイ部の筋肉をもみほぐす。

☑ **07** 自分だけ差別されたとヒガむ。

☑ **08** 現金をワシヅカみにして逃げた。

☑ **09** 荷物のコンポウを解く。

☑ **10** 風船がスボんでしまった。

解答	解説
宥《なだ》め	宥《なだ》める：機嫌をとって気持ちを静めること。 熟語 宥和《ゆうわ》
凱歌《がいか》	凱歌《がいか》：戦勝して帰るときに歌う祝いの歌。「凱」は、かちどき、ときの声の意。 出例 凱旋《がいせん》
冴《さ》(冱《さ》)える	冴《さ》える：(「冱」は1級用漢字)はっきりとして、働きが良いこと。 ✕「氵(さんずい)」で書かない
扮装《ふんそう》	扮装《ふんそう》：俳優が役柄に合わせた姿になること。 出例 扮《ふん》する
法螺《ほら》	法螺《ほら》：法螺貝は大型の巻貝に口金をつけて吹き鳴らすようにしたもの。「法螺を吹く」はでたらめを言うこと。出例 螺旋《らせん》
大腿《だいたい》	大腿《だいたい》：もも。ふともも。 出例 大腿骨《だいたいこつ》 熟語 小腿《しょうたい》(すね)
僻《ひが》む	僻《ひが》む：ひねくれること。 出例 僻《へき》(辟《へき》)易《えき》(「辟」は1級用漢字) 熟語 僻事《ひがごと》／僻邪《へきじゃ》　音読 僻(ヘキ・ヘイ)
鷲掴《わしづか》み	鷲掴《わしづか》み：鷲が獲物をつかむように、荒々しくつかむこと。
梱包《こんぽう》	梱包《こんぽう》：物を送るときの荷造り。 豆 訓読みの「こり」は包装した荷物を数える語。例：一梱
窄《すぼ》(歙《すぼ》)む	窄《すぼ》む：(「歙」は1級用漢字)しぼむ、ちぢむ。 出例 狭窄《きょうさく》　他訓 窄(せまい・せばまる・つぼむ)

頻出度
A

書き取り（ノーマル）②

次の＿＿線部分の**カタカナ**を**漢字**で答えよ。

☑ **01** 在庫品を売りサバく。

☑ **02** ダムが豊富な水をタタえている。

☑ **03** 裁縫箱にヘラをしまう。

☑ **04** 正月用のカマボコを買う。

☑ **05** 仕事をアッセンしてもらった。

☑ **06** 胃にガンが見つかった。

☑ **07** ヒンシの子猫の命を救った。

☑ **08** 資金の不足分は父がホテンした。

☑ **09** 過酷な運命にホンロウされる。

☑ **10** 最初の印象がヨウエイしている。

解答	解説
捌《さば》く	捌《さば》く：うまく売り払うこと。 出例 捌《さば》ける／捌《は》ける／水捌《みずは》け ✕裁く 他訓 捌(さばける・はける・はかす)
湛《たた》えて	湛《たた》える：いっぱいに満たしていること。 ✕称える・讃える
篦《へら》	篦《へら》：印をつけたり糊を塗ったりする道具。竹や木を削って作る。 出例 靴篦《くつべら》／竹篦《たけべら》
蒲鉾《かまぼこ》	蒲鉾《かまぼこ》：白身の魚の肉をすりつぶし、蒸し煮または焙焼した食品。 出例 蒲柳《ほりゅう》
斡旋《あっせん》	斡旋《あっせん》：世話をすること。仲を取り持つこと。 豆「斡」に「まわす、とりもつ」の意がある
癌《がん》	癌《がん》：悪性腫瘍の総称。 出例 癌腫《がんしゅ》／喉頭癌《こうとうがん》／発癌《はつがん》
瀕死《ひんし》	瀕死《ひんし》：死にかけていること。「死に瀕する」は、死に近づいていること、死が迫っていること。出例 瀕《ひん》する 熟語 瀕海《ひんかい》(海辺)
補塡《ほてん》	補塡《ほてん》：不足部分、欠損部分を補って埋めること。 出例 充塡《じゅうてん》／装塡《そうてん》／塡《はま》る
翻弄《ほんろう》	翻弄《ほんろう》：もてあそぶこと。出例 愚弄《ぐろう》／弄《いじ》る 熟語 弄月《ろうげつ》(月を眺めて楽しむこと)／弄舌《ろうぜつ》(むやみにしゃべること)
揺曳《ようえい》	揺曳《ようえい》：長く後へ残ること。 出例 曳航《えいこう》 熟語 曳杖《えいじょう》(つえをついて歩く) 訓読 曳(ひく)

頻出度 A

書き取り（ノーマル）③

次の＿＿線部分の**カタカナ**を**漢字**で答えよ。

☑ **01** 工事は月をマタいで行われた。

☑ **02** 古墳の周囲からハニワが出土した。

☑ **03** 状況がサクソウしている。

☑ **04** 花形役者がセイゾロいした。

☑ **05** この新人は先輩をリョウガする力がある。

☑ **06** ケーキと一緒にロウソクを買った。

☑ **07** サンゼンと輝く大記録だ。

☑ **08** カサの大きい荷物を抱える。

☑ **09** 働かない部下にテッツイを下す。

☑ **10** ここまではテハズ通りだ。

解答	解説
跨《また》(胯《また》)いで	跨《また》ぐ：(「胯」は1級用漢字) 出例 跨線橋《こせんきょう》 熟語 跨鶴《こかく》(仙人になること)
埴輪《はにわ》	埴輪《はにわ》：古墳の上や周囲にならべてあった土器。
錯綜《さくそう》	錯綜《さくそう》：複雑に入り混じっていること。 熟語 綜合《そうごう》(「総合」に同じ)／綜括《そうかつ》(「総括」に同じ)
勢揃《せいぞろ》い	勢揃《せいぞろ》い：一箇所に集まること。 出例 出揃《でそろ》う／粒揃《つぶぞろ》い
凌駕《りょうが》 陵駕《りょうが》	凌駕《りょうが》：他のものを越えて、その上に立つこと。出例 凌《しの》ぐ・陵《しの》ぐ 訓読 凌(しのぐ)
蠟燭《ろうそく》	蠟燭《ろうそく》：芯の周囲に蠟を円柱状に固めて灯火用としたもの。熟語 蠟石《ろうせき》／蠟花《ろうか》(ろうそくの火を花にたとえた語)
燦《さん》(粲《さん》)然《ぜん》	燦然《さんぜん》：(「粲」は1級用漢字)光り輝くさま。あざやかなさま。出例 燦燦《さんさん》(粲粲《さんさん》) 熟語 燦爛《さんらん》(「爛」は1級用漢字)
嵩《かさ》	嵩《かさ》：体積や容積、分量のこと。 出例 水嵩《みずかさ》／嵩《かさ》ばる／年嵩《としかさ》
鉄槌《てっつい》 鉄鎚《てっつい》	鉄槌《てっつい》：大形のかなづち。きびしい命令や制裁。「鉄槌を下す」は厳しく処罰するという意味。出例 相槌《あいづち》・相《あい》鎚《づち》／槌音《つちおと》 訓読 槌(つち・うつ)／鎚(つち・かなづち)
手筈《てはず》	手筈《てはず》：あらかじめ決めておいた手順。 出例 筈《はず》 熟語 矢筈《やはず》(矢の端の弓弦を受けるところ)

頻出度
A

書き取り（ノーマル）④

次の＿＿線部分の**カタカナ**を**漢字**で答えよ。

☑ **01** 古くなったアマドイを換える。

☑ **02** オヒレがついて噂が広まった。

☑ **03** 頭の形が少しイビツだ。

☑ **04** ここはカンキツ類の栽培が盛んだ。

☑ **05** 何でもオオゲサに言う人だ。

☑ **06** 倒閣のキュウセンポウに立つ。

☑ **07** 不始末を心からワびる。

☑ **08** 強そうでいて意外とモロい。

☑ **09** 強風が草をナぎ倒した。

☑ **10** フモトの登山口で一泊した。

解答	解説
雨樋《あまどい》	雨樋《あまどい》：軒先で雨を受けて流す、細長い溝状のもの。
尾鰭《おひれ》	尾鰭《おひれ》：尾とひれ。「尾鰭がつく」は話に事実でないことが付け加えられること。豆「おびれ」と濁って読むと魚の体の後ろ端にある鰭の意。例：背鰭《せびれ》／胸鰭《むなびれ》
歪《いびつ》	歪《いびつ》：ゆがんでいること。 出例 歪《ゆが》める 他訓 歪（ゆがむ・いがむ・ひずむ）
柑橘《かんきつ》	柑橘《かんきつ》：みかん、レモン、オレンジなどの果樹の総称。出例 蜜柑《みかん》 訓読 柑（みかん・こうじ）／橘（たちばな）
大袈裟《おおげさ》	大袈裟《おおげさ》：実際よりも誇張すること。袈裟は僧衣。左肩から右脇下に斜めに掛けて衣を覆う。
急先鋒《きゅうせんぽう》	急先鋒《きゅうせんぽう》：先頭に立って勢いよく主張、行動すること。また、その人。 出例 舌鋒《ぜっぽう》／先鋒《せんぽう》 熟語 舌鋒《ぜっぽう》／鋭鋒《えいほう》
詫《わ》(侘《わ》・佗《わ》)びる	詫《わ》びる：(「侘・佗」は１級用漢字）謝罪すること。
脆《もろ》い	脆《もろ》い：こわれやすいこと。また、感じやすいこと。 出例 脆弱《ぜいじゃく》 熟語 柔脆《じゅうぜい》
薙《な》ぎ	薙《な》ぐ：横に払うこと。横に払って切ること。 熟語 草薙剣《くさなぎのけん》／薙刀《なぎなた》
麓《ふもと》（梺《ふもと》）	麓《ふもと》：(「梺」は１級用漢字で国字）山の下。山すそ。 出例 山麓《さんろく》

頻出度
A

書き取り（ノーマル）⑤

次の＿＿線部分の**カタカナ**を**漢字**で答えよ。

☑ **01** いかなるときもキゼンたる態度で臨む。

☑ **02** 人心をつかむヒケツを教わる。

☑ **03** シノツく雨の中を出かける。

☑ **04** 広場はリッスイの余地も無いほどだ。

☑ **05** 自分の目にはダキすべき男と映る。

☑ **06** 財政はかなりヒッパクしている。

☑ **07** カクラン戦法で慌てさせる。

☑ **08** 馬にクラを置く。

☑ **09** 大国にゴしていく。

☑ **10** このリンゴは産地直送だ。

解答	解説
毅然《きぜん》	毅然《きぜん》：簡単には動じない強さを持ち、しっかりしていること。 熟語 毅勇《きゆう》／剛毅《ごうき》
秘訣《ひけつ》	秘訣《ひけつ》：最も効果の高いやりかた。奥の手。 出例 永訣《えいけつ》／要訣《ようけつ》 熟語 訣要《けつよう》（奥の手） 訓読 訣（わかれる・おくぎ）
篠《しの》突《つ》く	篠《しの》突《つ》く：「篠《しの》突《つ》く雨《あめ》」とは、雨が激しくふること、またそのさま。篠は細い竹や笹の総称。出例 篠竹《しのだけ》
立錐《りっすい》	立錐《りっすい》：錐を立てる。「立錐の余地も無い」は錐を立てる僅かな隙間もないくらい密集していること。出例 円錐《えんすい》
唾棄《だき》	唾棄《だき》：ひどくさげすみ嫌うこと。忌みきらい軽蔑すること。 出例 虫唾《むしず》
逼迫《ひっぱく》	逼迫《ひっぱく》：差し迫っていること。余裕が無くなっていること。 出例 逼塞《ひっそく》 熟語 逼奪《ひつだつ》
攪乱《かくらん》	攪乱《かくらん》：かき回して騒ぎを起こさせること。 豆 「攪乱」は「こうらん」とも読む
鞍《くら》	鞍《くら》：人が乗るために馬の背に置くもの。 出例 鞍替《くらが》え 熟語 鞍橋《あんきょう》／鞍馬《あんば》↔裸馬《はだかうま》
伍《ご》して	伍《ご》す：対等に位置すること。 熟語 隊伍《たいご》／落伍《らくご》
林檎《りんご》	林檎《りんご》：バラ科リンゴ属の落葉高木樹。またはその果実のこと。 豆 他の表記：苹果（「苹」は１級用漢字）

頻出度 **A**

書き取り（ノーマル）⑥

次の____線部分の**カタカナ**を**漢字**で答えよ。

☑ **01** 暑くて何をするにもオックウだ。

☑ **02** 島のサンゴショウを守る。

☑ **03** 事件解決のショコウが射した。

☑ **04** オダてて一杯おごらせる。

☑ **05** 鳥が木の実をツイバむ。

☑ **06** 父のイハイに手を合わせる。

☑ **07** 両者をテンビンにかける。

☑ **08** 両手で頭部をカバう。

☑ **09** 親をナイガシろにする不孝者。

☑ **10** コトナカれ主義で世渡りしてきた。

解答	解説
億劫《おっくう》	億劫《おっくう》：わずらわしくて、やる気が出ないこと。 ☒「憶」「臆」などと書き誤らない
珊瑚礁《さんごしょう》	珊瑚礁《さんごしょう》：珊瑚が堆積してできた岩礁。 出例 珊瑚《さんご》
曙光《しょこう》	曙光《しょこう》：夜明けの光。転じて、明るいきざし。 出例 曙《あけぼの》 訓読 曙（あけぼの）
煽《おだ》てて 扇《おだ》てて	煽《おだ》てる：相手を必要以上にほめていい気にさせる。もちあげる。 出例 煽《あお》る・扇《あお》る 熟語 煽動《せんどう》／煽情《せんじょう》
啄《ついば》（啅《ついば》）む	啄《ついば》む：（「啅」は1級用漢字）くちばしでつついて食べること。 熟語 啄木《たくぼく》（きつつきの別名）
位牌《いはい》	位牌《いはい》：死者の戒名を書いた木の札。
天秤《てんびん》	天秤《てんびん》：「天秤にかける」は、優劣や損得を見比べること。 訓読 秤（はかり）
庇《かば》う	庇《かば》う：助け守ること。 出例 庇護《ひご》 熟語 高庇《こうひ》／庇護《ひご》 他訓 庇（ひさし）
蔑《ないがし》ろ	蔑《ないがし》ろ：侮り軽んずること。「無《な》きが代《しろ》」の音便。 出例 軽蔑《けいべつ》 熟語 蔑視《べっし》
事勿《ことなか》れ	事勿《ことなか》れ：「事勿れ主義」は何も起こらないことを願う消極的な姿勢。 出例 勿怪《もっけ》・物怪《もっけ》／勿論《もちろん》

頻出度 A

書き取り（ノーマル）⑦

次の＿＿線部分の**カタカナ**を**漢字**で答えよ。

☑ **01** 天子のゲキリンにふれる。

☑ **02** フスマをそっと開ける。

☑ **03** イソップの話はグウイに富む。

☑ **04** コソクな手段を取る。

☑ **05** 新聞は社会のボクタクだ。

☑ **06** フライパンの中でバターがトロけた。

☑ **07** 天井がススけている。

☑ **08** 釈迦はボダイジュの下で悟りを開いた。

☑ **09** キママな独身生活を送る。

☑ **10** ウンカのごとく群集が押し寄せる。

解答	解説
逆鱗《げきりん》	逆鱗《げきりん》：龍のあごの下の逆さに生えた鱗。ここに触れると龍は怒ってその人を殺すという伝説から、「逆鱗に触れる」は目上の人を怒らせること。出例 片鱗《へんりん》
襖《ふすま》	襖《ふすま》：部屋を仕切る建具の一種。「唐紙」ともいう。出例 襖越《ふすまご》し／襖紙《ふすまがみ》 熟語 襖《ふすま》障子《しょうじ》／襖絵《ふすまえ》
寓意《ぐうい》	寓意《ぐうい》：他事にかこつけて教訓、風刺を含む意をほのめかすこと。出例 寄寓《きぐう》 訓読 寓（よせる・やどる・かりずまい・かこつける）
姑息《こそく》	姑息《こそく》：一時のがれ。熟語 姑且《こしょ》（しばらく） 訓読 姑（しゅうとめ・しゅうと・おんな・しばらく）
木鐸《ぼくたく》	木鐸《ぼくたく》：教導するもの。豆「木鐸」は木の舌を持つ大きな鈴。昔、中国で文事の命令を発するときに用いた 熟語 風鐸《ふうたく》／銅鐸《どうたく》
蕩《とろ》（盪《とろ》）けた	蕩《とろ》ける：（「盪」は1級用漢字）溶けて形が崩れること。固い心がゆるむこと。出例 放蕩《ほうとう》 熟語 蕩心《とうしん》（心を惑わす、自堕落な心）
煤《すす》けて	煤《すす》けて：すすで黒くなること。熟語 煤煙《ばいえん》／煤印《ばいいん》（墨書）
菩提樹《ぼだいじゅ》	菩提樹《ぼだいじゅ》：クワ科の常緑高木。別にシナノキ科の落葉高木もある。出例 菩薩《ぼさつ》／菩提《ぼだい》 熟語 菩提心《ぼだいしん》（仏道を求める心）
気儘《きまま》	気儘《きまま》：他に縛られず、自由な。勝手きまま。出例 儘《まま》 用例 儘《まま》ならぬ世《よ》の中《なか》 熟語 我儘《わがまま》
雲霞《うんか》	雲霞《うんか》：大勢の人を表現する語。出例 霞《かすみ》 ×昆虫の浮塵子《うんか》と混同しない 熟語 霞光《かこう》（朝焼け、夕焼けの輝き）／彩霞《さいか》

頻出度 A

書き取り（ノーマル）⑧

次の____線部分の**カタカナ**を**漢字**で答えよ。

☑ **01** アタカも天女のような美しさだ。

☑ **02** 湖でボートをコぐ。

☑ **03** 裕福な伯父がカネヅルだ。

☑ **04** 春の野でサワラビが萌え出した。

☑ **05** ギキョウ心に富んだ親分を慕う。

☑ **06** お中元にツクダニをおくる。

☑ **07** 思わぬ結末にアゼンとする。

☑ **08** その高さといったら全くケタ違いだ。

☑ **09** 古い史料をヘンサンする。

☑ **10** ワニ革の札入れが落ちていた。

解答	解説
恰《あたか》も 宛《あたか》も	恰《あたか》も：まるで。ちょうど。さながら。 出例 恰幅《かっぷく》
漕《こ》ぐ	漕《こ》ぐ：櫓や櫂かいなどで水をかいて船を動かすこと。出例 漕艇《そうてい》（ボートをこぐこと） 熟語 漕運《そううん》／回漕《かいそう》　他訓 漕（はこぶ）
金蔓《かねづる》	金蔓《かねづる》：金を得る手がかり。金を出してくれる人。出例 蔓《はびこ》る・蔓延《はびこ》る／蔓延《まんえん》（曼衍《まんえん》） 熟語 手蔓《てづる》（手がかり）／蔓引《まんいん》
早蕨《さわらび》	早蕨《さわらび》：芽が出たばかりのわらび。 出例 蕨《わらび》　熟語 蕨拳《けっけん》（わらびの若芽）／蕨薇《けつび》（わらびとぜんまい。「薇」は１級用漢字）
義侠《ぎきょう》	義侠《ぎきょう》：強きをくじき、弱きを助けること。 出例 義侠心《ぎきょうしん》／任侠《にんきょう》・仁侠《にんきょう》
佃煮《つくだに》	佃煮《つくだに》：魚介類などを煮つめた食品。「佃」は江戸の佃島のこと。
啞然《あぜん》	啞然《あぜん》：あきれて言葉も出ないさま。
桁《けた》	桁《けた》：数の位。「桁違い」は、標準とはるかに違っていること。桁外れ。 出例 桁違《けたちが》い
編纂《へんさん》	編纂《へんさん》：材料を集め、取捨、整理して書物を作ること。 熟語 纂修《さんしゅう》／纂述《さんじゅつ》
鰐《わに》	鰐《わに》：東南アジアやアフリカなどに生息する大型爬虫類。

頻出度 A

書き取り（同音同訓異字）①

次の＿＿線部分の**カタカナ**を**漢字**で答えよ。

☐ **01** ウの花が夏の到来を告げる。

☐ **02** ウの目鷹の目で探す。

☐ **03** 周辺の国々をセッケンしていく。

☐ **04** セッケンで手を洗う。

☐ **05** 背を曲げて苦しそうにせく。

☐ **06** 発車時刻が迫って気がセく。

☐ **07** 眼鏡の曇りをフく。

☐ **08** 三年毎に屋根をフく。

☐ **09** 敵陣にセッコウを放つ。

☐ **10** セッコウ像をデッサンした。

解答	解説
卯《う》	卯《う》:「卯の花」は卯木《うつぎ》(ユキノシタ科落葉低木)の花。出例 倦《う》む/膿《う》む/熟《う》む 豆「卯月《うづき》」は陰暦四月のこと
鵜《う》	鵜《う》:ペリカン目ウ科の鳥の総称。海岸・湖沼などに群棲し、潜水して魚を捕らえ、水面に浮上してから飲み込む習性がある。
席捲《せっけん》 席巻《せっけん》	席捲《せっけん》:凄まじい勢いで勢力を広げること。 出例 接見《せっけん》/節倹《せっけん》
石鹸《せっけん》	石鹸《せっけん》:「鹸」は「塩気、灰汁《あく》」を意味する漢字。
咳《せ》(喘《せ》・嗽《せ》)く	咳《せ》く:(「喘・嗽」は1級用漢字)せきをすること。 出例 堰《せ》く・塞《せ》く 熟語 咳唾《がいだ》/労咳《ろうがい》(肺結核) 他訓 咳(せき・しわぶく・しわぶき)
急《せ》く	急《せ》く:急ぐこと。あせること。 熟語 急務《きゅうむ》/至急《しきゅう》
拭《ふ》く	拭《ふ》く:汚れをぬぐうこと。 熟語 清拭《せいしき》/払拭《ふっしょく》
葺《ふ》く	葺《ふ》く:板や瓦で屋根を覆うこと。 熟語 葺繕《しゅうぜん》/補葺《ほしゅう》 音読 葺(シュウ)
斥候《せっこう》	斥候《せっこう》:敵の様子をひそかに探ること。また、そのための少人数の兵。
石膏《せっこう》	石膏《せっこう》:鉱物の名。彫刻材料、また陶磁器やセメントの材料。 熟語 膏薬《こうやく》/膏雨《こうう》(恵みの雨)

頻出度 A

書き取り（同音同訓異字）②

次の＿＿線部分の**カタカナ**を**漢字**で答えよ。

☑ **01** 夜空にセンコウが走った。

☑ **02** 大学でのセンコウ科目を決める。

☑ **03** シシとして受験勉強に励む。

☑ **04** シシ累々たる戦場を目にした。

☑ **05** 事実を知って顔面ソウハクになる。

☑ **06** 古人のソウハクをなめる。

☑ **07** 山海の珍味をタンノウした。

☑ **08** タンノウ炎と診断された。

☑ **09** 古い絵の具を慎重にハぐ。

☑ **10** 台風で溜まった水をハかす。

解答	解説
閃光《せんこう》	閃光《せんこう》：一瞬ひらめく光。出例 穿孔《せんこう》 熟語 紫電一閃《しでんいっせん》(刀剣のきらめき、鋭い眼光などのたとえ) 訓読 閃(ひらめく)
専攻《せんこう》	専攻《せんこう》：ある分野を専門に研究すること。
孜孜《しし》(孳孳《しし》)	孜孜《しし》：(「孳」は1級用漢字) 懸命に努力すること。 出例 師資《しし》／獅子《しし》
死屍《しし》	死屍《しし》：死体、しかばね。「死屍累々」は多くの死体が折り重なっていること。 熟語 屍体《したい》／屍骸《しがい》 訓読 屍(かばね·しかばね)
蒼白《そうはく》	蒼白《そうはく》：青白いこと。「蒼白になる」は血の気が引くこと。出例 糟粕《そうはく》(魄《はく》) 熟語 蒼《そう》海《かい》(青海原)／蒼生《そうせい》(人民)
糟粕《そうはく》(魄《はく》)	糟粕《そうはく》：(「魄」は1級用漢字) かす。転じて、つまらないもののたとえ。
堪能《たんのう》	堪能《たんのう》：満足すること。 豆 技芸などが上手なことと混同して、当て字としてこの意で使うようになった
胆嚢《たんのう》	胆嚢《たんのう》：胆汁を貯蔵、濃縮する器官。「嚢」は「ふくろ」の意。
剝《は》ぐ	剝《は》ぐ：表面の部分をめくるようにして取り除く。身につけているものを脱がす。奪い取る、没収する。出例 禿《は》げる／矧《は》ぐ／剥《は》げる 熟語 剝奪《はくだつ》／剝製《はくせい》 表外読み 剝(ホク・むく・とる)
捌《は》かす	捌《は》かす：水はけをよくすること。また、売り尽くすこと。 他訓 捌(さばく・さばける・はける)

頻出度 **A**

書き取り（同音同訓異字）③

次の＿＿線部分の**カタカナ**を**漢字**で答えよ。

☑ **01**　朝顔のツルが伸びてきた。

☑ **02**　「ツルの恩返し」を舞台化する。

☑ **03**　起業する夢はツイえ去った。

☑ **04**　貯金がツイえるまでになった。

☑ **05**　駅頭でちらしをマく。

☑ **06**　花壇に花の種をマく。

☑ **07**　ソセイの商品が市場に出回る。

☑ **08**　心臓マッサージでソセイした。

☑ **09**　無責任な言辞をロウする。

☑ **10**　耳をロウするばかりの音量だった。

解答	解説
蔓《つる》	蔓《つる》：他のものに巻きついて伸びる植物の茎やひげ。 出例 弦《つる》　✕弦
鶴《つる》	鶴《つる》：ツル科の鳥の総称。熟語 鶴企《かくき》／鶴首《かくしゅ》（どちらも、鶴のように首をのばして人や便りを待つこと）／鶴髪《かくはつ》（白髪）　表外読み 鶴（カク・しろい）
潰《つい》え 弊《つい》え	潰《つい》える：崩れ壊れること（希望が〜、敵軍が〜）。 熟語 潰滅《かいめつ》／崩潰《ほうかい》
費《つい》える	費《つい》える：使われて減ること。
撒《ま》く	撒《ま》く：物などを広い範囲にばらばらなるよう散らす。物を配って行き渡らせる。出例 巻《ま》く・捲《ま》く　✕「蒔」「播」などと書き誤らない　熟語 撒水《さんすい(さっすい)》／撒布《さんぷ》
蒔《ま》く 播《ま》く	蒔《ま》く：植物の種子を畑などに散らし埋める。「種を蒔く」には物事の原因を作るという意味もある。
粗製《そせい》	粗製《そせい》：つくり方が粗雑でいい加減なこと。 出例 組成《そせい》
蘇《そ》(甦《そ》)生《せい》	蘇生《そせい》：(「甦」は1級用漢字) 息を吹き返すこと。 訓読 蘇（ふさ・よみがえる）
弄《ろう》する	弄《ろう》する：もてあそぶ。からかう。いろいろな手段を巧みに用いる。出例 労《ろう》する　熟語 翻弄《ほんろう》／弄玩《ろうがん》　表外読み 弄（いじくる・いじる・いらう・あなどる・たわむれる）
聾《ろう》する	聾《ろう》する：耳を聞こえなくすること。 熟語 聾俗《ろうぞく》（無知の者）／聾昧《ろうまい》（無知なこと）

頻出度
A

誤字訂正①

次の各文にまちがって使われている**同じ音訓の漢字が一字**ある。**誤字**と**正しい漢字**を答えよ。

☐ **01** 隣接する工場から流れてくる培煙で洗濯物が汚れて困ると母は愚痴を零した。

☐ **02** 恩顧を受けた主君を謀殺してその地位を奪うとは錦獣にも劣る行為ではないか。

☐ **03** 旧軍組織論に関する論文は解渋な文体にも拘わらず該分野専攻学生に影響を与えている。

☐ **04** 一時は画壇の寵児として君臨したが時代の功尚が変化して人気は泡沫の如く消滅した。

☐ **05** 心筋梗塞の術後の老父に発熱と咳の症状が現れたが容態は漸時回復し一同愁眉を開いた。

☐ **06** 現政権に不満を抱く東国武士集団が源氏の党梁を奉じて挙兵し忽ち一帯を席捲した。

☐ **07** 幾年もかけて街道沿いに美しい茅拭き屋根の家並みを再現し今では人気の観光地だ。

☐ **08** 人々の熱気が渦巻く嫌噪の巷を遠ざかり自宅の閑静な書斎に籠もって漸く安息を得た。

☐ **09** 薄暮冥冥の中では人を判別し難く「誰そ彼」と尋ねたことが黄混の和訓の由来となった。

☐ **10** 前線を突破し怒騰の如く殺到する敵軍を禦ぎ切れず親衛隊は竜駕を奉じて都を離れた。

解答	解説
培→煤	煤煙《ばいえん》：燃料を燃やして出る煙とすす。 訓読 煤（すす・すすける）
錦→禽	禽獣《きんじゅう》：鳥とけだもの。 熟語 家禽《かきん》／猛禽《もうきん》
解→晦	晦渋《かいじゅう》：表現が難解で意味が分かりにくいこと。
功→好	好尚《こうしょう》：このみのこと。また、流行のこと。
時→次	漸《ぜん》次《じ》：時間経過と共に少しずつ変わっていくこと。
党→棟	棟梁《とうりょう》：統率者のこと。大工の頭の意もある。
拭→葺	茅《かや》葺《ぶ》き：葉が細長いカヤを材料に屋根をふくこと。
嫌→喧	喧噪《けんそう》：やかましくて、落ち着きのないさま。
混→昏	黄昏《こうこん》：夕暮れ時のこと。 豆 「黄昏」は「たそがれ」とも読む
騰→濤	怒濤《どとう》：荒れ狂う大波のこと。

頻出度
A

誤字訂正②

次の各文にまちがって使われている**同じ音訓の漢字が一字**ある。**誤字と正しい漢字**を答えよ。

☑ **01** 少女は自ら縫った清疎な白い服の襟元に色取り取りの糸で刺繍を施した。

☑ **02** 爆撃を受けて死滅した街の処々で燐火が燃えているのには肌が泡立つ思いがした。

☑ **03** 家の道楽息子は歳末の掻き入れ時だというのに手伝いもせず遊里に入り浸りだ。

☑ **04** 鍛え上げた強甚な肉体で重い荷物を担ぎ衝立のような垂直の岩壁を登り始めた。

☑ **05** 急な羅旋階段を上って屋上に出ると街全体を眼下に見下ろす風景が広がっていた。

☑ **06** 山間に一軒だけある静かな温泉宿に暫く投留して新作を執筆することにした。

☑ **07** 長年脇役を務めてきた自分に褒章が授与されるとは全く役者妙利に尽きることだ。

☑ **08** 小学校の卒業生たちは自ら作った手好き紙の卒業証書を誇らしげに受け取った。

☑ **09** 若い時から友の後陣を拝してばかりいるが嫉妬の感情が湧かないのは不思議だ。

☑ **10** 内乱の原因については情報が錯争しており整理して分析する必要がありそうだ。

合格点 8/10　1回目 月 日 /10　2回目 月 日 /10

解答	解説
疎➡楚	清楚《せいそ》：清らかですっきりとしたさま。
泡➡粟	粟立《あわだ》つ：恐怖や寒さなどのため、毛穴が収縮して、毛穴が粟粒のようにふくれること、またそのさま。鳥肌が立つ。
掻➡書	書《か》き入《い》れ時《どき》：「帳簿の記入に忙しい時」のことから転じて、商売が繁盛してもうけが多い時を指す。
甚➡靱	強靱《きょうじん》：強くて弾力性があること。
羅➡螺	螺旋《らせん》：巻き貝の殻のように巻いているもの。 熟語 法螺《ほら》／栄螺《さざえ》
投➡逗	逗留《とうりゅう》：滞在すること。 訓読 逗（とどまる・くぎり）
妙➡冥	冥利《みょうり》：ある立場にいることで受ける幸福。恩恵。 熟語 冥加《みょうが》／冥途《めいど》
好➡漉・抄	手漉《てす》き：機械ではなく、手で紙を漉くこと。また、漉き紙のこと。
陣➡塵	後塵《こうじん》：車などが走った後の土ぼこり。 用例 後塵《こうじん》を拝《はい》する（おくれをとる、人につき従う）
争➡綜	錯綜《さくそう》：複雑に入り混じっていること。

頻出度 A

四字熟語（書き取り）①

次の四字熟語の□に入る適切な語を右の□から選び**漢字二字**で答えよ。

☑ 01 □□猛進

☑ 02 □□蜜語

☑ 03 □□附会

☑ 04 □□凝議

☑ 05 □□戴天

☑ 06 虚心□□

☑ 07 □□曲浦

☑ 08 □□神助

☑ 09 □□一触

☑ 10 □□準縄

がいしゅう
きく
きゅうしゅ
けんきょう
たんかい
ちょうてい
ちょとつ
てんげん
てんゆう
ふぐ

解答	解説
猪突猛進《ちょとつもうしん》	猪がまっすぐに突っ走るように、目標に対して向こう見ずに突進すること。
甜言蜜語《てんげんみつご》	蜜のように甘い言葉。聞いて快いへつらいの言葉。 出例 「蜜語《みつご》」も問われる
牽強附会《けんきょうふかい》	自分の都合のいいように、道理に合わないことを無理にこじつけること。
鳩首凝議《きゅうしゅぎょうぎ》	人々が額を寄せ合って（鳩首）、熱心に相談すること（凝議）。出例 「凝議《ぎょうぎ》」も問われる 類義語 鳩首協議《きゅうしゅきょうぎ》
不倶戴天《ふぐたいてん》	同じ天の下には生かしておけないほど深い恨みや憎しみのこと。元は、父の仇。 出例 「戴天《たいてん》」も問われる
虚心坦懐《きょしんたんかい》	心に何のわだかまりもなく、平静に事にのぞむさま。「坦懐」はわだかまりがなく、さっぱりした心持ち。
長汀曲浦《ちょうていきょくほ》	長く続く汀と曲がりくねった入り江。 出例 「曲浦《きょくほ》」も問われる
天佑神助《てんゆうしんじょ》 天祐神助《てんゆうしんじょ》	天や神のご加護、また思いがけない偶然に恵まれて助かること。
鎧袖一触《がいしゅういっしょく》	敵をたやすく打ち負かしてしまうたとえ。鎧の袖で、ほんの少し触っただけで打ち負かす意。
規矩準縄《きくじゅんじょう》	物事や行為の標準・法則・手本。「規」はコンパス、「矩」は曲尺、「準」は水準器、「縄」は墨縄（直線を引く道具）。出例 「準縄《じゅんじょう》」も問われる

頻出度 A

四字熟語（書き取り）②

次の四字熟語の□に入る適切な語を右の□から選び**漢字二字**で答えよ。

☑ 01 □□万里

☑ 02 □□同時

☑ 03 □□雀躍

☑ 04 □□重来

☑ 05 □□奮迅

☑ 06 前途□□

☑ 07 沈魚□□

☑ 08 □□夢幻

☑ 09 □□錦繍

☑ 10 □□転生

きんき
けんど
しし
そったく
ほうてい
ほうまつ
らくがん
りょうえん
りょうら
りんね

解答	解説
鵬《ほう》程《てい》万《ばん》里《り》	前途の偉大なことのたとえ。また、前途洋洋たることや大自然の広大さについてもいう。「万里鵬程《ばんりほうてい》」ともいう。
啐《そっ》啄《たく》同《どう》時《じ》	逃すことのできない好機。「啐」は孵化する際に雛が殻の中で鳴く声。「啄」は親鳥が殻をつつくこと。本来は禅で悟りに導くこと。
欣《きん》喜《き》雀《じゃく》躍《やく》	大喜びすること。「雀躍」は雀が飛びはねるさま。出例「雀躍《じゃくやく》」も問われる 類義語 歓喜雀躍《かんきじゃくやく》
捲《けん》土《ど》重《ちょう》来《らい》 巻《けん》土《ど》重《ちょう》来《らい》	一度失敗した者が勢いを盛り返し、再挙を図ること。「捲土」は砂ぼこりを巻き上げる意。「重来」は「じゅうらい」とも読む。
獅《し》子《し》奮《ふん》迅《じん》	獅子(ライオン)が奮い立って猛進するように、激しく活動すること。 出例「奮迅《ふんじん》」も問われる
前《ぜん》途《と》遼《りょう》遠《えん》	目的を達成するまでの道のりが、はるかに遠くて困難なさま。類義語 前途多難《ぜんとたなん》
沈《ちん》魚《ぎょ》落《らく》雁《がん》	美人の形容。その美しさに圧倒されて魚は水中深く隠れ、雁は見とれて空から落ちるほどだということ。
泡《ほう》沫《まつ》夢《む》幻《げん》	人生のはかなさをいう語。「泡沫」は水面に浮かぶ泡、「夢幻」は夢と幻で、はかないもののたとえ。出例「夢幻《むげん》」も問われる
綾《りょう》羅《ら》錦《きん》繍《しゅう》	絹や錦、刺繍を施した衣服など、上質できらびやかな衣服のこと。 出例「錦繍《きんしゅう》」も問われる
輪《りん》廻《ね》転《てん》生《しょう》	車輪が廻り続けるように、人が生まれ変わり続けること。「転生輪廻《てんしょうりんね》」ともいう。

頻出度 A

四字熟語（書き取り）③

次の四字熟語の□に入る適切な語を右の［　］から選び**漢字二字**で答えよ。

☑ 01 □□昇天

☑ 02 曲学□□

☑ 03 周章□□

☑ 04 自家□□

☑ 05 焚書□□

☑ 06 □□走牛

☑ 07 □□美俗

☑ 08 情緒□□

☑ 09 □□喪志

☑ 10 □□妖怪

あせい
がんぶつ
きょくじつ
こうじゅ
こり
じゅんぷう
てんめん
どうちゃく
ぶんぼう
ろうばい

合格点 8/10　1回目　月　日　/10　2回目　月　日　/10

解答	解説
旭日昇天《きょくじつしょうてん》	朝日が勢いよく天に昇る意から、勢力がきわめて盛んなたとえ。
曲学阿世《きょくがくあせい》	真理を曲げて、世間が気に入るような説を立てること。また、そのような人。「阿世」は世におもねる意。✕亜世
周章狼狽《しゅうしょうろうばい》	大いにあわてふためくこと。「周章」「狼狽」はともにあわてる意。出例「周章《しゅうしょう》」も問われる　対義語 泰然自若《たいぜんじじゃく》
自家撞着《じかどうちゃく》 自家撞著《じかどうちゃく》	同じ人の文章などが、前後で矛盾していること。「撞着」はつじつまが合わないこと。「どうじゃく」とも読む。
焚書坑儒《ふんしょこうじゅ》	思想や学問を弾圧すること。「焚書」は書物を焼くこと、「坑儒」儒者を穴埋めにすることで、これらを行ったとされる秦の始皇帝の暴政から。出例「焚書《ふんしょ》」も問われる
蚊虻走牛《ぶんぼうそうぎゅう》	小さなものが強大なものを制すること。ささいなことが原因で大きな災難が起こること。
醇風美俗《じゅんぷうびぞく》 淳風美俗《じゅんぷうびぞく》	人情の厚い、美しい風俗や習慣。「醇風」は人情の厚い風俗。類義語 良風美俗《りょうふうびぞく》
情緒纏綿《じょうしょてんめん》	「纏綿」は、からみつく意。情緒が心にまつわりついて離れないさま。豆「情緒《じょうしょ》」は「じょうちょ」とも読む（慣用読み）
玩物喪志《がんぶつそうし》	他の物事に心を奪われて、大切な志を失うこと。 出例「喪志《そうし》」も問われる
狐狸妖怪《こりようかい》	人間をだましたり脅かしたりする悪い生き物。ひそかに悪事を働く者のたとえ。 出例「妖怪《ようかい》」も問われる

頻出度
A

四字熟語（書き取り）④

次の四字熟語の□に入る適切な語を右の［　　］から選び**漢字二字**で答えよ。

☑ **01** 紫電□□

☑ **02** 天神□□

☑ **03** □□断機

☑ **04** 四面□□

☑ **05** 容貌□□

☑ **06** □□一律

☑ **07** 抜山□□

☑ **08** 阿鼻□□

☑ **09** 君子□□

☑ **10** 鶏鳴□□

いっせん
かいい
がいせい
きょうかん
くとう
せんぺん
そか
ちぎ
ひょうへん
もうぼ

解答	解説
紫電一閃《しでんいっせん》	非常に短い時間。また、その間の事態の急激な変化。「紫電」は剣を一振りするとき、一瞬閃く鋭い光のことをいう。
天神地祇《てんしんちぎ》	天《あま》つ神《かみ》と国《くに》つ神《かみ》。すべての神々。「地祇」は地の神、国土の神。「天神」は「てんじん」とも読む。 類義語 天地神明《てんちしんめい》
孟母断機《もうぼだんき》	学問を途中でやめてしまっては何もならないという戒め。 類義語 断機《だんき》之《の》戒《いましめ》
四面楚歌《しめんそか》	周りが敵ばかりで、一人の味方もいないこと。楚の項羽が滅びるときの故事から。
容貌魁偉《ようぼうかいい》	姿かたちが堂々と大きく、立派なさま。「魁偉」は体格が大きく立派なこと。 出例 「容貌《ようぼう》」も問われる ✕魁異
千篇一律《せんぺんいちりつ》 千編一律《せんぺんいちりつ》	変わりばえがせず、面白みに欠けること。「千篇」は多くの詩篇（詩集）、「一律」は変化がないこと。
抜山蓋世《ばつざんがいせい》	山を引き抜くほど強大な力と、世を覆い尽くすほどの盛んな意気込み。楚の項羽が最期を迎えるときに歌った詩に基づく。
阿鼻叫喚《あびきょうかん》	非常にむごたらしいさま。現世で最悪の罪を犯した者が阿鼻地獄に落ちて責め苦を受け、泣き叫ぶことから。 出例 「阿鼻《あび》」も問われる
君子豹変《くんしひょうへん》	優れた人間は、直ちに過ちを改め正しい方向に向かう意。現在では、要領よく主張や態度を変える意味で使われる。
鶏鳴狗盗《けいめいくとう》	つまらない技能を持つ人のたとえ。また、そんな人でも役に立つことがある、というたとえ。「狗盗」は「こうとう」とも読む。

頻出度
A

四字熟語（書き取り）⑤

次の四字熟語の□に入る適切な語を右の[　　]から選び**漢字二字**で答えよ。

☑ **01** □□塗説

☑ **02** □□嘗胆

☑ **03** 赤手□□

☑ **04** 温柔□□

☑ **05** 清濁□□

☑ **06** 気息□□

☑ **07** □□舜雨

☑ **08** 膏火□□

☑ **09** 百尺□□

☑ **10** 魚目□□

えんえん
えんせき
がしん
かんとう
ぎょうふう
くうけん
じせん
どうちょう
とんこう
へいどん

解答	解説
道聴塗説《どうちょうとせつ》	学問などを正しく理解せず、生半可に知ったかぶりをして人に話すこと。受け売りの話をすること。出例「塗説《とせつ》」も問われる
臥薪嘗胆《がしんしょうたん》	目的を達するために長く苦しみに耐えること。とくに復讐のために苦労を耐え忍ぶこと。出例「嘗胆《しょうたん》」も問われる　類義語 坐薪懸胆《ざしんけんたん》
赤手空拳《せきしゅくうけん》	助けをかりず、自分だけの力で物事を行うこと。「赤手」は素手、「空拳」は武器をもたない拳のこと。類義語 徒手空拳《としゅくうけん》
温柔敦厚《おんじゅうとんこう》 温柔惇厚《おんじゅうとんこう》	やさしく穏やかなこと。「敦厚」は手厚いこと。類義語 温良篤厚《おんりょうとっこう》
清濁併呑《せいだくへいどん》	度量が広く、善も悪も分け隔てなく受け容れること。
気息奄奄《きそくえんえん》(淹淹《えんえん》)	(「淹」は1級用漢字) 息も絶え絶えで今にも死にそうなさま。「奄」は、ふさがる意。出例「気息《きそく》」も問われる
尭風舜雨《ぎょうふうしゅんう》	古代中国の神話時代の皇帝である尭や舜のような聖天子の恵みが世界に行き渡っている。出例「舜雨《しゅんう》」も問われる
膏火自煎《こうかじせん》	財産や才能があるがために、却って身を滅ぼすことになるというたとえ。あぶらは燃えて明るくなるが、自らを焼いて燃え尽きてしまうことから。出例「膏火《こうか》」も問われる
百尺竿頭《ひゃくせきかんとう》	到達することのできる最高点。「百尺竿頭一歩《ひゃくせきかんとういっぽ》を進《すす》む」で、最高点からさらに努力して先に進む意味。「百尺」は「ひゃくしゃく」とも読む。
魚目燕石《ぎょもくえんせき》	本物とまぎらわしい無価値なもの。魚の目玉と燕山(河北省の山)の石は、一見宝石に似ているが偽物であることから。

頻出度 **A**

四字熟語（意味と読み）①

次の**01～08**の**解説・意味**にあてはまる四字熟語を右の□から選び、その＿＿**線部分だけの読み**を**ひらがな**で答えよ。

☐ **01** 行動や運命を共にすること。

☐ **02** わずかな時間。

☐ **03** 外見と内面がよく調和していること。

☐ **04** 勢力がきわめて盛んなことのたとえ。

☐ **05** 心底から友人を思うこと。

☐ **06** 亡国の嘆き。

☐ **07** 過ちを上手にとりつくろうこと。

☐ **08** 望むだけでは願い事はかなわないこと。

旭日昇天
一蓮托生
按図索駿
胡馬北風
確乎不抜
麦秀黍離
波濤万里
落筆点蠅
文質彬彬
屋梁落月
臨淵羨魚
紫電一閃

解答	解説
いちれん	一蓮托生《いちれんたくしょう》 **補足** 事の善悪にかかわらず行動や運命を共にすること。仏教の語で、善行をした者が極楽浄土の同じ蓮の花の上に生まれ変わることから。(豆)「托生《たくしょう》」は「託生《たくしょう》」とも書く
いっせん	紫電一閃《しでんいっせん》 **補足** わずかな時間。また、事態の急激な変化の形容。「紫電」は剣を一振りするときに閃く光、「一閃」は一瞬の閃きをいう。
ひんぴん	文質彬彬《ぶんしつひんぴん》 **補足** 外見の立派さと内面の実質がよく調和していること。「文」は外見上の美しさ、「質」は内面・中身の意。「彬彬」は外形と内容とが調和しているさま。
きょくじつ	旭日昇天《きょくじつしょうてん》 **補足** 勢力がきわめて盛んなことのたとえ。「旭日」は朝日、「昇天」は天に昇る意。朝日が勢いよく天に昇る意から。(豆)「旭日昇天《きょくじつしょうてん》の勢《いきお》い」の形で用いられる **類義語** 旭日東天《きょくじつとうてん》
おくりょう	屋梁落月《おくりょうらくげつ》 **補足** 心底から友人を思うこと。唐代の詩人杜甫が、流罪になった友人の李白を思いやって詠じた故事から。 **類義語** 落月屋梁《らくげつおくりょう》
しょり	麦秀黍離《ばくしゅうしょり》 **補足** 亡国の嘆き。殷の王族が荒れ果てた宮殿跡に生い茂る麦を見て悲しんで作った「麦秀歌」と、東周の大夫が黍畑となって荒れ果てている西周の宮殿跡を見て嘆いた詩「黍離」から。 **類義語** 麦秀《ばくしゅう》之《の》歌《うた》／黍離《しょり》之《の》歎《たん》
てんよう	落筆点蠅《らくひつてんよう》 **補足** 過ちを上手にとりつくろうこと。筆を落としてできてしまった汚れを、うまく蠅にえがく意。(豆)「落筆《らくひつ》、蠅《はえ》を点《てん》ず」とも読む
せんぎょ	臨淵羨魚《りんえんせんぎょ》 **補足** 望むだけでは願い事はかなわない、という教訓。むなしい望みを抱くことのたとえ。望みを叶えるには適切な手段を講じるべきである。淵をのぞいていても魚は手に入らない、家に帰って網を編むほうがよいということから。

頻出度
A

四字熟語（意味と読み）②

次の01～08の**解説・意味**にあてはまる四字熟語を右の□から選び、その＿＿**線部分だけの読み**を**ひらがな**で答えよ。

☑ **01** 文字の書き間違い。

☑ **02** 自分に都合よくこじつけること。

☑ **03** この世にありえない物のたとえ。

☑ **04** 取るに足らぬ小人物がはびこること。

☑ **05** 美しい女性。

☑ **06** 炊事ができないほど貧しいこと。

☑ **07** 不揃いなものが入り混じっている様子。

☑ **08** 万物がその本性に従って楽しむこと。

曲肱之楽
氷肌玉骨
兎角亀毛
参差錯落
鳶飛魚躍
朝蠅暮蚊
宛転蛾眉
甑塵釜魚
朋党比周
牽強附会
魯魚章草
太牢滋味

解答	解説
ろぎょ	魯《ろ》魚《ぎょ》章《しょう》草《そう》 補足 文字の書き間違い。「魯・魚」「章・草」の字形がそれぞれ似ていて誤りやすいことから。 類義語 魯《ろ》魚《ぎょ》之《の》謬《あやまり》
けんきょう	牽《けん》強《きょう》附《ふ》会《かい》 補足 道理に合わなくても自分に都合よくこじつけること。豆「附《ふ》会《かい》」は「付《ふ》会《かい》」「傅《ふ》会《かい》」とも書く（「傅」は1級用漢字） 類義語 漱《そう》石《せき》枕《ちん》流《りゅう》
きもう	兎《と》角《かく》亀《き》毛《もう》 補足 この世にありえない物のたとえ。兎に角が生え、亀に毛が生える意から。
ちょうよう	朝《ちょう》蠅《よう》暮《ぼ》蚊《ぶん》 補足 取るに足らぬ小人物がはびこること。やたらと人にまとわりつく、朝の蠅と夕方の蚊の意から。「蠅」と「蚊」は小人物のたとえ。
ひょうき	氷《ひょう》肌《き》玉《ぎょっ》骨《こつ》 補足「氷肌」は氷のように清らかな肌、また梅の花のたとえ。「玉骨」は高潔な姿のたとえ。
そうじん	甑《そう》塵《じん》釜《ふ》魚《ぎょ》 補足 長い間使わずにいるので、蒸し道具の甑には塵が積もり釜の中では魚が泳いでいるという故事から、貧しくて食べるにも事欠くさま。
しんし	参《しん》差《し》錯《さく》落《らく》 補足 「参差」は長短・高低のふぞろい、「錯落」は多くのものが混じっていること。「参差」を「さんさ」と読み誤らない。
えんぴ	鳶《えん》飛《ぴ》魚《ぎょ》躍《やく》 補足 鳶が空を飛び、魚が淵に躍るように、万物がその本性に従って楽しむことのたとえ。また、君主の恩徳が広く及ぶことのたとえ。

頻出度
A

四字熟語（意味と読み）③

次の01～08の**解説・意味**にあてはまる四字熟語を右の□から選び、その＿＿**線部分だけの読み**を**ひらがな**で答えよ。

☑ **01** 取り柄がなく平凡であることのたとえ。

☑ **02** 役に立たないもののたとえ。

☑ **03** 風流でないことのたとえ。

☑ **04** 集まって騒ぎ立てること。

☑ **05** 外面と内容が一致しないこと。

☑ **06** たくさんあること。

☑ **07** 物事や行為の法則や基準。

☑ **08** 非常に美しい女性の形容。

焚琴煮鶴
羊頭狗肉
鉤縄規矩
竹頭木屑
浮花浪蕊
含牙戴角
白駒空谷
邑犬群吠
稲麻竹葦
満腔春意
温文爾雅
沈魚落雁

解答	解説
ろうずい	浮花浪蕊《ふかろうずい》 **補足** 取り柄がなく、平凡であることのたとえ。「浮花」「浪蕊」とも、実を結ばないむだ花のこと。
ぼくせつ	竹頭木屑《ちくとうぼくせつ》 **補足** 役に立たないもののたとえ。「竹頭」は竹の切れ端、「木屑」は木くず。つまらないもの。また、つまらないものでも何かに役立つかもしれないので、粗末にしないこと。
ふんきん	焚琴煮鶴《ふんきんしゃかく》 **補足** 殺風景であることのたとえ。風流心のないことのたとえ。琴を焼き、鶴を煮る意。
ゆうけん	邑犬群吠《ゆうけんぐんばい》 **補足** つまらない者たちが集まって騒ぎ立てること。つまらない人物が集まり、人のうわさや賢人の非難などを盛んに言い合うさま。村里（邑）の犬が群がって盛んに吠え立てる意から。
くにく	羊頭《ようとう》狗肉《くにく》 **補足** 外面と内容が一致しないことのたとえ。「羊頭《ようとう》を懸《か》けて狗肉《くにく》を売《う》る」を略したもの。
ちくい	稲麻竹葦《とうまちくい》 **補足** たくさんあること。人や物が群がり入り乱れているさま。稲や麻、竹、葦が群生している様子から。
こうじょう	鉤縄《こうじょう》規矩《きく》 **補足** 物事や行為の法則や基準。「鉤」は曲線を引く道具、「縄」は直線を引く道具、「規」は円を描く道具（コンパス）、「矩」は直角をはかる道具（曲尺）。**類義語** 規矩《きく》準縄《じゅんじょう》
らくがん	沈魚落雁《ちんぎょらくがん》 **補足** 非常に美しい女性の形容。その美しさに圧倒されて魚は水中深く隠れ、雁は見とれて空から落ちるほどだということ。**類義語** 閉月羞《へいげつしゅう》花《か》

頻出度
A

四字熟語（意味と読み）④

次の01〜08の**解説・意味**にあてはまる四字熟語を右の［　］から選び、その＿＿**線部分だけの読み**を**ひらがな**で答えよ。

☑ **01** 大いにあわてふためくこと。

☑ **02** 到達することのできる最高点のこと。

☑ **03** 猛烈な勢いで学問に励むこと。

☑ **04** ごくありふれた平凡な人々。

☑ **05** 聞いていて快いへつらいの言葉。

☑ **06** 日と月。月日がはやく過ぎる意。

☑ **07** 一度失敗した者が再挙を図ること。

☑ **08** 永遠に変わらない堅い誓約。

百尺竿頭
改弦易轍
周章狼狽
捲土重来
金烏玉兎
甜言蜜語
雲竜井蛙
中流砥柱
磨穿鉄硯
張三李四
河山帯礪
楚材晋用

解答	解説
ろうばい	周章狼狽《しゅうしょうろうばい》 補足 大いにあわてふためくこと。「周章」「狼狽」ともに、あわてる意。 対義語 泰然《たいぜん》自《じ》若《じゃく》
かんとう	百尺竿頭《ひゃくせきかんとう》 補足 到達することのできる最高点のこと。百尺もある長い竿の先端のこと。 豆 「百尺《ひゃくせき》竿頭一歩《かんとういっぽ》を進《すす》む」で、最高点からさらに努力して先に進む意。「百尺」は「ひゃくしゃく」とも読む
ません	磨《ま》穿鉄硯《せんてっけん》 補足 猛烈な勢いで学問に励むこと。鉄の硯がすり減って穴があくほど学問に励むこと。物事を達成するまで、強い意志をもち続けること。 類義語 蛍窓雪案《けいそうせつあん》
りし	張三《ちょうさん》李《り》四《し》 補足 ごくありふれた平凡な人々。張家の三男と李家の四男。「張」や「李」は中国で多い姓。 類義語 張三《ちょうさん》呂《りょ》四《し》
てんげん	甜言蜜《てんげんみつ》語《ご》 補足 聞いていて快いへつらいの言葉。「甜」は甘い意。「甜言」「蜜語」ともに、甘い言葉。相手が気に入るように言う、へつらいの言葉。
きんう	金《きん》烏《う》玉《ぎょく》兎《と》 補足 日と月。月日がはやく過ぎる意。太陽の中には三本足の烏がすみ、月の中には兎がすむという中国の伝説から。それぞれ、太陽（日）と月のたとえ。 類義語 白《はく》兎《と》赤《せき》烏《う》
けんど	捲《けん》土《ど》重来《ちょうらい》 補足 一度失敗した者が勢いを盛り返し、再挙を図ること。「捲土」は砂ぼこりが巻き上がる意、「重来」は再びやってくる意。 豆 「捲《けん》土《ど》」は「巻《けん》土《ど》」とも書く。「重来」は「じゅうらい」とも読む
たいれい	河《か》山帯礪《ざんたいれい》 補足 永遠に変わらない堅い誓約。また、国が永久に栄えること。たとえ黄河が帯のように細くなっても、泰山がすり減って砥石のようになっても変わらないという意から。

頻出度 **A**

対義語・類義語①

次の01～05の**対義語**、06～10の**類義語**を右の□の中から選び、**漢字**で答えよ。□の中の語は一度だけ使うこと。

対義語

☐ **01** 強靱 ↔ (　　　)

☐ **02** 進取 ↔ (　　　)

☐ **03** 出家 ↔ (　　　)

☐ **04** 緊張 ↔ (　　　)

☐ **05** 熟視 ↔ (　　　)

類義語

☐ **06** 経緯 ＝ (　　　)

☐ **07** 遭遇 ＝ (　　　)

☐ **08** 固執 ＝ (　　　)

☐ **09** 誘発 ＝ (　　　)

☐ **10** 選出 ＝ (　　　)

げんぞく
こうでい
しかん
じゃっき
ぜいじゃく
たいえい
てんまつ
ばってき
べっけん
ほうちゃく

解答	解説
脆弱《ぜいじゃく》	もろく、弱いこと。 出例 頑丈《がんじょう》↔脆弱《ぜいじゃく》／頑強《がんきょう》↔脆弱《ぜいじゃく》
退嬰《たいえい》	新しい物事に取り組んでいくような積極的な気持ちがないこと。「嬰」は、乳飲み子。
還俗《げんぞく》	いったん出家して僧となった者が、もとの俗人に戻ること。「得度《とくど》」は、出家すること。 出例 出塵《しゅつじん》↔還俗《げんぞく》／出世《しゅっせ》↔還俗《げんぞく》
弛緩《しかん》	ゆるむこと。たるむこと。「弛」「緩」ともに、ゆるむ意。 出例 硬直《こうちょく》↔弛緩《しかん》
瞥見《べっけん》	ちらっと見ること。ざっと目を通すこと。一瞥。一見。 出例 凝視《ぎょうし》↔瞥見《べっけん》
顛末《てんまつ》	「顛」は、いただき、「末」は、すえの意。物事の初めから終わりまでの経緯。一部始終。 出例 首尾《しゅび》＝顛末《てんまつ》
逢着《ほうちゃく》・逢著《ほうちゃく》	出あうこと。出くわすこと。 出例 際会《さいかい》＝逢着《ほうちゃく》・逢著《ほうちゃく》
拘泥《こうでい》	こだわること。 出例 頓着《とんちゃく》＝拘泥《こうでい》／執着《しゅうちゃく》＝拘泥《こうでい》
惹起《じゃっき》	事件や問題などを引き起こすこと。「惹」は、ひく、ひきつける意。 出例 招来《しょうらい》＝惹起《じゃっき》／勃発《ぼっぱつ》＝惹起《じゃっき》
抜擢《ばってき》	多くの人の中から取り立てること。とくに選び出して用いること。 出例 登用《とうよう》＝抜擢《ばってき》／起用《きよう》＝抜擢《ばってき》

頻出度 A

対義語・類義語②

次の01～05の**対義語**、06～10の**類義語**を右の□の中から選び、**漢字**で答えよ。□の中の語は一度だけ使うこと。

対義語

□ **01** 尊崇 ↔ （　　）

□ **02** 危惧 ↔ （　　）

□ **03** 公平 ↔ （　　）

□ **04** 渋滞 ↔ （　　）

□ **05** 中枢 ↔ （　　）

類義語

□ **06** 出版 ＝ （　　）

□ **07** 滞在 ＝ （　　）

□ **08** 朝暮 ＝ （　　）

□ **09** 空前 ＝ （　　）

□ **10** 碇泊 ＝ （　　）

あんど
じょうし
しんちょく
たんせき
とうびょう
とうりゅう
へんぱ
ぼうとく
まっしょう
みぞう

解答	解説
冒瀆《ぼうとく》	神聖なものの権威をけがすこと。 出例 崇敬《すうけい》 ↔ 冒瀆《ぼうとく》/礼讃《らいさん》 ↔ 冒瀆《ぼうとく》
安堵《あんど》・案堵《あんど》	安心して落ち着きを得ること。 出例 憂慮《ゆうりょ》 ↔ 安堵《あんど》・案堵《あんど》/懸念《けねん》 ↔ 安堵《あんど》・案堵《あんど》
偏頗《へんぱ》(陂《ば》)	(「陂」は1級用漢字)考え方や立場などが一方にかたよっていること。不公平なこと。また、そのさま。「偏」「頗」とも、かたむく意。
進捗《しんちょく》(陟《ちょく》)	(「陟」は1級用漢字)物事がはかどること。 出例 停頓《ていとん》 ↔ 進捗《しんちょく》(陟《ちょく》)/凝滞《ぎょうたい》 ↔ 進捗《しんちょく》(陟《ちょく》)
末梢《まっしょう》	木の枝の先。物のはし。転じて、取るに足りないこと。 出例 基幹《きかん》 ↔ 末梢《まっしょう》/根幹《こんかん》 ↔ 末梢《まっしょう》
上梓《じょうし》	梓の木を版木に用いたことから、文字を版木に刻むこと。書物を出版すること。 出例 刊行《かんこう》 = 上梓《じょうし》
逗留《とうりゅう》	旅行先などに、しばらくとどまること。一つの場所にとどまって進まないこと。
旦夕《たんせき》	朝と晩。朝夕。始終。「旦」は、朝。
未曽有《みぞう》	これまでに一度もなかったこと。きわめて珍しいこと。「未《いま》だ曾《かつ》て有《あ》らず」の意。 出例 破天《はてん》 = 未曾有《みぞう》
投錨《とうびょう》	船が錨を下ろすこと。船が停泊(=碇泊)すること。

頻出度
A

対義語・類義語③

次の**01〜05**の**対義語**、**06〜10**の**類義語**を右の□の中から選び、**漢字**で答えよ。□の中の語は一度だけ使うこと。

対義語

□ **01** 払暁 ↔ (　　)

□ **02** 繁栄 ↔ (　　)

□ **03** 険阻 ↔ (　　)

□ **04** 枯渇 ↔ (　　)

□ **05** 鮮明 ↔ (　　)

類義語

□ **06** 仲介 ＝ (　　)

□ **07** 容赦 ＝ (　　)

□ **08** 腹心 ＝ (　　)

□ **09** 突如 ＝ (　　)

□ **10** 穎悟 ＝ (　　)

あっせん
かんじょ
こうこん
ここう
こつぜん
そうめい
ちょうらく
へいたん
もこ
ゆうしゅつ

解答	解説
黄昏《こうこん》	夕暮れ。たそがれ。「払暁《ふつぎょう》」は、明け方。 出例 昧旦《まいたん》↔黄昏《こうこん》 豆「黄昏」は「たそがれ」とも読む
凋落《ちょうらく》・彫落《ちょうらく》	盛んであったものが落ちぶれること。 出例 栄華《えいが》↔凋落《ちょうらく》・彫落《ちょうらく》／興隆《こうりゅう》↔凋落《ちょうらく》・彫落《ちょうらく》
平坦《へいたん》	土地が平らなこと。物事に起伏がなく、おだやかなこと。
湧出《ゆうしゅつ》・涌出《ゆうしゅつ》	地中からわき出ること。
模糊《もこ》	はっきりしないさま。ぼんやりとしているさま。 出例 明瞭《めいりょう》↔模糊《もこ》
斡旋《あっせん》	二者の間に入り、両者がうまくいくように取り持つこと。物や人を、それを求める人に紹介すること。周旋。出例 世話《せわ》＝斡旋《あっせん》
寛恕《かんじょ》	心が広く、思いやりのあること。過ちなどを、とがめずに許すこと。 出例 宥免《ゆうめん》＝寛恕《かんじょ》
股肱《ここう》	「股」は足のもも、「肱」はひじ。自分の手足のように働く頼りになる家来。
忽然《こつぜん》	物事がたちまちに起こること。にわかなさま。
聡明《そうめい》	理解力があること。賢いこと。 出例 利発《りはつ》＝聡明《そうめい》

頻出度 A

対義語・類義語④

次の01～05の**対義語**、06～10の**類義語**を右の□の中から選び、**漢字**で答えよ。□の中の語は一度だけ使うこと。

対義語

☐ 01 快諾 ↔ （　　）

☐ 02 起工 ↔ （　　）

☐ 03 僅少 ↔ （　　）

☐ 04 明朗 ↔ （　　）

☐ 05 平明 ↔ （　　）

類義語

☐ 06 終身 ＝ （　　）

☐ 07 横行 ＝ （　　）

☐ 08 育成 ＝ （　　）

☐ 09 波及 ＝ （　　）

☐ 10 復活 ＝ （　　）

あんうつ
かいじゅう
しゅんきょ
しゅんせい
そせい
ちょうりょう
でんぱ
とうや
ばくだい
ひっせい

解答	解説
峻拒《しゅんきょ》	きっぱりとこばむこと。
竣成《しゅんせい》	建築物ができあがること。 出例 着工《ちゃっこう》↔竣成《しゅんせい》　類義語 竣工《しゅんこう》／竣功《しゅんこう》
莫大《ばくだい》	程度や数量が非常に大きいさま。「僅少《きんしょう》」は、ほんのわずか。 出例 些少《さしょう》↔莫大《ばくだい》
暗鬱《あんうつ》	気分が暗く、しずんでいること。憂鬱。
晦渋《かいじゅう》	言葉や文章がむずかしくて、意味がわかりにくいこと。 出例 簡明《かんめい》↔晦渋《かいじゅう》
畢生《ひっせい》	一生涯。 出例 一代《いちだい》＝畢生《ひっせい》
跳梁《ちょうりょう》(踉《りょう》)	我が物顔にふるまうこと。
陶冶《とうや》	生まれつきの性質や能力を理想的な形に育て上げること。陶器を作ることと、鋳物を作ること。出例 鍛錬《たんれん》＝陶冶《とうや》／錬成《れんせい》＝陶冶《とうや》
伝播《でんぱ》	次々に伝わり広まること。 出例 流布《るふ》＝伝播《でんぱ》
蘇《そ》(甦《そ》)生《せい》	生き返ること。

頻出度 A

対義語・類義語⑤

次の01～05の**対義語**、06～10の**類義語**を右の□の中から選び、**漢字**で答えよ。□の中の語は一度だけ使うこと。

対義語

☑ **01** 秩序 ↔ （　　）

☑ **02** 付与 ↔ （　　）

☑ **03** 旧套 ↔ （　　）

☑ **04** 露出 ↔ （　　）

☑ **05** 英明 ↔ （　　）

類義語

☑ **06** 永眠 ＝ （　　）

☑ **07** 道楽 ＝ （　　）

☑ **08** 軽率 ＝ （　　）

☑ **09** 粗筋 ＝ （　　）

☑ **10** 虚実 ＝ （　　）

ぐまい
こうがい
こんとん
ざんしん
しゃへい
しんがん
そこつ
ちょうせい
はくだつ
ほうとう

解答	解説
混《こん》(渾《こん》)沌《とん》	(「渾」は1級用漢字)すべてのものが入りまじり、区別がつかないさま。
剥奪《はくだつ》	はぎとること。うばいとること。 出例 授与《じゅよ》↔剥奪《はくだつ》
斬新《ざんしん》	発想などが独特で、ひときわ新しいこと。 出例 陳腐《ちんぷ》↔斬新《ざんしん》
遮蔽《しゃへい》	上におおいをして隠したり、他から見えなくしたりすること。 出例 曝露《ばくろ》↔遮蔽《しゃへい》
愚昧《ぐまい》	おろかで、道理にくらいこと。「昧」は、道理にくらい意。「英明《えいめい》」は、才知に富み道理に明るいこと。出例 賢明《けんめい》↔愚昧《ぐまい》／聡慧《そうけい》↔愚昧《ぐまい》
長逝《ちょうせい》	死ぬこと。逝去。 出例 物故《ぶっこ》＝長逝《ちょうせい》
放蕩《ほうとう》	勝手気ままに振る舞うこと。酒や女遊びにおぼれること。
粗忽《そこつ》・楚忽《そこつ》	そそっかしいこと。
梗概《こうがい》	物語などのだいたいの筋。あらすじ。大筋。 出例 大要《たいよう》＝梗概《こうがい》／大略《たいりゃく》＝梗概《こうがい》
真贋《しんがん》	本物と、にせもの。また、本物か、にせものか。

頻出度
A

対義語・類義語⑥

次の01～05の**対義語**、06～10の**類義語**を右の□の中から選び、**漢字**で答えよ。□の中の語は一度だけ使うこと。

対義語

☑ **01** 枯渇 ↔ (　　)

☑ **02** 遅鈍 ↔ (　　)

☑ **03** 遵奉 ↔ (　　)

☑ **04** 捷径 ↔ (　　)

☑ **05** 挽回 ↔ (　　)

類義語

☑ **06** 奇怪 ＝ (　　)

☑ **07** 結局 ＝ (　　)

☑ **08** 要諦 ＝ (　　)

☑ **09** 通暁 ＝ (　　)

☑ **10** 退屈 ＝ (　　)

いはい
うろ
けんたい
しっつい
じゅういつ
しょせん
ちしつ
ひけつ
びんしょう
めんよう

解答	解説
充溢《じゅういつ》	満ちあふれること。
敏捷《びんしょう》	動作がすばやいこと。 出例 鈍重《どんじゅう》↔敏捷《びんしょう》
違背《いはい》	規則や約束、命令などにそむくこと。違反。 出例 遵守《じゅんしゅ》↔違背《いはい》
迂路《うろ》	回り道。「迂」は、遠回りする意。「捷径《しょうけい》」は、近道。
失墜《しっつい》	名誉や信用を失うこと。 出例 回復《かいふく》↔失墜《しっつい》
面妖《めんよう》	不思議なこと。奇妙なこと。不思議なことに。 出例 胡乱《うろん》＝面妖《めんよう》
所詮《しょせん》	つまるところ。主に否定的な意味の語句を伴い、あれこれ考えた末に行き着いた結論を述べるときに用いる。
秘訣《ひけつ》	人に知られていない、ある物事を行うのに最も効果的な方法。奥の手。 出例 極意《ごくい》＝秘訣《ひけつ》
知悉《ちしつ》	ある物事について知り尽くすこと。「通《つう》暁《ぎょう》」は、ある物事について詳しく知っていること。出例 精通《せいつう》＝知悉《ちしつ》
倦怠《けんたい》	飽きていやになること。心身が疲れてだるいこと。

頻出度 A

故事・諺①

次の故事・成語・諺の**カタカナ**の部分を**漢字**で答えよ。

☐ **01** センダンは双葉より芳し。

☐ **02** ソウコウの妻は堂より下さず。

☐ **03** 天網カイカイ疎にして漏らさず。

☐ **04** テップの急。

☐ **05** 元のサヤに収まる。

☐ **06** エンオウの契り。

☐ **07** 昔とったキネヅカ。

☐ **08** セイコクを射る。

☐ **09** キョウボクは風に折らる。

☐ **10** コウゼンの気を養う。

解答	解説
栴《せん》(旃《せん》)檀《だん》	(「旃」は1級用漢字)大成する人は幼少時から傑出しているというたとえ。(豆)「栴檀」はよい香りのするビャクダンのこと
糟糠《そうこう》	「糟糠」は酒糟と米糠。粗末な食べ物を表す。貧苦を共にした妻は、富貴になった後も大切にするべきであるということ。**出例** 餓えたる者は糟糠を甘んず。/貧賤の知は忘るべからず、糟糠の妻は堂より下さず。
恢恢《かいかい》・恢々《かいかい》	天が張った網は一見目が粗いようだが、悪人を漏らすことはない。悪人には必ずその報いがあるということ。
轍鮒《てっぷ》	「轍鮒」は、轍《わだち》にできた水たまりであえいでいる鮒。生きるか死ぬかという差し迫った危機に瀕することのたとえ。
鞘《さや》	再びもとの関係に戻ること。本来あるべき姿に戻ること。**出例** 弓は袋に太刀は鞘。/言葉に鞘がある。
鴛鴦《えんおう》	「鴛鴦」はおしどりの意。雄(鴛)と雌(鴦)がいつも寄り添っていることから、夫婦仲がむつまじいこと。
杵柄《きねづか》	若い頃に身につけた米つきの技量は年をとっても衰えないことから、昔磨いたもので、今も自信のある技術や腕前。
正鵠《せいこく》	物事の核心をつくことのたとえ。「正鵠を得る」ともいう。**出例** 正鵠を失わず。
喬木《きょうぼく》	高い木は風当たりが強く折れやすい。地位が高くなると周囲からの反発が強くなるということ。**出例** 幽谷より出でて喬木に遷る。
浩然《こうぜん》	何事にもとらわれず、広く大きな気持ちを持つこと。「浩然」は心が広くゆったりとしていること。

頻出度 A

故事・諺②

次の故事・成語・諺の**カタカナ**の部分を**漢字**で答えよ。

☑ **01** ホウオウ群鶏と食を争わず。

☑ **02** 命長ければホウライを見る。

☑ **03** 尋常の溝にはドンシュウの魚なし。

☑ **04** 一斑を見てゼンピョウをトす。

☑ **05** 玉のコシに乗る。

☑ **06** 武士は食わねど高ヨウジ。

☑ **07** 家貧しくしてコウシ顕れ、世乱れて忠臣を識る。

☑ **08** ヒョウタン相容れず。

☑ **09** ウケに入る。

☑ **10** オウム能く言えども飛鳥を離れず。

解答	解説
鳳凰《ほうおう》	鳥の王者・鳳凰は鶏の群れの中で食べ物を争わないことから、俗界を超越していること。 出例 蜘蛛が網を張りて鳳凰を待つ。
蓬萊《ほうらい》	長生きしていれば思いがけない幸運に巡り合うかもしれないということ。 出例 蓬萊弱水の隔たり。
呑舟《どんしゅう》	「呑舟《どんしゅう》の魚《うお》」は、舟を丸のみするほどの大魚。転じて、大人物、大物。法律が大雑把で大悪人を取り逃がすことのたとえ。出例 網呑舟の魚を漏らす。
全豹《ぜんぴょう》	物事の一部分を見て、その全体を推測すること。豹の斑（体表の斑点模様）一つだけを見て、豹全体をおしはかることから。
輿《こし》（輦《こし》）	（「輦」は1級用漢字）ごく普通の暮らし向きであった女性が、資産家や身分の高い男性と結婚すること。出例 船に懲りて輿を忌む。
楊枝《ようじ》・楊子《ようじ》	武士は気位を高く持ち、人に弱みを見せてはいけないということ。貧しくて空腹でも、さも満腹したかのように楊枝を使う音を立てることから。 出例 重箱の隅を楊枝でほじくる。／楊枝を一本削ったこともない。
孝子《こうし》	貧家には孝行な子どもが出て、乱世に忠義を尽くす臣下が現れる。逆境にあってこそ、それを乗り越える人物が現れるということ。
氷炭《ひょうたん》	氷は火で溶け、火は氷で消えることから、性質が正反対で合わないことのたとえ。 類義語 犬猿《けんえん》の仲《なか》／水《みず》と油《あぶら》
有卦《うけ》	よいことばかりで、幸運が続くこと。「入る」は「いる」と読む。
鸚鵡《おうむ》	鸚鵡は言葉を真似て話すのが上手だが、しょせん鳥でしかない。口先ばかり達者で行動が伴わないこと。

頻出度 A

故事・諺③

次の故事・成語・諺の**カタカナ**の部分を**漢字**で答えよ。

☑ 01　ケンカ両成敗。

☑ 02　万緑ソウチュウ紅一点。

☑ 03　開いた口へボタモチ。

☑ 04　一富士二鷹三ナスビ。

☑ 05　理屈とコウヤクはどこにでもつく。

☑ 06　身から出たサビ。

☑ 07　シャカに宗旨なし。

☑ 08　カセイは虎よりも猛し。

☑ 09　シュツランの誉れ。

☑ 10　カデンに履を納れず。

解答	解説
喧嘩《けんか》(諠譁《けんか》)	(「諠譁」は1級用漢字)喧嘩に際してはその理非を問わず、両者を同じく処罰するという原則。**出例** 子供の喧嘩に親が出る。／夫婦喧嘩は犬も食わぬ。
叢中《そうちゅう》	多くの男性の中に女性が一人だけまじっていること。また、多くのものの中で一つだけ異彩を放つものがまじっていること。単に「紅一点《こういってん》」ともいう。
牡丹餅《ぼたもち》	苦労せずに思いがけない幸運に恵まれること。**出例** 棚から牡丹餅。
茄子《なずび》・茄《なすび》	初夢に出て来ると縁起のよいもの。**出例** 瓜の蔓に茄子はならぬ。／茄子の花と親の意見は千に一つも仇はない。
膏薬《こうやく》	膏薬を体のどこにでも貼りつけられるように、理屈もどこにでもこじつけられるものだということ。**出例** 二股膏薬。
錆《さび》(銹《さび》)	(「銹」は1級用漢字)自らの犯した悪行が原因で自らを苦しめること。自業自得。
釈迦《しゃか》	宗派同士の争いは無意味であるということ。仏道の開祖である釈迦には宗派などないということから。**出例** 世渡りの殺生は釈迦も許す。
苛政《かせい》	人民を苦しめる苛酷な政治は、虎に襲われて死ぬことよりも恐ろしいということ。「苛政猛虎《かせいもうこ》」ともいう。
出藍《しゅつらん》	弟子がその師よりもすぐれていること。**類義語** 青《あお》は藍《あい》より出《い》でて藍《あい》より青《あお》し
瓜田《かでん》	瓜泥棒と疑われないよう瓜畑で靴が脱げても履き直さない。疑われるような行為は慎むべきとの戒め。**類義語** 李下《りか》に冠《かんむり》を正《ただ》さず

頻出度 A

故事・諺④

次の故事・成語・諺の**カタカナ**の部分を**漢字**で答えよ。

☑ **01** 一家は遠のく、ノミは近寄る。

☑ **02** 親の欲目と他人のヒガメ。

☑ **03** サギを烏と言いくるめる。

☑ **04** 人間万事サイオウが馬。

☑ **05** ノレンに腕押し。

☑ **06** カコウありといえども食らわずんばその旨きを知らず。

☑ **07** シャクシで腹を切る。

☑ **08** 中流に舟を失えばイッピョウも千金。

☑ **09** ブンボウ牛羊を走らす。

☑ **10** 千丈の堤もギケツより崩れる。

解答	解説
蚤《のみ》	家が貧しくなると親類は疎遠になり、近寄ってくるのは蚤ばかりだということ。 出例 蚤の眼に蚊のまつげ。／蚤の息も天に上がる。
僻目《ひがめ》	「僻目」は、見間違い、偏見。親は自分の子をひいき目に見るが、他人は実際よりも厳しい評価をする傾向があること。
鷺《さぎ》	明らかに間違っていることを、正しいと主張して無理矢理押し通すこと。「鷺《さぎ》を烏《からす》」ともいう。 出例 闇夜に烏、雪に白鷺。／鷺は洗わねどもその色白し。
塞翁《さいおう》	人生の幸・不幸は予測できないということ。また、それ故に徒《いたずら》に喜んだり悲しんだりすべきではないということ。「塞翁が馬」ともいう。
暖簾《のれん》	暖簾を押しても何の抵抗もないことから、少しも手ごたえがないことのたとえ。 類義語 糠《ぬか》に釘《くぎ》
嘉肴《かこう》・佳肴《かこう》	おいしい料理も食べなければ味がわからないように、聖人の立派な学問も学ばなければその価値はわからないということ。
杓子《しゃくし》	できもしないことや形式だけのことをするたとえ。 出例 大は小を兼ねるも杓子は耳掻きにならぬ。／猫も杓子も。 類義語 擂粉木《すりこぎ》で腹《はら》を切《き》る（「擂」は1級用漢字）
一瓢《いっぴょう》	つまらない物でも、時と場合によっては大きな価値を持つこと。川中で舟を失った者には、小さな瓢箪でも浮き袋として役に立つことから。
蚊虻《ぶんぼう》	小さなものが大きなものを制すること。
蟻穴《ぎけつ》	少しの不注意や油断から大事になること。 出例 泰山も蟻穴より崩る。

頻出度 **A**

故事・諺⑤

次の故事・成語・諺の**カタカナ**の部分を**漢字**で答えよ。

☑ **01** 巧詐はセッセイに如かず。

☑ **02** 破れ鍋にトじ蓋。

☑ **03** 戦を見て矢をハぐ。

☑ **04** 自家ヤクロウ中の物。

☑ **05** イチモツの鷹も放さねば捕らず。

☑ **06** 朝菌はカイサクを知らず。

☑ **07** ジュウバを殺して狐狸を求む。

☑ **08** 付け焼き刃はナマり易い。

☑ **09** 前車のフクテツを踏まず。

☑ **10** 骨折り損のくたびれモウけ。

解答	解説
拙誠《せっせい》	巧みに偽りごまかすのは、拙くても誠意があるのに及ばないということ。
綴《と》じ	壊れた鍋にもそれに合った蓋がある。どんな人にもふさわしい相手がいる。「綴じ蓋」は壊れた箇所を修繕した蓋。✖閉じ
矧《は》ぐ	事が起こってから慌てて準備を始める愚かさのたとえ。また、手遅れで間に合わないことのたとえ。 類義語 泥棒《どろぼう》を捕《とら》えて縄《なわ》を綯《な》う（「綯」は1級用漢字）
薬籠《やくろう》	「薬籠」は薬箱。自分の薬箱に入っている薬のように、必要に応じて自分の思うままに使える物や人。
逸物《いちもつ》	すぐれた能力をもっていても実際に使われなければ役に立たないことのたとえ。 出例 逸物の猫は爪を隠す。
晦朔《かいさく》	一日で枯れるきのこ（朝菌）は、晦日（晦）や朔日（朔）を知らない。限られた境遇にある者は広い世界を理解できないことのたとえ。短命のたとえ。
戎馬《じゅうば》	「戎馬」は軍馬。小さな利益のために大きな損失をこうむることのたとえ。
鈍《なま》り	にわか仕込みの知識や芸などはすぐごまかしがばれて、本来の姿があらわになってしまうということ。
覆轍《ふくてつ》	「覆轍」は、ひっくり返った車の轍。失敗の前例を見て、同じ失敗を繰り返さないようにすること。 出例 前車の覆轍を踏む。
儲《もう》け	苦労だけして何の益もなく、くたびれただけであるということ。 出例 損せぬ人に儲けなし。／儲けぬ前の胸算用。

頻出度
A

故事・諺⑥

次の故事・成語・諺の**カタカナ**の部分を**漢字**で答えよ。

☑ **01** 危うきことルイランの如し。

☑ **02** 禍福はアザナえる縄の如し。

☑ **03** コチョウの夢の百年目。

☑ **04** 一擲ケンコンを賭す。

☑ **05** 燕雀安んぞコウコクの志を知らんや。

☑ **06** 歳寒くしてショウハクの凋むに後るるを知る。

☑ **07** ミノになり笠になる。

☑ **08** はりもルリも磨けば光る。

☑ **09** 錐のノウチュウに処るが若し。

☑ **10** クツワの音にも目を覚ます。

解答	解説
累卵《るいらん》	積み重ねた卵のように、いつ崩れるかわからないような非常に危険な状態であることのたとえ。
糾《あざな》(糺《あざな》)える	人の世の幸不幸、成功失敗はより合わせた縄のように表裏一体となって転変するものだということ。
胡蝶《こちょう》(蝴蝶《こちょう》)	夢のように人生をおくり、振り返ってみると早くも死期の迫っていることに驚くこと。
乾坤《けんこん》	運を天に任せ、一世一代の大勝負に出ること。**出例** 天は尊く地は卑しくして乾坤定まる。
鴻鵠《こうこく》	燕や雀のような小さな鳥には、鴻《おおとり》や鵠《くぐい》(白鳥)のような大きな鳥の志は理解できない。小人物には大人物の志がわからない、というたとえ。
松柏《しょうはく》	寒い冬に他の植物がしおれても松や柏の葉は緑のままである。困難に出あったときこそ人の真価がわかる。
蓑《みの》(簑《みの》)	(「簑」は1級用漢字)風雨をしのぐ蓑となり、日差しをさえぎる笠になる。**出例** 蓑作る人は笠を着る。
瑠璃《るり》・琉璃《るり》	「玻璃《はり》も瑠璃《るり》も磨《みが》けば光《ひか》る」は優れた才能があっても、修行を積まなければ立派な人間にはなれないということ。**出例** 琉璃の光も磨きがら。
嚢中《のうちゅう》	袋の中の錐は必ず袋を破って先端が外に現れることから、才能ある人物は自ずと外に現れること。**出例** 嚢中の錐。
轡《くつわ》(銜《くつわ》・勒《くつわ》)	武士はわずかな轡の音にも目を覚まして身構えることから、用心深く隙を見せないようにすること。**出例** 轡を急にしてしばしば策うつ者は千里の御に非ず。／荒馬の轡は前からとれ。

頻出度 A

故事・諺⑦

次の故事・成語・諺の**カタカナ**の部分を**漢字**で答えよ。

☑ 01　洛陽のシカを高める。

☑ 02　イソギワで舟を破る。

☑ 03　ソバの花見て蜜を取れ。

☑ 04　コウヤの白袴。

☑ 05　糠にクギ。

☑ 06　トタンの苦しみ。

☑ 07　枯れ木も山のニギわい。

☑ 08　瓢箪からコマが出る。

☑ 09　死は或いは泰山より重く、或いはコウモウより軽し。

☑ 10　地獄のサタも金次第。

解答	解説
紙《し》価《か》	著書が好評で盛んに売れること。晋の左思が「三都賦」を作ったとき、紙が品薄になり洛陽の紙の値段が高騰したという故事から。
磯際《いそぎわ》	物事があと一歩で完成しようとする間際に失敗するたとえ。
蕎《そ》麦《ば》	初秋に蕎麦の花が咲いた後が、蜂蜜を採るのにちょうどいい時期であるということ。 出例 蕎麦の花も一盛り。
紺《こう》屋《や》	他人のことに忙しく、自分のことには手が回らないことのたとえ。
釘《くぎ》	やわらかい糠に釘を打ってもなんの手ごたえもない。何をしても効き目がないことのたとえ。 出例 豆腐にかすがい、糠に釘。
塗《と》炭《たん》	泥にまみれ火で焼かれるような、ひどい苦しみ。
賑《にぎわ》(殷《にぎわ》)わい	たとえ取るに足りないつまらないものでも無いよりはましということ。
駒《こま》	「駒」は馬のこと。瓢箪から馬が出るような、ありそうにないことが現実になること。冗談が実現すること。
鴻毛《こうもう》	「泰山」は中国山東省の名山。「鴻毛」は鴻の羽毛。命を重んじて大切にすべきときと、潔く投げ捨てるべきときがあるということ。
沙《さ》汰《た》	世の中はすべて金の力で思うままにできるということのたとえ。 類義語 阿弥陀《あみだ》も銭《ぜに》で光《ひか》る

読み　表外の読み　熟語の読み 一字訓読み　共通の漢字　書き取り　誤字訂正　四字熟語　対義語・類義語　故事・諺　文章題

頻出度 **B**

読み①

次の＿＿＿の**漢字の読み**を**ひらがな**で答えよ。**01～06**は**音読み**、**07～10**は**訓読み**である。

☑ **01** 執筆した文章を補綴する。

☑ **02** 中国山東省は繭紬の産地だ。

☑ **03** 火は巽位から燃え広がった。

☑ **04** 父は豪宕な性格だ。

☑ **05** 船着場まで曳航する。

☑ **06** 屑屑として雨が降る。

☑ **07** 役所の有力者に賂う。

☑ **08** 一瞬怯んだ隙に逃げられた。

☑ **09** 友の死を戚む。

☑ **10** 下級武士が維新の魁となった。

解答	解説
ほてい ほてつ	補綴《ほてい》：足りない箇所に手を加えること。裁縫にも用いる。 訓読 綴（つづる・とじる・あつめる）
けんちゅう	繭紬《けんちゅう》：織物の一種。 出例 紬紡糸《ちゅうぼうし》 熟語 大島紬《おおしまつむぎ》／結城紬《ゆうきつむぎ》 訓読 紬（つむぎ・つむぐ）
そんい	巽位《そんい》：「巽《たつみ》」と同じ。東南の方角。 出例 巽言《そんげん》（人にゆずる優しい言葉）／巽《そん》与《よ》（人にゆずること）／巽《たつみ》
ごうとう	豪宕《ごうとう》：おおらかで小事にこだわらないこと。 出例 宕冥《とうめい》 熟語 跌宕《てっとう》（ほしいままのさま、また、のびのびとしていること。「跌」は1級用漢字）
えいこう	曳航《えいこう》：船を引っ張って行くこと。 出例 曳白《えいはく》／揺曳《ようえい》 熟語 曳兵《えいへい》（武器を引きずる。敗走のさま） 訓読 曳（ひく）
せつせつ	屑屑《せつせつ》：細かい雨などが降るさま。また、努め励むさま。出例 砕屑《さいせつ》／砕屑物《さいせつぶつ》 熟語 屑雨《せつう》／屑意《せつい》（心にかける）
まいなう	賂《まいな》う：依頼や謝礼のために金品の贈り物をすること。 出例 貨賂《かろ》 熟語 賄賂《わいろ》
ひるんだ	怯《ひる》む：おじけづくこと。気後れすること。 出例 怯《おび》える／怯《お》じる／怯夫《きょうふ》 熟語 卑《ひ》怯《きょう》／怯惰《きょうだ》（意気地なく怠けている意）
いたむ	戚《いた》む：死を悲しみ、惜しむこと。出例 戚《うれ》えしむ／姻戚《いんせき》 熟語 休戚《きゅうせき》（喜びと悲しみ。「休」は「幸い」の意） 表外読み 戚（みうち・いたむ・うれえる）
さきがけ	魁《さきがけ》：先に立つこと。 出例 魁梧《かいご》／首魁《しゅかい》 熟語 首魁《しゅかい》／魁傑《かいけつ》

頻出度 **B**

読み②

次の＿＿の**漢字の読み**を**ひらがな**で答えよ。**01**〜**06**は**音読み**、**07**〜**10**は**訓読み**である。

☑ **01** 出立の日を卦兆で決める。

☑ **02** 祁寒甚だしき日が続く。

☑ **03** 熊掌は美味だそうだ。

☑ **04** 事故で頸椎を傷めた。

☑ **05** 閏月を暦に入れる。

☑ **06** 母校の徽章が輝いている。

☑ **07** ここは江戸時代の廓跡だ。

☑ **08** 僻言を聞く耳は持たない。

☑ **09** 歪な茶碗が出来上がった。

☑ **10** 昔の街道を辿る。

解答	解説
かちょう	卦兆《かちょう》：占いに現れたかたち。 出例 卦体《けたい》／有卦《うけ》 熟語 卦辞《かじ》／八卦《はっけ(はっか)》
きかん	祁寒《きかん》：寒さが厳しいこと。 熟語 祁祁《きき》(多いさま)
ゆうしょう	熊掌《ゆうしょう》：くまのてのひら。中華料理で使われる。熟語 熊胆《ゆうたん》(「くまのい」ともいい、薬用にする)／熊虎《ゆうこ》(勇猛な人のたとえ)
けいつい	頸椎《けいつい》：脊椎の最上部の七個の骨。 出例 頸聯《けいれん》(律詩の第五・六句) 熟語 頸骨《けいこつ》　訓読 頸(くび)
じゅんげつ	閏月《じゅんげつ》：うるう月。出例 閏統《じゅんとう》／正閏《せいじゅん》／閏《うるう》 熟語 閏年《じゅんねん(うるうどし)》(うるうどし)／閏位《じゅんい》(正統でない位)　×うるうづき(音読みを答えるため)
きしょう	徽章《きしょう》：所属などを表すためにつける印。 出例 徽号《きごう》　熟語 徽言《きげん》(よい言葉) 訓読 徽(しるし・よい)
くるわ	廓《くるわ》：遊郭。また、城や砦に築いたかこい。 出例 廓清《かくせい》(悪いものを取り除く) 熟語 廓落《かくらく》(広々していること)
ひがごと	僻言《ひがごと》：道理に合わない言葉。 出例 僻《かたよ》る／僻遠《へきえん》(中心から離れていること)　熟語 僻見《へきけん》(かたよった意見)
いびつ	歪《いびつ》：形がゆがんでいること。 出例 歪曲《わいきょく》 他訓 歪(ゆがむ・いがむ・ひずむ)
たどる	辿《たど》る：尋ねつつ行く。ある方向へ進む。

頻出度
B
読み③

次の＿＿の**漢字の読み**を**ひらがな**で答えよ。**01～06**は**音読み**、**07～10**は**訓読み**である。

☑ **01** 暢達な文章で読みやすい。

☑ **02** 俊彦を選んで留学させた。

☑ **03** ここの地層は頁岩から成る。

☑ **04** 晦渋な表現を好んで使う。

☑ **05** 藪沢に身を潜めた。

☑ **06** 庚申の夜は寝ずに過ごす。

☑ **07** 昔の住居跡から甑が出土した。

☑ **08** 手際よく魚を捌く。

☑ **09** 身体の動きが靱やかだ。

☑ **10** 父は頗るご機嫌だ。

解答	解説
ちょうたつ	暢達《ちょうたつ》：のびやかで滞りのないこと。 出例 暢茂《ちょうも》　熟語 流暢《りゅうちょう》 訓読 暢（のびる・とおる・のべる）
しゅんげん	俊彦《しゅんげん》：才能の優れた男子のこと。 出例 英彦《えいげん》／諸彦《しょげん》
けつがん	頁岩《けつがん》：粘土質の堆積岩。薄くはげやすい。
かいじゅう	晦渋《かいじゅう》：難解なこと。出例 晦朔《かいさく》／晦匿《かいとく》 熟語 晦匿《かいとく》（自分の才能を隠すこと）／晦日《かいじつ(みそか)》（その月の最終日）／晦朔《かいさく》（みそかとついたち）
そうたく	藪沢《そうたく》：草木が茂った所。物の集まる所。 出例 談藪《だんそう》／林藪《りんそう》　熟語 淵藪《えんそう》／林藪《りんそう》（淵藪、林藪はともに物事が集まる場所）
こうしん	庚申《こうしん》：かのえさるの日。 出例 庚寅《こういん》　豆 徹夜して夜明けを待つ行事を「庚申待《こうしんまち》」という
こしき	甑《こしき》：米などを蒸す道具。 出例 甑中《そうちゅう》 熟語 釜甑《ふそう》／甑塵釜魚《そうじんふぎょ》（貧しいことのたとえ）
さばく	捌《さば》く：うまく処理すること。また、料理用に魚や鳥を切り分けること。 出例 捌《は》ける
しなやか	靭《しな》やか：弾力に富んでいること。 出例 強靭《きょうじん》 熟語 靭帯《じんたい》
すこぶる	頗《すこぶ》る：甚だ、たいへん。 出例 偏頗《へんぱ》 訓読 頗（かたよる）

頻出度

B

読み④

次の＿＿の**漢字の読み**を**ひらがな**で答えよ。**01～06**は**音読み**、**07～10**は**訓読み**である。

☑ **01** 凄絶な戦いを繰り広げる。

☑ **02** 謬見を指摘される。

☑ **03** 宴席に芸妓を呼んだ。

☑ **04** 小さな民家が櫛比している。

☑ **05** 美しい汀渚の風景だ。

☑ **06** 濤声を聞きながら眠る。

☑ **07** 轡を馬の口にかませる。

☑ **08** 年若い君主を丞ける。

☑ **09** 英文解釈には必ず辞書を須いる。

☑ **10** 春の塘を散策する。

解答	解説
せいぜつ	凄絶《せいぜつ》：非常にすさまじいこと、またそのさま。 出例 凄艶《せいえん》／凄惨《せいさん》／凄《すさ》まじい
びゅうけん	謬見《びゅうけん》：間違った意見、考え。 出例 錯謬《さくびゅう》／謬《あやま》る 熟語 誤謬《ごびゅう》／謬戻《びゅうれい》(道理にはずれること) 訓読 謬(あやまる)
げいぎ	芸妓《げいぎ》：酒席にあって歌や踊りなどで客をもてなす女性。 出例 舞妓《ぶぎ》／名妓《めいぎ》／老妓《ろうぎ》
しっぴ	櫛比《しっぴ》：櫛の歯のようにびっしりと並んでいること。 出例 櫛《くしけず》る 訓読 櫛(くし・くしけずる)
ていしょ	汀渚《ていしょ》：水辺、なぎさ。 熟語 長汀曲浦《ちょうていきょくほ》 訓読 渚(みぎわ・なぎさ)
とうせい	濤声《とうせい》：波の音。「濤」は「波」に同じ。 出例 松濤《しょうとう》(松風の音)／波濤《はとう》 熟語 怒濤《どとう》
くつわ	轡《くつわ》：「くつわ」は日本における読み方。本来の意味は「たづな」。 出例 轡虫《くつわむし》 熟語 猿轡《さるぐつわ》
たすける	丞《たす》ける：補佐する。たすける。出例 丞相《じょうしょう》 熟語 丞相《じょうしょう(しょうじょう)》(昔、中国で天子をたすけて政治を行った最高位の大臣)／丞輔《じょうほ》
もちいる	須《もち》いる：使うこと。用いるに同じ。 出例 須《ま》つ 豆 「須要」「必須」の「須」はこの意味
つつみ	塘《つつみ》：「堤(土手)」と同じ。「池」の意もある。 熟語 池塘《ちとう》／春塘《しゅんとう》

頻出度
B

読み⑤

次の＿＿の**漢字の読み**を**ひらがな**で答えよ。**01～06**は**音読み**、**07～10**は**訓読み**である。

☑ **01** 腐敗した世の中を厭悪する。

☑ **02** 蟹行文字とは横文字のことだ。

☑ **03** 二人は衿契の間柄だ。

☑ **04** 坤軸を揺るがすほどの地震だった。

☑ **05** 葱翠の木立を潜り抜ける。

☑ **06** もうじき夏野菜の播種期だ。

☑ **07** 港に物品が湊まる。

☑ **08** 全く儘ならぬ世だ。

☑ **09** 袷が恋しい季節になった。

☑ **10** 動物の話に寓けた人生訓だ。

解答	解説
えんお	厭悪《えんお》：憎み、いやがること。 出例 厭離《おんり》／厭《いと》い 熟語 厭世観《えんせいかん》
かいこう	蟹行《かいこう》：カニのように横に歩くこと。蟹行文字の略で、西洋の文字のこと。
きんけい	衿契《きんけい》：心を許し合った友。非常に親しい交わり。 出例 衿喉《きんこう》／衿帯《きんたい》／衿《えり》
こんじく	坤軸《こんじく》：大地を貫いているとされる想像上の軸。地軸。 出例 乾坤《けんこん》 豆「坤」は大地のこと
そうすい	葱翠《そうすい》：青々と茂ること。 出例 葱青《そうせい》／葱白《そうはく》／浅葱《あさぎ》 訓読 葱（あおい）
はしゅ	播種《はしゅ》：作物の種をまくこと。 出例 播植《はしょく》
あつまる	湊《あつ》まる：あつまること。 出例 湊泊《そうはく》（港に船が泊まる） 熟語 湊集《そうしゅう》（あつまる）
まま	儘《まま》：思い通り。 熟語 気儘《きまま》／我儘《わがまま》
あわせ	袷《あわせ》：裏地の付いた着物。 対義語 単《ひとえ》
かこつけた	寓《かこつ》ける：他に例を借りて意をほのめかすこと。 熟語 寓意《ぐうい》／寓話《ぐうわ》

頻出度 B

読み⑥

次の____の**漢字の読み**を**ひらがな**で答えよ。**01～06**は**音読み**、**07～10**は**訓読み**である。

☑ **01** 鉄桶水を漏らさず。

☑ **02** 白衣をつけて寒垢離を行う。

☑ **03** 後輩の作業は杜漏ばかり目につく。

☑ **04** 深淵に臨むが如き状態だ。

☑ **05** 姪孫も含め一族がそろった。

☑ **06** 書物を瀏覧する。

☑ **07** 受験を前にして気が昂る。

☑ **08** その案件は店晒しのままだ。

☑ **09** 鉦をたたき経文を唱える。

☑ **10** 椴松は建築用材になる。

解答	解説
てっとう	鉄桶《てっとう》：鉄でできた桶。 豆「鉄桶水《てっとうみず》を漏《も》らさず」は防備が固く、つけ入る隙のないことのたとえ
かんごり	寒垢離《かんこり》：寒中に冷水を浴び、心身を清めて神仏に祈ること。 出例 金無垢《きんむく》／垢衣《こうい》
ずろう	杜漏《ずろう》：やり方がぞんざいで手抜かりが多いこと。 出例 杜撰《ずさん》／杜《ふさ》ぐ
しんえん	深淵《しんえん》：深いふち。「深淵に臨むが如し」は、危険な局面にいる意。出例 淵藪《えんそう》 熟語 淵源《えんげん》／淵玄《えんげん》（奥深いこと）
てっそん	姪孫《てっそん》：兄弟姉妹の孫のこと。 熟語 甥姪《せいてつ》　訓読 姪（めい）
りゅうらん	劉覧《りゅうらん》：「通覧」と同じ。目を通すこと。 訓読 劉（ころす・つらねる）
たかぶる	昂《たかぶ》る：気分が高揚し、興奮すること。 出例 昂進《こうしん》／昂然《こうぜん》
たなざらし	店晒《たなざら》し：商品が長い間、売れ残っていること。問題が未解決のまま放置されていること。出例 晒《さら》す
かね	鉦《かね》：金属の打楽器。たたきがね。
とどまつ	椴松《とどまつ》：マツ科の常緑高木。北海道以北に自生する。

頻出度
B
読み⑦

次の____の**漢字の読み**を**ひらがな**で答えよ。**01～06**は**音読み**、**07～10**は**訓読み**である。

☑ **01** 台風対策で堰堤を築く。

☑ **02** 敵の姦計に陥った。

☑ **03** 乞骸して故郷に帰る。

☑ **04** 古い貨幣を蒐集する。

☑ **05** 池の面は湛然として静かである。

☑ **06** 膝の前に画帖を広げて見入った。

☑ **07** 手の中で木の実を翫ぶ。

☑ **08** 力の彊い者を護衛にした。

☑ **09** 門口で苧殻を焚く。

☑ **10** 今日も辻占が立っている。

解答	解説
えんてい	堰堤《えんてい》：水を防ぐため石や土砂で築いた堤防。 出例 堰塞《えんそく》／堰《せ》く 訓読 堰（せき・いせき・せく）
かんけい	姦計《かんけい》：悪だくみ。ずる賢く、人をだます行動、またそのための計略。 出例 姦詐《かんさ》／大姦《たいかん》／姦《かしま》しい
きつがい	乞骸《きつがい》：辞職を願い出ること。「骸骨《がいこつ》を乞《こ》う」と同じ。 出例 乞巧《きっこう》
しゅうしゅう	蒐集《しゅうしゅう》：集めること。 出例 蒐荷《しゅうか》 熟語 蒐補《しゅうほ》／蒐狩《しゅうしゅ》 訓読 蒐（あつめる・かり）
たんぜん	湛然《たんぜん》：水をたたえて静かなさま。また、静かで動じないさま。 出例 湛湛《たんたん》／湛露《たんろ》
がじょう	画帖《がじょう》：絵を集めてとじ合わせた冊子のこと。また、スケッチブックのこと。 出例 手帖《しゅちょう》／半帖《はんじょう》
もてあそぶ	翫《もてあそ》ぶ：手に取って遊ぶ。おもちゃにする。 出例 翫弄《がんろう》／賞翫《しょうがん》 熟語 翫物《がんぶつ》
つよい	彊《つよ》い：力があること。強いに同じ。 出例 彊《し》いる／彊《つと》める／自彊《じきょう》
おがら	苧殻《おがら》：麻の皮を剝ぎ取った茎。お盆の迎え火に用いる。 出例 苧環《おだまき》／苧麻《ちょま》
つじ	辻《つじ》：道路が十字形に交差している所。また、道端。出例 辻札《つじふだ》／辻斬《つじぎ》り 豆「辻占《つじうら》」は辻に立つ占い師

頻出度 **B**

読み⑧

次の____の**漢字の読み**を**ひらがな**で答えよ。**01～06**は**音読み**、**07～10**は**訓読み**である。

☑ **01** 砥を用いて刃物を研ぐ。

☑ **02** 豊稔を感謝する祭りを行う。

☑ **03** 暴戻な領主に反逆した。

☑ **04** 耳を聾するばかりの爆音だった。

☑ **05** 佳辰を選んで結納を交わす。

☑ **06** 或問形式で文章を書く。

☑ **07** 朽ちた苫屋が海辺に残る。

☑ **08** 杢の親方に弟子入りする。

☑ **09** 櫓太鼓の音が聞こえる。

☑ **10** 形勢は奄ち逆転した。

解答	解説
し	砥《し》：きめの細かいといしのこと。 出例 砥柱《しちゅう》／砥礪《しれい》 熟語 砥石《といし》
ほうじん	豊稔《ほうじん》：穀物がよく実ること。豊作。 出例 稔熟《じんじゅく》　熟語 稔歳《じんさい》（穀物がよく実った年）　訓読 稔（みのる・とし・つむ）
ぼうれい	暴戻《ぼうれい》：乱暴で道理に反する行いをすること、また、そのさま。残酷で徳義にもとること。また、そのさま。表外読み 戻（もとる・いたる）
ろう	聾《ろう》：耳を聞こえなくすること。 出例 聾唖《ろうあ》
かしん	佳辰《かしん》：よい日、めでたい日、吉日。 出例 辰砂《しんしゃ》 豆「辰」は「日」を意味する
わくもん	或問《わくもん》：或る人の質問に答えるという形式の文体。
とまや	苫屋《とまや》：苫ぶきの家。苫で屋根を葺いた家。
もく	杢《もく》：大工のこと。 出例 杢糸《もくいと》 豆「杢」は国字
やぐら	櫓《やぐら》：遠くを見渡す高い建物。火の見櫓。 豆「矢倉」（矢を納める倉）に由来 熟語 望櫓《ぼうろ》（物見櫓）
たちまち	奄《たちま》ち：またたく間に。 出例 奄《おお》う／奄有《えんゆう》 他訓 奄（おおう・ふさがる）

頻出度 B

読み⑨

次の＿＿の**漢字の読み**を**ひらがな**で答えよ。**01〜06**は**音読み**、**07〜10**は**訓読み**である。

☑ **01** 花蕊が風に揺れている。

☑ **02** 竪子をして名を成さしむ。

☑ **03** 音読みと倭訓を共に覚える。

☑ **04** 仏の徳を讃える歌唄をうたう。

☑ **05** 夜の村里に砧声を聞く。

☑ **06** 鉤餌を魚に取られた。

☑ **07** 笹舟がゆらゆらと流れて行く。

☑ **08** 柾目の美しい材木だ。

☑ **09** 愈明日は決勝戦だ。

☑ **10** 鳥居をくぐると左右に狛犬がいる。

解答	解説
かずい	花《か》蕊《ずい》：花のおしべ（雄蕊）とめしべ（雌蕊）。 出例 雌《し》蕊《ずい》／蕊《しべ》
じゅし	竪《じゅ》子《し》：小僧っ子、青二才。 出例 竪立《じゅりつ》　熟語 竪《じゅ》儒《じゅ》（くだらぬ学者）／二《に》竪《じゅ》（病気、病魔）
わくん	倭《わ》訓《くん》：漢字・漢語に和語を当てて読むこと。また、その読み方やその語。国訓。訓。 出例 倭《わ》語《ご》
かばい	歌《か》唄《ばい》：「唄」は仏の功徳をほめたたえる歌。日本では俗謡に使われる。 熟語 長唄《ながうた》／子《こ》守唄《もりうた》
ちんせい	砧声《ちんせい》：砧で布を打つ音。 出例 砧杵《ちんしょ》／砧《きぬた》
こうじ	鉤《こう》餌《じ》：釣り針につけたえさ。 出例 鉤《かぎ》／鉤型《かぎがた》 熟語 鉤縄《こうじょう》規《き》矩《く》（法則）／帯鉤《たいこう》（帯どめ）
ささぶね	笹舟《ささぶね》：笹の葉を舟の形に折ったもの。軽くて小さい舟。 出例 笹《ささ》身《み》／笹藪《ささやぶ》
まさめ	柾《まさ》目《め》：幹の縦断面にみられる、まっすぐな木目。 出例 柾《まさき》　豆「柾」は国字　対義語 板《いた》目《め》
いよいよ	愈《いよいよ》：問題文の場合は、心待ちにしていたことがついに始まろうとする意。
こまいぬ	狛犬《こまいぬ》：魔よけのために置かれた犬に似た獣の像。高麗（こま）から来た犬の意という。

頻出度 **B**

読み⑩

次の＿＿＿の**漢字の読み**を**ひらがな**で答えよ。**01〜06**は**音読み**、**07〜10**は**訓読み**である。

☐ **01** 溢水した川の水が床上まできた。

☐ **02** 云為が一致している。

☐ **03** 排水のため暗渠を設ける。

☐ **04** 燃え盛る劫火から逃れられない。

☐ **05** 岩場に海鳥が群棲している。

☐ **06** 門前に托鉢の僧が立った。

☐ **07** 名刺を摺る。

☐ **08** 都を目指して之く。

☐ **09** 霊験灼な神社に参拝する。

☐ **10** 青年の過ちを寛大に恕す。

解答	解説
いっすい	溢水《いっすい》：水があふれ出ること。また、水をあふれさせること。 出例 溢美《いつび》／横溢《おういつ》
うんい	云為《うんい》：言うことと為すこと。言行。 熟語 云　云《うんうん(うんぬん)》（以下を省略する場合に用いる。「しかじか」）
あんきょ	暗渠《あんきょ》：ふたでおおった水路。また、地下に設けた水路。 出例 渠魁《きょかい》／溝渠《こうきょ》
ごうか	劫火《ごうか》：世界が滅びるとき、人間界を焼き尽くすといわれる大火。 出例 劫初《ごうしょ》／劫末《ごうまつ》
ぐんせい	群棲《ぐんせい》：群れをなして暮らしていること。 出例 棲息《せいそく》／棲遅《せいち》
たくはつ	托鉢《たくはつ》：僧が経文を唱えながら、米銭を鉄鉢に施与してもらうこと。 出例 托《たの》む　熟語 茶托《ちゃたく》／委托《いたく》
する	摺《す》る：印刷すること。文字や模様を写し取ること。出例 摺扇《しょうせん》　音読 摺（ショウ・ロウ）　他訓 摺（たたむ・ひだ・くじく）
ゆく	之《ゆ》く：「往」と同じ。 出例 之字路《しじろ》 熟語 之往《しおう》（行く、おもむくこと）
あらたかな	灼《あらたか》：神仏の力や薬の効き目が著しいこと。 豆「灼」には焼くという意味もある 熟語 灼熱《しゃくねつ》
ゆるす	恕《ゆる》す：大目に見てゆるすこと。思いやりをもってゆるすこと。 熟語 寛恕《かんじょ》

頻出度
B

読み⑪

次の____の**漢字の読み**を**ひらがな**で答えよ。**01～06**は**音読み**、**07～10**は**訓読み**である。

☑ **01** 日当たりのよい庭に花圃を造った。

☑ **02** 慌てて弥縫策を講じる。

☑ **03** 神輿が町内を練って行く。

☑ **04** 諒恕された恩を忘れない。

☑ **05** 亥月は陰暦十月の異称である。

☑ **06** ついに叡断が下った。

☑ **07** 村人たちが栃餅を作ってくれた。

☑ **08** 匁は重量の単位だ。

☑ **09** 隣の部屋をそっと覗った。

☑ **10** 庭に斑入りの花が咲いている。

解答	解説
かほ	花圃《かほ》：花ばたけ。 出例 圃畦《ほけい》／薬圃《やくほ》
びほう びぼう	弥縫《びほう》：一時的に失敗や欠点をとりつくろうこと。 出例 弥縫策《びほうさく》／弥漫《びまん》／弥《いや》
しんよ	神輿《しんよ》：ご神体、また御霊代が乗るとされる輿。 出例 輿望《よぼう》／輪輿《りんよ》 豆「みこし」とも読む
りょうじょ	諒恕《りょうじょ》：相手の立場や事情をくんで、ゆるすこと。 出例 諒《りょう》する／諒《まこと》
がいげつ	亥月《がいげつ》：陰暦10月の異名。出例 己亥《つちのとい》 豆十月は北斗七星の斗柄（ひしゃくの柄の部分）が亥の方角（西北と北との間）を指すので、こう言う
えいだん	叡断《えいだん》：天子の決断。「叡」は天子の言動にそえる語。出例 叡慮《えいりょ》 熟語 叡感《えいかん》（天子が感心すること）／叡覧《えいらん》（天子が見ること）
とちもち	栃餅《とちもち》：トチノキの種子の澱粉から作られる餅。 出例 画餅《がべい(がへい)》
もんめ	匁《もんめ》：尺貫法の重量単位。一貫の千分の一。
うかがった	覗《うかが》う：のぞいて様子を見ること。
ふ	斑《ふ》：まばらに散った点。「斑入り」は植物の葉や花びらの地の色に他の色がまじっていること。出例 斑《まだら》／斑入《ふい》り

頻出度 **B**

読み⑫

次の＿＿の**漢字の読み**を**ひらがな**で答えよ。**01～06**は**音読み**、**07～10**は**訓読み**である。

☑ **01** この怨念を晴らさずにはおかない。

☑ **02** 罫紙に日記を書く。

☑ **03** 昔懐かしい甜瓜を食す。

☑ **04** 賞与で不足分を補填する。

☑ **05** 自作の詩の叱正を仰ぐ。

☑ **06** 芝蘭の化を受ける。

☑ **07** 雪道に車の轍がついている。

☑ **08** 落第して気持ちが萎えた。

☑ **09** 雨滴が石を穿つ。

☑ **10** 世界制覇の野望が潰える。

解答	解説
おんねん	怨念《おんねん》：うらみのこもった思い。うらむ気持ち。 出例 怨霊《おんりょう》
けいし	罫紙《けいし》：罫線（文字を真っすぐ書くための線）の引いてある紙。 出例 罫線《けいせん》
てんか	甜瓜《てんか》：まくわうり（メロンの一種）のこと。古く日本に渡来。 出例 甜菜《てんさい》／甜酒《てんしゅ》
ほてん	補塡《ほてん》：不足している部分や欠損してる部分を補って埋めること。 出例 塡足《てんそく》
しっせい	叱正《しっせい》：しかって正しく直すこと。「叱正を仰ぐ」は自作の詩文などを添削してもらうこと。同じ意味の語に「斧正《ふせい》」がある。出例 叱責《しっせき》
しらん	芝蘭《しらん》：香りのよい草。すぐれた人物のたとえ。 熟語 蘭藻《らんそう》（美しい文章）／蘭交《らんこう》（心を許しあった友との交わり）
わだち	轍《わだち》：車輪の跡。豆「前車の轍を踏む」は「わだち」ではなく「てつ」と読む　熟語 覆轍《ふくてつ》（前人の失敗のあと）／轍《てっ》鮒《ぷ》之《の》急《きゅう》（差し迫った難儀）
なえた	萎《な》える：気力や体力がなくなること。また、草花がしおれること。 出例 萎《しぼ》む／萎《しお》れる　熟語 萎縮《いしゅく》
うがつ	穿《うが》つ：穴をあける。掘る。貫く。 出例 穿《ほじく》る／貫穿《かんせん》／穿柳《せんりゅう》
ついえる	潰《つい》える：崩れ壊れること（希望が～、敵軍が～）。 出例 潰走《かいそう》　熟語 潰滅《かいめつ》

読み
表外の読み
熟語の読み 一字訓読み
共通の漢字
書き取り
誤字訂正
四字熟語
対義語・類義語
故事・諺
文章題

頻出度
B

読み⑬

次の____の**漢字の読み**を**ひらがな**で答えよ。**01～06**は**音読み**、**07～10**は**訓読み**である。

☐ **01** 勾欄に身を寄せて庭を眺めた。

☐ **02** 逆転勝ちに快哉を叫ぶ。

☐ **03** 互いに爾汝と呼ぶ仲だ。

☐ **04** 秤量貨幣を用いる。

☐ **05** ベッドの上に痩軀を起こした。

☐ **06** 記者の群れを一瞥した。

☐ **07** 兄が弟を庇う。

☐ **08** 山で樵に出会った。

☐ **09** 今日は仕事が捗った。

☐ **10** 名誉を潰す行為は許せない。

解答	解説
こうらん	勾欄《こうらん》：橋・回廊・廊下などにつけた欄干。 出例　勾引《こういん》／勾玉《まがたま》
かいさい	快哉《かいさい》：痛快、愉快であること。 熟語　善哉《ぜんざい》(よいと感心する言葉)
じじょ	爾汝《じじょ》：おまえ。人を卑しめて言う語。また慣れ親しんで言う語。 出例　爾後《じご》／爾《なんじ》
しょうりょう ひょうりょう	秤量《しょうりょう》：はかりで重さをはかること。 出例　天秤《てんびん》 他音　秤(ビン)
そうく	痩軀《そうく》：やせ細った身体のこと。
いちべつ	一瞥《いちべつ》：ちらっと見ること。 熟語　瞥見《べっけん》／瞥観《べつかん》　対義語　熟視《じゅくし》
かばう	庇《かば》う：助け守ること。 熟語　庇護《ひご》　他訓　庇(ひさし)
きこり	樵《きこり》：山の木を切って生計を立てる人。 熟語　樵汲《しょうきゅう》(たきぎを取り、水を汲む)
はかどった	捗《はかど》る：順調に進むこと。進捗。 出例　捗捗《はかばか》しい 対義語　滞《とどこお》る／停滞《ていたい》
けがす	瀆《けが》す：汚すこと。傷つけること。 出例　瀆《あなど》る／汚瀆《おとく》／瀆職《とくしょく》(「汚職」に同じ) 熟語　冒瀆《ぼうとく》

読み　表外の読み　熟語の読み 一字訓読み　共通の漢字　書き取り　誤字訂正　四字熟語　対義語・類義語　故事・諺　文章題

頻出度 **B**

読み⑭

次の＿＿の**漢字の読み**を**ひらがな**で答えよ。**01〜06**は**音読み**、**07〜10**は**訓読み**である。

☑ **01** 敵の爪牙にかかる。

☑ **02** 曽遊の地を再び訪ねる。

☑ **03** 伯父は英文学に造詣が深い。

☑ **04** 三度の食事に象箸を使う。

☑ **05** 脇息にもたれる。

☑ **06** 烏鷺の戦いを繰り広げる。

☑ **07** 黍は朝鮮半島経由で渡来した。

☑ **08** 何度叱っても糠に釘だ。

☑ **09** 営門に哨を立たせる。

☑ **10** 量り皿に錘をのせる。

解答	解説
そうが	爪牙《そうが》：身を守るつめときば。武器。 熟語 爪角《そうかく》（「爪牙」と同じ）
そうゆう	曽遊《そうゆう》：かつて訪れたことがあること。 表外読み 曽（ソ・ゾウ・かつて・かさなる・ます・すなわち） 熟語 未曽有《みぞう》
ぞうけい	造詣《ぞうけい》：学問や技芸などについての広い知識。
ぞうちょ	象箸《ぞうちょ》：象牙で作ったはし。 熟語 象箸玉杯《ぞうちょぎょくはい》（ぜいたくな生活）
きょうそく	脇息《きょうそく》：座のわきに置いて体を支えるもの。 熟語 脇侍菩薩《きょうじぼさつ》（仏の左右に控える菩薩）
うろ	烏鷺《うろ》：からすとさぎ。「烏鷺の戦い」は碁の勝負のこと。出例 烏有《うゆう》 熟語 烏兎《うと》（日月の異称）／鷺汀《ろてい》（さぎのいる水辺）
きび	黍《きび》：イネ科一年草。米や麦とともに五穀のひとつ。 出例 黍餅《きびもち》／鶏黍《けいしょ》
ぬか	糠《ぬか》：玄米を精白する際に出る粉。 出例 糠袋《ぬかぶくろ》 豆 「糠に釘」は少しも手ごたえがないこと
みはり	哨《みはり》：見張り。警戒を任務とする人。 熟語 歩哨《ほしょう》／立哨《りっしょう》
おもり	錘《おもり》：重みを加えるもの。分銅や、釣り針・漁網の沈み。

頻出度 B

読み⑮

次の____の**漢字の読み**を**ひらがな**で答えよ。**01～06**は**音読み**、**07～10**は**訓読み**である。

☑ **01** 休日の朝に卯飲を楽しむ。

☑ **02** 曽祖父は壬寅の年に生まれた。

☑ **03** 新しい綾子の帯を締めてみた。

☑ **04** 廻向帳に氏名を記入する。

☑ **05** 家族総出で麦を刈穫する。

☑ **06** 水の美しい掘割が周匝している。

☑ **07** 敵の攻撃を禦ぐ。

☑ **08** 砦の周囲に空濠を掘る。

☑ **09** 川の流れで砂金を淘げる。

☑ **10** 木場に筏が浮かんでいる。

解答	解説
ぼういん	卯飲《ぼういん》：朝酒を飲むこと。 出例 卯酉《ぼうゆう》
じんいん	壬寅《じんいん》：みずのえとら。干支（十干十二支を組み合わせて年を表す）のひとつ。
りんず	綾《りん》子《ず》：たて糸・よこ糸共に生糸を用いた織物。厚みと光沢がある。
えこう	廻《え》向《こう》：仏事を営み、死者の冥福を祈ること。 豆「廻向帳」は香典帳のこと
がいかく	刈穫《がいかく》：かり取ること。
しゅうそう	周匝《しゅうそう》：周囲を巡っていること。 出例 匝《そう》囲《い》／匝《めぐ》る　豆「匝」に「巡る」「取り巻く」の意がある
ふせぐ	禦《ふせ》ぐ：さえぎること。食い止めること。 熟語 制禦《せいぎょ》／防禦《ぼうぎょ》
からぼり	空濠《からぼり》：水のない堀のこと。 出例 濠《ぼり》
よなげる	淘《よな》げる：米を水にいれてとぐこと。砂金など細かい物を水に入れて選り分けること。 熟語 淘《とう》汰《た》
いかだ	筏《いかだ》：木や竹を綱などでつなぎ合わせて作り、船の代用として、また木材運搬手段として使われた。出例 筏形《いかだがた》／舟筏《しゅうばつ》

頻出度 **B**

読み⑯

次の＿＿＿の**漢字の読み**を**ひらがな**で答えよ。**01～06**は**音読み**、**07～10**は**訓読み**である。

⧄ **01** 爪牙の臣として主君に仕える。

⧄ **02** 今日は肇国の記念日だ。

⧄ **03** 紅蓮の炎が燃えさかった。

⧄ **04** 死を覚悟して諫止した。

⧄ **05** 鷹隼の力強さに胸打たれる。

⧄ **06** 夕嵐の中、残照も消えてゆく。

⧄ **07** 面倒見のよい夷顔の老人だ。

⧄ **08** 肩に灸をすえる。

⧄ **09** 塙にある山桜が咲いた。

⧄ **10** タヌキを二疋捕らえた。

解答	解説
そうが	蚤牙《そうが》：つめときば。身を守る武器。また、主君の身を守る家臣。「爪牙」とも書く。 出例 蚤世《そうせい》
ちょうこく	肇国《ちょうこく》：はじめて国をおこすこと。建国すること。豆「肇」に「はじめる・はじめ」の意がある
ぐれん	紅蓮《ぐれん》：燃え上がる真っ赤な炎の色の形容。また、紅蓮地獄（寒さのため皮膚が破れて流血する地獄）の略。
かんし	諫止《かんし》：いさめて思いとどまらせること。 熟語 諫疏《かんそ》（君主をいさめる上奏文）／諫《かん》鼓《こ》　訓読 諫（いさめる）
ようじゅん	鷹隼《ようじゅん》：たかとはやぶさ。文章や筆力の雄健さのたとえ。出例 鷹揚《おうよう》　豆読み方は「ようしゅん」とも
せきらん	夕嵐《せきらん》：夕もやのこと。 出例 嵐気《らんき》 豆「嵐」には山あいのもやの意味もある
えびすがお	夷顔《えびすがお》：七福神の恵比須のように、にこにこした顔。　他訓 夷（たいらか・ころす・うずくまるなど）
やいと	灸《やいと》：漢方療法の一つ。もぐさを皮膚上の経穴の上に置いて火をつけ、その熱で病気を治療する。
はなわ	塙《はなわ》：山の小高い所のこと。 出例 塙《かた》い
ひき	疋《ひき》：動物を数える助数詞。「匹」に同じ。また、布の長さや昔の金銭の単位。 音読 疋（ヒツ・ショ・ソ）　他訓 疋（あし（足の膝から下））

頻出度 B

表外の読み①

次の＿＿線部分は常用漢字である。その**表外の読み**を**ひらがな**で答えよ。

☑ **01** 某かの元手が必要だ。

☑ **02** 宮殿の階を上る。

☑ **03** 故に取り上げるような事ではない。

☑ **04** 食物が支えるような気がする。

☑ **05** 犯行の動機を審らかにする。

☑ **06** 法に則って処理する。

☑ **07** 駅の構内を都て回る。

☑ **08** 濃やかな愛情を注ぐ。

☑ **09** 荒れていた海が漸く和いだ。

☑ **10** 美しさを花に擬える。

解答	解説
なにがし	某《なにがし》：数量、人などが明確でない場合に言う言葉。表外読み 某（それがし（男性の一人称）・なにがし）
きざはし	階《きざはし》：階段のこと。熟語 階上《かいじょう》／地階《ちかい》
ことさらに	故《ことさら》：わざわざ。豆「殊更に」とも書く　熟語 故意《こい》／故《こ》縦《しょう》（故意にゆるす）
つかえる	支《つか》える：滞って先に進まないこと。熟語 支障《ししょう》／突支棒《つっかいぼう》　表外読み 支（かう）
つまびらか	審《つまび》らか：詳しく、細々と。明らか。熟語 審察《しんさつ》／不審《ふしん》
のっとって	則《のっと》る：手本として従うこと。熟語 則天去私《そくてんきょし》（天にのっとり私心を去る）
すべて	都《すべ》て：みな、残らず。「全すべて」に同じ。豆 同じ読みの漢字：総《すべ》て／凡《すべ》て（いずれも表外読み）
こまやか	濃《こま》やか：色の濃いさま。情の厚いさま。
ないだ	和《な》ぐ：静かになること。また、心がなごむこと。熟語 和敬《わけい》／和穆《わぼく》　表外読み 和（あえる）
なぞらえる	擬《なぞら》える：みなすこと。まねること、かたどること。出例 擬《まが》い／擬《もど》き　✕たとえる　熟語 擬人法《ぎじんほう》／擬声語《ぎせいご》／擬古文《ぎこぶん》

頻出度 B

表外の読み②

次の____線部分は常用漢字である。その**表外**の**読み**を**ひらがな**で答えよ。

□ **01** 昔の好で何とかならないか。

□ **02** 妹の結婚を寿ぐ。

□ **03** ご恩を努努忘れてはならぬ。

□ **04** 時代の潮流に敏い。

□ **05** 漫りに歩き回るものではない。

□ **06** 群衆は挙って万歳を唱えた。

□ **07** 細やかな結婚式を挙げる。

□ **08** 戦死者の名を碑に刻む。

□ **09** 借りた本は略読み終えた。

□ **10** 声を斉しくして歌う。

解答	解説
よしみ	好《よしみ》：縁によるつながりのこと。親交のこと。「誼《よしみ》」に同じ。 熟語 修好《しゅうこう》／友好《ゆうこう》
ことほぐ	寿《ことほ》ぐ：「言《こと》祝《ほ》ぐ」からきた言葉。言葉に表してお祝いする。 熟語 寿詞《じゅし》／寿賀《じゅが》
ゆめゆめ	努努《ゆめゆめ》：決して、決して。 豆 「決して」の意を表す「努」を重ね、禁止・否定の語を伴って意味を強めたもの
さとい	敏《さと》い：感覚が鋭い。敏感。理解が早い。賢い。 熟語 明敏《めいびん》／敏疾《びんしつ》
みだり	漫《みだ》り：むやみに、わけもなく。 熟語 散漫《さんまん》／放漫《ほうまん》
こぞって	挙《こぞ》る：残らず集めること。一斉にそろうこと。また、皆でまとまること。 熟語 挙国《きょこく》／挙党《きょとう》
ささやか	細《ささ》やか：控えめなさま。わずかなさま。
いしぶみ	碑《いしぶみ》：事績を石に刻み後世に伝えるもの。 熟語 石碑《せきひ》／記念碑《きねんひ》
ほぼ	略《ほぼ》：だいたい。あらまし。
ひとしく	斉《ひと》しい：同じにすること。そろえること。「等《ひと》しい」に同じ。 出例 斉《ととの》える　熟語 斉唱《せいしょう》／一斉《いっせい》／均斉《きんせい》

頻出度
B

表外の読み③

次の____線部分は常用漢字である。その**表外**の**読み**を**ひらがな**で答えよ。

☑ **01** 恥を忍んで命存えた。

☑ **02** 事情を詳らかに話す。

☑ **03** 清かな月光を浴びる。

☑ **04** 無法者が罷り通る。

☑ **05** 不安な思いが胸を過る。

☑ **06** 寛ぎのひとときを過ごす。

☑ **07** 敵の気勢を殺ぐ。

☑ **08** 薦被りの酒が運び込まれた。

☑ **09** 高談転た清し。

☑ **10** 甘い言葉で誘き出す。

解答	解説
ながらえた	存《ながら》える：生命を保つこと。 熟語 生存《せいぞん》／存命《ぞんめい》
つまびらか	詳《つまび》らか：詳しく、細々と。 熟語 詳察《しょうさつ》／未《み》詳《しょう》
さやか	清《さや》か：はっきりしていること、曇りがないこと。熟語 清明《せいめい》／清鑑《せいかん》(人の優れた鑑識を敬っていう語)
まかり	罷《まか》る：「罷まかり通る」は本来そうあってはならないものが通用すること。 豆「罷《まか》る」は貴人の前から退出すること
よぎる	過《よぎ》る：前を横切る。通り過ぎる。避ける。
くつろぎ	寛《くつろ》ぐ：ゆったりとした気持ちで休むこと。 出例 寛《ひろ》い／寛《ゆる》やか
そぐ	殺《そ》ぐ：減らすこと。削ること。
こもかぶり	薦被《こもかぶ》り：薦で包んだ四斗入りの酒だるのこと。乞食のこと。
うたた	転《うた》た：いよいよ。ますます。
おびき	誘《おび》く：だまして誘い出すこと。 熟語 誘拐《ゆうかい》／誘惑《ゆうわく》

頻出度 **B**

表外の読み④

次の＿＿線部分は常用漢字である。その**表外の読み**を**ひらがな**で答えよ。

☑ **01** 球場の土を均す。

☑ **02** 万お引き受け致します。

☑ **03** 社殿で額ずく。

☑ **04** 犯行の動機を糾す。

☑ **05** 文章を百字以内に約める。

☑ **06** 予め知らせておく。

☑ **07** 伝説に因んだ祭りを行う。

☑ **08** 項に後れ毛がかかる。

☑ **09** 立場を弁えた行動を取る。

☑ **10** 天気は概ね良さそうだ。

解答	解説
ならす	均《なら》す：平らにすること。 熟語 平均《へいきん》／均等《きんとう》
よろず	万《よろず》：何でも、全般的に。 熟語 万能《ばんのう》／万国《ばんこく》／万《よろず》屋《や》(いろいろな物を商う店)
ぬかずく	額《ぬか》ずく：額ぬかずく：頭を地にすりつけて拝礼すること。 豆「ぬか」＝「額」を突くことから
ただす	糾《ただ》す：問い調べること。出例 糾《あざな》える 豆 同じ読みの漢字：質《ただ》す／糺《ただ》す(「糺」は1級用漢字) 熟語 糾問《きゅうもん》／糾按《きゅうあん》
つづめる	約《つづ》める：短くすること。 熟語 要約《ようやく》／簡約《かんやく》
あらかじめ	予《あらかじ》め：前もって。 熟語 予報《よほう》／予約《よやく》／予定《よてい》
ちなんだ	因《ちな》む：ある物事の縁によって、ある事をなすこと。 出例 因《ちなみ》に 熟語 因縁《いんねん》／因襲《いんしゅう》
うなじ	項《うなじ》：首すじ。首の後ろの部分。 熟語 項領《こうりょう》(うなじ。要害の地のたとえ)
わきまえた	弁《わきま》える：場所や身分などの区別をよく理解すること。 熟語 弁知《べんち》／弁識《べんしき》
おおむね	概《おおむ》ね：だいたい。おおよそ。 豆 同じ読みの漢字：率《おおむ》ね(1級用表外読み) 熟語 大概《たいがい》／概略《がいりゃく》

頻出度
B

表外の読み⑤

次の____線部分は常用漢字である。その**表外の読み**を**ひらがな**で答えよ。

☑ **01** 古いレコードを漁る。

☑ **02** 警察官として職務に殉った。

☑ **03** 瓢箪は胴が括れている。

☑ **04** 疑問点を質す。

☑ **05** 真相は確とは分からない。

☑ **06** 印刷物を原稿と校べる。

☑ **07** 来世では蓮の台の上で暮らそう。

☑ **08** 自らの力量を負んで参戦する。

☑ **09** 目を閉じ円かな夢路をたどった。

☑ **10** 何の科もなく罰せられた。

解答	解説
あさる	漁《あさ》る：探し求めること。 熟語 漁色《ぎょしょく(りょうしょく)》
したがった	殉《したが》う：あることのために身命を捨てる。 熟語 殉教《じゅんきょう》／殉死《じゅんし》／殉職《じゅんしょく》
くびれて	括《くび》れる：中ほどが細くなっていること。 ×くくれる
ただす	質《ただ》す：問い調べること。
しかと	確《しか》と：(明確な認識や確証を得て) はっきりと。確かに。また、しっかり。固く。
くらべる	校《くら》べる：比較して調べ合わせ、誤りがあれば正すこと。 熟語 校異《こうい》／校勘《こうかん》
うてな	台《うてな》：四方に向けて見晴らしのいい高い建物。また、物を載せる台。 熟語 露台《ろだい》／楼台《ろうだい》
たのんで	負《たの》む：あるものを力として寄りかかること。 熟語 抱負《ほうふ》／自負《じふ》
まどか	円《まど》か：安らかなさま。穏やかなさま。また、まるいこと。
とが	科《とが》：とがめられるべき過ち、罪。 熟語 罪科《ざいか》／前科《ぜんか》／科人《かじん》

頻出度
B

熟語の読み・一字訓読み①

次の**熟語**の**読み（音読み）**と、その**語義**にふさわしい**訓読**みを（送りがなに注意して）**ひらがな**で答えよ。

□ **01**　厭悪……悪む

□ **02**　謬説……謬る

□ **03**　訛笑……訛る

□ **04**　捷報……捷つ

□ **05**　蕃殖……蕃る

□ **06**　編輯……輯める

□ **07**　瀆職……瀆す

□ **08**　掩蓋……掩う

□ **09**　匡弼……匡す

□ **10**　遡航……遡る

解答	解説
えんお にくむ	厭悪《えんお》：嫌い、憎むこと。いやがること。 悪《にく》む：いやだと思う。強い不快の念を抱く。 出例 羞悪《しゅうお》……悪《にく》む
びゅうせつ あやまる	謬説《びゅうせつ》：まちがった考えや説明。 謬《あやま》る：まちがう。あやまる。
がんしょう あなどる	翫笑《がんしょう》：相手を見下して笑うこと。 翫《あなど》る：相手を見下す。ばかにする。
しょうほう かつ	捷報《しょうほう》：勝利の知らせ。「勝報」と同じ。「捷」には「はやい」意もある。 捷《か》つ：戦いなどで相手に勝つこと。 出例 大捷《たいしょう》……捷《か》つ
はんしょく しげる	蕃殖《はんしょく》：動物や植物が、生まれふえること。繁殖。 蕃《しげ》る：草などがしげる。ふえる。
へんしゅう あつめる	編輯《へんしゅう》：一定の方針のもとに材料を集め、新聞や雑誌、書物などとしてまとめること。編集。 輯《あつ》める：糸を寄せ集めてつむぐ。材料をあつめる。
とくしょく けがす	瀆職《とくしょく》：「汚職」と同じ。特に公務員など公的な立場にある職業の人に対して用いる。 瀆《けが》す：清らかなものをよごす。出例 瀆聖《とくせい》……瀆《けが》す
えんがい おおう	掩蓋《えんがい》：物の上にかぶせるもの。おおい。 掩《おお》う：おおいかくす。おおう。
きょうひつ ただす	匡弼《きょうひつ》：間違いを正し、足りないところを補いたすけること。 匡《ただ》す：ただしくする。
そこう さかのぼる	遡航《そこう》：流れに逆らって航行すること。水流をさかのぼること。 遡《さかのぼ》る：水の流れに逆らって上流に進むこと。また、過去の事柄にもどる。出例 遡行《そこう》……遡《さかのぼ》る

頻出度 B

熟語の読み・一字訓読み②

次の**熟語**の**読み**(**音読**み)と、その**語義**にふさわしい**訓読**みを(送りがなに注意して)**ひらがな**で答えよ。

☐ 01 烹煎……烹る

☐ 02 苦諫……諫める

☐ 03 敦厚……敦い

☐ 04 阻碍……碍げる

☐ 05 窺管……窺く

☐ 06 永訣……訣れる

☐ 07 嬰鱗……嬰れる

☐ 08 夷坦……夷らか

☐ 09 叢生……叢がる

☐ 10 鳩合……鳩める

解答	解説
ほうせん にる	烹煎《ほうせん》：煮たり、焼いたりすること。料理をすること。 烹《に》る：水や味つけをした汁に食物を入れ、火にかけて加熱する。
くかん いさめる	苦諫《くかん》：目上の人に対して、その過ちや悪い点を指摘し、改めるように忠告すること。「諫言」と同じ。 諫《いさ》める：目上の人に対し、正すべき点を示して忠告する。
とんこう あつい	敦厚《とんこう》：誠実で人情にあついこと。 敦《あつ》い：人情があつい。手あつい。 **出例** 敦信《とんしん》……敦《あつ》い
そがい さまたげる	阻碍《そがい》：邪魔をすること。さまたげること。 碍《さまた》げる：邪魔をする。さまたげる。さえぎる。
きかん のぞく	窺管《きかん》：くだの穴から天をのぞき見ること。視野や見識の狭いことのたとえ。 窺《のぞ》く：そっと見る。のぞく。**出例** 窺見《きけん》……窺《のぞ》く
えいけつ わかれる	永訣《えいけつ》：永遠に別れること。死に別れること。永別。 訣《わか》れる：死に別れる。わかれる。
えいりん ふれる	嬰鱗《えいりん》：「逆鱗に嬰れる（目上の人を激しく怒らせる）」意から、目上の人の怒りを買うこと。激怒させること。 嬰《ふ》れる：触れる。
いたん たいらか	夷坦《いたん》：地面が平らなこと。気持ちが穏やかなこと。 夷《たい》らか：高低や凹凸のないこと。安らか、穏やかなこと。
そうせい むらがる	叢生《そうせい》：ひとところに群がり生えること。 叢《むら》がる：ひとところに寄り集まり、群れをつくること。
きゅうごう あつめる	鳩合《きゅうごう》：一箇所に寄せ集めること。また、集まること。 鳩《あつ》める：鳩が餌に寄り集まるように、集めること。

頻出度 B

熟語の読み・一字訓読み③

次の**熟語**の**読み（音読み）**と、その**語義**にふさわしい**訓読**みを（送りがなに注意して）**ひらがな**で答えよ。

☑ **01** 背戻……戻る

☑ **02** 遠猷……猷る

☑ **03** 灌頂……灌ぐ

☑ **04** 鞠育……鞠う

☑ **05** 瀦水……瀦まる

☑ **06** 莫逆……莫い

☑ **07** 牟食……牟る

☑ **08** 尤人……尤める

☑ **09** 赫灼……赫く

☑ **10** 嘗糞……嘗める

解答	解説
はいれい もとる	背戻《はいれい》：そむき、もとること。 戻《もと》る：道理や人倫などの正しいあり方にそむくこと。
えんゆう はかる	遠猷《えんゆう》：遠い先のことまでよく考えたはかりごと。 猷《はか》る：計略を立てること。企てること。だます意もある。**出例** 猷念《ゆうねん》……猷《はか》る
かんじょう そそぐ	灌頂《かんじょう》：頭に水をそそぎかけること。 灌《そそ》ぐ：水を流し掛けること。水を引いて流すこと。
きくいく やしなう	鞠育《きくいく》：養育すること。 鞠《やしな》う：子供を世話し、育てること。
ちょすい たまる	瀦水《ちょすい》：水たまり。また、水がたまること。 瀦《た》まる：水が一箇所に流れ集まり、留まること。**出例** 瀦溜《ちょりゅう》……瀦《た》まる
ばくぎゃく ばくげき ない	莫逆《ばくぎゃく》：互いに気心が知れ、そむくことがないこと。 莫《な》い：打消しを表す語。無い。
ぼうしょく むさぼる	牟食《ぼうしょく》：むさぼり食うこと。暴食。 牟《むさぼ》る：まだ不十分だとして、欲し続けること。
ゆうじん とがめる	尤人《ゆうじん》：他の人をとがめること。 尤《とが》める：過ちや欠点を取り立てて責めること。 **出例** 尤物《ゆうぶつ》……尤《すぐ》れる
かくしゃく かがやく	赫灼《かくしゃく》：光り輝くこと。 赫《かがや》く：まぶしい光をはなつ。名誉・名声などを得て光っているようにみえる。
しょうふん なめる	嘗糞《しょうふん》：恥も外聞も捨てて、人にへつらうこと。「呉越春秋」の故事が元になっている。 嘗《な》める：甘く見る、みくびる。つらいことや苦しいことを経験する。

頻出度
B

共通の漢字①

次の各組の二文の（　）には**共通**する漢字が入る。その読みを後の□から選び、**常用漢字（一字）**で記せ。

☑ **01**
（　　）代の現象が起こる。
薬液を水で（　　）釈する。

☑ **02**
立候補者は舌（　　）を繰り広げた。
ヨーロッパに（　　）雲が迫った。

☑ **03**
父と母は（　　）一対の夫婦だ。
（　　）餌に誘われ一味に加担した。

☑ **04**
（　　）荒続きで農村は疲弊した。
解雇を恨んでの（　　）行だった。

☑ **05**
どうか苦（　　）を察してほしい。
愛する人に（　　）情を示す。

かい
き
きょう
こう
せん
ちゅう
のう
はん

解答	解説
希	希代《きたい(きだい)》：世にまれなこと、またそのさま。 希釈《きしゃく》：液体の濃度を薄くすること。 出例 古希《こき》
戦	舌戦《ぜっせん》：言い争い。口論。言い合い。 戦雲《せんうん》：戦争の起こりそうな気配。 出例 戦端《せんたん》／和戦《わせん》
好	好一対《こういっつい》：二つの物や人がよく調和して似合っていること。よく似合っている一組。 好餌《こうじ》：他の人の欲望や利益の犠牲になるもの。人を誘い出すための有効な手段。 出例 好学《こうがく》／好個《こうこ》
凶	凶荒《きょうこう》：凶作。穀物の実りが非常に悪いこと。 凶行《きょうこう》：凶悪な行為、犯行。 出例 凶徒《きょうと》／凶変《きょうへん》
衷	苦衷《くちゅう》：心中の苦しみ。 衷情《ちゅうじょう》：率直で誠実な性質。本質。 出例 衷心《ちゅうしん》／微衷《びちゅう》

頻出度 B

共通の漢字②

次の各組の二文の（　）には**共通**する漢字が入る。その読みを後の□から選び、**常用漢字（一字）**で記せ。

☑ 01
結婚して（　　）累が増えた。
その事件は（　　）争中だ。

☑ 02
在位中の事（　　）を調べる。
これは坂本龍馬の真（　　）だ。

☑ 03
幼少時から穎（　　）ぶりは群を抜く。
執筆開始から十年にして（　　）稿した。

☑ 04
経理に私（　　）があったという。
委（　　）を尽くして説明する。

☑ 05
疫病の蔓延は（　　）心にたえない。
向（　　）の折りから御身お大切に。

かん
きょく
けい
さい
せき
だつ
はん
よう

解答	解説
係	係累《けいるい》：面倒をみなければならない妻子や親などの一族の者。 係争《けいそう》：当事者間で、訴訟を起こして争うこと。 出例 係属《けいぞく》
跡	事跡《じせき》：物事や事件が行われた痕跡。 真跡《しんせき》：その人が書いたと認められる筆跡。 出例 不行跡《ふぎょうせき》／墨跡《ぼくせき》
脱	穎脱《えいだつ》：袋に入れた錐の穂先が自然と袋を突き抜けて表に出るように、才能が特別にすぐれていること。 脱稿《だっこう》：原稿を書き終えること。 出例 脱兎《だっと》／超脱《ちょうだつ》
曲	私曲《しきょく》：不正な手段で自分の利益になるようにすること。 委曲《いきょく》：詳細であること。 出例 迂曲《うきょく》
寒	寒心《かんしん》：恐怖や心配でぞっとなること。 向寒《こうかん》：だんだん寒さに向かうこと。手紙文に用いる。

頻出度 **B**

共通の漢字③

次の各組の二文の（　）には**共通**する漢字が入る。その読みを後の□から選び、**常用漢字（一字）**で記せ。

01
- 犀(　　)な頭脳で難問を解く。
- 開幕戦を任され投手冥(　　)に尽きる。

02
- 派閥内の対立をめぐり(　　)闘が続く。
- 我が身の不運を思い(　　)涙にむせんだ。

03
- 子どもが生まれたとは欣(　　)の至りだ。
- (　　)便に託して届けてもらう。

04
- 尊(　　)拝受いたしました。
- このやり方は繁(　　)よろしきを得ている。

05
- 贈り物に御(　　)存と書き添える。
- 御(　　)与頂いた品は大切に使います。

あん
かん
けい
こう
しん
そう
たい
り

解答	解説
利	犀《さい》利《り》：頭の働きが鋭く、物を見る目が正確であること。 冥《みょう》利《り》：善業の報いとして受ける幸福。ある立場にいて受ける恩恵。 出例 利鞘《りざや》／利敵《りてき》
暗	暗闘《あんとう》：ひそかに裏面で争うこと。 暗涙《あんるい》：人知れず流す涙。また、心の中で泣くこと。
幸	欣幸《きんこう》：幸せに思って喜ぶこと。 幸便《こうびん》：都合よく便りのついでのあること。他人に手紙を届けてもらう時に手紙に書き記す言葉。 出例 射幸心《しゃこうしん》／薄幸《はっこう》
簡	尊簡《そんかん》：相手から受け取った手紙を敬っていう語。 繁簡《はんかん》：繁雑なことと簡単なこと。
恵	御《ご》恵《けい》存《ぞん》：物を贈るとき、相手の名に書き添える語。 御《ご》恵《けい》与《よ》：物を贈られたことを敬っていう語。

頻出度 B

書き取り（ノーマル）①

次の＿＿線部分の**カタカナ**を**漢字**で答えよ。

☑ **01** 事実をまだハソクしていない。

☑ **02** 大豆はタンパク質に富む。

☑ **03** フトウにかもめが群れている。

☑ **04** コンペキの海に白い航跡を描く。

☑ **05** ミケンにしわを寄せる。

☑ **06** 軍事機密がロウエイした。

☑ **07** 同窓生とのユウギを大切にする。

☑ **08** ついに海のモクズとなり果てた。

☑ **09** 年取ってケイカクが取れたようだ。

☑ **10** 大勝利にカイサイを叫ぶ。

解答	解説
把捉《はそく》	把捉《はそく》：しっかりつかみとること。 出例 捕捉《ほそく》　熟語 捉髪《そくはつ》(結いかけた髪を握って立つ。急ぐことの形容)
蛋白《たんぱく》	蛋白《たんぱく》：卵の白身。蛋黄は黄身。「蛋白質」は生物体を構成する有機化合物。
埠頭《ふとう》	埠頭《ふとう》：乗客や荷物を乗降させるために船をつける所。 熟語 埠税《ふぜい》／商埠《しょうふ》
紺碧《こんぺき》	紺碧《こんぺき》：やや黒味を帯びた青い色。 熟語 碧海《へきかい》／碧眼《へきがん》
眉間《みけん》	眉間《みけん》：眉と眉の間。 出例 白眉《はくび》(衆に擢んでてすぐれたもの) 熟語 蛾眉《がび》(美しい眉)
漏洩《ろうえい》(泄《えい》)	漏洩《ろうえい》：(「泄」は1級用漢字) 秘密がもれること。もらすこと。 豆「漏洩」は「ろうせつ」とも読む
友誼《ゆうぎ》	友誼《ゆうぎ》：友人としてのよしみ。友情。 熟語 好誼《こうぎ》／厚誼《こうぎ》　訓読 誼(よい・すじみち・よしみ)
藻屑《もくず》	藻屑《もくず》：海中の藻の屑。海で死ぬことのたとえ。 熟語 木屑《きくず》／鉄屑《てつくず》　他訓 屑(いさぎよい)
圭角《けいかく》	圭角《けいかく》：性格や言動に角があり、とげとげしいこと。
快哉《かいさい》	快哉《かいさい》：大いに愉快であること。

読み
表外の読み
熟語の読み 一字訓読み
共通の漢字
書き取り
誤字訂正
四字熟語
対義語・類義語
故事・諺
文章題

頻出度 B

書き取り（ノーマル）②

次の＿＿線部分の**カタカナ**を**漢字**で答えよ。

☑ 01 首筋のシッシンに薬を塗る。

☑ 02 カツカツとバテイの音がする。

☑ 03 手術成功と聞いてアンドした。

☑ 04 洋行でハクを付けて帰る。

☑ 05 親しいホウバイと語り明かす。

☑ 06 ヒルむ気持ちを抑えて踏み止まった。

☑ 07 卑小なサジにこだわる。

☑ 08 船のソウダは三十年の経験がある。

☑ 09 リュウチョウな英語でスピーチをする。

☑ 10 戦時下ではチョウホウが重要だ。

解答	解説
湿疹《しっしん》	湿疹《しっしん》：皮膚表層にでき、かゆみなどを伴う炎症。 熟語 発疹《はっしん》／麻疹《ましん》(はしか)
馬蹄《ばてい》	馬蹄《ばてい》：ウマのひづめ。 出例 蹄鉄《ていてつ》
安堵《あんど》 案堵《あんど》	安堵《あんど》：気がかりが解消され、安心すること。熟語 本《ほん》領《りょう》安堵《あんど》(領地の所有権を主君が公認すること)／堵列《とれつ》(垣根のように横に並ぶこと) 訓読 堵(かき)(垣根のこと)
箔《はく》	箔《はく》：金属をごく薄く打ち延ばしたもの。「箔を付ける」は、値打ちに重みを付ける。貫禄を付けることを指す。
朋輩《ほうばい》 傍輩《ほうばい》	朋輩《ほうばい》：仲間。友達。 出例 朋党《ほうとう》
怯《ひる》む	怯《ひる》む：おびえること、おじけづくこと。 熟語 怯夫《きょうふ》／怯弱《きょうじゃく》／卑怯《ひきょう》
些《さ》(瑣《さ》)事《じ》	些事《さじ》：つまらない事。ささいな事。 出例 些《さ》(瑣《さ》)細《さい》
操舵《そうだ》	操舵《そうだ》：船のかじをあやつること。 出例 面舵《おもかじ》 熟語 舵手《だしゅ》／取舵《とりかじ》(針路を左に向けること。対義語は「面舵《おもかじ》」)
流暢《りゅうちょう》	流暢《りゅうちょう》：言葉がなめらかで、よどみないこと。 訓読 暢(のびる・とおる・のべる)
諜報《ちょうほう》	諜報《ちょうほう》：ひそかに敵情を探った知らせ。 熟語 諜者《ちょうしゃ(ちょうじゃ)》／間諜《かんちょう》(どちらも「スパイ」のこと)

頻出度 **B**

書き取り（ノーマル）③

次の＿＿＿線部分の**カタカナ**を**漢字**で答えよ。

☑ **01** 身をテイして国を救う。

☑ **02** カイショウ無しと罵られる。

☑ **03** 布をアカネ色に染める。

☑ **04** 日曜大工でノコギリを引く。

☑ **05** 二枚の紙をノリで貼った。

☑ **06** タユまぬ努力を続ける。

☑ **07** 窮状をごレンサツいただきたい。

☑ **08** ウエンな企画だと却下された。

☑ **09** 肩をダッキュウしてしまった。

☑ **10** ザッパクな議論に嫌気がさす。

合格点 8/10　1回目 月 日 /10　2回目 月 日 /10

解答	解説
挺《てい》して	挺《てい》する：他に先んじて事を行うこと。
甲斐性《かいしょう》	甲斐性《かいしょう》：遂行能力。「甲斐性無し」は生活を支える能力が無いこと。意気地が無いこと。
茜《あかね》	茜《あかね》：アカネ科多年草。赤黄色の根が染料として用いられ、やや暗い赤色に染まる。 出例 茜色《あかねいろ》 熟語 茜雲《あかねぐも》
鋸《のこぎり》	鋸《のこぎり》：材木を引き切る工具。 熟語 鋸屑《きょせつ》(おがくず)／鋸歯《きょし》(のこぎりの歯) 音読 鋸(キョ)
糊《のり》	糊《のり》：物と物をくっつける接着剤の一種。 出例 糊《こ》(餬《こ》)口《こう》／糊塗《こと》 他訓 糊(くちすぎ) 熟語 糊代《のりしろ》
弛《たゆ》まぬ	弛《たゆ》まぬ：気がゆるむ。なまける。通常否定の語句を伴う。出例 弛緩《しかん》 熟語 弛縦《ししょう》(ゆるんでしまりがない)
憐察《れんさつ》	憐察《れんさつ》：同情し察すること。あわれみ思いやること。出例 可憐《かれん》 熟語 可憐《かれん》／憐憫《れんびん》(「憫」は1級用漢字) 訓読 憐(あわれむ・あわれみ)
迂《う》(紆《う》)遠《えん》	迂遠《うえん》：(「紆」は1級用漢字) 実地の役には立たないこと。出例 迂路《うろ》 熟語 迂回《うかい》／迂愚《うぐ》 訓読 迂(うとい・とおい・まがる)
脱臼《だっきゅう》	脱臼《だっきゅう》：関節が外れること。 熟語 臼歯《きゅうし》／臼杵《きゅうしょ》 訓読 臼(うす)
雑駁《ざっぱく》(駮《ばく》)	雑駁《ざっぱく》：(「駮」は1級用漢字) 雑然として統一を欠くこと。 出例 駁《ばく》す／反駁《はんばく》(駮《ばく》)

頻出度 B

書き取り（ノーマル）④

次の＿＿線部分の**カタカナ**を**漢字**で答えよ。

☑ 01　勝負はアッケなくついてしまった。

☑ 02　本物によく似ているがガンサクだ。

☑ 03　守りの堅い城を攻めアグむ。

☑ 04　ふとした事が大問題をジャッキした。

☑ 05　鉛筆を削ってトガらせる。

☑ 06　西方から仏教がデンパした。

☑ 07　ケイフンは肥料に使われる。

☑ 08　滝のヒマツを浴びる。

☑ 09　封をした手紙をトウカンする。

☑ 10　ウルウ年は四年ごとに来る。

解答	解説
呆気《あっけ》	呆気《あっけ》：「呆気《あっけ》なく」は、張り合いが無いほど簡単に、の意。 出例 呆《あき》（惘《あき》）れる
贋作《がんさく》	贋作《がんさく》：本物に似せて作ったにせ物。 出例 贋造《がんぞう》／真贋《しんがん》
倦《あぐ》む	倦《あぐ》む：持て余して嫌になること。 出例 倦《う》む／倦怠《けんたい》
惹起《じゃっき》	惹起《じゃっき》：引き起こすこと。 訓読 惹（ひく・まねく）
尖《とが》らせる	尖《とが》る：先を鋭くすること。 出例 尖《とが》らす 熟語 尖鋭《せんえい》／舌尖《ぜっせん》
伝播《でんぱ》	伝播《でんぱ》：伝わり広まること。 出例 播種《はしゅ》
鶏糞《けいふん》	鶏糞《けいふん》：にわとりのふん。窒素と燐酸を多く含む。 出例 胸糞《むなくそ》　熟語 糞土《ふんど》／馬糞《まぐそ》
飛沫《ひまつ》	飛沫《ひまつ》：水の飛び散ったもの。しぶき。とばしり。 出例 泡沫《ほうまつ》
投函《とうかん》	投函《とうかん》：郵便ポストに入れること。「函」は「はこ」の意。 熟語 函書《かんしょ》／函谷関《かんこくかん》
閏《うるう》	閏《うるう》：「閏年」は季節と暦月を調節する日を設けた年。 熟語 閏位《じゅんい》（正統でない位）

頻出度
B

書き取り（ノーマル）⑤

次の____線部分の**カタカナ**を**漢字**で答えよ。

☑ **01** メシベは花の中央にある。

☑ **02** 反対意見をイッシュウする。

☑ **03** ダエン形のボールを終日追いかけた。

☑ **04** 戦死者にモクトウを捧げる。

☑ **05** 飢えた虎のエジキとなった。

☑ **06** 言葉が通じなくてイラだつ。

☑ **07** 贈り物を頂いてとてもウレしい。

☑ **08** 両者のツバ競り合いが続いた。

☑ **09** 三国がテイリツしている。

☑ **10** よきハンリョを得た。

解答	解説
雌蕊《めしべ》	雌蕊《めしべ》：雄蕊（おしべ）から花粉を受けるしべ。 音読 蕊（ズイ）
一蹴《いっしゅう》	一蹴《いっしゅう》：はねつけること。熟語 蹴踏《しゅうとう》（ふみつける）／蹴鞠《しゅうきく・しゅくきく》 訓読 蹴（ける） 表外読み 蹴（シュク・ふみつける）
楕円《だえん》	楕円《だえん》：細長く丸みのある円。「楕円形」は長円形、小判形のこと。
黙禱《もくとう》	黙禱《もくとう》：声を出さず心の中で祈ること。 熟語 祈禱《きとう》／禱雨《とうう》
餌食《えじき》	餌食《えじき》：食料。転じて、犠牲となるもの。 出例 薬餌《やくじ》 熟語 甘餌《かんじ》（うまい餌）／餌口《じこう》（食事をする、生計を立てる）
苛《いら》だつ	苛《いら》だつ：思い通りにならず、じれったいこと。 出例 苛《いじ》める 表外読み 苛（きびしい・むごい・さいなむ・いじめる・わずらわしい・いらだつ・からい）
嬉《うれ》しい	嬉《うれ》しい：心がはずんで喜ばしく思うこと。 熟語 娯嬉《こき》／嬉笑《きしょう》 他訓 嬉（たのしむ・あそぶ） 音読 嬉（キ）
鍔《つば》（鐔《つば》）	鍔《つば》：（「鐔」は1級用漢字）刀の柄と刀身の間に挟み、手を防護する具。「鍔競り合い」は互いに相手の刀を鍔で受け止めて押し合うこと。転じて、激しくせめぎ合うこと。
鼎立《ていりつ》	鼎立《ていりつ》：かなえの三本足のように並び立つこと。 出例 鼎談《ていだん》 熟語 鼎位《ていい》（大臣宰相の位） 訓読 鼎（かなえ・まさに）
伴侶《はんりょ》	伴侶《はんりょ》：仲間、連れ合い。 出例 僧侶《そうりょ》 表外読み 侶（ロ・とも）

頻出度 B

書き取り（ノーマル）⑥

次の＿＿線部分の**カタカナ**を**漢字**で答えよ。

☑ 01 リョウセンを伝って頂上を目指す。

☑ 02 意欲オウセイな若者を採用した。

☑ 03 コウシジマのテーブル掛けを買った。

☑ 04 サワやかな風が吹く。

☑ 05 医者がサジを投げた。

☑ 06 足首をネンザした。

☑ 07 母から小遣いをモラう。

☑ 08 アルバイトでしこたまモウけた。

☑ 09 帰宅したらセッケンで手を洗う。

☑ 10 鳥や魚もセキツイ動物だ。

解答	解説
稜線《りょうせん》	稜線《りょうせん》：山の峰と峰を結ぶ線。「尾根」に同じ。 ☒「陵」や「崚（1級用漢字）」と書き誤らない
旺盛《おうせい》	旺盛《おうせい》：気力や活力が甚だ盛んなこと。 表外読み 旺（さかん）
格子縞《こうしじま》	格子縞《こうしじま》：格子の縞模様。チェック。 出例 縞《しま》 熟語 魯縞《ろこう》（魯の国で産する白絹）
爽《さわ》やか	爽《さわ》やか：清々しくて気持ちよいこと。 出例 爽快《そうかい》 熟語 颯爽《さっそう》（「颯」は1級用漢字）
匙《さじ》（匕《さじ》）	匙《さじ》：（「匕」は1級用漢字）「匙を投げる」は、それ以上の改善法がなく、手を引くこと。 熟語 匙加減《さじかげん》／薬匙《やくし》　音読 匙（シ）
捻挫《ねんざ》	捻挫《ねんざ》：関節をねじりくじくこと。 出例 捻《ねん》（拈《ねん》）出《しゅつ》 表外読み 捻（デン・ねじる・ひねる・よじる）
貰《もら》う	貰《もら》う：「もらう」は日本における読み（意味）。 豆 本来の意味：①借りる（貰貸《せいたい》）②ゆるす（貰赦《せいしゃ》）
儲《もう》けた	儲《もう》ける：利益を得ること。得をすること。 出例 儲《もう》かる 熟語 儲蓄《ちょちく》／儲君《ちょくん》（皇太子）
石鹸《せっけん》	石鹸《せっけん》：汚れ落としに使う水に溶け易い物質。
脊椎《せきつい》	脊椎《せきつい》：背骨を形成する骨。 熟語 脊髄《せきずい》／脊梁山脈《せきりょうさんみゃく》

頻出度
B

書き取り（ノーマル）⑦

次の＿＿線部分の**カタカナ**を**漢字**で答えよ。

☑ **01** 推理小説を読みマクる。

☑ **02** 宮中バンサン会に招かれた。

☑ **03** 人民のコウケツを絞って御殿を造る。

☑ **04** 野菜をすりおろして布巾でコす。

☑ **05** 勝敗のキスウはまだ判明しない。

☑ **06** 敵対国に最後ツウチョウを出す。

☑ **07** サイバシで天ぷらを揚げる。

☑ **08** 初夏にはビワが店頭に並ぶ。

☑ **09** 餅をヒシガタに切って重ねる。

☑ **10** ケイモウ思想家の著作を読む。

解答	解説
捲《まく》る	捲《まく》る：端をまいて上げること。盛んに行うこと。 出例 捲《まく》る／捲《まく》れる
晩餐《ばんさん》	晩餐《ばんさん》：夕食。特に改まった席の豪華な夕食。 出例 餐《さん》　熟語 午餐《ごさん》（昼食）／粗餐《そさん》（食事を供するときの謙称）
膏血《こうけつ》	膏血《こうけつ》：労働の結果として得た収益。 出例 膏薬《こうやく》／軟膏《なんこう》
漉《こ》（濾《こ》）す	漉《こ》す：細かい隙間を通して滓《かす》を除くこと。 出例 漉《す》く・抄《す》く
帰趨《きすう》	帰趨《きすう》：最終的に帰着するところ。 出例 趨勢《すうせい》
通牒《つうちょう》	通牒《つうちょう》：一方的に発する通達のこと。
菜箸《さいばし》	菜箸《さいばし》：料理するときに使う長い竹の箸。
枇杷《びわ》	枇杷《びわ》：暖地の常緑高木。初夏に結実。
菱形《ひしがた》	菱形《ひしがた》：どの角も直角でない四辺形。 出例 菱餅《ひしもち》
啓蒙《けいもう》	啓蒙《けいもう》：無知な人々を教え導くこと。

頻出度 B

書き取り（ノーマル）⑧

次の＿＿線部分の**カタカナ**を**漢字**で答えよ。

☑ **01** 鮮やかな仕返しにリュウインを下げた。

☑ **02** マイナイの疑惑で取り調べられる。

☑ **03** 白髪ソウクの老紳士に出会った。

☑ **04** 目標をケイシに箇条書きにする。

☑ **05** 式典でマンコウの祝意を表した。

☑ **06** 自作の詩をチョウタクする。

☑ **07** 難関をキョウジンな精神力で乗り切る。

☑ **08** 犯行動機はエンコンが疑われた。

☑ **09** シラカバの林の中を散策する。

☑ **10** 地面の下にアンキョを造る。

解答	解説
溜飲《りゅういん》	溜飲《りゅういん》：消化不良による胸やけ。
賂《まいない》	賂《まいない》：便宜を得るために贈る金品。 出例 賄賂《わいろ》
痩軀《そうく》	痩軀《そうく》：やせた体つき。 出例 体軀《たいく》
罫紙《けいし》	罫紙《けいし》：等間隔に線を引いた紙。 出例 罫線《けいせん》
満腔《まんこう》	満腔《まんこう》：からだじゅう。満身。
彫《ちょう》(雕《ちょう》)琢《たく》	彫琢《ちょうたく》：何度も手を入れ、直すこと。
強靱《きょうじん》	強靱《きょうじん》：強くて弾力性、耐久力のあること。 出例 靱帯《じんたい》
怨恨《えんこん》	怨恨《えんこん》：うらむこと。また、うらみ。 出例 怨霊《おんりょう》
白樺《しらかば》	白樺《しらかば》：高山・山地に自生する落葉高木。樹皮は白色。熟語 樺《か》燭《しょく》(樺の皮で蠟《ろう》を巻いて作ったともしび)
暗渠《あんきょ》	暗渠《あんきょ》：地下に設けた溝。また、掘割。 熟語 溝渠《こうきょ》／渠水《きょすい》

頻出度 B

書き取り（同音同訓異字）①

次の____線部分の**カタカナ**を**漢字**で答えよ。

☐ 01 昔を回顧すればカンガイひとしおだ。

☐ 02 カンガイ用の水路を整備する。

☐ 03 椅子にカけるよう勧める。

☐ 04 全力でトラックをカけ抜けた。

☐ 05 強風で屋根が一方にカシぐ。

☐ 06 昔ながらの羽釜でカシぐ。

☐ 07 ノリと卵は朝飯の定番だ。

☐ 08 ノリのきいたワイシャツで出勤する。

☐ 09 いかに生きるか深くシイする。

☐ 10 シイ的に対策を決める。

解答	解説
感慨《かんがい》	感慨《かんがい》：物事に深く感じること。しみじみとした気持ちになること。 出例 干《かん》(旱《かん》)害《がい》(「旱」は1級用漢字)
灌漑《かんがい》	灌漑《かんがい》：田畑に水を引き入れること。 熟語 灌木《かんぼく》↔喬木《きょうぼく》／灌仏《かんぶつ》会《え》(四月八日の法会)
掛《か》ける	掛《か》ける：つり下げたり上に載せたりして物をその場所に固定させること。その他、「目をかける。心にかける」など用途が広い。出例 賭《か》ける／掻《か》く
駆《か》け	駆《か》ける：馬に乗って走らせる。人や動物などが速く走る。
傾《かし》ぐ	傾《かし》ぐ：かたむくこと。
炊《かし》(爨《かし》)ぐ	炊《かし》ぐ：(「爨」は1級用漢字)飯をたくこと。
海苔《のり》	海苔《のり》：藻類を薄くすいて干した食品。
糊《のり》	糊《のり》：貼付などに使う粘り気のある物質。
思惟《しい》	思惟《しい》：深く考えること。
恣《し》(肆《し》)意《い》	恣意《しい》：(「肆」は1級用漢字)気ままな思い付き。

頻出度 B

書き取り（同音同訓異字）②

次の____線部分の**カタカナ**を**漢字**で答えよ。

☑ 01 勝利してカイサイを叫ぶ。

☑ 02 借金をやっとカイサイした。

☑ 03 蓑とカサを着けた案山子が立っている。

☑ 04 カサばる荷物に閉口する。

☑ 05 キキョウな言動が目に余る。

☑ 06 キキョウが紫色の花をつけた。

☑ 07 野ビルを味噌汁の具にする。

☑ 08 山ビルに血を吸われた。

☑ 09 一流ホテルでカショクの典を挙げた。

☑ 10 父はカショクの才に長けていた。

解答	解説
快哉《かいさい》	快哉《かいさい》：痛快であること。「快哉」は「快なるかな」の意。 熟語 善哉《ぜんざい》(よいかな、よいと感心する語)
皆済《かいさい》	皆済《かいさい》：借金をすべて返すこと。税金などを完納すること。「完済」と同じ。
笠《かさ》	笠《かさ》：雨や日光を防ぐため頭にかぶるもの。 ✕傘
嵩《かさ》	嵩《かさ》：大きさ、分量。「嵩ばる」は、分量が多くなること。 熟語 嵩高《すうこう》
奇《き》矯《きょう》	奇《き》矯《きょう》：言動が普通の人と違っていること。 熟語 矯《きょう》風《ふう》／矯《きょう》詐《さ》　訓読 矯(ためる) 表外読み 矯(いつわる)
桔《き》梗《きょう》	桔《き》梗《きょう》：山地、草原に自生する多年草。秋の七草の一つ。
蒜《びる》	蒜《ひる》：にんにく、野蒜などの総称。 熟語 蒜《さん》果《か》(にんにく)
蛭《びる》	蛭《ひる》：ヒル綱の環形動物の総称。人や家畜など動物から血を吸う。
華《か》燭《しょく》 花《か》燭《しょく》	華《か》燭《しょく》：華やかなともし火。「華燭の典」は結婚式のこと。 熟語 燭台《しょくだい》／蠟燭《ろうそく》
貨《か》殖《しょく》	貨《か》殖《しょく》：財産を殖やすこと。利殖。

頻出度 **B**

書き取り（同音同訓異字）③

次の＿＿線部分の**カタカナ**を**漢字**で答えよ。

☑ **01** 紙をスく体験をさせてもらった。

☑ **02** 電車がスく時間帯に外出する。

☑ **03** 漢詩をロウエイする。

☑ **04** 顧客情報がロウエイした。

☑ **05** 父のイハイに手を合わせる。

☑ **06** 命令にイハイすることは許されない。

☑ **07** 肉や野菜をクシに刺す。

☑ **08** 長い髪をクシですく。

☑ **09** コウトウ炎の治療を受ける。

☑ **10** その考えはコウトウ無稽だ。

解答	解説
漉《す》く 抄《す》く	漉《す》く：水に溶かした原料を簀子《すのこ》の上に薄くのばした後に乾かして、紙や海苔を作る。**出例** 透《す》かす **音読** 漉(ロク)　**他訓** 漉(こす・したたらせる)
空《す》く	空《す》く：あきができる、まばらになる。ひまになる。空腹になる。心がはれる。
朗詠《ろうえい》	朗詠《ろうえい》：詩歌などを、声高くうたうこと。
漏洩《ろうえい》(泄《えい》)	漏洩《ろうえい》：(「泄」は1級用漢字)もれ出すこと。 **豆** 「漏洩」「漏泄」は「ロウセツ」とも読む(意味は同じ)
位牌《いはい》	位牌《いはい》：戒名を記した木の札。 **熟語** 牙牌《がはい》(名札、かるた)／骨牌《こっぱい》(かるた)
違背《いはい》	違背《いはい》：規則や約束、命令などにそむくこと。違反。 **対義語** 遵守《じゅんしゅ》
串《くし》	串《くし》：食物などを刺し通すのに使う、鉄・竹・木などの細い棒。
櫛《くし》(梳《くし》)	櫛《くし》：(「梳」は1級用漢字)髪の毛をすいたり、髪を飾ったりする道具。**熟語** 櫛比《しっぴ》(すき間なくぎっしり並んでいること)　**他訓** 櫛(くしけずる)
喉頭《こうとう》	喉頭《こうとう》：呼吸器の一部で、咽頭と気管の間の部分を指す。**出例** 高踏《こうとう》　**熟語** 衿喉《きんこう》(緊要の地)／喉元　**訓読** 喉(のど)
荒唐《こうとう》	荒唐《こうとう》：話や考えがばかげている、でたらめでとりとめのないこと。

頻出度 **B**

誤字訂正①

次の各文にまちがって使われている**同じ音訓の漢字が一字**ある。**誤字**と**正しい漢字**を答えよ。

☑ **01** 引退して指導者となる道を選ばず現役続行を決意した裏には少なからぬ葛董があった。

☑ **02** よく熟した水蜜桃の皮を向くと白い果肉の放つ甘い香りが鼻孔をくすぐった。

☑ **03** 彼が誰に対しても歯に絹着せぬ言い方をするのは率直すぎる性格の故だ。

☑ **04** 動かしがたい証拠が見つかり事件の全容解明に向けて漸く初光が差してきた。

☑ **05** 三度目の挑戦で漸く運転免許試験に合格してほっと安度の笑みを洩らした。

☑ **06** 比類なき経済発展を遂げ乍ら市民に保証した自治を形劾化させた政府に批判が高まった。

☑ **07** ピアノ演奏の腕前を心から誉めたが彼女は顔を赤くして謙尊するばかりだった。

☑ **08** 五月の薫風が木々の若葉を揺らすと木洩れ日が地面に判点模様を描き出した。

☑ **09** 複数の国がインターネットを介して情報を得る時代になり国家機密や個人情報の漏衛が危惧される。

☑ **10** 都を逐われ播遷する天子に付き随う者は股功と頼む臣下のほか僅かな人数に過ぎない。

合格点 **8**/10　1回目 月 日 /10　2回目 月 日 /10

解答	解説
董➡藤	葛藤《かっとう》：心の中で違う向きの力と力が争っている状態。また、人と人とのいざこざ。 用例 親子《おやこ》の葛藤《かっとう》
向➡剝	剝《む》く：皮などをむく。中身を出す。 用例 目《め》を剝《む》く／貝《かい》の剝《む》き身《み》　音読 剝(ハク)
絹➡衣	歯《は》に衣《きぬ》着《き》せぬ：つつみ隠さず率直に言う。 用例 濡《ぬ》れ衣《ぎぬ》／衣被《きぬかつ》ぎ
初➡曙	曙光《しょこう》：夜明けの光。転じて、明るいきざし。 熟語 曙雲《しょうん》／曙色《あけぼのいろ(しょしょく)》
度➡堵	安堵《あんど》：安心すること。 熟語 堵列《とれつ》／環堵《かんと》(家をとりまくせまい垣根、貧しい家)
効➡骸	形骸《けいがい》：内容を失って外形だけ残ったもの。
尊➡遜	謙遜《けんそん》：控えめにすること。 熟語 遜位《そんい》／遜色《そんしょく》
判➡斑	斑点《はんてん》：物の表面にまばらにあらわれる点のこと。熟語 斑白《はんぱく》／斑馬《はんば》(シマウマのこと)　表外読み 斑(まだら・ふ・ぶち)
衛➡洩(泄)	漏洩《ろうえい》：(「泄」は1級用漢字) 秘密などがもれること。また、もらすこと。 豆 「漏洩」は「ろうせつ」とも読む
功➡肱	股肱《ここう》：ももとひじ。自分の手足のように頼みとする者。

頻出度 B

誤字訂正②

次の各文にまちがって使われている**同じ音訓の漢字が一字**ある。**誤字**と**正しい漢字**を答えよ。

☐ **01** 各地で乳酪作りを学び放牧を飼育の基本とする牧場を視呼の間に望む地に工房を持った。

☐ **02** 衣冠束帯の貴族や唐衣を纏った宮廷女性に扮した人々が古識床しい祭り行列の中心だ。

☐ **03** 誤字誤読を指摘しても一向に訂正を施す気配のない杜散さに呆れて遂に匙を投げた。

☐ **04** 筏は激流に流されて岩角に衝突し弾みで丸太を繋ぎ合わせていた藤弦が解けてしまった。

☐ **05** 時化の嵐で船が転覆したが壊れた舷らしい板切れに天裕神助とばかり捉まり命拾いした。

☐ **06** 千数百年もの長きに亘り火災や戦災に遭わず世界に比隣なき美術品の数々が遺された。

☐ **07** 国家反逆罪の角で逮捕された大学教授は極寒の地の収容所で労役に服しているとの噂だ。

☐ **08** 父は冬の夜はいつも囲呂裏の端で藁を打ち乍ら幼い子ども達に昔噺を話して聞かせた。

☐ **09** 休憩時間になると園児たちは一斉に庭に駆け出し元気横逸の燥ぎ声が蒼天に響いた。

☐ **10** 今こそ人類の叡智を結集して悪益の蔓延を阻止し終息させることが必須の課題である。

解答	解説
視→指	指呼《しこ》：指さして呼べばこたえるほどの近い距離。
識→式	古式《こしき》：昔から行われている型の通りのやり方。
散→撰	杜撰《ずさん》：誤りが多いこと。手抜かりが多く、いい加減なこと。
弦→蔓	藤蔓《ふじづる》：フジの細長く伸びた茎。
裕→佑・祐	天佑《てんゆう》：天の助けのこと。
隣→倫	比倫《ひりん》：比べられるもの。同じたぐい。
角→廉	廉《かど》：理由や趣旨として取り上げられる事項。
呂→炉	囲炉裏《いろり》：床を四角く切り、ものを燃やす所。
逸→溢	横溢《おういつ》：満ちあふれること。あふれ返るように盛んなこと。
益→疫	悪疫《あくえき》：たちの悪いはやりやまい。

頻出度
B

四字熟語（書き取り）①

次の四字熟語の□に入る適切な語を右の［　］から選び**漢字二字**で答えよ。

☐ **01** 笑面□□

☐ **02** 長身□□

☐ **03** □□落飾

☐ **04** 鱗次□□

☐ **05** 疾風□□

☐ **06** 筆耕□□

☐ **07** □□迎合

☐ **08** □□秀麗

☐ **09** 街談□□

☐ **10** □□身命

あふ
けんでん
こうせつ
しっぴ
そうく
ていはつ
どとう
びもく
ふしゃく
やしゃ

解答	解説
笑面《しょうめん》夜叉《やしゃ》	笑っていても、腹に一物あること。
長身《ちょうしん》痩軀《そうく》	背が高く、やせている体つきのこと。
剃髪《ていはつ》落飾《らくしょく》 薙《てい》(剔《てい》)髪落飾《はつらくしょく》	(「剔」は1級用漢字)髪を剃って仏門に入ること。とくに身分の高い人の出家についていう。 出例 「落飾《らくしょく》」も問われる
鱗次《りんじ》櫛比《しっぴ》	鱗や櫛の歯のように整然と並ぶこと。 出例 「鱗次《りんじ》」も問われる ✖麟次
疾風《しっぷう》怒濤《どとう》	激しい風と荒れ狂う波。時代が激しく変化するさま。ドイツ語「シュトゥルム・ウント・ドラング」の訳語。
筆耕《ひっこう》硯田《けんでん》	文筆で暮らしを立てること。筆で硯の田を耕す意。
阿附《あふ》迎合《げいごう》 阿付《あふ》迎合《げいごう》	相手の機嫌をとり、おもねること。「阿附」は人にへつらうこと。
眉目《びもく》秀麗《しゅうれい》	容貌が優れ、美しいさま。とくに男性について用いる。出例 「秀麗《しゅうれい》」も問われる 類義語 眉目清秀《びもくせいしゅう》／容姿端麗《ようしたんれい》
街談《がいだん》巷説《こうせつ》	世間のつまらないうわさ。「街談」「巷説」ともに、世間のうわさ。類義語 街談巷語《がいだんこうご》
不惜《ふしゃく》身命《しんみょう》	仏道のため身も命もささげて惜しまないこと。自分の身をかえりみないこと。 対義語 可惜身命《あたらしんめい》

頻出度 B

四字熟語（書き取り）②

次の四字熟語の□に入る適切な語を右の□から選び**漢字二字**で答えよ。

☑ 01 □□絶倒

☑ 02 亡羊□□

☑ 03 □□再拝

☑ 04 暮色□□

☑ 05 一顧□□

☑ 06 加持□□

☑ 07 鼓腹□□

☑ 08 泰山□□

☑ 09 □□西望

☑ 10 一碧□□

きとう
けいせい
げきじょう
こうもう
そうぜん
とうき
とんしゅ
ばんけい
ほうふく
ほろう

解答	解説
捧腹絶倒《ほうふくぜっとう》 抱腹絶倒《ほうふくぜっとう》	腹をかかえて笑い転げること。 出例 「絶倒《ぜっとう》」も問われる
亡羊補牢《ぼうようほろう》	羊が逃げた後で、その囲いを修繕することから、失敗した後であわてて改善することのたとえ。あとのまつり。
頓首再拝《とんしゅさいはい》	頭を下げて、うやうやしく礼をすること。手紙の末尾に書いて、相手へ敬意を表す言葉。
暮色蒼然《ぼしょくそうぜん》	夕暮れ時に、辺りが薄暗くなっていく様子。「暮色」は夕暮れ時の景色、「蒼然」は薄暗いさま。
一顧傾城《いっこけいせい》	美女がちらりと見るだけで君主が夢中になり、国を滅ぼしてしまうこと。豆 ここから転じて、「傾城」は「遊女」の意味にも用いられた
加持祈禱《かじきとう》	病気や災難を除き、守り助けてくれるようにと神仏に祈ること。
鼓腹撃壌《こふくげきじょう》	善政が行われて、人々が平和な生活を送ること。豆 中国の尭帝の時代に、老人が腹鼓を打ち、大地を踏み鳴らしながら太平の世の喜びを歌ったという故事から
泰山鴻毛《たいざんこうもう》	非常に重いものと非常に軽いもの。隔たりが大きいことのたとえ。「泰山」は中国の名山で「太山」とも書く。「鴻毛」は鴻の羽毛。
東窺西望《とうきせいぼう》	あちこちをちらちら見ること。落ち着きがない様子。「東～西～」は「あちこち」を意味する語。東奔西走《とうほんせいそう》など。
一碧万頃《いっぺきばんけい》	海や湖などの水面が、青々と限りなく広がっていること。 出例 「一碧《いっぺき》」も問われる

頻出度 B

四字熟語（書き取り）③

次の四字熟語の□に入る適切な語を右の［　］から選び**漢字二字**で答えよ。

☐ 01 吉日□□

☐ 02 □□玉兎

☐ 03 □□托生

☐ 04 □□玉杯

☐ 05 全豹□□

☐ 06 一目□□

☐ 07 □□雲客

☐ 08 経世□□

☐ 09 □□三遷

☐ 10 □□章草

いちれん
いっぱん
きんう
けいしょう
さいみん
ぞうちょ
もうぼ
りょうしん
りょうぜん
ろぎょ

解答	解説
吉日良辰《きちじつりょうしん》	縁起の良い日。めでたい日。「吉日」は「きちにち・きつじつ・きつにち」とも読む。
金烏玉兎《きんうぎょくと》	太陽の中には三本足の烏がすみ、月の中には兎がすむという中国の伝説から。それぞれ、太陽(日)と月のたとえ。**類義語** 白兎赤烏《はくとせきう》
一蓮托生《いちれんたくしょう》	事の善悪にかかわらず運命を共にすること。**出例**「托生《たくしょう》」も問われる **豆**「托生《たくしょう》」は「託生《たくしょう》」とも書く
象箸玉杯《ぞうちょぎょくはい》	「象箸」は象牙の箸、「玉杯」は玉で作った杯。殷の王族箕子が、紂王の贅沢を国家の破滅につながるものとして危ぶんだ故事による。
全豹一斑《ぜんぴょういっぱん》	物事の一部を見ただけで、全体を推測したり批評したりすること。見識が狭いことのたとえ。**出例**「全豹《ぜんぴょう》」も問われる
一目瞭然《いちもくりょうぜん》 一目了然《いちもくりょうぜん》	ひと目で明らかにわかるさま。
卿相雲客《けいしょううんかく》	公卿や殿上人など高位高官のこと。「月卿《げっけい》雲客《うんかく》」ともいう。
経世済民《けいせいさいみん》	世を治め、民を救うこと。**豆**「経済《けいざい》」は「経世済民《けいせいさいみん》」を略した言葉 **類義語** 経国済《けいこくさい》民《みん》
孟母三遷《もうぼさんせん》	子供の教育には環境が大切であるという教え。孟子の母が教育に適した環境を求めて転居を繰り返した故事から。
魯魚章草《ろぎょしょうそう》	文字の書き間違い。「魯・魚」「章・草」の字形がそれぞれ似ていて誤りやすいことから。**出例**「章草《しょうそう》」も問われる

頻出度
B

四字熟語（書き取り）④

次の四字熟語の□に入る適切な語を右の［　］から選び**漢字二字**で答えよ。

☑ **01** 甲論□□

☑ **02** 純真□□

☑ **03** 張三□□

☑ **04** 和光□□

☑ **05** 一張□□

☑ **06** □□墨守

☑ **07** 古色□□

☑ **08** □□定規

☑ **09** 徒手□□

☑ **10** 抜本□□

いっし
おつばく
きゅうとう
くうけん
しゃくし
そうぜん
そくげん
どうじん
むく
りし

解答	解説
甲論乙駁《こうろんおつばく》(駮《ばく》)	(「駮」は1級用漢字) 互いにあれこれ主張して議論がまとまらないこと。
純真無垢《じゅんしんむく》	心に汚れや偽りがなく、純粋で清らかなさま。 類義語 純情可憐《じゅんじょうかれん》
張三李四《ちょうさんりし》	ごくありふれた平凡な人々。張家の三男と李家の四男。「張」や「李」は中国で多い姓。
和光同塵《わこうどうじん》	自分の才能を和らげ隠して、俗世間に調和して交わること。 ✕同仁
一張一弛《いっちょういっし》	人に厳しく接したり、やさしく接したりすること。政治家や教育者の心得。
旧套墨守《きゅうとうぼくしゅ》	古いしきたりや方法を堅く守ること。「旧套」は古い習慣。中国戦国時代の思想家墨子が、堅く城を守った故事から。
古色蒼然《こしょくそうぜん》	たいへん古めかしいさま。また、古びて趣のあること。「蒼然」は古めかしいさま。 ✕騒然
杓子定規《しゃくしじょうぎ》	すべてを一つの基準に当てはめようとして融通がきかないこと。曲がっている杓子の柄を定規に使う意。 対義語 融通無碍《ゆうずうむげ》
徒手空拳《としゅくうけん》	手に何も持たず、身一つで他に頼むものがないこと。 類義語 赤手空拳《せきしゅくうけん》
抜本塞源《ばっぽんそくげん》	物事の根本にさかのぼって対処すること。災いの原因を取り除くこと。木の根を抜き、水源をふさぐ意。 出例 「抜本《ばっぽん》」も問われる

頻出度 B

四字熟語（書き取り）⑤

次の四字熟語の□に入る適切な語を右の［　］から選び**漢字二字**で答えよ。

☑ 01 □□奇抜

☑ 02 矛盾□□

☑ 03 一虚□□

☑ 04 □□浄土

☑ 05 □□姑息

☑ 06 □□垢面

☑ 07 □□自大

☑ 08 邑犬□□

☑ 09 羊頭□□

☑ 10 鉤縄□□

いちえい
いんじゅん
きく
くにく
ぐんばい
ごんぐ
ざんしん
どうちゃく
ほうとう
やろう

解答	解説
斬新《ざんしん》奇抜《きばつ》	着想が独創的で、それまでに類を見ないほど新しいさま。類義語 奇想天外《きそうてんがい》
矛盾《むじゅん》撞着《どうちゃく》 矛盾《むじゅん》撞著《どうちゃく》	前後のつじつまが合わないこと。論理に一貫性がないこと。
一虚《いっきょ》一盈《いちえい》	「虚」は空しい、「盈」は満ちる意。あるときは空しく、あるときは満ちて、常に変化し、予測しにくいことのたとえ。
欣求《ごんぐ》浄土《じょうど》	極楽浄土に往生することを心から願うこと。「欣求」は積極的に願い求めること。
因循《いんじゅん》姑息《こそく》	古い習慣ややり方にとらわれて改めず、その場しのぎに終始すること。 出例 「姑息《こそく》」も問われる
蓬頭《ほうとう》垢面《こうめん》	乱れた髪と垢にまみれた顔。身だしなみに無頓着でむさくるしいこと。
夜郎《やろう》自大《じだい》	自分の力量を知らずに尊大な態度をとること。「夜郎」は中国漢代の小国の名。
邑犬《ゆうけん》群吠《ぐんばい》	小人が集まってつまらぬ噂話を盛んに言い立てること。小人が賢人を非難するたとえ。 出例 「邑犬《ゆうけん》」も問われる
羊頭《ようとう》狗肉《くにく》	見かけと実際・実質が一致しないたとえ。良品に見せかけ、実際は粗悪品を売ることから。
鉤縄《こうじょう》規矩《きく》	物事や行為の基準になるもののこと。「規矩準縄」に同じ。 出例 「鉤縄《こうじょう》」も問われる

頻出度 **B**

四字熟語（意味と読み）①

次の01～08の**解説・意味**にあてはまる四字熟語を右の□から選び、その＿＿**線部分だけの読み**を**ひらがな**で答えよ。

☑ **01** 有名無実のこと。

☑ **02** のんびりした気楽な老後のこと。

☑ **03** 権力者の陰に隠れて悪事を働く者。

☑ **04** 天下国家の情勢を一変させること。

☑ **05** 大工や家具職人などの総称。

☑ **06** 末節にこだわって、根本を忘れること。

☑ **07** どちらか一方に決めかねていること。

☑ **08** 何者にもとらわれず自由であること。

旋乾転坤
菟糸燕麦
呑炭漆身
美須豪眉
鴻雁哀鳴
釈根灌枝
碩学大儒
首鼠両端
城狐社鼠
梓匠輪輿
融通無碍
含飴弄孫

解答	解説
とし	菟《と》糸《し》燕麦《えんばく》　**補足** 名前だけで何の役にも立たないもののこと。有名無実。
がんい	含《がん》飴《い》弄孫《ろうそん》　**補足** のんびりした気楽な老後生活のこと。飴をなめつつ孫と遊ぶ意から。
しゃそ	城《じょう》狐《こ》社《しゃ》鼠《そ》　**補足** 君主や権力者の陰に隠れて悪事を働く者のたとえ。城にすむ狐と、社に巣くう鼠。安全なところに身を置いて悪事を働く者のたとえ。
てんこん	旋乾転坤《せんけんてんこん》　**補足** 天下国家の情勢を一変させること。「乾」は天、「坤」は地。「乾坤」で天地・世界を指す。「旋」「転」は、ともに根本からひっくり返す意。**豆**「乾《けん》を旋《めぐ》らし坤《こん》を転《てん》ず」とも読む
ししょう	梓《し》匠《しょう》輪《りん》輿《よ》　**補足** 「梓」は家具職人、「匠」は大工、「輪」は車輪職人、「輿」は車台職人のことで、その総称。
かんし	釈根灌枝《しゃくこんかんし》　**補足** 根元に水をやらず枝に注ぎかけることから。「釈」は捨てる意。**類義語** 本末転倒《ほんまつてんとう》
しゅそ	首《しゅ》鼠《そ》両端《りょうたん》　**補足** 鼠が穴から首だけ出して両側をきょろきょろ見ていることから、ぐずぐずした曖昧な態度のこと。
むげ	融通《ゆうずう》無《む》碍《げ》　**補足** 「無碍」は「無礙(「礙」は１級用漢字)」とも書く。思考や行動が何者にもとらわれず自由であること。「無碍」は妨げのないこと。

頻出度
B

四字熟語（意味と読み）②

次の**01～08**の**解説・意味**にあてはまる四字熟語を右の□から選び、その＿＿**線部分だけの読み**を**ひらがな**で答えよ。

☑ **01** 何ものにも拘束されない自由な生活。

☑ **02** 貴重な物や重要な地位。

☑ **03** 空が晴れ渡ること。

☑ **04** 苦労をいとわず勉学に励むたとえ。

☑ **05** 決断力に富んでいるさま。

☑ **06** 役に立たない無用の言論。

☑ **07** ぜいたくな暮らしのこと。

☑ **08** めったにないことのたとえ。

常鱗凡介
剛毅果断
碧落一洗
象箸玉杯
盲亀浮木
円木警枕
歳寒松柏
春蛙秋蟬
狐仮虎威
九鼎大呂
閑雲野鶴
怨憎会苦

解答	解説
やかく	閑《かん》雲《うん》野《や》鶴《かく》 補足 何ものにも拘束されない自由な生活のたとえ。大空にゆったりと浮かぶ雲と、野に遊ぶ鶴。悠悠自適の生活のたとえ。 類義語 孤《こ》雲《うん》野《や》鶴《かく》
きゅうてい	九《きゅう》鼎《てい》大《たい》呂《りょ》 補足 貴重な物や重要な地位のたとえ。「九鼎」は夏王朝の開祖禹が九つの州から献上させた銅で作った鼎(金属製の器)で、天子の地位の象徴。「大呂」は周王朝の大廟に備えた鐘。ともに貴重なもののたとえ。
へきらく	碧《へき》落《らく》一《いっ》洗《せん》 補足 空が晴れ渡ること。「碧落」は青空、「一洗」はきれいに洗い流すこと。雨で青空をひと洗いする意。
けいちん	円《えん》木《ぼく》警《けい》枕《ちん》 補足 苦労をいとわず勉学に励むたとえ。宋の司馬光が、丸木を枕として熟睡するのを防ぎ、学問に励んだことから。 類義語 懸《けん》頭《とう》刺《し》股《こ》／蛍《けい》雪《せつ》之《の》功《こう》
ごうき	剛《ごう》毅《き》果《か》断《だん》 補足 意思がしっかりとして、決断力に富んでいるさま。「剛毅」は意志が固く、くじけない意。「果断」は思い切りよく行う意。 豆 「剛《ごう》毅《き》」は「豪《ごう》毅《き》」とも書く 対義語 優《ゆう》柔《じゅう》不《ふ》断《だん》
しゅんあ	春《しゅん》蛙《あ》秋《しゅう》蟬《ぜん》 補足 うるさいだけで役に立たない無用の言論。春の蛙と秋の蟬。どちらもうるさく鳴きわめく。 類義語 蛙《あ》鳴《めい》蟬《せん》噪《そう》(「噪」は1級用漢字)
ぞうちょ	象《ぞう》箸《ちょ》玉《ぎょく》杯《はい》 補足 ぜいたくな暮らしのこと。「象箸」は象牙の箸、「玉杯」は玉で作った杯。殷の賢臣箕子が、紂王の贅沢を国家の破滅につながるものとして危ぶんだ故事による。
もうき	盲《もう》亀《き》浮《ふ》木《ぼく》 補足 めったにないことのたとえ。百年に一度だけ水面に浮かび上がってくる盲目の亀が、漂っている木の穴に入ろうとしても容易にできないということから、仏の教えに出会うことの難しさをいった語。

頻出度
B

四字熟語（意味と読み）③

次の**01〜08**の**解説・意味**にあてはまる四字熟語を右の□から選び、その____**線部分だけの読み**を**ひらがな**で答えよ。

☑ **01** 清貧に甘んじるさま。

☑ **02** 人への接し方に緩急をつけること。

☑ **03** 本物と紛らわしい無価値なもの。

☑ **04** 失敗した後であわてて改善すること。

☑ **05** 学問を途中でやめては何もならないという戒め。

☑ **06** 互いに主張して話がまとまらないこと。

☑ **07** すぐれた人材のたとえ。

☑ **08** 大喜びすること。

魚目燕石
孟母断機
芝蘭玉樹
一張一弛
箪食瓢飲
允文允武
革故鼎新
亡羊補牢
甲論乙駁
千錯万綜
土階茅茨
欣喜雀躍

合格点 7/8　1回目 月 日 /8　2回目 月 日 /8

解答	解説
たんし	簞《たん》食《し》瓢《ひょう》飲《いん》 補足 清貧に甘んじるさま。竹の器に入れた飯と、瓢簞の容器に入れた飲み物。豆 貧窮に耐えながら学問に励んだ弟子の顔回を、孔子が賞賛して言った言葉
いっし	一《いっ》張《ちょう》一《いっ》弛《し》 補足 人への接し方に緩急をつけること。政治家や教育者の心得。弓の弦を強く張ったりゆるめたりすることから、人に厳しく接したり、やさしく接したりすること。豆「一《いっ》弛《し》一《いっ》張《ちょう》」ともいう
えんせき	魚《ぎょ》目《もく》燕《えん》石《せき》 補足 本物と紛らわしい無価値なもの。魚の目玉と燕山（中国河北省の山）の石は、どちらも一見宝石に似ているが、宝石ではないことから。類義語 魚《ぎょ》目《もく》混《こん》珠《しゅ》
ほろう	亡《ぼう》羊《よう》補《ほ》牢《ろう》 補足 失敗した後であわてて改善すること。あとのまつり。羊が逃げた後で、その囲いを修繕することから。豆「羊《ひつじ》を亡《うしな》いて牢《ろう》を補《おぎな》う」とも読む
もうぼ	孟《もう》母《ぼ》断《だん》機《き》 補足 学問を途中でやめてしまっては何もならないという戒め。孟子が学業半ばで帰省した際、孟子の母が機織りの糸を切り、学問を中途でやめるのは、この完成していない織物と同じであると戒めた故事から。類義語 断《だん》機《き》之《の》戒《いましめ》
おつばく	甲《こう》論《ろん》乙《おつ》駁《ばく》 補足 互いにあれこれ主張して話がまとまらないこと。甲が論じれば乙がそれに反対するというように、なかなか議論がまとまらないこと。対義語 満《まん》場《じょう》一《いっ》致《ち》 類義語 議《ぎ》論《ろん》百《ひゃく》出《しゅつ》
しらん	芝《し》蘭《らん》玉《ぎょく》樹《じゅ》 補足 すぐれた人材のたとえ。「芝」は霊芝、「蘭」はふじばかま。ともに香草。「玉樹」は玉のように美しい木。
きんき	欣《きん》喜《き》雀《じゃく》躍《やく》 補足 大喜びすること。「欣」「喜」はともに喜ぶこと。「雀躍」は雀が飛び跳ねるさま。雀が飛び跳ねるように喜ぶこと。類義語 歓《かん》喜《き》雀《じゃく》躍《やく》

頻出度 **B**

対義語・類義語①

次の**01～05**の**対義語**、**06～10**の**類義語**を右の□の中から選び、**漢字**で答えよ。□の中の語は一度だけ使うこと。

対義語

☐ **01** 安寧 ↔ （　　）

☐ **02** 匡正 ↔ （　　）

☐ **03** 豪胆 ↔ （　　）

☐ **04** 永住 ↔ （　　）

☐ **05** 肥沃 ↔ （　　）

類義語

☐ **06** 逐電 ＝ （　　）

☐ **07** 頑丈 ＝ （　　）

☐ **08** 台所 ＝ （　　）

☐ **09** 器量 ＝ （　　）

☐ **10** 市井 ＝ （　　）

おくびょう
かぐう
けんろう
こうかん
こうぶ
しゅっぽん
じょうらん
ちゅうぼう
ようぼう
わいきょく

解答	解説
擾乱《じょうらん》	乱れて騒ぐこと。秩序を乱すこと。騒乱。 出例 平安《へいあん》↔擾乱《じょうらん》／平穏《へいおん》↔擾乱《じょうらん》
歪曲《わいきょく》	ゆがめること。わざと事実をいつわって伝えること。「匡正《きょうせい》」は、欠点などを改め、正しい状態にすること。
臆病《おくびょう》・憶病《おくびょう》	ちょっとしたことに対しても怖がること。
仮寓《かぐう》	仮に住むこと。また、その家。「寓」は、かりずまい。
荒蕪《こうぶ》	土地が荒れて雑草が生えるがままになっていること。 出例 豊沃《ほうよく》↔荒蕪《こうぶ》
出奔《しゅっぽん》	逃げて姿をくらますこと。「逐電《ちくでん》」は、すばやく逃げて姿を隠すこと。
堅牢《けんろう》	かたくて簡単には壊れないこと。丈夫なこと。 出例 強固《きょうこ》＝堅牢《けんろう》
厨房《ちゅうぼう》	食物を調理する所。台所。調理場。
容貌《ようぼう》	顔かたち。 出例 面相《めんそう》＝容貌《ようぼう》
巷間《こうかん》	世間のこと。街中のこと。

頻出度 **B**

対義語・類義語②

次の**01～05**の**対義語**、**06～10**の**類義語**を右の□の中から選び、**漢字**で答えよ。□の中の語は一度だけ使うこと。

対義語

☐ **01** 断行 ↔ （　　）

☐ **02** 清楚 ↔ （　　）

☐ **03** 懸絶 ↔ （　　）

☐ **04** 諫言 ↔ （　　）

☐ **05** 貫徹 ↔ （　　）

類義語

☐ **06** 蒼天 ＝ （　　）

☐ **07** 未明 ＝ （　　）

☐ **08** 聴許 ＝ （　　）

☐ **09** 乱脈 ＝ （　　）

☐ **10** 鳳雛 ＝ （　　）

いんきょ
きりんじ
ざせつ
ちぎ
ついしょう
のうえん
はくちゅう
ぶざつ
へきくう
まいそう

解答	解説
遅疑《ちぎ》	疑い迷って、すぐに実行しないこと。
濃艶《のうえん》	あでやかで美しいこと。つやっぽく美しいこと。 出例 枯淡《こたん》↔濃艶《のうえん》
伯仲《はくちゅう》	長兄と次兄。力などが接近していて優劣のつけにくいこと。「懸絶《けんぜつ》」は、甚だしい違いがあること。出例 懸隔《けんかく》↔伯仲《はくちゅう》
追従《ついしょう》	こびへつらうこと。「諫言《かんげん》」は、目上の人をいさめること。
挫折《ざせつ》	仕事や事業、計画などが途中でだめになること。またそのために未来の希望を失うこと。
碧空《へきくう》	青空のこと。
昧爽《まいそう》	夜明けのこと。
允許《いんきょ》	許可すること。 出例 認可《にんか》＝允許《いんきょ》
蕪雑《ぶざつ》	言葉や文章が十分に整っていないこと。
麒麟児《きりんじ》	才能にすぐれ、将来有望な少年。

頻出度 B

対義語・類義語③

次の01～05の**対義語**、06～10の**類義語**を右の□の中から選び、**漢字**で答えよ。□の中の語は一度だけ使うこと。

対義語

☑ 01 会心 ↔ （　　）

☑ 02 尊敬 ↔ （　　）

☑ 03 昏迷 ↔ （　　）

☑ 04 浅瀬 ↔ （　　）

☑ 05 蓄財 ↔ （　　）

類義語

☑ 06 繁昌 ＝ （　　）

☑ 07 死別 ＝ （　　）

☑ 08 動向 ＝ （　　）

☑ 09 図星 ＝ （　　）

☑ 10 出奔 ＝ （　　）

えいけつ
えいよう
かくせい
しんえん
すうせい
せいこく
ちくでん
つうこん
とうじん
ぶべつ

解答	解説
痛恨《つうこん》	非常に残念に感じること。
侮蔑《ぶべつ》	相手を自分より劣ったものとして見下し、さげすむこと。軽蔑。 出例 畏敬《いけい》↔侮蔑《ぶべつ》
覚醒《かくせい》	目をさますこと。誤りに気づくこと。 出例 催眠《さいみん》↔覚醒《かくせい》
深淵《しんえん》	深い淵。「淵」は、水が深くよどんでいるところ。奥深さや限りがないことのたとえにも言う。
蕩《とう》(盪《とう》)尽《じん》	(「盪」は1級用漢字)財産などを使い尽くすこと。 出例 蓄積《ちくせき》↔蕩《とう》(盪《とう》)尽《じん》
栄耀《えいよう》	大いに栄え勢力の強いこと。派手で贅沢な暮らしをすること。 出例 隆昌《りゅうしょう》＝栄耀《えいよう》
永訣《えいけつ》	永遠に別れること。死に別れること。永別。
趨勢《すうせい》	物事の動向。ある方向へ動く流れ。
正鵠《せいこく》	物事の急所のこと。また、弓道において的の中心のこと。 出例 的中《てきちゅう》＝正鵠《せいこく》
逐電《ちくでん》	素早く逃げ、行方をくらますこと。

頻出度
B

対義語・類義語④

次の01～05の**対義語**、06～10の**類義語**を右の□の中から選び、**漢字**で答えよ。□の中の語は一度だけ使うこと。

対義語

☑ 01　不毛 ↔ （　　）

☑ 02　進展 ↔ （　　）

☑ 03　暗愚 ↔ （　　）

☑ 04　碇泊 ↔ （　　）

☑ 05　迫害 ↔ （　　）

類義語

☑ 06　尾根 ＝ （　　）

☑ 07　営営 ＝ （　　）

☑ 08　疎慢 ＝ （　　）

☑ 09　苦悩 ＝ （　　）

☑ 10　忽如 ＝ （　　）

がぜん
しし
ずさん
そうめい
ていとん
ばつびょう
はんもん
ひご
ひよく
りょうせん

解答	解説
肥沃《ひよく》	土地が肥えていて、作物がよくできること。 出例 荒蕪《こうぶ》↔肥沃《ひよく》
停頓《ていとん》	取りかかった物事が行き詰まり、うまく進まないこと。停滞。 出例 展開《てんかい》↔停頓《ていとん》
聡明《そうめい》	理解力があること。賢いこと。 出例 愚昧《ぐまい》↔聡明《そうめい》
抜錨《ばつびょう》	いかりを上げて出港すること。
庇護《ひご》	かばい、保護すること。
稜線《りょうせん》	山の峰と峰を結ぶ線。
孜孜《しし》(孳孳《しし》)	(「孳」は1級用漢字)懸命に努力すること。
杜撰《ずさん》	いいかげんで、誤りが多いこと。 出例 粗雑《そざつ》＝杜撰《ずさん》
煩悶《はんもん》	悩み苦しむこと。
俄然《がぜん》	突如として一変すること。にわかに起こる様子のこと。 出例 突如《とつじょ》＝俄然《がぜん》

頻出度

B

対義語・類義語⑤

次の01～05の**対義語**、06～10の**類義語**を右の□の中から選び、**漢字**で答えよ。□の中の語は一度だけ使うこと。

対義語

☑ **01**　接着 ↔（　　）

☑ **02**　悠悠 ↔（　　）

☑ **03**　凶兆 ↔（　　）

☑ **04**　遵奉 ↔（　　）

☑ **05**　破綻 ↔（　　）

類義語

☑ **06**　窮乏 ＝（　　）

☑ **07**　消長 ＝（　　）

☑ **08**　隠密 ＝（　　）

☑ **09**　不世 ＝（　　）

☑ **10**　妙趣 ＝（　　）

かんちょう
きゅうきゅう
けう
ずいしょう
だいごみ
はいち
はくり
ひっぱく
びほう
ふちん

解答	解説
剥離《はくり》	はがれて、元のところから離れること。
汲汲《きゅうきゅう》・汲々《きゅうきゅう》	他を顧みる余裕がなく、そのことのみで精一杯なこと。
瑞祥《ずいしょう》・瑞象《ずいしょう》	めでたいことが起こるきざし。
背馳《はいち》	正しいものと食い違うこと。 出例 適合《てきごう》 ↔ 背馳《はいち》
弥縫《びほう》	一時的に失敗や欠点をとりつくろうこと。
逼迫《ひっぱく》	行き詰まって、ゆとりがなくなること。苦痛などが身に迫ること。
浮沈《ふちん》	うくことと、しずむこと。栄えることと、おとろえること。
間諜《かんちょう》	ひそかに敵の様子を探り、その情報を味方に報告する者。間者。スパイ。 出例 密偵《みってい》 ＝ 間諜《かんちょう》
稀有《けう》・希有《けう》	非常に珍しいこと。
醍醐味《だいごみ》	最も美味であること。転じて、最高の味わい。「醍醐《だいご》」は乳製品の一種。

頻出度
B

故事・諺①

次の故事・成語・諺の**カタカナ**の部分を**漢字**で答えよ。

☑ **01** 門前ジャクラを張る。

☑ **02** ソウメンで首くくる。

☑ **03** ヌれ手で粟。

☑ **04** リョウキンは木を択ぶ。

☑ **05** キカ居くべし。

☑ **06** 渇してもトウセンの水を飲まず。

☑ **07** 下手なアンマと仲裁は初めより悪くなる。

☑ **08** ケサと衣は心に着よ。

☑ **09** 事が延びればオヒレが付く。

☑ **10** 人の頭のハエを追うな。

解答	解説
雀《じゃく》羅《ら》	「雀羅」は雀を獲る網。門前に網を張って群れ遊ぶ雀を捕らえられるほど閑散としている。訪れる人もなく、さびれていることのたとえ。
素《そう》麺《めん》・索《そう》麺《めん》	物事がうまくできず、まどろっこしいことのたとえ。 **出例** 塗り箸で素麺を食う。
濡《ぬ》れ	濡れた手で粟をつかむと粟粒がたくさんくっつくことから。楽をして多くの利益を得ること。
良《りょう》禽《きん》	賢い臣下は自分が仕える君主をよく選んで仕官するということ。 **出例** 良禽は樹を択ぶ。
奇《き》貨《か》	珍しい品物は、後で大きな利益が得られるだろうから買っておくとよい。得難い好機は逃さず利用すべきだというたとえ。
盗《とう》泉《せん》	どんなに困窮しても、不正には手を出さないことのたとえ。**出例** 渇しても盗泉の水を飲まず、熱しても悪木の陰に息わず。
按《あん》摩《ま》・案《あん》摩《ま》	下手な按摩や、まずい仲裁をすると、かえってこじらせてしまうということ。 **出例** 秋刀魚が出ると按摩が引っ込む。
袈《け》裟《さ》	袈裟や衣を着ただけでは信仰とはいえない。それらを心の上につけてはじめて真の仏道信仰になる。外見よりも中身が重要であること。
尾《お》鰭《ひれ》	物事が長引くと余計なことが加わって面倒になるということ。 **出例** 話に尾鰭を付ける。
蝿《はえ》	他人におせっかいする前に自分のことをすべきであることのたとえ。**出例** 筆を誤りて蝿を作る。／蝿が飛べば虻も飛ぶ。

頻出度 B

故事・諺②

次の故事・成語・諺の**カタカナ**の部分を**漢字**で答えよ。

☐ **01** 風が吹けばオケヤが儲かる。

☐ **02** キンランの契り。

☐ **03** 大業はサイキンを顧みず。

☐ **04** シュンメ痴漢を乗せて走る。

☐ **05** 修身セイカ治国平天下。

☐ **06** 金もシュモクのあたり柄。

☐ **07** 野にイケンなし。

☐ **08** ガベイに帰す。

☐ **09** カニは甲羅に似せて穴を掘る。

☐ **10** シランの室に入るが如し。

解答	解説
桶《おけ》屋《や》	あることが原因となって、巡り巡って思いがけないところに影響を及ぼすたとえ。
金《きん》蘭《らん》	親密な友情のたとえ。その固さは金を断ち切るほど強く、友情の美しさは蘭の花のようだという意。
細《さい》謹《きん》	大事を成そうとするときは細かい気配りに気を取られる必要はないということ。 出例 大行は細謹を顧みず。大礼は小譲を辞せず。
駿《しゅん》馬《め》	ふさわしい相手に恵まれないことのたとえ。また、うまく釣り合いを取れないことが多いたとえ。
斉《せい》家《か》	儒教の基本的な考え方。自分の身を修めれば家庭はととのい、ひいては国家も治まり天下は平らかになる。
撞《しゅ》木《もく》	人との関係が良くなるのも悪くなるのも、こちらの接し方次第であるということ。
遺《い》賢《けん》	すぐれた人材が残らず官吏に登用され、立派な政治が行われて国が安定すること。
画《が》餅《べい》	計画などが実行されなかったり失敗したりして、むだな骨折りに終わってしまうこと。 豆 「画餅」は「がへい」とも読む
蟹《かに》	人は自分の力量や身分に見合った行動や考え方をするものだということ。 出例 慌てる蟹は穴へ這入れぬ。
芝《し》蘭《らん》	徳のある人や善人と交際すると、知らないうちに感化されて自分もそうなることのたとえ。

頻出度 **B**

故事・諺③

次の故事・成語・諺の**カタカナ**の部分を**漢字**で答えよ。

☑ **01** 晩学といえどもセキガクに昇る。

☑ **02** ヒシヅルほど子ができる。

☑ **03** 外面似ボサツ、内心如夜叉。

☑ **04** 魚のフチュウに遊ぶが如し。

☑ **05** 握ればコブシ、開けば掌。

☑ **06** サイシンの憂え有りて朝に造るあたわず。

☑ **07** 片手でキリはもめぬ。

☑ **08** 鴨がネギを背負って来る。

☑ **09** ミジン積もって山となる。

☑ **10** 桃栗三年柿八年、ユズは九年の花盛り。

解答	解説
碩学《せきがく》	年をとってから学問を始めても深く修めることは可能だということ。
菱蔓《ひしづる》	多数枝分かれする菱のように、多くの子どもを持つこと。
菩薩《ぼさつ》	うわべは菩薩のようにやさしく穏やかだが、心の中は陰険で夜叉のようだということ。出例 人間は身が入れば仰向く、菩薩は身が入ればうつむく。
釜中《ふちゅう》	災難が迫っているのも知らずにのんきにかまえていること。
拳《こぶし》	同じ物であってもそれに対する気持ちの持ち方により変化するということ。 出例 笑顔に当てる拳は無い。
采薪《さいしん》・採薪《さいしん》	「采薪の憂い」は病気のため薪を取りに行けない辛さで、自分の病気をへりくだって言ったもの。病気のため朝廷に出仕できないということ。
錐《きり》（鑽《きり》）	（「鑽」は1級用漢字）錐をもむのは片手では出来ないことから、物事は単独で行うのではなく協力が大切だということ。
葱《ねぎ》	鴨鍋につきものの葱を鴨が自ら背負ってやって来れば、すぐに鴨鍋を作ることができる。好都合であること。
微塵《みじん》	きわめて小さなものでも、積もり重なれば高大なものとなることのたとえ。類義語 点《てん》滴岩《てきいわ》を穿《うが》つ
柚《ゆず》・柚子《ゆず》	どんなことでも成就するまではそれなりの年月がかかるということ。 出例 裸で柚子の木に登る。

頻出度 **B**

故事・諺④

次の故事・成語・諺の**カタカナ**の部分を**漢字**で答えよ。

☑ **01** 積善の家には必ずヨケイあり。

☑ **02** リカ一枝春雨を帯ぶ。

☑ **03** 愛はオクウに及ぶ。

☑ **04** コウサは拙誠に如かず。

☑ **05** 牡丹に唐ジシ竹に虎。

☑ **06** 嘘もまことも話のテクダ。

☑ **07** シュウビを開く。

☑ **08** 石臼をハシに刺す。

☑ **09** ヒョウタンから駒が出る。

☑ **10** 遠慮なければキンユウあり。

解答	解説
余慶《よけい》	善い行いをしている家は、必ず子孫に幸福がおとずれる。「積不善《せきふぜん》の家《いえ》には必《かな》らず余殃《よおう》(後に残る災い)あり」と続く(「殃」は1級用漢字)。
梨花《りか》	美しい人が悲しむ姿のたとえ。出典は白居易の詩「長恨歌」。玄宗皇帝と別れて悲しむ楊貴妃の姿から。
屋烏《おくう》	人を深く愛すると、その人の家の屋根にいる烏までもかわいらしく見える。愛情が非常に深いことのたとえ。「屋烏の愛」とも言う。
巧詐《こうさ》	巧みに偽りごまかすのは、拙くても誠意があるのに及ばないということ。
獅子《じし》	絵として調和する図柄の取り合わせ。また、取り合わせのよいもののたとえ。 出例 獅子身中の虫。類義語 梅《うめ》に鶯《うぐいす》
手管《てくだ》	嘘と真実を混ぜて話すことがうまい話術であるということ。
愁眉《しゅうび》	心配がなくなり、ほっとした顔つきになること。「愁眉」は、心配事のためにしかめた眉。
箸《はし》	石臼を箸に刺すのは不可能であることから、無理難題を言うこと。 出例 箸にも棒にも掛からぬ。
瓢箪《ひょうたん》	起こらないことが起こることのたとえ。冗談半分に言ったことが本当になってしまうことのたとえ。出例 瓢箪に釣り鐘。
近憂《きんゆう》	将来のことを考えず目先のことに気をとられていると、必ず近いうちに心配事が起こる。

頻出度 **B**

故事・諺⑤

次の故事・成語・諺の**カタカナ**の部分を**漢字**で答えよ。

☑ **01** 七皿食うてサメクサい。

☑ **02** ハッサクは麦まんじゅうの食い終い。

☑ **03** カンリを貴んで頭足を忘る。

☑ **04** 天地は万物のゲキリョ、光陰は百代の過客。

☑ **05** チョッカンは一番槍より難し。

☑ **06** 外面似菩薩、内心如ヤシャ。

☑ **07** リッスイの余地もない。

☑ **08** 一文銭で生爪ハがす。

☑ **09** セイアは以て海を語るべからず。

☑ **10** ガイコツを乞う。

解答	解説
鮫臭《さめくさ》い	思う存分に食べたあとで、まずいと文句を言うこと。
八朔《はっさく》	「八朔」は陰暦の八月朔日。八朔に麦饅頭を食べて貯えの小麦がなくなるころには、農作業が忙しくなり夜なべも始まる。出例 八朔は婿の泣き節供。類義語 八朔《はっさく》の苦餅《にがもち》
冠履《かんり》	本来大切にすべきことを軽んじて枝葉末節を重んじることのたとえ。
逆旅《げきりょ》	この世のすべてははかなく移り変わりやすいということ。「逆旅」は旅人を迎える宿屋のこと。
直諫《ちょっかん》	「直諫」は、目上の人を遠慮せず率直に諫めること。主君を諫めるのは一番に敵陣に突入するより勇気が必要だ。直諫が難しいことのたとえ。
夜叉《やしゃ》	顔は菩薩のように優しいが、心は夜叉のように険悪で恐ろしい。出例 鬼の女房に夜叉がなる。
立錐《りっすい》	錐の先を立てる余地もないことから、大勢集まって、少しのすきまもないこと。
剝《は》がす	ひどいけちん坊のこと。一文銭を出すくらいなら生爪を剝がされる方がましという意から。出例 化けの皮が剝がれる。
井蛙《せいあ》	狭い井戸の中しか知らない蛙に広い海のことを話しても無駄なことから、見識の無い人に道理を説いても理解できないというたとえ。
骸骨《がいこつ》	君主に捧げた我が身だが、老いた残骸である骨はお返しいただきたい、という意から、辞職を願い出ること。

頻出度
B

故事・諺⑥

次の故事・成語・諺の**カタカナ**の部分を**漢字**で答えよ。

☑ **01** 百尺カントウに一歩を進む。

☑ **02** タカジョウの子は鳩を馴らす。

☑ **03** 紺屋のシロバカマ。

☑ **04** 買うはモラうに勝る。

☑ **05** アメと鞭。

☑ **06** キャラの仏に箔を置く。

☑ **07** コウジ魔多し。

☑ **08** チョウモンの一針。

☑ **09** アバタもえくぼ。

☑ **10** ヒンセンも移す能わず。

解答	解説
竿頭《かんとう》	すでに百尺の竿の頂点に達しているが、さらに一歩を進める。努力のうえに努力を重ねる。言葉を尽くしたうえに、さらに一歩進めて説く。
鷹匠《たかじょう》	子供は見よう見まねでいつの間にか親の仕事を覚えるようになること。
白袴《しろばかま》	他人のことに忙しく、自分のことには手が回らないことのたとえ。
貰《もら》う	物をもらうよりも自分で買うほうが気楽で良い。 出例 貰う物は夏も小袖。
飴《あめ》	甘い面と厳しい面を使い分けること。おだてたり脅したりして、巧みに人を動かすこと。
伽羅《きゃら》	名木の伽羅で作った仏像に箔を押してさらに飾ること。よい物を、さらによくすること。
好事《こうじ》	よいことには、とかく邪魔が入りやすい。 類義語 月《つき》に叢雲《むらくも》花《はな》に風《かぜ》
頂門《ちょうもん》	急所をついて厳しく戒めること。「頂門」は頭のてっぺん。「一針」は「一鍼」とも書き、「いっしん・ひとはり」と読む(「鍼」は1級用漢字)。
痘痕《あばた》(痘瘢《あばた》)	(「瘢」は1級用漢字)好意的に見れば、欠点も長所に見えるということ。
貧賤《ひんせん》	どんなに貧しい境遇でも、固い意志を持ってその行いを変えることがないということ。 出例 富貴も淫する能わず、貧賤も移す能わず。

頻出度 **C**

読み①

次の____の**漢字の読み**を**ひらがな**で答えよ。**01〜06**は**音読み**、**07〜10**は**訓読み**である。

☑ **01** 皇太后が垂簾の政を行った。

☑ **02** 鎮咳薬を常に携行している。

☑ **03** 巌栖して交わりを絶つ。

☑ **04** 犀利さを証明した研究発表だった。

☑ **05** 容疑者を審訊する。

☑ **06** 有職故実について註疏を加える。

☑ **07** 醸造食品製造に種麴は欠かせない。

☑ **08** 蝦芋は京野菜の一種だ。

☑ **09** 布を韓紅に染め上げた。

☑ **10** 美しく而も気立てがよい。

解答	解説
すいれん	垂簾《すいれん》：すだれを垂らすこと。 出例 簾政《れんせい》／御簾《みす》 豆「垂簾の政」は幼少の天子に代わって行う政治
ちんがい	鎮咳《ちんがい》：咳をしずめること。 出例 鎮咳剤《ちんがいざい》 訓読 咳（せき・せく・しわぶき・しわぶく）
がんせい	巌栖《がんせい》：岩穴に住むこと。俗世間から離れて山奥に隠遁すること。 出例 巌頭《がんとう》／巌《けわ》しい
さいり	犀利《さいり》：武器などがかたく鋭いこと。文章の勢いや頭の働きが鋭いこと。 出例 木犀《もくせい》
しんじん	審訊《しんじん》：詳しく問いただすこと。 出例 訊《たず》ねる 熟語 訊問《じんもん》／訊責《じんせき》
ちゅうそ	註疏《ちゅうそ》：詳しい説明のこと。注釈。 出例 註文《ちゅうもん》
たねこうじ	種麴《たねこうじ》：麴菌を供給する目的で蒸した米などに加えるもの。 出例 麴《こうじ》
えびいも	蝦芋《えびいも》：サトイモの栽培品種。京都近郊の特産で「京芋」とも呼ばれる。 出例 蝦根《えびね》
からくれない	韓紅《からくれない》：色名の一つ。濃い紅色。紅色の美しさをほめていう場合が多い。「唐紅《からくれない》」とも書く。
しかも	而《しか》も：その上に。さらに。 出例 而《しか》る／而立《じりつ》

頻出度
C

読み②

次の＿＿の**漢字の読み**を**ひらがな**で答えよ。**01～06**は**音読み**、**07～10**は**訓読み**である。

☑ **01** 校庭に鉄棒と雲梯がある。

☑ **02** 賞牌を授与された。

☑ **03** 繭糸を欧米に輸出する。

☑ **04** 邸宅の屋根を琉璃瓦で葺いた。

☑ **05** 密林の川に鰐魚が潜む。

☑ **06** 照れ隠しに掻頭してみせた。

☑ **07** 林の中で姥百合が咲いている。

☑ **08** 敵の出端を挫く。

☑ **09** 世紀の偉業を讃える。

☑ **10** 河流は瀞で緩やかになった。

解答	解説
うんてい	雲梯《うんてい》：はしご状の遊具。中国で城攻めに使った長いはしご。 出例 階梯《かいてい》／梯《はしご》
しょうはい	賞牌《しょうはい》：メダル。「牌」は「札」の意。✖賞杯（トロフィー・カップ）と混同しない 熟語 位牌《いはい》／骨牌《こっぱい》（カルタ）
けんし	繭糸《けんし》：繭と糸。また、繭からとった糸。
るり	琉璃《るり》：美しい青色の宝石。また、ガラスの古称。豆「琉璃瓦」は琉璃色（紫色を帯びた紺色）のうわぐすりをかけた瓦
がくぎょ	鰐魚《がくぎょ》：ワニのこと。 熟語 鮫鰐《こうがく》之《の》（凶悪な賊のすみかのたとえ） 訓読 鰐（わに）
そうとう	掻頭《そうとう》：頭をかくこと。 出例 足《あ》掻《が》く 熟語 掻巻《かいまき》／隔靴掻痒《かっかそうよう》（「痒」は1級用漢字） 訓読 掻（かく）
うば	姥《うば》：老女のこと。「姥百合」は七月ごろ緑白色の花をつけるユリ科多年草。 出例 姥目樫《うばめがし》
くじく	挫《くじ》く：勢いを弱める。捻挫する。 出例 挫《くじ》ける 熟語 挫折《ざせつ》／挫傷《ざしょう》
たたえる	讃《たた》える：すぐれているとほめる。（ほめて）名をいう。
とろ	瀞《とろ》：川が深くよどみ静かなこと。また、そのような場所。

頻出度 C

読み③

次の＿＿＿の**漢字の読み**を**ひらがな**で答えよ。**01〜06**は**音読み**、**07〜10**は**訓読み**である。

☐ **01** 諸外国と叶和していこう。

☐ **02** 愁いを胸に夜道を盤桓する。

☐ **03** 書笈を負って郷関を出た。

☐ **04** 矩形の土地を購入した。

☐ **05** くらげは腔腸動物だ。

☐ **06** 部族の酋領に会いに行く。

☐ **07** 私の力では奈ともしがたい。

☐ **08** 親の言いつけに叛く。

☐ **09** 椋の木が黒紫色の実をつけた。

☐ **10** 篠突く雨の中を出かける。

解答	解説
きょうわ	叶和《きょうわ》：意見を揃えて協力すること。 出例 叶《かな》う 熟語 叶賛《きょうさん》　訓読 叶(かなう)
ばんかん	盤桓《ばんかん》：うろうろと歩き回ること。先に進まずにとどまること。
しょきゅう	書笈《しょきゅう》：書物を入れて背負う、竹で編んだ箱。 出例 負笈《ふきゅう》／笈《おい》
くけい	矩形《くけい》：長方形のこと。 出例 縄矩《じょうく》／矩《のり》
こうちょう	腔腸《こうちょう》：クラゲやイソギンチャクなど腔腸動物の胃腔。胃腸の働きと循環器の働きをする。
しゅうりょう	酋領《しゅうりょう》：部族・氏族などの長のこと。
いかんとも	奈《いかん》とも：「如何(いか)に」の音便。「奈とも」は「どうにも」の意。 豆「奈何」も「いかん」と読む
そむく	叛《そむ》く：逆らうこと。 熟語 謀叛《むほん》
むく	椋《むく》：ニレ科の落葉高木。実は食用になり、材は器具用。 出例 椋鳥《むくどり》
しの	篠《しの》：茎が細く、群生するタケの総称。 出例 篠笹《しのざさ》 豆「篠突く雨」は降り方の激しい雨

頻出度
C

読み④

次の＿＿＿の**漢字の読み**を**ひらがな**で答えよ。**01**～**06**は**音読み**、**07**～**10**は**訓読み**である。

☑ **01** 担当大臣を呼んで諮諏した。

☑ **02** 正月の空に紙鳶が揚がった。

☑ **03** 文質彬彬とした然る後に君子なり。

☑ **04** 時代を劃する大事件だった。

☑ **05** ほんの献芹でお恥ずかしい。

☑ **06** 加餐を祈ってペンを置く。

☑ **07** 時恰も大戦の最中だった。

☑ **08** 敢えて荊の道を進む。

☑ **09** 老い曝えた野良犬が付いて来た。

☑ **10** あの人は国際情勢に蒙い。

解答	解説
ししゅ	諮諏《ししゅ》：問いたずねて相談すること。諮問。 訓読 諏（はかる・とう）
しえん	紙鳶《しえん》：たこ（国字で「凧」とも書く）のこと。 出例 鳶肩《えんけん》 熟語 鳶職《とびしょく》・鳶《とんび》が鷹《たか》を生む
ひんぴん	斌斌《ひんぴん》：文（外面の美）と質（内面の質）が程よく調和して立派なさま。 類義語 彬彬《ひんぴん》
かくする	劃《かく》する：はっきり区切ること。区別すること。 出例 劃然《かくぜん》／劃《わ》かつ
けんきん	献芹《けんきん》：芹を献ず（粗品を呈上する）。人に物を贈るときの謙譲語。 熟語 芹藻《きんそう》（徳が薄くて取るに足りないこと）
かさん	加餐《かさん》：食を加える意から、健康に気をつけ養生すること。手紙文などに用いる。 出例 賜餐《しさん》
あたかも	恰《あたか》も：ちょうど。 出例 恰幅《かっぷく》 熟語 恰好《かっこう》／恰幅《かっぷく》
いばら	荊《いばら》：とげのある木。「荊の道」は苦難の人生のたとえ。 熟語 楚荊《そけい》／荊妻《けいさい》（自分の妻の謙称）
さらばえた	曝《さらば》える：骨だけに痩せ衰えること。 出例 曝《さら》す／曝書《ばくしょ》 熟語 曝涼《ばくりょう》（虫干しのこと）
くらい	蒙《くら》い：知恵が足りない。また、幼くて道理をわきまえない。 熟語 啓蒙《けいもう》／無知蒙昧《むちもうまい》

頻出度 **C**

読み⑤

次の____の**漢字の読み**を**ひらがな**で答えよ。**01～06**は**音読み**、**07～10**は**訓読み**である。

□ **01** 政府の無策を慨歎する。

□ **02** 遁辞を弄して追及をかわす。

□ **03** 政界の悪習を簸却する。

□ **04** 小さな葺屋に居を定めた。

□ **05** 亮闇中は歌舞音曲を禁ずる。

□ **06** 国境線に山脈が聯亙する。

□ **07** 城の壕に白鳥が来た。

□ **08** 頃く待って下さい。

□ **09** 紙を漉く作業をした。

□ **10** 肉と韮で炒め物をつくる。

解答	解説
がいたん	慨歎《がいたん》：非常になげき、憤ること。 出例 歎《たん》ずる
とんじ	遁辞《とんじ》：責任のがれの言葉。言いのがれ。 出例 遁《のが》れる　熟語 遁世《とんせい》／遁走《とんそう》 訓読 遁（のがれる・しりごみする）
はきゃく	簸却《はきゃく》：穀物を箕であおって糠やごみをふるい分けるように、悪い部分を捨てること。 出例 簸弄《はろう》／簸《ひ》る
しゅうおく	葺屋《しゅうおく》：草で屋根をふいた家。かやぶき屋根。 出例 補葺《ほしゅう》 熟語 瓦《かわら》葺《ぶ》き・茅《かや》葺《ぶ》き
りょうあん	亮闇《りょうあん》：天子が父母の喪に服する期間。「諒闇」とも書く。 出例 亮然《りょうぜん》
れんこう	聯亙《れんこう》：連なって続くこと。 訓読 聯（つらなる・つらねる）／亙（わたる）
ほり	壕《ほり》：「堀」と同じ。 熟語 塹壕《ざんごう》（「塹」は１級用漢字）／防空壕
しばらく	頃く《しばら》：わずかの時間。 出例 頃来《けいらい》
すく	漉《す》く：水に溶かした紙の原料を、底がすのこ状になった木枠で掬い紙を作ること。
にら	韮《にら》：特有のにおいのあるユリ科多年草。中国から渡来した。 出例 春韮《しゅんきゅう》

頻出度 C

読み⑥

次の____の**漢字の読み**を**ひらがな**で答えよ。**01〜06**は**音読み**、**07〜10**は**訓読み**である。

☑ **01** 馬術の障碍競争を観戦する。

☑ **02** 容赦ない鞠訊を受ける。

☑ **03** 薬匙で粉薬をすくう。

☑ **04** 父母の鍾愛を受けて育った。

☑ **05** 軒提燈を懸吊する。

☑ **06** 身の回りの品は鶏肋と言ったところか。

☑ **07** 五年に亘る執筆を終えた。

☑ **08** スポーツカーに幌をかぶせる。

☑ **09** 老いても意気旺んだ。

☑ **10** 縞柄のマフラーを首に巻いた。

解答	解説
しょうがい	障碍《しょうがい》：さまたげとなるもののこと。 出例 無碍《むげ》／碍《さまた》げる
きくじん	鞠訊《きくじん》：罪人を取り調べること。 出例 鞠問《きくもん》
やくし	薬匙《やくし》：粉末状の薬品を移し替えたり、盛り分けたりするための匙。スパチュラ、スパーテル。
しょうあい	鍾愛《しょうあい》：深く愛すること。とりわけて大切にしてかわいがること。「鍾」に「あつめる」の意がある。
けんちょう	懸吊《けんちょう》：つり下げること。 訓読 吊（つる・つるす）
けいろく	鶏肋《けいろく》：鶏のあばら骨。転じて、価値は無いが捨てがたい物。 出例 肋骨《あばらぼね》　熟語 肋骨《ろっこつ》／肋膜《ろくまく》
わたる	亘《わた》る：ある期間、連続すること。 熟語 連亘《れんこう》（長くつながり続くこと）
ほろ	幌《ほろ》：雨や風、日光を防ぐための覆い。 熟語 幌馬車《ほろばしゃ》　音読 幌（コウ）
さかん	旺《さか》ん：「盛ん」と同じ。
しまがら	縞柄《しまがら》：縞模様（縦、横、斜めの筋状の模様）のこと。 出例 縞鯵《しまあじ》

頻出度 C

読み⑦

次の____の**漢字の読み**を**ひらがな**で答えよ。**01～06**は**音読み**、**07～10**は**訓読み**である。

☑ **01** 景気よく気焔を吐いた。

☑ **02** 神社の老杉を仰ぎ見る。

☑ **03** 世を捨てて薙髪する。

☑ **04** 君子は庖厨を遠ざく。

☑ **05** 没義道にも全財産を奪われた。

☑ **06** 暁闇の空を鳥が渡っていく。

☑ **07** 着物の裾を纏る。

☑ **08** 淫な人間と言われ排斥された。

☑ **09** 世の中の変化に聡い。

☑ **10** 山百合が甘く匂う。

解答	解説
きえん	気焰《きえん》：炎の燃え立つような盛んな意気込み。 出例　余焰《よえん》／焰《ほのお》
ろうさん	老杉《ろうさん》：長い年月を経た杉の木。
ちはつ ていはつ	薙髪《ちはつ》：「剃髪」に同じ。髪をそって出家すること。 出例　薙《な》ぐ　熟語　薙刀《なぎなた》(なぎなた、長刀)
ほうちゅう	庖厨《ほうちゅう》：炊事場。台所。問題文は「君子は仁愛の心があついので生きものを殺して料理する台所には近寄らない」という意。
もぎどう	没義道《もぎどう》：非道。人の道にはずれてむごいこと。不人情なこと。
ぎょうあん	暁闇《ぎょうあん》：夜明け前の暗いとき。 出例　常闇《とこやみ》　熟語　諒闇《りょうあん》(天子の服喪期間)／闇香《あんこう》(どこからか漂う香り)
まつる	纏《まつ》る：布の端を折って縫い付けること。 熟語　情緒纏綿《じょうしょてんめん》　他訓　纏(まとう・まとめる・まつわる・まとい)
みだら	淫《みだら》：男女関係においてふしだらなこと。「淫ら」とも書く。 出例　淫《ふけ》る
さとい	聡《さと》い：感覚が鋭い、敏感なこと。理解・判断が的確で早いこと。 出例　聡慧《そうけい》
におう	匂《にお》う：におう。よいにおいがする。おもむきがある。

頻出度 C

読み⑧

次の＿＿の**漢字の読み**を**ひらがな**で答えよ。**01～06**は**音読み**、**07～10**は**訓読み**である。

☐ **01** 釜中魚を生ず。

☐ **02** 鴨脚とは公孫樹のことだ。

☐ **03** 浅瀬には数羽の渉禽がいた。

☐ **04** 胡乱な男がうろついている。

☐ **05** 碩徳の師を尊敬する。

☐ **06** 物陰に狙撃手が潜んでいる。

☐ **07** 沫を浴びながら滝を見物する。

☐ **08** 瓢に酒を入れる。

☐ **09** 舷をたたいて喜ぶ。

☐ **10** 道に馬の蹄の跡がついている。

解答	解説
ふちゅう	釜中《ふちゅう》：問題文は貧しくて炊く米が無く、釜の中に魚がわいたという故事。転じて、非常に貧しいこと。
おうきゃく	鴨脚《おうきゃく》：いちょう。葉の形が鴨の水かきに似ているため。豆「鴨緑江《おうりょっこう》」(北朝鮮と中国東北部との国境の川)
しょうきん	渉禽《しょうきん》：サギ、チドリなど浅い流れの中を歩いて餌を探す鳥。 出例 鳴禽《めいきん》 熟語 猛禽類《もうきんるい》・禽獣《きんじゅう》
うろん	胡乱《うろん》：怪しく疑わしいこと。
せきとく	碩徳《せきとく》：大きな徳を持っていること。 熟語 碩儒《せきじゅ》(大学者)／碩師名人《せきしめいじん》(偉い学者や名高い人)
そげき	狙撃《そげき》：ねらいうちにすること。 出例 狙公《そこう》 対義語 乱射《らんしゃ》
しぶき	沫《しぶき》：飛び散る水のしずく。飛沫。 出例 沫雪《あわゆき》
ふくべ ひさご	瓢《ふくべ》：瓢箪の果実の中をくり抜いて乾燥させ、飲み物の容器としたもの。熟語 瓢箪《ひょうたん》／瓢飲《ひょういん》(瓢に入れた飲み物、質素な生活)
ふなばた ふなべり	舷《ふなばた》：船の外周部分。ふなべり。
ひづめ	蹄《ひづめ》：牛や馬が持つ硬い角質の爪。 熟語 蹄鉄《ていてつ》／馬蹄《ばてい》

頻出度 C

読み⑨

次の____の**漢字の読み**を**ひらがな**で答えよ。**01～06**は**音読み**、**07～10**は**訓読み**である。

☑ **01** 敦厚で長者の風がある。

☑ **02** 魔女の疑いで焚刑に処せられた。

☑ **03** 嬰児を胸に抱く。

☑ **04** 凄まじい轟音がして車が衝突した。

☑ **05** 第一王子を国王に推戴する。

☑ **06** 熊胆は薬として用いられる。

☑ **07** 巷で評判になっている。

☑ **08** 雑草が我が物顔に蔓る。

☑ **09** 寒い中にも春は萌しているようだ。

☑ **10** 将来を考慮して過失を宥す。

解答	解説
とんこう	敦厚《とんこう》：人情に厚いこと。思いやりがあること。 出例 敦朴《とんぼく》
ふんけい	焚刑《ふんけい》：火あぶりの刑。 熟語 焚書坑儒《ふんしょこうじゅ》　訓読 焚（たく・やく）
えいじ	嬰児《えいじ》：みどりご、あかご。 熟語 嬰孩《えいがい》（乳飲み子。「孩」は1級用漢字）
ごうおん	轟音《ごうおん》：鳴り響く大きな音のこと。 出例 轟然《ごうぜん》 熟語 轟沈《ごうちん》／轟《とどろ》く
すいたい	推戴《すいたい》：組織の長として人を迎えること。 熟語 戴星《たいせい》／戴白《たいはく》（白髪頭のこと） 表外読み 戴（いただく）
ゆうたん	熊胆《ゆうたん》：熊の胆嚢を胆汁をとらずに干したもの。「熊の胆」と同じ。
ちまた	巷《ちまた》：世間のこと。 熟語 巷間《こうかん》／巷説《こうせつ》
はびこる	蔓《はびこ》る：茂り広がること。悪いものが増える意味でも使う。 熟語 蔓延《まんえん》／蔓草《まんそう(つるくさ)》
きざし	萌《きざ》す：草木が芽生えること。また、物事が起ころうとする気配があること。 出例 萌《めぐ》む　熟語 萌芽《ほうが》
ゆるす	宥《ゆる》す：大目に見て責任を問わないこと。 出例 宥《なだ》める 熟語 宥恕《ゆうじょ》・宥免《ゆうめん》

頻出度 C

読み⑩

次の____の**漢字の読み**を**ひらがな**で答えよ。**01～06**は**音読み**、**07～10**は**訓読み**である。

☑ **01** 瓶子が盛んに酒席を行き交う。

☑ **02** あの古城に妖姫が住むそうだ。

☑ **03** 真実を明かされて吃驚する。

☑ **04** 閤を潜って中に入った。

☑ **05** このごろ鼠盗が出没して困る。

☑ **06** 戦時中は諜報機関で働いていた。

☑ **07** 学生時代の思い出が蘇る。

☑ **08** 悲しい運命に弄ばれる。

☑ **09** 骸を抱いて泣くしかなかった。

☑ **10** 難問に首を捻る。

解答	解説
へいじ へいし	瓶子《へいじ》：酒を入れる容器。徳利。 出例 瓶酒《へいしゅ》 熟語 鉄瓶《てつびん》・花瓶《かびん》・水瓶《みずがめ》
ようき	妖姫《ようき》：人に妖気を感じさせるほど美しい女性。美しい女の化け物。 出例 妖《なまめ》かしい
きっきょう	吃驚《きっきょう》：思いがけない出来事に驚くこと。「びっくり」とも読む。 出例 吃緊《きっきん》／吃《ども》る
こう	閤《こう》：大門のかたわらにある小さな門。また、宮中の小門。 出例 閤下《こうか》 熟語 太閤《たいこう》
そとう	鼠盗《そとう》：こそどろのこと。鼠のようにこそこそ盗むことから。鼠賊も同じ意味。 出例 鼠輩《そはい》
ちょうほう	諜報《ちょうほう》：敵状を探って知らせること。また、その知らせ。出例 防諜《ぼうちょう》／諜《しめ》す 熟語 間諜《かんちょう》（スパイのこと）
よみがえる	蘇《よみがえ》る：生き返る。一度消えたものが勢いを取り戻す。 熟語 蘇生《そせい》／蘇活《そかつ》
もてあそばれ	弄《もてあそ》ぶ：持って遊ぶ意から、手の中でまさぐること。また、愛好すること。思いのままに扱うこと。 出例 弄《たわむ》れる／弄瓦《ろうが》 熟語 愚弄《ぐろう》／翻弄《ほんろう》
むくろ	骸《むくろ》：死体。なきがら。朽ちた木の幹。 熟語 骸軀《がいく》／残骸《ざんがい》
ひねる	捻《ひね》る：体の一部をねじ曲げること。考えたり工夫したりすること。 出例 捻《よじ》れる 熟語 捻挫《ねんざ》／捻出《ねんしゅつ》

読み　表外の読み　熟語の読み・一字訓読み　共通の漢字　書き取り　誤字訂正　四字熟語　対義語・類義語　故事・諺　文章題

頻出度
C

読み⑪

次の＿＿＿の**漢字の読み**を**ひらがな**で答えよ。**01～06**は**音読み**、**07～10**は**訓読み**である。

☐ **01** 過分なもてなしを受けて冥加に余る。

☐ **02** 足指の先が壊死した。

☐ **03** 桐油紙で包んで保存する。

☐ **04** 長官は次期首相と喧伝されている。

☐ **05** 医師に腫物を切除してもらう。

☐ **06** 異議に対し即座に駁する。

☐ **07** 嬬とは四十年連れ添った。

☐ **08** 鏑矢の音を合図に合戦が始まった。

☐ **09** 隣国にまで亙る山脈を越えて行く。

☐ **10** 社業が昌んになることを願う。

解答	解説
みょうが	冥加《みょうが》：知らず知らずのうちに受けている神仏の加護。また、幸運に恵まれること。 **出例** 冥利《みょうり》
えし	壊死《えし》：血液障害などによって起こる体の組織や細胞の局部的な死。 **出例** 不壊《ふえ》
とうゆ	桐油《とうゆ》：あぶらぎりの種子を搾って取る油。 **熟語** 梧桐《ごどう(ごとう)》（「梧」は「あおぎり」） **他音** 桐（ドウ）
けんでん	喧伝《けんでん》：盛んに言い伝えること。 **熟語** 喧嘩《けんか》／喧轟《けんごう》 **訓読** 喧（かまびすしい・やかましい）
しゅもつ	腫物《しゅもつ》：炎症などによる皮膚のできもの。 **出例** 浮腫《ふしゅ》 **熟語** 腫瘍《しゅよう》／血腫《けっしゅ》
ばくする	駁《ばく》する：他人の言論に対し反駁すること。非難攻撃すること。 **出例** 論駁《ろんばく》
つま	嬬《つま》：結婚している男女間で男性の配偶者に当たる女性。妻。
かぶらや	鏑矢《かぶらや》：蕪の形のものを先端につけた矢。中が空洞なので、射ると音が出る。鳴鏑《めいてき》。
わたる	亙《わた》る：こちらから向こうまで広がっていること。一方の端から他方の端まで及んでいること。
さかん	昌《さか》ん：勢いがよいこと。また、そのさま。 **熟語** 昌運《しょううん》／昌平《しょうへい》（国運が盛んで世の中が平和なこと）

頻出度 C

読み⑫

次の____の**漢字の読み**を**ひらがな**で答えよ。**01～06**は**音読み**、**07～10**は**訓読み**である。

☑ **01** 得意そうに喋喋と話す。

☑ **02** 周辺の小国を併呑する。

☑ **03** 伽羅蕗をおかずにする。

☑ **04** 骨董店で掘り出し物を探す。

☑ **05** 蕃境近くで警固に当たる。

☑ **06** 川を遡行して源流を探る。

☑ **07** 交易路は西の果てに迄ぶ。

☑ **08** 乾いた田畑に水を漑ぐ。

☑ **09** みな倶に困難を乗り切ろう。

☑ **10** 受けたご恩は徒疎かには思いません。

解答	解説
ちょうちょう	喋喋《ちょうちょう》：ぺちゃくちゃとしゃべること。 熟語 喋盟《ちょうめい》(「血盟」と同じ。この場合の「喋」は「すする」) 訓読 喋(しゃべる・ふむ)
へいどん	併呑《へいどん》：あわせ、のみこむこと。従えて支配下に置くこと。 出例 呑吐《どんと》 熟語 呑舟《どんしゅう》の魚《うお》／呑気《のんき》
きゃら	伽羅《きゃら》：「伽羅蕗」は蕗《ふき》を伽羅色(濃い茶色)になるまで煮しめたもの。出例 御《お》伽噺《とぎばなし》 熟語 伽藍《がらん》(寺院のこと) 他音 伽(カ・ガ)
こっとう	骨董《こっとう》：美術品としての価値、また希少価値があるものとして珍重される古道具・古美術品。出例 董狐《とうこ》／董《ただ》す
ばんきょう	蕃境《ばんきょう》：未開の異民族の地。蕃土・蕃地に同じ。「蕃」は「蛮」と通じ、えびすの意がある。出例 蕃殖《はんしょく》／蕃《しげ》る
そこう	遡行《そこう》：流れをさかのぼって行くこと。 出例 遡上《そじょう》
およぶ	迄《およ》ぶ：及ぶに同じ。 他訓 迄(いたる・まで)
そそぐ	漑《そそ》ぐ：田や池などに水をいっぱいに引き入れること。 熟語 灌漑《かんがい》／漑濯《がいたく》 他訓 漑(すすぐ)
ともに	倶《とも》に：みな一緒に。そろって。
あだおろそか	徒疎《あだおろそ》か：他人から受けた恩恵や、その価値を軽視すること。いい加減に思うこと。

頻出度
C

読み⑬

次の____の**漢字の読み**を**ひらがな**で答えよ。**01～06**は**音読み**、**07～10**は**訓読み**である。

☑ **01** 敵の侵攻に事態逼急した。

☑ **02** 斧斤を手に木の伐採に行く。

☑ **03** 力を合わせて沃土を耕す。

☑ **04** 卿相が次々に参内した。

☑ **05** 塵芥処理場を建設する。

☑ **06** 蓬髪を風になびかせる。

☑ **07** 即位して帝国を綜べる。

☑ **08** 船長は面舵いっぱいを指示した。

☑ **09** 秋になると檀の実が熟す。

☑ **10** 鍔際に際し命は惜しまぬ。

解答	解説
ひっきゅう	逼急《ひっきゅう》：さしせまること。逼迫。 出例 逼塞《ひっそく》
ふきん	斧斤《ふきん》：おのとまさかり。「まさかり」はおのに似た大型の道具。武器としても使われた。出例 斧正《ふせい》
よくど	沃土《よくど》：地味が豊かで作物のよく実る土地。肥沃な土地。 出例 沃《こ》える
けいしょう	卿相《けいしょう》：高位の臣のこと。 熟語 卿大夫《けいたいふ》／公卿《くぎょう》（くぎょうのこと）
じんかい	塵芥《じんかい》：塵はちり、芥はあくた。ごみのこと。 熟語 砂塵《さじん》／芥視《かいし》（さげすむこと）
ほうはつ	蓬髪《ほうはつ》：ヨモギのように伸びて乱れた髪。 出例 蓬莱《ほうらい》 熟語 蓬頭垢面《ほうとうこうめん》／蓬生《よもぎう》
すべる	綜《す》べる：まとめてひとつにし、支配すること。「統べる」「総べる」とも書く。豆「綜」には入り混じるの意もある 熟語 錯綜《さくそう》
おもかじ	面舵《おもかじ》：船を右に向けるときの舵の取り方。左方へは「取り舵」。 熟語 操舵手《そうだしゅ》／舵《かじ》取《と》り
まゆみ	檀《まゆみ》：ニシキギ科落葉低木。この木から弓を作ったので「まゆみ」の名があるという。 熟語 紫檀《したん》／黒檀《こくたん》／檀家《だんか》
つばぎわ	鍔際《つばぎわ》：刀身とつばの接するところ。いよいよという瀬戸際の意がある。 熟語 金鍔《きんつば》／鍔《つば》迫《ぜ》り合《あ》い

頻出度
C
読み⑭

次の＿＿の**漢字の読み**を**ひらがな**で答えよ。**01～06**は**音読み**、**07～10**は**訓読み**である。

⧄ **01** 政治の誤りを匡正する。

⧄ **02** 朔北の風が冷たい。

⧄ **03** 軍隊を動員して騒擾を鎮める。

⧄ **04** 古墳から菱花鏡が出土した。

⧄ **05** 豪華客船が港に投錨した。

⧄ **06** 凌雲の志を抱いて旅立った。

⧄ **07** 埠には今日もカモメが群れている。

⧄ **08** 国を靖んじるため尽力する。

⧄ **09** 榎茸は用途の広い食材だ。

⧄ **10** 黒橿には数種類ある。

解答	解説
きょうせい	匡正《きょうせい》：正すこと。 出例 匡《ただ》す 熟語 匡矯《きょうきょう》／匡弼《きょうひつ》
さくほく	朔北《さくほく》：北方。中国北方の辺境の地。 出例 朔《ついたち》 熟語 朔雪《さくせつ》(北の地に降る雪)／朔風《さくふう》(北風)
そうじょう	騒擾《そうじょう》：大勢で集まり騒いで、社会の秩序を乱すこと。 出例 紛擾《ふんじょう》　熟語 擾乱《じょうらん》
りょうか	菱花《りょうか》：ひしの花。 熟語 菱華《りょうか》／菱荷《りょうか》(「ひし」と「はす」)
とうびょう	投錨《とうびょう》：いかりをおろして船を停めること。 出例 抜錨《ばつびょう》 対義語 抜錨《ばつびょう》
りょううん	凌雲《りょううん》：雲を凌ぐほど高いこと。俗世間を高く超越すること。 出例 凌駕《りょうが》／凌《しの》ぐ
はとば	埠《はとば》：船着き場。「波止場」とも書く。 熟語 埠頭《ふとう》
やすんじる	靖《やす》んじる：やすらかにしずめる。国などを安らかに治めること。 熟語 靖献《せいけん》／靖国《せいこく・やすくに》
えのきだけ	榎茸《えのきだけ》：エノキ・カキなどに生え、また栽培されるキノコ。かさは黄茶色で柄は細い。
くろがし	黒樫《くろがし》：イチイガシ・アラカシなど樹皮の黒いカシの総称。カシは「橿」とも書く。

頻出度 C

読み⑮

次の____の**漢字の読み**を**ひらがな**で答えよ。**01〜06**は**音読み**、**07〜10**は**訓読み**である。

☑ **01** 舌鋒鋭い論客として知られる。

☑ **02** 消毒液を使って拭浄する。

☑ **03** 欣求浄土の旗を掲げる。

☑ **04** 窪隆の多い道を車が走る。

☑ **05** 君主の智嚢として重用された。

☑ **06** 若い後継者を弼匡する。

☑ **07** 建設予定地に杭を打つ。

☑ **08** 筍子を携えて若草摘みに行く。

☑ **09** 受験本番を前に自らを鞭つ。

☑ **10** 篝火の煙が空に昇っていく。

解答	解説
ぜっぽう	舌鋒《ぜっぽう》：鋭い弁舌を、刀の尖った先にたとえた語。 出例 筆鋒《ひっぽう》／鋒《ほこ》　熟語 鋭鋒《えいほう》／先鋒《せんぽう》
しょくじょう	拭浄《しょくじょう》：ぬぐい、きよめること。悪習などを拭い去るという意味もある。 出例 払拭《ふっしょく》／拭《ぬぐ》う
ごんぐ	欣求《こんぐ》：心から願い求めること。仏の道をよろこび求めること。仏教語。
わりゅう	窪隆《わりゅう》：高低・凹凸のこと。また、盛衰の意味もある。 熟語 窪地《くぼち》／笑窪《えくぼ》
ちのう	智嚢《ちのう》：知恵袋のこと。袋に物が詰まっているように、豊富な知恵を持っていること。また、その人。
ひっきょう	弼匡《ひっきょう》：たすけ、ただすこと。 熟語 輔弼《ほひつ》／匡正《きょうせい》
くい	杭《くい》：地中に打ち込んで、目印や支柱にする棒状の材。
けこ けご	笥子《けこ》：食物を入れる竹製の容器。
むちうつ	韃《むちう》つ：鞭で打つ。また、自分で自分を励まして努力すること。
あしび	葦火《あしび》：葦(水辺に自生するイネ科多年草)を焚く火。「葦」は「よし」とも読む。

頻出度
C
読み⑯

次の＿＿＿の**漢字の読み**を**ひらがな**で答えよ。**01～06**は**音読み**、**07～10**は**訓読み**である。

☑ **01** 春の野原で蕨拳を摘む。

☑ **02** 鮎魚の口元にはひげがある。

☑ **03** 水団汁が味よく仕上がった。

☑ **04** 苦難の末に忍辱の境地に至った。

☑ **05** 門の脇に柏槙を植える。

☑ **06** 貝母の開花を楽しみに待つ。

☑ **07** 嵩高な荷物に閉口する。

☑ **08** 我が心は石に匪ず。

☑ **09** バッグの中を摸る。

☑ **10** 天に与えられた禄いに感謝する。

解答	解説
けっけん	蕨拳《けっけん》：わらびの若芽。拳状に巻いているので、この名がある。食用。 出例 早蕨《さわらび》
でんぎょ	鮎魚《でんぎょ》：なまずのこと（中国での用法）。日本での表記は国字の「鯰」（1級用漢字）。 出例 鮎《あゆ》汲《く》み
すいとん	水団《すいとん》：小麦粉を水でこねて団子状にし、野菜などと汁にした食べ物。
にんにく	忍辱《にんにく》：侮辱や苦難を耐え忍び、怒ったり恨んだりしないこと。仏教語。
びゃくしん	柏槙《びゃくしん》：ヒノキ科常緑高木。生垣用・庭木用として栽培され、、器具材としての用途も広い。別名は伊吹。
ばいも	貝母《ばいも》：日本名はアミガサユリ。春に釣り鐘状の花をつける。
かさだか	嵩高《かさだか》：容積や分量が多く、かさばること。また、相手を見下して横柄なこと。 熟語 水嵩《みずかさ》／年嵩《としかさ》
あらず	匪《あら》ず：「非」に通じ、否定の意を表す。～ではない・～することはない。
さぐる	摸《さぐ》る：手さぐりで探すこと。「掏《す》摸《り》（「掏《す》（る）」は1級用漢字）」。
さいわい	禄《さいわ》い：天や神から与えられた幸福。天の恵み。 熟語 天禄《てんろく》／福禄《ふくろく》

頻出度 C

表外の読み①

次の____線部分は常用漢字である。その**表外の読み**を**ひらがな**で答えよ。

☑ **01** 友人の忠告を斥ける。

☑ **02** パスワードの入手を企む。

☑ **03** 奇しくも同じ誕生日だ。

☑ **04** 幾ど新記録が出るところだった。

☑ **05** 淑やかに会釈を返す。

☑ **06** 太だ強力な台風だ。

☑ **07** 夜の帳が下りてきた。

☑ **08** 事故の原因を委しく調べる。

☑ **09** 勲を立てて位階を賜る。

☑ **10** 斜向かいは祖父母の家だ。

解答	解説
しりぞける	斥《しりぞ》ける：拒否して受け入れない。後ろへ下がらせる。ある地位から遠ざける。 熟語 排斥《はいせき》／斥逐《せきちく》　出例 斥《うかが》う
たくらむ	企《たくら》む：(悪事を) くわだてる。もくろむ。
くしくも	奇《く》しくも：ふしぎにも。偶然にも。 熟語 奇縁《きえん》／奇瑞《きずい》
ほとんど	幾《ほとん》ど：もう少しのところで。「幾」に「ちかい」という意味がある。 熟語 庶幾《しょき》(ほとんどそれに近い。望み願うこと)
しとやか	淑《しと》やか：物静かで上品なさま。しなやかで美しいさま。
はなはだ	太《はなは》だ：とても。非常に。「大変」のやや堅い言い方。
とばり	帳《とばり》：たれぎぬ。たれぬの。物をおおいかくすもの。「夜の帳が下りる」は日が暮れてすっかり暗くなること。
くわしく	委《くわ》しい：こと細かに。「詳《くわ》しい」に同じ。 熟語 委細《いさい》／委悉《いしつ》
いさお いさおし	勲《いさお》：国家や社会、主君のために尽くした功績、手柄。 熟語 勲功《くんこう》／武勲《ぶくん》
はすむかい	斜向《はすむ》かい：ななめ前。はすむこう。

頻出度
C

表外の読み②

次の____線部分は常用漢字である。その**表外**の**読み**を**ひらがな**で答えよ。

□ **01** 買い物の序でに銀行に寄る。

□ **02** 抑世の中というものは。

□ **03** 練習問題で実力を験す。

□ **04** 困難に克く耐える。

□ **05** 広大な原野を墾く。

□ **06** 交通法規に遵う。

□ **07** 漫ろに昔のことを思う。

□ **08** 病状が急に革まった。

□ **09** 別離の件は涙ながらに読んだ。

□ **10** 火を神として崇める。

解答	解説
ついで	序《つい》で：ある事と一緒に別の事も行えるよい機会。 熟語 序次《じょじ》／校序《こうじょ》 表外読み 序（はしがき・まなびや）
そもそも	抑《そもそも》：発語の辞。「いったい」。 豆 転意の辞（それともまた）としても用いる
ためす	験《ため》す：うまくいくかどうかを確認する。試みる。 熟語 霊験《れいげんけん》／証験《しょうけん》 表外読み 験（しるし・あかし）
よく	克《よ》く：十分に。完全に。非常に。 熟語 克肖《こくしょう》／克己《こっき》
ひらく	墾《ひら》く：荒れ地を切り開くこと。 熟語 墾荒《こんこう》／墾殖《こんしょく》
したがう	遵《したが》う：規則や手本を守ること。 熟語 遵守《じゅんしゅ》／遵義《じゅんぎ》
そぞろ すずろ	漫《そぞ》ろ：何とはなしに。とりとめなく。 熟語 漫然《まんぜん》／漫興《まんこう》（何となく感興を催すこと）
あらたまった	革《あらた》まる：病気が重くなること。 豆 「革新」「改革」の意とは異なるので注意
くだり	件《くだり》：文章中の記述の一部分のこと。章や条や段のこと。
あがめる	崇《あが》める：尊ぶこと。 熟語 崇敬《すうけい》／崇尚《すうしょう》

頻出度 C

表外の読み③

次の____線部分は常用漢字である。その**表外**の**読み**を**ひらがな**で答えよ。

☐ **01** その件は暫く措いておこう。

☐ **02** 式は荘かに進行した。

☐ **03** 妄りに悪口を言ってはいけない。

☐ **04** 王様に事える。

☐ **05** 切り創に薬をつける。

☐ **06** 寧ろ鶏口となるも牛後となるなかれ。

☐ **07** 賢しらに意見を言う。

☐ **08** 思わず涙を零した。

☐ **09** 謙った態度をとる。

☐ **10** 落とした菓子に蟻が集る。

解答	解説
おいて	措《お》く：そのままにしておくこと。除く、のける。 熟語 措辞《そじ》／挙措《きょそ》 表外読み 措（はからう）
おごそか	荘《おごそ》か：いかめしいさま。「厳《おごそ》か」に同じ。 熟語 荘重《そうちょう》／荘厳《そうごん》
みだりに	妄《みだ》り：むやみに、わけもなく。 熟語 妄挙《もうきょ・ぼうきょ》／妄動《もうどう・ぼうどう》
つかえる	事《つか》える：目上の人の側近くで、その用をすること。「仕《つか》える」に同じ。
きず	創《きず》：「傷《きず》」に同じ。 熟語 刀創《とうそう》／絆創膏《ばんそうこう》 表外読み 創（はじめる）
むしろ	寧《むし》ろ：どちらかといえば。どちらか一つを選ぶのなら。
さかしら	賢《さか》しら：「賢《さか》しい」はかしこいこと。「賢《さか》しら」は利口ぶってふるまうこと。 豆「賢《さか》しら口《ぐち》」は、お節介な差し出口
こぼした	零《こぼ》す：液体を流す。 豆 不平や愚痴を口にする場合にも用いる
へりくだった	謙《へりくだ》る：自分を卑下すること。 熟語 謙遜《けんそん》／謙虚《けんきょ》／謙譲《けんじょう》
たかる	集《たか》る：群がり集まること。 用例 蟻《あり》が集《たか》る／人集《ひとだか》り 表外読み 集（すだく）

頻出度 **C**

表外の読み④

次の____線部分は常用漢字である。その**表外の読み**を**ひらがな**で答えよ。

☑ **01** 雅な舞が披露された。

☑ **02** 焦れったい思いをする。

☑ **03** 多忙に託けて断る。

☑ **04** 先人の失敗を今の鑑とする。

☑ **05** ゴールまで直走る。

☑ **06** 伝を頼って就職する。

☑ **07** 法を守らない族は困る。

☑ **08** 丹塗りの柱が一列に並ぶ。

☑ **09** 土に塗れて働く。

☑ **10** 世界に普く知れ渡る。

解答	解説
みやび	雅《みやび》：優美で洗練されていること。雅やか。 熟語 優雅《ゆうが》／風雅《ふうが》／雅趣《がしゅ》
じれったい	焦《じ》れる：もどかしくていらいらすること。 熟語 焦慮《しょうりょ》／焦心《しょうしん》
かこつけて	託《かこつ》ける：口実にすること。 出例 託《ことづ》かる　熟語 仮託《かたく》／託言《かごと》
かがみ	鑑《かがみ》：行為の規範とすべきもの。手本。いましめ。 熟語 亀鑑《きかん》
ひた	直《ひた》：いちずに。 ✕すぐ
つて	伝《つて》：手蔓のこと。縁故。 用例 言伝《ことづて》／人伝《ひとづて》
やから	族《やから》：ある一定の仲間、連中。また、一家一門のこと。 熟語 親族《しんぞく》／家族《かぞく》
にぬり	丹《に》塗《ぬ》り：社寺などで使われる伝統的な塗装方法。丹や朱で塗ること。また、そのもの。
まみれて	塗《まみ》れる：粉状のものや液状のものが一面について汚れること。
あまねく	普《あまね》く：全てに広く。「遍《あまね》く」に同じ。 熟語 普遍《ふへん》／普及《ふきゅう》

頻出度 C

表外の読み⑤

次の____線部分は常用漢字である。その**表外**の**読み**を**ひらがな**で答えよ。

☑ **01** 方に出発せんとするところだ。

☑ **02** 尉は官制の三等官だ。

☑ **03** 散売りのキャンデーを買う。

☑ **04** 古い因習を革める。

☑ **05** 毎日実に日記をつけた。

☑ **06** 私かに文通する。

☑ **07** 旬の魚は堪えられないうまさだ。

☑ **08** 娘を妻わすことにした。

☑ **09** 折角の親切が徒になった。

☑ **10** 後悔の思いに責め苛まれる。

解答	解説
まさに	方《まさ》に：ちょうどその時、今しも。 熟語 方《ほう》（ただ今、今日）
じょう	尉《じょう》：律令官制の四等官の一つ。長官（かみ）・次官（すけ）の下、主典（さかん）の上。また、老翁のこと。
ばら	散《ばら》：一個単位であること。 用例 散《ばら》銭《せん》／散《ばら》蒔《ま》く
あらためる	革《あらた》める：制度や体質、考え方を新しくすること。 熟語 改革《かいかく》／革新《かくしん》
まめに	実《まめ》に：まじめに。労苦を厭わず。 熟語 忠実《ちゅうじつ》
ひそかに	私《ひそ》かに：人目を避けて、こっそりと。「密《ひそ》か」に同じ。 熟語 私《し》淑《しゅく》／私《し》書《しょ》
こたえ	堪《こた》える：「堪《こた》えられない」は、我慢できないほどの。「たいへん良い」という意。
めあわす	妻《めあ》わす：結婚させること。 豆「女《め》合《あ》わす」からきた言葉
あだ	徒《あだ》：無益なさま。むなしいさま。出例 徒《かち》 熟語 徒《と》労《ろう》／徒《と》食《しょく》　表外読み 徒（ズ・かち・いたずらに・ともがら・あだ）
さいなまれる	苛《さいな》む：苦痛を与えて厳しく責めること。いじめ、苦しめること。

頻出度 C

熟語の読み・一字訓読み①

次の**熟語**の**読み（音読**み）と、その**語義**にふさわしい**訓読**みを（送りがなに注意して）**ひらがな**で答えよ。

☐ **01** 周匝……匝る

☐ **02** 高亮……亮らか

☐ **03** 賂遺……賂う

☐ **04** 按罪……按べる

☐ **05** 侃侃……侃い

☐ **06** 穰歳……穰る

☐ **07** 疏水……疏る

☐ **08** 凱風……凱らぐ

☐ **09** 峻嶺……峻い

☐ **10** 蒐荷……蒐める

解答	解説
しゅうそう めぐる	周匝《しゅうそう》：まわりをとりまくこと。めぐりまわること。すみずみまで十分ゆきわたること。 匝《めぐ》る：周囲をぐるりとひと回りする。めぐる。**出例** 匝線《そうせん》……匝《めぐ》る
こうりょう あきらか	高亮《こうりょう》：志高く行いの正しいこと。また、そのさま。 亮《あき》らか：はっきりしている。明るい。
ろい まいなう	賂遺《ろい》：わいろとしての金品。人に金品を送ること、またその金品。 賂《まいな》う：利益を得るために金品を送ること。
あんざい しらべる	按罪《あんざい》：罪をしらべること。 按《しら》べる：罪を問いただす。しらべる。 **出例** 按摩《あんま》……按《おさ》える
かんかん つよい	侃侃《かんかん》：信念を曲げないさま。剛直なさま。 侃《つよ》い：つよい。正しくひたむきでひるまないさま。
じょうさい みのる	穣歳《じょうさい》：穀物が豊かに実った年のこと。 穣《みの》る：実る。穀物が豊かに実る。
そすい とおる	疏水《そすい》：灌漑や運搬、発電などの目的で切り開いた水路。 疏《とお》る：開いてとおす。
がいふう やわらぐ	凱風《かいふう》：南風。初夏のそよ風。 凱《やわ》らぐ：なごやかに楽しむ。うちとけてなごむ。
しゅんれい たかい	峻嶺《しゅんれい》：高くそびえる山。 峻《たか》い：けわしい。高い。
しゅうか あつめる	蒐荷《しゅうか》：荷を集める。「集荷」と同じ。 蒐《あつ》める：趣味や研究のために、捜し求めて一つのところにまとめる。

頻出度 **C**

熟語の読み・一字訓読み②

次の**熟語**の**読み（音読み）**と、その**語義**にふさわしい**訓読み**を（送りがなに注意して）**ひらがな**で答えよ。

☑ **01** 靱性……靱やか

☑ **02** 切磋……磋く

☑ **03** 醇風……醇い

☑ **04** 進捗……捗る

☑ **05** 陰蔽……蔽う

☑ **06** 堰塞……堰く

☑ **07** 嘉尚……嘉する

☑ **08** 夙起……夙に

☑ **09** 哀咽……咽ぶ

☑ **10** 艶聞……艶かしい

解答	解説
じんせい しなやか	靱性《じんせい》：材質の粘り強さ。外圧に対する壊れにくさ。 靱《しな》やか：弾力性があるさま。柔軟で、よくしなうさま。
せっさ みがく	切磋《せっさ》：学問や道徳に励み、みがくこと。 磋《みが》く：みがく。
じゅんぷう あつい	醇風《じゅんぷう》：素朴な風習。人情のあつい風俗。 醇《あつ》い：人情があつい。手厚い。 **出例** 醇朴《じゅんぼく》……醇《あつ》い
しんちょく はかどる	進捗《しんちょく》：物事が進み、はかどること。 捗《はかど》る：仕事など物事が順調に進む。
いんぺい おおう	陰蔽《いんぺい》：見られたり知られたりしたら困る事を意図的に隠すこと。 蔽《おお》う：おおいかくす。おおう。
えんそく せく	堰塞《えんそく》：水の流れをせき止めること。 堰《せ》く：水の流れや人の行動などをさえぎって止める。
かしょう よみする	嘉尚《かしょう》：ほめたたえること。 嘉《よみ》する：よしとすること。
しゅくき つとに	夙起《しゅくき》：朝、早く起きること。早起き。 夙《つと》に：以前から。早くから。
あいえつ むせぶ	哀咽《あいえつ》：悲しみで声をつまらせること。むせび泣くこと。 咽《むせ》ぶ：感情がたかぶり、息をつまらせながら泣く。
えんぶん なまめかしい	艶聞《えんぶん》：男女間の色めいたうわさ。色恋沙汰。 艶《なまめ》かしい：あでやかで美しく、女性的な魅力にも富んでいること。

頻出度
C

熟語の読み・一字訓読み③

次の**熟語**の**読み**(**音読**み)と、その**語義**にふさわしい**訓読**みを(送りがなに注意して)**ひらがな**で答えよ。

☑ 01　決潰……潰える

☑ 02　萌芽……萌む

☑ 03　歎傷……歎く

☑ 04　綻裂……綻ぶ

☑ 05　仰臥……臥す

☑ 06　暢叙……暢べる

☑ 07　轟音……轟く

☑ 08　纂述……纂める

☑ 09　一瞥……瞥る

☑ 10　捧呈……捧げる

解答	解説
けっかい ついえる	決潰《けっかい》：堤防などが崩れること。 潰《つい》える：希望などが崩れ壊れること。
ほうが めぐむ	萌芽《ほうが》：芽がもえ出ること。また、物事の起こるきざし。物事のはじまり。 萌《めぐ》む：草木が芽を出す。芽吹く。**出例** 萌生《ほうせい》……萌《きざ》す
たんしょう なげく	歎傷《たんしょう》：なげき悲しむこと。なげきいたむこと。 歎《なげ》く：ひどく悲しむ。世の風潮などを憂えて憤る。
たんれつ ほころぶ	綻裂《たんれつ》：綻び、破れること。 綻《ほころ》ぶ：縫い目がほどけること。つぼみが開き初めること。
ぎょうが ふす	仰臥《ぎょうが》：あおむけに寝ること。 臥《ふ》す：横になる。寝る。 **出例** 酔臥《すいが》……臥《ふ》す
ちょうじょ のべる	暢叙《ちょうじょ》：思っているまま話すこと。 暢《の》べる：長く伸ばす。のびのびとする。
ごうおん とどろく	轟音《ごうおん》：鳴り響く大きな音。とどろき渡る音。 轟《とどろ》く：大きな音が鳴り響く。
さんじゅつ あつめる	纂述《さんじゅつ》：材料を集め、文章に書いて述べること。 纂《あつ》める：散らばっていたものを寄せ集めてまとめる。**出例** 編纂《へんさん》……纂《あつ》める
いちべつ みる	一瞥《いちべつ》：ちらりと見ること。 瞥《み》る：ちらりと見る。
ほうてい ささげる	捧呈《ほうてい》：うやうやしく差し上げること。敬意を示して物を贈ること。 捧《ささ》げる：両手で高くさしあげる。敬愛する神仏や人に、ものや真心を差し出す。

頻出度 C

共通の漢字①

次の各組の二文の（　）には**共通**する漢字が入る。その読みを後の□から選び、**常用漢字（一字）**で記せ。

☑ 01
（　　）閑とした夜の街を歩く。
式場は（　　）厳な雰囲気に満ちていた。

☑ 02
事故現場は酸（　　）の極みだった。
流派を開いた（　　）祖の胸像がある。

☑ 03
流刑地で苦（　　）に服す。
木材運搬に（　　）畜を使う。

☑ 04
時（　　）に従って考えを変える。
感情の（　　）露を抑えられない。

☑ 05
故国の内戦勃発に（　　）驚する。
三度三度の（　　）飯に事欠く。

えき がん きっ しん び まん りゅう れい

解答	解説
森	森《しん》閑《かん》：ひっそりと静まりかえっているさま。 森《しん》厳《げん》：たいへん荘厳なさま。きわめて厳粛なさま。
鼻	酸《さん》鼻《び》：見ていられないほどむごたらしいこと。 鼻《び》祖《そ》：物事を最初に始めた人。始祖。元祖。
役	苦《く》役《えき》：たいへんな苦痛を伴う労働のこと。また、懲役刑のこと。 役《えき》畜《ちく》：耕作や運搬などに使う家畜のこと。
流	時《じ》流《りゅう》：その時どきの社会一般に見られる傾向のこと。 流《りゅう》露《ろ》：内面にあるものをそのまま表すこと。
喫	喫《きっ》驚《きょう》：「びっくりする」の漢語的表現。 喫《きっ》飯《ぱん》：食事をすること。また、生活していくこと。

頻出度 C

共通の漢字②

次の各組の二文の（　）には**共通**する漢字が入る。その読みを後の□から選び、**常用漢字（一字）**で記せ。

☑ 01
- 両社の業績には（　　）庭が無い。
- 留学は立身出世の捷（　　）だった。

☑ 02
- （　　）量な人柄を青年たちは慕った。
- 得意そうに長（　　）舌を振るった。

☑ 03
- 責任逃れの遁（　　）はもう聞き飽きた。
- 蕪（　　）を連ねて挨拶の言葉とする。

☑ 04
- 世界に冠（　　）する記録を樹立した。
- 大雪で外部との交通が杜（　　）した。

☑ 05
- 不定愁（　　）の女性に話を聞く。
- 訪問販売で（　　）求効果を上げる。

きょう
けい
こう
じ
ぜつ
そ
たん
ほう

解答	解説
径	径庭《けいてい》：大きな隔たりのこと。狭い道と広場の意から。 捷径《しょうけい》：目的を達するための近道。手っ取り早い方法。
広	広量《こうりょう》：度量が広いこと。寛大な心を持っていること。 長広舌《ちょうこうぜつ》：長ながとしゃべり立てること。また、その話。
辞	遁辞《とんじ》：逃げ口上のこと。 蕪辞《ぶじ》：整わない言葉。自分の言葉や文章についての謙譲語。
絶	冠絶《かんぜつ》：群をぬいて優れていること。 杜絶《とぜつ》：今まで続いていたものがとだえること。
訴	愁訴《しゅうそ》：体調の悪さや精神的な苦しさを嘆き訴えること。 訴求《そきゅう》：商品をうまく宣伝し、買ってもらうよう訴えかけること。

頻出度 C

共通の漢字③

次の各組の二文の（　）には**共通**する漢字が入る。その読みを後の□から選び、**常用漢字（一字）**で記せ。

☑ 01
舌（　　）火を吐くごとく熱弁を振るう。
客は敷居際に（　　）坐した。

☑ 02
詳細は（　　）趨の上、申し上げます。
大臣に（　　）眉する機会を得た。

☑ 03
今は事故が多発する逢（　　）が時だ。
伏（　　）殿に潜入して陰謀を暴く。

☑ 04
手術の（　　）後を定期的にみる。
政変の（　　）兆は幾つかあった。

☑ 05
孟子は（　　）聖と呼ばれている。
白（　　）の教会堂が広場に建つ。

あ
せき
ぜん
たん
はい
ぼう
ま
よ

解答	解説
端	舌端《ぜったん》：舌の先。「舌端火を吐く」は鋭く説き立てる意の慣用句。 端坐《たんざ》：姿勢を正して行儀よくすわること。
拝	拝趨《はいすう》：多く手紙文で、先方に出かけて行くことの謙譲語。 拝眉《はいび》：会うことの謙譲語。お目にかかる。
魔	逢魔《おうま》が時《とき》：たそがれどきのこと。禍いが起こるとされた。 伏魔殿《ふくまでん》：魔性のものの隠れている御殿。悪事・陰謀の根拠地。
予	予後《よご》：治療後の経過。また、それに関する医学上の見通し。 予兆《よちょう》：何かが起きそうな前触れとなること。
亜	亜聖《あせい》：聖人に次ぐ優れた人。儒教では孔子に対して孟子または顔回を指す。 白亜《はくあ》：白色の壁。石灰岩の一種。

頻出度 C

書き取り（ノーマル）①

次の＿＿線部分の**カタカナ**を**漢字**で答えよ。

☑ **01** 山の木をコる音がする。

☑ **02** 夜更けに山小屋にタドり着いた。

☑ **03** 下駄の歯がチびてしまった。

☑ **04** 中華料理にニラを使う。

☑ **05** 池のヒゴイに餌を与えた。

☑ **06** 各国とチュウタイを結ぶ。

☑ **07** 高等学校でキョウベンを執る。

☑ **08** 草木のメグむ季節になった。

☑ **09** その任務にはヨロクが付いてくる。

☑ **10** 亡き母をシノぶ。

解答	解説
樵《こ》る	樵《こ》る：山林にはいって樹木を切り出す。
辿《たど》り	辿《たど》る：「辿り着く」は探し求めながらようやく行き着くこと。
禿《ち》びて	禿《ち》びる：すりへってしまうこと。 熟語 禿筆《とくひつ》（自作の詩文の謙称）／禿毫《とくごう》（禿筆に同じ。「毫」は1級用漢字）
韮《にら》	韮《にら》：ユリ科の多年草。葉を食用にする。
緋鯉《ひごい》	緋鯉《ひごい》：鯉の品種の一つ。体色が赤または白を基調とする鯉の総称。
紐帯《ちゅうたい》	紐帯《ちゅうたい》：二つのものを結びつける働きをするもの。 熟語 解紐《かいちゅう》　訓読 紐（ひも）
教鞭《きょうべん》	教鞭《きょうべん》：教師が持つ鞭。「教鞭を執る」は教職に就いていること。熟語 鞭撻《べんたつ》（激励すること。「撻」は1級用漢字）／先鞭《せんべん》／鞭影《べんえい》
萌《めぐ》む	萌《めぐ》む：芽が出ようとしてふくらむこと。 出例 萌芽《ほうが》
余禄《よろく》	余禄《よろく》：正規の収入以外の利得。余分の利得。 熟語 俸禄《ほうろく》／秩禄《ちつろく》　訓読 禄（さいわい・ふち）
偲《しの》ぶ 慕《しの》ぶ	偲《しの》ぶ：過去や人をなつかしむ気持ち。また、慕わしく思う気持ち。

頻出度 C

書き取り（ノーマル）②

次の＿＿線部分の**カタカナ**を**漢字**で答えよ。

☑ **01** 新しいビルのヒナガタを作る。

☑ **02** 一年生をレギュラーにバッテキする。

☑ **03** 容器の底にオリがたまっている。

☑ **04** 傷口がカノウしている。

☑ **05** 鮮やかなトモエ投げが決まった。

☑ **06** 渓流でニジマス釣りに挑戦した。

☑ **07** テーブル掛けにシシュウする。

☑ **08** 母のオトギ話を聞きながら眠った。

☑ **09** それはキンジュウにも劣る行為だ。

☑ **10** 長年の交友にカンゲキを生ずる。

解答	解説
雛形《ひながた》 雛型《ひながた》	雛形《ひながた》：模型。書類の書式や見本。 出例 内裏雛《だいりびな》 熟語 鳳雛《ほうすう》(将来有望なすぐれた少年のたとえ)／雛菊《ひなぎく》
抜擢《ばってき》	抜擢《ばってき》：大勢の中から引き抜いて用いること。 訓読 擢(ぬく・ぬきんでる)
澱《おり》(滓《おり》)	澱《おり》：(「滓」は1級用漢字) 水底に沈むかす。 出例 澱粉《でんぷん》 熟語 沈澱《ちんでん》／澱江《でんこう》(大阪の淀川のこと。澱＝淀)
化膿《かのう》	化膿《かのう》：傷口などから菌が入り、膿を持つこと。
巴《ともえ》	巴《ともえ》：水が渦巻いた模様。物が円形を描くように回るさま。
虹鱒《にじます》	虹鱒《にじます》：サケ目サケ科に属する淡水魚。英語の「レインボー(虹)トラウト(鱒)」を直訳して虹鱒と名付けられた。
刺繡《ししゅう》	刺繡《ししゅう》：布地に色糸で模様を縫い表すこと。
御伽《おとぎ》	御伽《おとぎ》：慰めに話し相手になること。 出例 夜伽《よとぎ》
禽獣《きんじゅう》	禽獣《きんじゅう》：鳥とけだもの。出例 猛禽《もうきん》 熟語 家禽《かきん》(鶏・アヒルなど人が飼う鳥)／禽獲《きんかく》 訓読 禽(とり・とらえる・いけどり)
間隙《かんげき》	間隙《かんげき》：すき間。また、不信の念や不和。 出例 寸隙《すんげき》(郤《げき》)

頻出度 **C**

書き取り（ノーマル）③

次の＿＿線部分の**カタカナ**を**漢字**で答えよ。

☑ **01** 藁がウズタカく積んである。

☑ **02** 一躍時代のチョウジとなった。

☑ **03** 報復のためのソウガをとぐ。

☑ **04** 将来の夢をアキラめる。

☑ **05** 指先に朱肉をつけてオウナツする。

☑ **06** 父の神経をサカナでする。

☑ **07** ケシ粒ほどの大きさになって視界から消えた。

☑ **08** 野原のクボんだ所に身を潜めた。

☑ **09** 酒と賭け事にタンデキする。

☑ **10** 誤変換の連続はフンパンものだ。

解答	解説
堆《うずたか》く	堆《うずたか》い：盛り上がって高いこと。 出例 堆肥《たいひ》
寵児《ちょうじ》	寵児《ちょうじ》：世にときめく人のこと。 熟語 恩寵《おんちょう》／寵愛《ちょうあい》
爪牙《そうが》	爪牙《そうが》：武器。主君の手足となる臣。 出例 爪弾《つまび》き
諦《あきら》める	諦《あきら》める：実現不可能と思い断念すること。 出例 諦観《ていかん》
押捺《おうなつ》	押捺《おうなつ》：印判や指紋などを押すこと。 出例 捺印《なついん》
逆撫《さかな》で	逆撫《さかな》で：わざと人の気分を害するような言動をとること。 熟語 慰撫《いぶ》／撫育《ぶいく》
芥子《けし》	芥子《けし》：ケシ科ケシ属に属する一年草の植物。「芥子粒」はきわめて小さいもののたとえ。
窪《くぼ》んだ 凹《くぼ》んだ	窪《くぼ》む：周囲より低く落ち込んでいるさま。へこむ。また、零落するの意味もある。 熟語 窪隆《わりゅう》（高低のこと）／窪下《わか》／笑窪《えくぼ》
耽《たん》（酖《たん》）溺《でき》 湛《たん》（酖《たん》）溺《でき》	耽溺《たんでき》：（「酖」は1級用漢字）自制心を失うほど夢中になること。熟語 耽読《たんどく》／耽美《たんび》 訓読 耽（ふける・おくぶかい）
噴飯《ふんぱん》	噴飯《ふんぱん》：がまんできずに笑ってしまうこと。 熟語 噴霧《ふんむ》／噴煙《ふんえん》　表外読み 噴（ホン・はく）

頻出度 C

書き取り（ノーマル）④

次の____線部分の**カタカナ**を**漢字**で答えよ。

☑ **01** 自由を求めて一斉にホウキした。

☑ **02** 川沿いにショウユ問屋が軒を並べる。

☑ **03** テロ事件のシュカイを逮捕した。

☑ **04** 浅草カイワイの風情を楽しむ。

☑ **05** 知らぬ顔をしてトボける。

☑ **06** 高熱が続いてコンスイ状態に陥った。

☑ **07** ホオヅエを突いて考え事をする。

☑ **08** オウムが人間の言葉をシャベる。

☑ **09** 一族はエイヨウの頂点を極めた。

☑ **10** ヒノキの湯船につかる。

解答	解説
蜂起《ほうき》	蜂起《ほうき》：大勢の人が実力行動に出ること。 出例 蜂蜜《はちみつ》
醤油《しょうゆ》	醤油《しょうゆ》：大豆から作る日本特有の調味料。
首魁《しゅかい》	首魁《しゅかい》：事件の首謀者。かしら。「先駆け」の意味もある。 熟語 渠魁《きょかい》／魁傑《かいけつ》
界隈《かいわい》	界隈《かいわい》：その辺り。その周辺地域。 出例 隈《くま》(暈《くま》)取《ど》り
惚《とぼ》(恍《とぼ》)ける	惚《とぼ》ける：(「恍」は1級用漢字)知らんふりをする。ぼんやりする。 出例 惚《ほ》れる
昏睡《こんすい》	昏睡《こんすい》：意識を失って覚めない状態。 出例 昏倒《こんとう》
頰杖《ほおづえ》	頰杖《ほおづえ》：ひじを突き、掌でほおを支えること。
喋《しゃべ》(喃《しゃべ》)る	喋《しゃべ》る：(「喃」は1級用漢字)話す。特に口数が多い場合に言う。 熟語 喋喋《ちょうちょう》
栄耀《えいよう》 栄曜《えいよう》(燿《よう》)	栄耀《えいよう》：(「燿」は1級用漢字)権力を得て、富み、栄えること。贅沢で派手な暮らしをすること。「栄耀」は「えよう」とも読む。 熟語 栄耀栄華《えいようえいが》
檜《ひのき》	檜《ひのき》：日本特産の常緑高木。耐水性が高く、光沢・芳香があり建築材として最高とされる。 熟語 檜舞台《ひのきぶたい》／檜皮《ひわだ》／檜扇《ひおうぎ》

頻出度 C

書き取り（ノーマル）⑤

次の＿＿線部分の**カタカナ**を**漢字**で答えよ。

☐ **01** 電車の網棚にカバンを忘れた。

☐ **02** 服装がアカヌけている。

☐ **03** 立候補の要請はシュンキョした。

☐ **04** 検査のため目薬でドウコウを開く。

☐ **05** 新しい環境にジュンチしてきた。

☐ **06** ロッカン神経痛に悩まされる。

☐ **07** アイサツの出来ない若者が多い。

☐ **08** 一人の女性を間に恋のサヤアてをする。

☐ **09** 読書のダイゴミに浸る。

☐ **10** 厳父も今ではコウコウヤだ。

解答	解説
鞄《かばん》	鞄《かばん》：「鞄」は「なめしがわ」の意。「かばん」は日本における用法。
垢《あか》抜《ぬ》けて	垢《あか》抜《ぬ》ける：洗練されていること。 熟語 無《む》垢《く》／含垢《がんこう》（辱めを耐え忍ぶこと）
峻拒《しゅんきょ》	峻拒《しゅんきょ》：きっぱりと断ること。 出例 峻別《しゅんべつ》
瞳孔《どうこう》	瞳孔《どうこう》：ひとみのこと。 豆 「ひとみ」と読む漢字：眸／睛（いずれも1級用漢字）
馴致《じゅんち》	馴致《じゅんち》：徐々に慣れさせること。 熟語 馴《じゅん》化《か》／馴育《じゅんいく》　訓読 馴（なれる・ならす・すなお・よい・おしえ）
肋間《ろっかん》	肋間《ろっかん》：上体の肋骨と肋骨の間。 出例 肋骨《ろっこつ》
挨拶《あいさつ》	挨拶《あいさつ》：相手と取り交わす感謝や親しみを表す言葉（伴われる動作を含む）。 表外読み 挨（おす・ひらく）／拶（せまる）
鞘《さや》当《あ》て	鞘《さや》当《あ》て：一人の女性をめぐり二人の男性が争うこと。 出例 利《り》鞘《ざや》
醍醐味《だいごみ》	醍醐味《だいごみ》：最も美味であること。転じて、最高の味わい。「醍醐」は乳製品の一種。
好好爺《こうこうや》	好好爺《こうこうや》：温厚な老人。 熟語 阿《あ》爺《や》（父のこと） 訓読 爺（じじ・おやじ）

書き取り（ノーマル）⑥

次の＿＿線部分の**カタカナ**を**漢字**で答えよ。

☑ **01** 待合室のイスに腰掛けた。

☑ **02** ジンゾウ結石で入院している。

☑ **03** 焼きたてのセンベイをいただく。

☑ **04** ショクゼンに手料理を供する。

☑ **05** 兄のソウボウは亡き父を偲ばせる。

☑ **06** ワキメも振らず勉強する。

☑ **07** 書道展でボッコン鮮やかな作品を見た。

☑ **08** 道場に厳しいシッセイが響いた。

☑ **09** 友の出世をウラヤむ。

☑ **10** 二人の縁談がマトまった。

解答	解説
椅子《いす》	椅子《いす》：こしかけるための道具。 熟語 椅几《いき》（きょうそく、ひじかけ。「几」は1級用漢字）／肘掛椅子《ひじかけいす》／安楽椅子《あんらくいす》
腎臓《じんぞう》	腎臓《じんぞう》：泌尿器官。人体ではそらまめ状で左右一対ある。 熟語 肝腎《かんじん》
煎餅《せんべい》	煎餅《せんべい》：小麦や米の粉を練ったものを薄くのばして焼いた菓子。熟語 煎茶《せんちゃ》／煎薬《せんやく》／烹《ほう》煎《せん》（煮ることと焼くこと）
食膳《しょくぜん》	食膳《しょくぜん》：食物をのせる台。 出例 配膳《はいぜん》
相貌《そうぼう》	相貌《そうぼう》：顔つきのこと。 出例 変貌《へんぼう》
脇目《わきめ》	脇目《わきめ》：「脇目も振らず」はよそ見をしないこと。他のことに関心を寄せず、一意専心に励むこと。
墨痕《ぼっこん》	墨痕《ぼっこん》：墨で書いたあと。 熟語 墨痕淋漓《ぼっこんりんり》（墨のあとが瑞々しいこと。「漓」は1級用漢字）
叱声《しっせい》	叱声《しっせい》：しかりつける声。 出例 叱責《しっせき》
羨《うらや》む	羨《うらや》む：自分もそうありたいと望むこと。 熟語 羨望《せんぼう》／欽羨《きんせん》（敬い、うらやましく思うこと）
纏《まと》まった	纏《まと》まる：統一状態になる。望ましい結果になる。 出例 纏《まと》める

頻出度 C

書き取り（ノーマル）⑦

次の____線部分の**カタカナ**を**漢字**で答えよ。

☑ **01** プロ野球選手にアコガれる。

☑ **02** ミコシのかつぎ手を募集する。

☑ **03** カンガイ用水を谷から引く。

☑ **04** 彼は日本美術史にゾウケイが深い。

☑ **05** 新企画に社運をカける。

☑ **06** 正月の我が家は来客でニギわう。

☑ **07** 桐のタンスを作らせる。

☑ **08** シャクネツの砂漠を横断する。

☑ **09** 一等賞をネラってくじを引いた。

☑ **10** コウバイの緩やかな坂を下る。

解答	解説
憧《あこが》れる 憬《あこが》れる	憧《あこが》れる：思い焦がれる。強く心がひかれる。 熟語 憧憬《しょうけい(どうけい)》
神輿《みこし》 御輿《みこし》	神輿《みこし》：神社の祭礼のとき、神霊が乗るといわれている輿。「神輿を担ぐ」は他人を煽てて祭り上げること。熟語 腰輿《ようよ》
灌漑《かんがい》	灌漑《かんがい》：田畑に水を引いて供給すること。
造詣《ぞうけい》	造詣《ぞうけい》：学問や技芸などについての広い知識。 熟語 参詣《さんけい》／墓詣《はかまい》り　訓読 詣（もうでる） 表外読み 詣（いたる・まいる）
賭《か》ける	賭《か》ける：ある覚悟をもって断行すること。 出例 賭《と》す
賑《にぎ》(殷《にぎ》)わう	賑《にぎ》わう：活気があること。
箪笥《たんす》	箪笥《たんす》：「箪」は円形のはこ、「笥」は方形のはこ。熟語 笥子《けこ(けご)》（食物を盛る器）／瓢箪《ひょうたん》／箪食瓢飲《たんしひょういん》（質素な生活に安んずること）
灼熱《しゃくねつ》	灼熱《しゃくねつ》：やけて熱いこと。 熟語 灼灼《しゃくしゃく》／焚灼《ふんしゃく》　訓読 灼（やく・あきらか・あらたか・やいと）
狙《ねら》って	狙《ねら》う：目標とする。機会をうかがう。 出例 狙撃《そげき》
勾配《こうばい》	勾配《こうばい》：傾斜のこと。 熟語 勾欄《こうらん》／勾留《こうりゅう》／勾玉《まがたま》　表外読み 勾（まがる・とらえる）

頻出度 C

書き取り（ノーマル）⑧

次の＿＿線部分の**カタカナ**を**漢字**で答えよ。

☑ **01**　渓谷をまたぐキョウリョウを架ける。

☑ **02**　旬の山菜をサカナに飲む。

☑ **03**　妹は今春カショクの典を挙げた。

☑ **04**　台風に備えてドノウを積む。

☑ **05**　歌い終わってカッサイを浴びた。

☑ **06**　父の着用したガイトウをもらった。

☑ **07**　口をきわめてバトウする。

☑ **08**　酔ってロレツが回らない。

☑ **09**　少年時代はキリン児と言われた。

☑ **10**　手をタタいて仲居さんを呼んだ。

解答	解説
橋梁《きょうりょう》	橋梁《きょうりょう》：橋、かけはし。「梁」も「橋」の意。 熟語 梁材《りょうざい》(はりに用いる木材)／棟梁《とうりょう》(統率者)
肴《さかな》	肴《さかな》：飲酒の際に食べるもの。おつまみ。 出例 酒肴《しゅこう》
華《か》燭《しょく》 花《か》燭《しょく》	華《か》燭《しょく》：はなやかな灯りのこと。
土《ど》嚢《のう》	土《ど》嚢《のう》：土を詰め込んだ袋のこと。
喝采《かっさい》 喝彩《かっさい》	喝采《かっさい》：ほめそやすこと。また、その声。 出例 采配《さいはい》
外套《がいとう》	外套《がいとう》：外出の際、防寒用に着るもの。 出例 常套《じょうとう》
罵《ば》倒《とう》	罵《ば》倒《とう》：激しくののしること。 熟語 悪罵《あくば》／罵声《ばせい》 訓読 罵(ののしる)
呂《ろ》律《れつ》	呂《ろ》律《れつ》：ものを言う調子。「りょりつ」から転じて「ろれつ」と読むようになった。 熟語 風《ふ》呂《ろ》
麒麟《きりん》(騏驎《きりん》)	麒麟《きりん》：(「騏・驎」は1級用漢字)想像上の聖獣。聖人が世に出ると出現するという。 豆 「麒麟児《きりんじ》」は、すぐれて賢い子ども
叩《たた》(扣《たた》)いて	叩《たた》く：(「扣」は1級用漢字)反復して打つこと。 出例 叩《はた》く

頻出度 C

書き取り（同音同訓異字）①

次の＿＿線部分の**カタカナ**を**漢字**で答えよ。

□ **01** 新居のジョウトウ式を行った。

□ **02** こういう場合に取るジョウトウ手段だ。

□ **03** 権力は我がショウチュウにある。

□ **04** ショウチュウとおでんを注文した。

□ **05** カクセイ剤を取り締まる。

□ **06** 長身は祖父からのカクセイ遺伝だ。

□ **07** 会社のテイカンを改訂する。

□ **08** 人世の真理をテイカンする。

□ **09** 開拓村をヒゾクが襲う。

□ **10** ヒゾクな本性を露呈する。

解答	解説
上棟《じょうとう》	上棟《じょうとう》：家屋建築に伴い、骨組みを組み終わり、締めくくりに棟木を上げること。その際に神をまつる様式を上棟式という。
常套《じょうとう》	常套《じょうとう》：決まりきっていること。ありふれていること。 熟語 常套文句《じょうとうもんく》／常套語《じょうとうご》(決まり文句)
掌中《しょうちゅう》	掌中《しょうちゅう》：手のひらの中。自分の勢力の範囲内。 表外読み 掌(たなごころ・てのひら・つかさどる・になう)(「てのひら」は1級用読み)
焼酎《しょうちゅう》	焼酎《しょうちゅう》：麦、粟、黍《きび》などを原料とする蒸留酒。 豆 「酎」は三度重ねて醸した濃い酒 熟語 芳酎《ほうちゅう》／酎飲《ちゅういん》(酒盛りをすること)
覚醒《かくせい》	覚醒《かくせい》：目覚めること。「覚醒剤」は中枢神経を刺激して眠気を抑制する薬。 熟語 醒酔《せいすい》　表外読み 醒(さめる・さます)
隔世《かくせい》	隔世《かくせい》：時代、世代がへだたっていること。時代が違うこと。 熟語 隔越《かくえつ》／隔簾《かくれん》　表外読み 隔(はなれる)
定款《ていかん》	定款《ていかん》：社団法人の目的や活動内容などの基本的な規則。 熟語 借款《しゃっかん》／款待《かんたい》(歓待に同じ)
諦観《ていかん》	諦観《ていかん》：本質をはっきりと見きわめること。悟りあきらめること。訓読 諦(あきらめる) 表外読み 諦(タイ・つまびらか・まこと)
匪賊《ひぞく》	匪賊《ひぞく》：徒党を組んで強盗や殺人をする者たち。
卑《ひ》(鄙《ひ》)俗《ぞく》	卑俗《ひぞく》：(「鄙」は1級用漢字) 品がなく俗っぽいこと。また、そのさま。低俗。

頻出度 C

書き取り（同音同訓異字）②

次の＿＿線部分の**カタカナ**を**漢字**で答えよ。

☐ **01** カブラ矢を敵陣に射る。

☐ **02** 畑から大きなカブラがとれた。

☐ **03** 天井近くまで水がツいた。

☐ **04** 軒先に風鈴をツる。

☐ **05** 寛大なユウジョを願う。

☐ **06** 神のユウジョのお蔭で勝てた。

☐ **07** ようやくココウの道を得た。

☐ **08** 大切なココウの臣を失った。

☐ **09** ついに怒りシントウに発した。

☐ **10** 平和主義が国民にシントウする。

解答	解説
鏑《かぶら》	鏑《かぶら》：矢の先端につけるもの。「鏑矢」は飛ぶ時に響きを生ずる矢。 熟語 鳴鏑《めいてき》／流鏑馬《やぶさめ》
蕪《かぶら》(菁《かぶら》・蕪菁《かぶら》)	蕪《かぶら》：(「菁」は1級用漢字)アブラナ科の根菜。葉と根を食用とする。かぶ。
浸《つ》いた 漬《つ》いた	浸《つ》く：水にひたること。 出例 釣《つ》る／吐《つ》く
吊《つ》る	吊《つ》る：ぶら下げること。 熟語 吊橋《つりばし》／吊輪《つりわ》
宥恕《ゆうじょ》 優恕《ゆうじょ》	宥恕《ゆうじょ》：ゆるすこと。 熟語 宥赦《ゆうしゃ》／寛恕《かんじょ》　訓読 宥(ゆるす・なだめる)／恕(ゆるす・おもいやる)
祐助《ゆうじょ》 佑助《ゆうじょ》	祐助《ゆうじょ》：たすけること。天・神仏のたすけ。 熟語 天祐《てんゆう》／神佑《しんゆう》／祐筆《ゆうひつ》　訓読 祐・佑(たすける・たすけ)
糊《こ》(餬《こ》)口《こう》	糊口《ここう》：(「餬」は1級用漢字)生計のこと。 出例 虎口《ここう》 訓読 糊(のり・くちすぎ)
股肱《ここう》	股肱《ここう》：ももとひじ。転じて、主君の手足となって働く家臣。
心頭《しんとう》	心頭《しんとう》：心。心の中。「怒り心頭に発する」は怒りがこみ上げてくること。激怒すること。 出例 親等《しんとう》
浸《しん》(滲《とう》)透《とう》	浸透《しんとう》：(「滲」は1級用漢字)水などがしみとおること。しみこむこと。思想などが大勢の人に行き渡ること。

頻出度
C

誤字訂正①

次の各文にまちがって使われている**同じ音訓の漢字**が**一字**ある。**誤字**と**正しい漢字**を答えよ。

☑ **01** 遺跡から発見された勾玉や腕釧、僅かに金の残る装飾品の数々が悠か応古を偲ばせる。

☑ **02** 回禄の災いに遭って休業を余儀なくされたが必ず再起するとの気涯を胸に奮闘している。

☑ **03** 特殊な訓練を受けた犬が難病と闘う子どもの愛含動物となり多大な慰謝を与えている。

☑ **04** 品種改良して寒さや病害虫に強い稲を作った背景には凶侯で疲弊する農村の姿があった。

☑ **05** 楚楚とした美少女の如き外貌からは想像し得ない才利な頭脳で帝王の鴻業を助けた。

☑ **06** 周航中の豪華客船が港に碇舶し食材等を補充する傍ら、乗客は下船して観光を楽しんだ。

☑ **07** 人間は迷いの多いものだが凡悩即菩提の言葉通り苦悩や苦悶の中から悟りは生まれる。

☑ **08** 正体不明の病原菌が猛威を振るい入院患者の急増で医療体制崩壊の危機に頻している。

☑ **09** 風はなお冷たいが蒙春を迎えて水仙が萌み葦が角ぐむなど自然は装いを変えつつある。

☑ **10** 密かに橋桁の下に爆薬を仕掛け点火すると忽ち橋は小っ端微塵に吹き飛んだ。

解答	解説
応➡往	往古《おうこ》：遠く過ぎ去った、はるかな昔のこと。
涯➡概	気概《きがい》：困難を乗り越えようとする強い気持ち。
含➡玩・翫	愛玩《あいがん》：身近に置いて大事にし、かわいがること。
侯➡荒	凶荒《きょうこう》：農作物が実らないこと。
才➡犀	犀利《さいり》：刃物が固く鋭いこと。頭の働きが鋭いこと。
舶➡泊	碇泊《ていはく》：船がいかりを下ろして停止すること。
凡➡煩	煩悩《ぼんのう》：仏道修行や精神安定の妨げとなる欲望や怒りなど。
頻➡瀕	瀕《ひん》する：差し迫った事態に近づくこと。
蒙➡孟	孟春《もうしゅん》：春の初めのこと。
小➡木	木《こ》っ端微塵《ぱみじん》：細かく粉々に砕け散ること。またそのさま。粉みじん。

頻出度
C

四字熟語（書き取り）①

次の四字熟語の□に入る適切な語を右の□から選び**漢字二字**で答えよ。

☐ 01 金剛□□

☐ 02 □□社鼠

☐ 03 李下□□

☐ 04 □□瓢飲

☐ 05 魚網□□

☐ 06 三者□□

☐ 07 門前□□

☐ 08 □□大呂

☐ 09 麦秀□□

☐ 10 竜章□□

かでん
きゅうてい
こうり
じゃくら
じょうこ
しょり
たんし
ていりつ
ふえ
ほうし

解答	解説
金《こん》剛《ごう》不《ふ》壊《え》	極めて堅固で壊れないこと。また、志を堅く守ること。「金剛」はダイヤモンド。
城《じょう》狐《こ》社《しゃ》鼠《そ》	君主や権力者のかげに隠れて悪事を働く者のこと。「社」は神のやしろ。
李《り》下《か》瓜《か》田《でん》	人に疑いを持たれるような言動は慎むようにという戒め。
簞《たん》食《し》瓢《ひょう》飲《いん》	粗末な食事をして貧苦に甘んじ、学問に励むこと。孔子の弟子、顔回の故事。
魚《ぎょ》網《もう》鴻《こう》離《り》	求めていたものではなく、意外なものが手に入るたとえ。魚の網に鴻がかかることから。「離」は網にかかること。
三《さん》者《しゃ》鼎《てい》立《りつ》	三つの勢力が拮抗して並び立つ状態。「鼎」は煮沸用や祭典用として用いられた三本足の器。
門《もん》前《ぜん》雀《じゃく》羅《ら》	「雀羅」は雀を捕るための網。人が来ないので、家の前に雀を捕らえる網を張って捕ることができるほどだという意味。
九《きゅう》鼎《てい》大《たい》呂《りょ》	「九鼎」は夏王朝の開祖禹が九つの州から献上させた銅で作った鼎（金属製の器）で、天子の地位の象徴。「大呂」は周王朝の大廟に備えた鐘。ともに貴重なもののたとえ。
麦《ばく》秀《しゅう》黍《しょ》離《り》	亡国の嘆き。麦の穂や黍が茂る意。荒れ果てた宮殿跡に生い茂る麦を見て悲しんで作った詩による。
竜《りゅう》章《しょう》鳳《ほう》姿《し》	竜や鳳凰のように立派な姿。威厳に満ちた容姿。「章」はあや模様の意。

頻出度
C

四字熟語（書き取り）②

次の四字熟語の□に入る適切な語を右の□から選び**漢字二字**で答えよ。

☑ 01 □□鳳雛

☑ 02 街談□□

☑ 03 土崩□□

☑ 04 美酒□□

☑ 05 □□進退

☑ 06 □□浮木

☑ 07 熟読□□

☑ 08 □□絶壁

☑ 09 治乱□□

☑ 10 融通□□

がかい
かこう
がりょう
がんみ
きょそ
こうご
こうぼう
だんがい
むげ
もうき

解答	解説
臥《が》竜《りょう》鳳《ほう》雛《すう》	才能がありながら機会に恵まれず実力を発揮できない者。将来有望な若者のたとえにも。「臥竜」は「がりゅう」とも読む。**出例**「鳳雛」も問われる **類義語** 伏竜鳳雛《ふくりょうほうすう》
街《がい》談《だん》巷《こう》語《ご》	つまらない噂話。風説。 **類義語** 街談巷説《がいだんこうせつ》／流言蜚語《りゅうげんひご》（「蜚」は1級用漢字）
土《ど》崩《ほう》瓦《が》解《かい》	土が崩れ瓦が割れてしまうように物事が根底から崩れてしまい、手がつけられない状態のこと。
美《び》酒《しゅ》佳《か》肴《こう》 美《び》酒《しゅ》嘉《か》肴《こう》	おいしい酒とうまい酒のさかな。ご馳走のこと。
挙《きょ》措《そ》進《しん》退《たい》	立ち居振舞いや仕草。また、身の処し方。 **出例**「進退」も問われる **類義語** 行住坐臥《ぎょうじゅうざが》／坐作進退《ざさしんたい》
盲《もう》亀《き》浮《ふ》木《ぼく》	百年に一度だけ水面に浮かび上がってくる盲目の亀が、漂っている木の穴に入ろうとしても容易にできないということから、仏の教えに出会うことの難しさをいった語。
熟《じゅく》読《どく》玩《がん》味《み》 熟《じゅく》読《どく》翫《がん》味《み》	「玩味」は、食物をよくかんで味わうことから、文章などの意味や内容をよく考え味わうこと。
断《だん》崖《がい》絶《ぜっ》壁《ぺき》	非常に危険な状況のこと。「断崖」と「絶壁」はともに切り立った崖。
治《ち》乱《らん》興《こう》亡《ぼう》	世の中がよく治まることと、乱れてほろびること。 **出例**「治乱」も問われる
融通《ゆうずう》無《む》碍《げ》(礙《げ》)	（「礙」は1級用漢字）思考や行動が何者にもとらわれず自由であること。「無碍」は妨げのないこと。**対義語** 杓子定規《しゃくしじょうぎ》

頻出度 C

四字熟語（書き取り）③

次の四字熟語の□に入る適切な語を右の［　　］から選び**漢字二字**で答えよ。

☑ 01 □□馬腹

☑ 02 行住□□

☑ 03 □□露宿

☑ 04 □□力行

☑ 05 陶犬□□

☑ 06 □□魚躍

☑ 07 拍手□□

☑ 08 名誉□□

☑ 09 羊質□□

☑ 10 伏竜□□

えんぴ
がけい
かっさい
きんけん
こひ
ざが
ちょうべん
ばんかい
ふうさん
ほうすう

解答	解説
長鞭《ちょうべん》馬腹《ばふく》	いくら強大な力があっても、及ばないことがあるというたとえ。鞭が長すぎて、かえって馬の腹に届かないことから。
行住《ぎょうじゅう》坐《ざ》臥《が》 行住《ぎょうじゅう》座《ざ》臥《が》	日常の立ち居振る舞い。転じて、日常のこと。
風餐《ふうさん》露宿《ろしゅく》	野宿すること。旅や野宿の苦労。「風餐」は風に吹きさらされて食事すること。
勤倹《きんけん》力行《りっこう》	仕事に励み、倹約し、精一杯努力すること。「力行」は「りきこう・りょっこう・りょくこう」とも読む。
陶犬《とうけん》瓦鶏《がけい》	役に立たないもののたとえ。陶製の犬と素焼きの鶏。
鳶飛《えんぴ》魚躍《ぎょやく》	鳶が空を飛び、魚が淵に躍るように、万物がその本性に従って楽しむことのたとえ。また、君主の恩徳が広く及ぶことのたとえ。
拍手《はくしゅ》喝采《かっさい》 拍手《はくしゅ》喝彩《かっさい》	手をたたき、おおいにほめたたえること。
名誉《めいよ》挽回《ばんかい》	失敗して一度失った名誉や信用を取り戻すこと。
羊質《ようしつ》虎皮《こひ》	外見は立派だが、内容が伴わないこと。虎の皮をかぶった羊の意。見掛け倒し。 **出例** 「羊質《ようしつ》」も問われる　**類義語** 羊頭狗肉《ようとうくにく》
伏竜《ふくりょう》鳳雛《ほうすう》	優れた才能を持ちながらまだ世に知られていない大人物。また将来有望な若者のたとえ。「伏竜」は「ふくりゅう」とも読む。**類義語** 臥《が》竜《りょう》鳳雛《ほうすう》

頻出度 C

四字熟語（書き取り）④

次の四字熟語の□に入る適切な語を右の［　］から選び**漢字二字**で答えよ。

☑ 01 意気□□

☑ 02 玉砕□□

☑ 03 紅毛□□

☑ 04 □□果断

☑ 05 竹頭□□

☑ 06 □□亀毛

☑ 07 □□脱漏

☑ 08 不失□□

☑ 09 落筆□□

☑ 10 □□生呑

がぜん
かっぱく
けんこう
ごうき
ずさん
せいこく
てんよう
とかく
へきがん
ぼくせつ

解答	解説
意《い》気《き》軒《けん》昂《こう》	意気込んで、威勢のよいさま。「軒昂」は高くあがること。 類義語 意《い》気《き》衝《しょう》天《てん》
玉《ぎょく》砕《さい》瓦《が》全《ぜん》	名誉を重んじて死ぬことと、何もなすことなく生きながらえること。「瓦全」は、瓦のようにつまらないものになって命を全うすること。
紅《こう》毛《もう》碧《へき》眼《がん》	西洋人のこと。赤い髪と青い眼の人の意。
剛《ごう》毅《き》果《か》断《だん》	意思がしっかりとして、決断力に富んでいるさま。
竹《ちく》頭《とう》木《ぼく》屑《せつ》	役に立たないもののたとえ。また、つまらないものでも何かに役立つため、粗末にしないこと。「竹頭」は竹の切れ端。
兎《と》角《かく》亀《き》毛《もう》	この世にあり得ないことのたとえ。兎に角が生え、亀に毛が生える意から。
杜《ず》撰《さん》脱《だつ》漏《ろう》	著作などに誤りが多いこと。また、物事のやり方がいい加減でぞんざいなこと。
不《ふ》失《しつ》正《せい》鵠《こく》	物事の要点を的確にとらえること。「正鵠」は、弓の的の中心にある黒い星。
落《らく》筆《ひつ》点《てん》蠅《よう》	失敗を上手に処理し、逆に見事な結果に仕上げること。墨の汚れをうまく蠅に描きかえた故事から。
活《かっ》剝《ぱく》生《せい》呑《どん》	他人の詩文などをそっくり盗用すること。また、独自性の無いこと。生きたまま皮を剝ぎ取り（活剝）、生きたまま丸呑みにする（生呑）ことから。豆「生《せい》呑《どん》活《かっ》剝《ぱく》」ともいう

頻出度 C

四字熟語（書き取り）⑤

次の四字熟語の□に入る適切な語を右の□から選び**漢字二字**で答えよ。

☑ 01 □□惑衆

☑ 02 用管□□

☑ 03 □□羨魚

☑ 04 □□類狗

☑ 05 粗酒□□

☑ 06 □□満門

☑ 07 磨穿□□

☑ 08 名声□□

☑ 09 □□栄華

☑ 10 白兎□□

えいよう
かくかく
がこ
きてん
せきう
そさん
てっけん
とうり
ようげん
りんえん

解答	解説
妖《よう》言《げん》惑《わく》衆《しゅう》	あやしげな言説で人々を惑わせること。「妖言《ようげん》、衆《しゅう》を惑《まど》わす」とも読む。
用《よう》管《かん》窺《き》天《てん》	狭い管から天を窺い見るように、見識が狭いさま。「管《くだ》を用《もち》いて天《てん》を窺《うかが》う」とも読む。 類義語 管《かん》中《ちゅう》窺《き》豹《ひょう》
臨《りん》淵《えん》羨《せん》魚《ぎょ》	むなしい望みを抱くことのたとえ。望みを叶えるには適切な手段を講じるべきである。淵をのぞいていても魚は手に入らない、家に帰って網を編むほうがよいということから。
画《が》虎《こ》類《るい》狗《く》	無能な者が優れた人を真似ても、かえって拙さを露呈することのたとえ。虎を描こうとして犬のような絵を描いてしまうことから。 出例 「類狗《るいく》」も問われる
粗《そ》酒《しゅ》粗《そ》餐《さん》	粗末な酒と食事のこと。客にごちそうする際に謙遜していう言葉。 類義語 粗《そ》酒《しゅ》粗《そ》肴《こう》
桃《とう》李《り》満《まん》門《もん》	優秀な人材が一門に多く集まるたとえ。「桃李門《とうりもん》に満《み》つ」とも読む。
磨《ま》穿《せん》鉄《てっ》硯《けん》	鉄の硯がすり減って穴があくほど学問に励むこと。物事を達成するまで、強い意志をもち続けること。 出例 「磨穿《ません》」も問われる　類義語 蛍窓雪案《けいそうせつあん》
名《めい》声《せい》赫《かく》赫《かく》 名《めい》声《せい》赫《かく》々《かく》	世間で盛んによい評判が立つこと。「赫赫」は勢いが盛んなさまで、「かっかく」とも読む。
栄《えい》耀《よう》栄《えい》華《が》 栄《えい》曜《よう》(燿《よう》)栄《えい》華《が》	富や権勢を持ち、華やかに栄えること。おごりたかぶること。「栄耀」は「えよう」とも読む。
白《はく》兎《と》赤《せき》烏《う》	時間、月日。月に兎がいるという伝説から、「白兎」は月を、太陽に三本足の烏がいるという伝説から、「赤烏」は太陽(日)をいう。

頻出度
C

四字熟語（意味と読み）①

次の01～08の**解説・意味**にあてはまる四字熟語を右の［　　］から選び、その____**線部分だけの読み**を**ひらがな**で答えよ。

☑ **01** 災いの原因を取り除くこと。

☑ **02** 小が大を制すること。

☑ **03** 多少の欠点はあっても受容力のある大人物のこと。

☑ **04** 詩文の才が優れていること。

☑ **05** 大事業を図る大きな志のこと。

☑ **06** 不可能なことを試み、結局むだに終わること。

☑ **07** 気ままで風流な暮らしのこと。

☑ **08** 民間の細々とした話を集めたもの。

- 七歩八叉
- 抜本塞源
- 椿萱並茂
- 輿馬風馳
- 辛苦遭逢
- 精衛填海
- 狐死首丘
- 梅妻鶴子
- 山藪蔵疾
- 図南鵬翼
- 稗官野史
- 蚊虻走牛

解答	解説
そくげん	抜本塞源《ばっぽんそくげん》 補足 災いの原因を取り除くこと。物事の根本にさかのぼって対処すること。木の根を抜き、水源をふさぐ意。 豆 「本《もと》を抜《ぬ》き源《みなもと》を塞《ふさ》ぐ」とも読む
ぶんぼう	蚊虻走牛《ぶんぼうそうぎゅう》 補足 小が大を制すること。小事が原因で大きな災難が起こること。「蚊虻」は蚊と虻で、小さいもののたとえ。小さな虫であっても、たかって血を吸えば、大きな牛が逃げることから。 豆 「蚊虻牛《ぶんぼううし》を走《はし》らす」とも読む
さんそう	山藪蔵疾《さんそうぞうしつ》 補足 大人物は多少の欠点はあっても、あらゆる人を包容する度量の広さがあること。
はっさ	七歩八叉《しちほはっさ》 補足 詩文の才が優れていること。七歩歩く間に詩ができ、八度腕組みする間に賦ができる。
ほうよく	図南鵬翼《となんほうよく》 補足 大事業を企図する大きな志のこと。「図南」は南海に行くことを図る意。
てんかい	精衛填海《せいえいてんかい》 補足 不可能なことを試み、結局むだに終わること。また、いつまでも悔やみ続けること。
かくし	梅妻鶴子《ばいさいかくし》 補足 気ままで風流な暮らしのこと。妻を迎える代わりに梅を植え、子を持つ代わりに鶴を飼う。
はいかん	稗官野史《はいかんやし》 補足 民間の細々した逸話を記録した文章のこと。

頻出度 C

四字熟語（意味と読み）②

次の01～08の**解説・意味**にあてはまる四字熟語を右の□から選び、その____**線部分だけの読み**を**ひらがな**で答えよ。

☑ 01 筆勢が縦横自在なこと。

☑ 02 自分の才徳を隠して俗世に混じって暮らすこと。

☑ 03 わずかな予兆から物事の大勢を知ること。

☑ 04 貧苦の中で勉学に励むこと。

☑ 05 幼児のこと。幼児のいたずらのこと。

☑ 06 詩文に誤りが多く、いいかげんなこと。

☑ 07 兄弟姉妹の長幼の順序。

☑ 08 悪事を行いながら悪事から目を背けること。

- 荊妻豚児
- 塗抹詩書
- 梧桐一葉
- 孟仲叔季
- 掩耳盗鐘
- 穿壁引光
- 鉄網珊瑚
- 杜黙詩撰
- 寒山拾得
- 和光同塵
- 竜跳虎臥
- 太液芙蓉

解答	解説
こが	竜《りょう》跳《ちょう》虎《こ》臥《が》　補足 筆づかいが縦横自在なこと。竜が天に向かって跳び上ったり、虎が大地に伏せたりする様子を筆勢にたとえたもの。
どうじん	和《わ》光《こう》同《どう》塵《じん》　補足 自分の才知や徳を隠して、俗世間の中で目立たないように暮らすこと。
ごどう・ごとう	梧《ご》桐《どう》一《いち》葉《よう》　補足 わずかな前兆や現象から物事の大勢や本質を察知すること。また、衰微の兆しのこと。
せんぺき	穿《せん》壁《ぺき》引《いん》光《こう》　補足 貧しさの中で苦労しつつ勉学に励むこと。貧しくて灯りをともせず、壁に穴を開けて隣家の灯りを引き込んだ故事から。
とまつ	塗《と》抹《まつ》詩《し》書《しょ》　補足 幼児のこと。また、幼児のいたずらのたとえ。大切な詩書を塗りつぶすことから。
しさん・しせん	杜《と》黙《もく》詩《し》撰《せん》　補足 詩文に誤りが多く、いいかげんなこと。
しゅくき	孟《もう》仲《ちゅう》叔《しゅく》季《き》　補足 兄弟姉妹の長幼の順序のこと。
えんじ	掩《えん》耳《じ》盗《とう》鐘《しょう》　補足 自分の耳をふさいで鐘を盗む。良心に反する行いをしながら、そのことを考えないように努めること。

四字熟語（意味と読み）③

次の01～08の**解説・意味**にあてはまる四字熟語を右の□から選び、その＿＿**線部分だけの読み**を**ひらがな**で答えよ。

☑ **01** 行動が素早く弁舌が達者であること。

☑ **02** 文物などが完全になくなること。

☑ **03** 歳月が慌ただしく過ぎる様。

☑ **04** 仏の境地に遊ぶこと。

☑ **05** 努力して学ぶ人と遊ぶひと。

☑ **06** 美しい女性のこと。

☑ **07** 他者を害しようとして自分に返ってくること。

☑ **08** 多くの死体が重なっており惨たらしい様。

兎走烏飛
一竜一猪
向天吐唾
凋零磨滅
資弁捷疾
動静云為
万杵千砧
遊戯三昧
曲眉豊頰
暮色蒼然
泥車瓦狗
死屍累累

解答	解説
しょうしつ	資《し》弁《べん》捷《しょう》疾《しつ》 **補足** 生まれつき弁舌に優れ、行動が素早いこと。「資」は生まれつきの意。
ちょうれい	凋《ちょう》零《れい》磨《ま》滅《めつ》 **補足** 文物などが滅んでなくなること。「凋零」は花がしぼんで落ちること。「磨滅」はすり減ってなくなること。
とそう	兎《と》走《そう》烏《う》飛《ひ》 **補足** 年月が慌ただしく過ぎ去ること。月日が速く過ぎること。「兎」は月、「烏」は太陽を意味し、月日・歳月のたとえ。
ゆげ	遊《ゆ》戯《げ》三昧《ざんまい》 **補足** 仏の境地に遊び何物にもとらわれないこと。また、自由な境地に遊ぶこと。
いっちょ	一《いち》竜《りょう》一《いっ》猪《ちょ》 **補足** 努力して学ぶ者と努力せず怠ける者の間には著しい暗愚の差ができることのたとえ。また、すぐれた者と劣った者のたとえ。「一竜」は「いちりゅう」とも読む。
ほうきょう	曲《きょく》眉《び》豊《ほう》頬《きょう》 **補足** 美しい女性のこと。「曲眉」は三日月型をしたまゆのこと。「豊頬」はふっくらとしたほおのこと。
とだ	向《こう》天《てん》吐《と》唾《だ》 **補足** 他者を害しようとして、逆に自分がその害を受けること。「天に向かって唾を吐く」ともよむ。
しし	死《し》屍《し》累《るい》累《るい》 **補足** 多くの死体が重なっており惨たらしいさま。「累累」は重なり合うさま。

頻出度 C

対義語・類義語①

次の01～05の**対義語**、06～10の**類義語**を右の□の中から選び、**漢字**で答えよ。□の中の語は一度だけ使うこと。

対義語

□ **01** 讃嘆 ↔ (　　)

□ **02** 安泰 ↔ (　　)

□ **03** 活用 ↔ (　　)

□ **04** 駄馬 ↔ (　　)

□ **05** 奇抜 ↔ (　　)

類義語

□ **06** 排撃 ＝ (　　)

□ **07** 根城 ＝ (　　)

□ **08** 糊塗 ＝ (　　)

□ **09** 出家 ＝ (　　)

□ **10** 絶壁 ＝ (　　)

きたい
けんがい
しぞう
しだん
しゅんめ
じょうとう
そうくつ
ちょうば
とんせい
びほう

解答	解説
嘲罵《ちょうば》	あざけりののしること。 出例 称讃《しょうさん》↔嘲罵《ちょうば》
危殆《きたい》	あやういこと。非常に危険なこと。危険。
死蔵《しぞう》	活用されず仕舞われたままになっていること。
駿馬《しゅんめ》	足の速い馬のこと。素晴らしい馬のこと。
常套《じょうとう》	決まりきっていること。ありふれていること。 出例 斬新《ざんしん》↔常套《じょうとう》
指弾《しだん》	つまはじきすること。人を嫌って非難・排斥すること。
巣窟《そうくつ》	悪人が集まり、かくれ住んでいる所。すみか。
弥縫《びほう》	一時的に失敗や欠点をとりつくろうこと。「糊塗《こと》」は、一時的にその場をとりつくろうこと。
遁《とん》(遯《とん》)世《せい》	(「遯」は1級用漢字)俗世間を離れ、仏門に入ること。 出例 出塵《しゅつじん》＝遁《とん》(遯《とん》)世《せい》
懸崖《けんがい》	切り立ったがけ。

頻出度 C

対義語・類義語②

次の01〜05の**対義語**、06〜10の**類義語**を右の□の中から選び、**漢字**で答えよ。□の中の語は一度だけ使うこと。

対義語

☐ 01 失墜 ↔ (　　)

☐ 02 謙抑 ↔ (　　)

☐ 03 重大 ↔ (　　)

☐ 04 文治 ↔ (　　)

☐ 05 恩人 ↔ (　　)

類義語

☐ 06 花形 ＝ (　　)

☐ 07 魔手 ＝ (　　)

☐ 08 払拭 ＝ (　　)

☐ 09 繁栄 ＝ (　　)

☐ 10 卓越 ＝ (　　)

いっそう
きゅうてき
ささい
そうが
ちょうじ
ばんかい
ふそん
ぶだん
りゅうしょう
りょうが

解答	解説
挽回《ばんかい》	失ったものを取り戻し、元の状態に戻すこと。
不遜《ふそん》・不孫《ふそん》	思いあがっていること。人をあなどり、高慢な態度をとること。「謙抑《けんよく》」は、へりくだって控えめにすること。
些《さ》（瑣《さ》）細《さい》	（「瑣」は1級用漢字）とるにたりないこと。小さなこと。
武断《ぶだん》	武力によって政治を行ったり、力によって物事を解決したりすること。
仇敵《きゅうてき》	憎んでいる相手。かたき。
寵児《ちょうじ》	特別にかわいがられている子ども。世間でもてはやされている人。人気者。
爪牙《そうが》	爪と牙。相手を傷つけたり、害を与えたりするもの。
一掃《いっそう》	一度に残らずはらいのけること。「払拭《ふっしょく》」は、振りはらって、ぬぐい去ること。
隆昌《りゅうしょう》	栄えること。勢いのさかんなこと。隆盛。
凌駕《りょうが》・陵駕《りょうが》	他を乗り越えて、その上に立つこと。 出例 優越《ゆうえつ》＝凌駕《りょうが》・陵駕《りょうが》

頻出度 C

対義語・類義語③

次の01～05の**対義語**、06～10の**類義語**を右の□の中から選び、**漢字**で答えよ。□の中の語は一度だけ使うこと。

対義語

☑ **01** 脆弱 ↔ (　　)

☑ **02** 軽侮 ↔ (　　)

☑ **03** 卑近 ↔ (　　)

☑ **04** 精密 ↔ (　　)

☑ **05** 潤沢 ↔ (　　)

類義語

☑ **06** 傾斜 ＝ (　　)

☑ **07** 地獄 ＝ (　　)

☑ **08** 洪水 ＝ (　　)

☑ **09** 評判 ＝ (　　)

☑ **10** 軽少 ＝ (　　)

いけい
うえん
きょうじん
こうせつ
こうばい
ささい
ずさん
ならく
はんらん
ひっぱく

解答	解説
強靱《きょうじん》	強くしなやかなこと。柔軟で粘りのあること。
畏敬《いけい》	偉大な人や尊いものを、心からおそれ敬うこと。 出例 侮蔑《ぶべつ》↔畏敬《いけい》
迂《う》(紆《う》)遠《えん》	(「紆」は1級用漢字)まわりくどいさま。直接役に立たないさま。「卑近《ひきん》」は、身近で日常的なこと。出例 率直《そっちょく》↔迂《う》(紆《う》)遠《えん》
杜撰《ずさん》	いいかげんで、誤りが多いこと。
逼迫《ひっぱく》	行き詰まって、ゆとりがなくなること。苦痛などが身に迫ること。 出例 富裕《ふゆう》↔逼迫《ひっぱく》
勾配《こうばい》	水平な面に対する傾きの程度。斜面。
奈落《ならく》	地獄。どん底。
氾濫《はんらん》・汎濫《はんらん》	河川の水があふれ出ること。好ましくない物事が、あたりに広がること。
巷説《こうせつ》	世の中のうわさ。 出例 風聞《ふうぶん》＝巷説《こうせつ》
些《さ》(瑣《さ》)細《さい》	取るに足りないこと。小さいこと。 出例 微小《びしょう》＝些《さ》(瑣《さ》)細《さい》

頻出度
C

対義語・類義語④

次の01～05の**対義語**、06～10の**類義語**を右の□の中から選び、**漢字**で答えよ。□の中の語は一度だけ使うこと。

対義語

□ **01** 激賞 ↔（　　）

□ **02** 威嚇 ↔（　　）

□ **03** 莫大 ↔（　　）

□ **04** 着工 ↔（　　）

□ **05** 弥縫 ↔（　　）

類義語

□ **06** 恒久 ＝（　　）

□ **07** 童心 ＝（　　）

□ **08** 工面 ＝（　　）

□ **09** 抗論 ＝（　　）

□ **10** 大儀 ＝（　　）

いぶ
えいごう
おっくう
きんしょう
しゅんこう
ちき
つうば
ねんしゅつ
はたん
はんばく

解答	解説
痛罵《つうば》	手厳しく非難すること。激しくののしること。「激賞《げきしょう》」は大いにほめること。
慰撫《いぶ》	人の心をなぐさめ、いたわること。
僅少《きんしょう》	ほんのわずか。「莫大《ばくだい》」は、程度や数量が非常に大きいさま。
竣工《しゅんこう》・竣功《しゅんこう》	建物が出来上がること。
破綻《はたん》	物事がうまくいかず、成り立たなくなること。「弥縫《びほう》」は、一時的に失敗や欠点をとりつくろうこと。
永劫《えいごう》	果てしなく長い年月。永遠。
稚気《ちき》	子どもっぽい様子。子どものような気分。
捻《ねん》(拈《ねん》)出《しゅつ》	(「拈」は1級用漢字) やりくりして、どうにか出すこと。
反駁《はんばく》(駮《ばく》)	(「駮」は1級用漢字) 受けた批判や非難に対し論じ返すこと。
億劫《おっくう》	めんどうくさく、気が進まないこと。「大《たい》儀《ぎ》」はたいへんなこと。転じて気が進まずめんどうなこと。

頻出度 C

対義語・類義語⑤

次の01～05の**対義語**、06～10の**類義語**を右の□の中から選び、**漢字**で答えよ。□の中の語は一度だけ使うこと。

対義語

☐ 01 爽快 ↔ （　　）

☐ 02 称讃 ↔ （　　）

☐ 03 枯渇 ↔ （　　）

☐ 04 祝賀 ↔ （　　）

☐ 05 追跡 ↔ （　　）

類義語

☐ 06 難解 ＝ （　　）

☐ 07 調理 ＝ （　　）

☐ 08 無惨 ＝ （　　）

☐ 09 消去 ＝ （　　）

☐ 10 壊滅 ＝ （　　）

うっくつ
かいじゅう
がかい
かっぽう
さんび
しっせき
じゅんたく
ちょうとう
とんそう
ふっしょく

解答	解説
鬱屈《うっくつ》	気分が晴れないこと。憂鬱な気分になること。
叱責《しっせき》	しかりせめること。小言を言うこと。 出例 称賛《しょうさん》↔叱責《しっせき》
潤沢《じゅんたく》	物が豊富にあること。うるおいがあること。
弔悼《ちょうとう》	人の死をとむらい、いたむこと。
遁《とん》(遯《とん》)走《そう》	(「遯」は1級用漢字)逃げ走ること。逃走。
晦渋《かいじゅう》	言葉や文章がむずかしくて、意味がわかりにくいこと。
割烹《かっぽう》	「肉《にく》を割《さ》き烹《に》る」意から、食物を調理すること。
酸鼻《さんび》	むごたらしく、いたましいこと。ひどく心を痛めて悲しむこと。「酸」は、つらい、いたましい意。出例 無残《むざん》＝酸鼻《さんび》
払拭《ふっしょく》	振りはらって、ぬぐい去ること。汚れなどを除いて、きれいにすること。
瓦解《がかい》	一部分の破損や乱れが広がり、組織などがばらばらに崩れてしまうこと。 出例 崩壊《ほうかい》＝瓦解《がかい》

頻出度
C

故事・諺①

次の故事・成語・諺の**カタカナ**の部分を**漢字**で答えよ。

☑ **01** **リカ**に冠を正さず。

☑ **02** 断じて行えば**キシン**も之を避く。

☑ **03** **キンジョウ**に花を添う。

☑ **04** 味噌**コ**しで水を掬う。

☑ **05** **シシ**に鞭うつ。

☑ **06** **バクギャク**の交わり。

☑ **07** **ユウメイ**境を異にする。

☑ **08** 虻蜂取らず鷹の**エジキ**。

☑ **09** **カネ**や太鼓で探す。

☑ **10** **アイサツ**は時の氏神。

解答	解説
李《り》下《か》	李の木の下で曲がった冠を直そうと上に手を伸ばすと李泥棒と間違われることから、疑われるような行為は避けるべきだということ。
鬼《き》神《しん》	強く決心して断行すれば、どんなことも成功させられるということ。
錦《きん》上《じょう》	美しい錦の布の上に、さらに美しい花を飾る。美しいものに、さらに美しいものを添えること。喜ばしいことが重なることのたとえ。
漉《こ》(濾《こ》)し	(「濾」は1級用漢字) いくら努力しても甲斐のないことのたとえ。
死《し》屍《し》	死んだ人の生前の言動を非難すること。伍子胥が、父と兄の敵である楚の平王の死体を鞭打った故事による。
莫《ばく》逆《ぎゃく》	気心が通じ合っている非常に親しいつきあい。「莫逆」は「バクゲキ」とも読む。 出例 莫逆の友。
幽《ゆう》明《めい》	「幽明」は明るいことと暗いこと。転じて、あの世とこの世。死に別れること。
餌《え》食《じき》	両方取ろうと欲張っても、結局失敗してしまい、その獲物は他者に横取りされてしまうということ。欲張り過ぎを戒めた言葉。 出例 犬骨折って鷹の餌食。
鉦《かね》	迷子を探すときに鉦や太鼓を打ち鳴らしたことから、大騒ぎをしてあちこちを探しまわること。
挨《あい》拶《さつ》	「挨拶」は争いごとの仲裁。喧嘩や口論の仲裁をしてくれる人はありがたい氏神様と思い、素直にその調停に従うべきということ。

頻出度
C

故事・諺②

次の故事・成語・諺の**カタカナ**の部分を**漢字**で答えよ。

☑ 01　失策は人にあり、カンジョは神にあり。

☑ 02　火中のクリを拾う。

☑ 03　創業は易くシュセイは難し。

☑ 04　渇して井をウガつ。

☑ 05　エテに帆を揚げる。

☑ 06　三軍も帥を奪うべし、ヒップも志を奪うべからず。

☑ 07　白駒のゲキを過ぐるがごとし。

☑ 08　花は三月ショウブは五月。

☑ 09　ジュシともに謀るに足らず。

☑ 10　カナエの軽重を問う。

解答	解説
寛恕《かんじょ》	過ちをおかすのは人の常であり、許すのは神の道である、ということ。
栗《くり》	自分の利益にはならないが、他人のために危険を冒すこと。
守成《しゅせい》	新たに事業を興すことよりも、それが衰えないように維持していくことのほうが難しいということ。
穿《うが》(鑽《うが》・鑿《うが》・鐫《うが》)つ	(「鑽」「鑿」「鐫」は1級用漢字) 必要に迫られてから慌てて準備をしても間に合わないこと。 **出例** 点滴岩を穿つ。
得手《えて》	得意なことで力を発揮する好機を得て、はりきってそれを行うこと。
匹夫《ひっぷ》	身分の卑しい人間であっても、志を持っている者なら、それを動かすことはできないこと。人の志を軽んじてはならないということ。
隙《げき》(郤《げき》)	(「郤」は1級用漢字)「白駒」は白馬。白馬が一瞬で走り去るのを壁の隙間からちらっと見るように、月日がたつのは非常にはやいものだということ。
菖蒲《しょうぶ》	桜の見ごろは三月、菖蒲の見ごろは五月。それぞれの花の見ごろのこと。 **出例** 桜三月菖蒲は五月。
竪《じゅ》(孺《じゅ》)子《し》	(「孺」は1級用漢字) 知恵の浅い者には、大事なことについて話しても意味がない。 **出例** 竪子をして名を成さしむ。
鼎《かなえ》	君主の権威や実力を疑い、その地位を奪おうと野心を抱くこと。 **出例** 鼎を列ねて食す。

頻出度 C

故事・諺③

次の故事・成語・諺の**カタカナ**の部分を**漢字**で答えよ。

☑ **01** 小智はボダイの妨げ。

☑ **02** ヒルに塩。

☑ **03** 人生、字を識るはユウカンの始め。

☑ **04** アブハチ取らず。

☑ **05** カイケイの恥を雪ぐ。

☑ **06** 香ジの下　必ず死魚有り。

☑ **07** ワサビと浄瑠璃は泣いて賞める。

☑ **08** 亀の年を鶴がウラヤむ。

☑ **09** 知らぬ神よりナジみの鬼。

☑ **10** 国にイサめる臣あればその国必ず安し。

解答	解説
菩提《ぼだい》	こざかしい知恵は、物事を達成するには妨げになるということ。 出例 信は菩提の源。
蛭《ひる》	蛭に塩をかけると縮むことから、恐ろしいものや苦手なものの前で縮み上がる様子のたとえ。 類義語 蛞蝓《なめくじ》に塩《しお》(「蛞蝓」は1級用漢字)
憂患《ゆうかん》	人は字を覚え学問に励むようになることで悩みや疑問を感じるようになる。無学のほうが気が楽であるということ。
虻蜂《あぶはち》	複数の物を得ようとして欲張り、結局何一つ得られずに失敗すること。 類義語 二兎《にと》を追《お》う者《もの》は一兎《いっと》をも得《え》ず
会稽《かいけい》	敗戦の恥辱を晴らすこと。「会稽の恥」は、越王勾践が会稽山の戦いで呉王夫差に敗れ辱めを受けたという故事。
餌《じ》	香りのよい餌の近くには、香りにつられ釣り針にかかって死んだ魚がいる。利益の陰には必ず危険があるということ。
山葵《わさび》(山薑《わさび》)	(「薑」は1級用漢字) 山葵は涙が出るほど辛いのがよく、浄瑠璃も聞いている人を泣かせるくらいでなければほめられないということ。
羨《うらや》む	千年の寿命をもつ鶴が、万年の亀をうらやましがる。欲に限りのないこと。 出例 淵に臨みて魚を羨むは退いて網を結ぶに如かず。
馴染《なじ》(昵《なじ》)み	(「昵」は1級用漢字) 相手がどんな人であろうとも、親しくない人より馴れ親しんだ人の方がよいこと。
諫《いさ》(諍《いさ》)める	(「諍」は1級用漢字) 君主の政治や行為を諫める臣下があれば、その国は安全である。 出例 三たび諫めて聴かざれば則ち退く。

頻出度 C

故事・諺④

次の故事・成語・諺の**カタカナ**の部分を**漢字**で答えよ。

☑ **01** 朝トビに蓑を着よ、夕とびに笠を脱げ。

☑ **02** 羊を亡いてロウを補う。

☑ **03** 富貴にして故郷に帰らざるは、シュウを衣て夜行くがごとし。

☑ **04** 衣食足りてエイジョクを知る。

☑ **05** 学びてイトわず、教えて倦まず。

☑ **06** 門松はメイドの旅の一里塚。

☑ **07** ホれた腫れたは当座のうち。

☑ **08** 大河を手でセく。

☑ **09** エンジャク鳳を生まず。

☑ **10** 百年カセイを俟つ。

解答	解説
鳶《とび》（鴟《とび》・鵄《とび》）	「鴟・鵄」は1級用漢字）朝に鳶が鳴くのは雨になる前兆、夕方に鳶が鳴くのは晴れる前兆であるということ。出例 鳶が鷹を生む。
牢《ろう》	羊が逃げた後に檻の補修をする意で、失敗した後で慌てて改善するたとえ。また、失敗してもすぐに改めれば過ちを大きくしないで済むというたとえ。類義語 兎《うさぎ》を見《み》て鷹《たか》を放《はな》つ
繍《しゅう》	刺繍を施したきらびやかな衣裳（繍）を夜に着ても人目につかないように、出世しても故郷に帰らなければ気づいてもらえないということ。
栄辱《えいじょく》	物質的な不自由がなくなって初めて、礼儀や節操をわきまえることができるようになるということ。
厭《いと》わず	貪欲に学び、あきることなく人に教える意から、学問にも教育にも熱心なさま。出例 珍客も長座に過ぎれば厭われる。
冥土《めいど》・冥途《めいど》	門松を立てるごとに年を重ねて死に近づくことから冥土へ近づく道標ともいえるということ。
惚《ほ》れた	ほれたのほれられたのと恋愛感情に酔っているのは最初だけで、すぐに現実の厳しさに直面するということ。出例 惚れて通えば千里も一里。
堰《せ》く・塞《せ》く	できるはずのないことのたとえ。また、不可能なことを試みるたとえ。
燕雀《えんじゃく》	平凡な親から、非凡な子は生まれないということのたとえ。
河清《かせい》	いつまで待っても無駄だということ。また、実現不可能なことを期待すること。

頻出度 C

故事・諺⑤

次の故事・成語・諺の**カタカナ**の部分を**漢字**で答えよ。

☑ **01** 水至りて<u>キョ</u>なる。

☑ **02** 人は<u>ギョウシュン</u>にあらず、何ぞ事々によく善を尽くさん。

☑ **03** 医者の薬も<u>サジカゲン</u>。

☑ **04** <u>センベン</u>を著ける。

☑ **05** 直きを友とし諒を共とし<u>タモン</u>を友とするは益なり。

☑ **06** 難に臨みて兵を<u>イ</u>る。

☑ **07** <u>チョウアイ</u>昂じて尼になす。

☑ **08** 児孫のために<u>ビデン</u>を買わず。

☑ **09** <u>ホシャ</u>相依る。

☑ **10** 陰徳あれば<u>ヨウホウ</u>あり。

解答	解説
渠《きょ》	条件が整えば物事は自然に成就することのたとえ。また、学問を積めば自然に徳も備わることのたとえ。
尭舜《ぎょうしゅん》	人の能力には限りがあり、優れた伝説上の天子のように一人ですべてを行うことはできないということ。
匙《さじ》加《か》減《げん》	何事も加減が大事だということ。
先鞭《せんべん》	人に先だって物事に着手すること。
多聞《たもん》	交際して有益な人、また持つべき友人とは正直な人、誠実な人、見聞が広い人であるということ。
鋳《い》る	事が起きてから対策を考えても遅いということのたとえ。
寵愛《ちょうあい》	娘を溺愛するあまりどこにも嫁にやれず、ついには尼にしてしまうことから、かわいがり過ぎるのも考えものだということ。
美田《びでん》	子孫に財産を残すと安逸な生活をしてしまうので、残さない方がよいということ。
輔車《ほしゃ》	ほおの骨と下顎の骨は助け合って動くことから、持ちつ持たれつの関係のこと。
陽報《ようほう》	ひそかに善い行いをする者には、よい報いが必ずはっきり現れるということ。

頻出度
C

故事・諺⑥

次の故事・成語・諺の**カタカナ**の部分を**漢字**で答えよ。

☑ **01** 人を犯す者はランボウの患いあり。

☑ **02** 櫂は三年、ロは三月。

☑ **03** キッチュウの楽しみ。

☑ **04** 越鳥南枝に巣くい、コバ北風にいななく。

☑ **05** セイトクの士は乱世に疎んぜらる。

☑ **06** 冠履を貴んでトウソクを忘る。

☑ **07** バンジャクの安き。

☑ **08** ホクシン其の所に居て衆星之に共う。

☑ **09** 負け犬のトオボえ。

☑ **10** ミスを隔てて高座を覗く。

解答	解説
乱亡《らんぼう》	人に危難を与える者は、その報いで身を滅ぼすことになるということ。
櫓《ろ》	似たようなものでも、習得するのに長くかかるものと短くて済むものがあるということ。
橘中《きっちゅう》	囲碁や将棋の楽しみのこと。橘の実を割ってみたら、中で二人の老人が対局を楽しんでいたという故事から。
胡馬《こば》	故郷を恋い慕うたとえ。南方の越で生まれた鳥は南側の枝に巣を作り、北方の胡地で生まれた馬は北風が吹くと懐かしんでいななくことから。
盛徳《せいとく》	徳が高くすぐれた人は、乱世には人から遠ざけられるものだということ。
頭足《とうそく》	冠や靴を大切にして肝心の頭と足を忘れてしまうことから、根本的なことを軽視し、枝葉末節を重視すること。
磐石《ばんじゃく》・盤石《ばんじゃく》	極めて堅固で安定していること。国家の安泰を意味する。
北辰《ほくしん》	北極星が正しい位置にいて動かず、多くの星がこれを中心に回るように、君主が徳政を行えば、人々はこれを中心にして自然に従うということ。
遠吠《とおぼ》え	負けた者が負けを認めずに相手の悪口を言ったりすること。
御簾《みす》	思うようにいかずもどかしいたとえ。また、物事がはっきりせず、じれったい思いをすることのたとえ。

文章題①

文章中の____線(01〜05)の**カタカナ**を**漢字**に直し、
波線(ア〜コ)の**漢字の読み**を**ひらがな**で答えよ。

A　蘭人と長崎に交通を開くや、科学もて修練せる泰西社会に産出せる物品の精巧偉大なるに驚きて、此に初めて我が学問の空疎迂闊《うかつ》なるを知り、経世実用の学問を修めんとするの心を生じたりき。当時日本外史を著して大名天下に01トドロきたる頼山陽が、ア私かにナポレオンの大業を耳にし、長詩を作って之を詠懐《えいかい》し、意気02コウゼン、蘭人に示したるとき、蘭人突として日本の経緯度は何度なりやの問いを発せしかば、山陽答うる所を知らずして一驚をイ吃し、従来、天を談ずるは、東洋に於いても空疎迂闊の事となしたるに、03カエって経世実用の学たるを発見せるが如き一大変化を学問の上に生じたり。

B　斯くて外交ウ愈頻繁を加え、辺警エ数至り、軍国の事漸く士人の注意をオ惹くの時となりしかば、士人相争うて長崎に入り、外人につきて物理、医学、英学等の学問を修めたり。外人を以て犬羊の徒となすの攘夷《じょうい》論者も、また攘夷の一挙を遂げんには、是非とも外人につきて、その学問を修めざるべからずとなせしかば、此に泰西学問は浩々として、川を決するが如くに入り来たり、之と共に従来外国の学問は04ゲセンにして実地の用に過ぎず、政道の大なるに至っては東洋の専有物と心得たるものをして、端なくもカ亦一驚を吃せしむるの一事生じたり。そは外国の政治は、多くは公儀キ輿論によりて為され、尊一国の君たるも、ク田畝に呻吟《しんぎん》する農夫の議論を容れざるべからずの制あり、其の進みたるものは一国の元首その地位を世々にせずして、才人豪傑にケ禅るの共和政治ありと聞くや、天下は天下の天下にして一人の天下にあらずとの説に比較し、注05ギョウシュン禅代の古事を回想して、此に夢の醒めたる心地して、種々なる想像を画きしかば、人心コ蕩然として一変し、社会的の新革命の端を開きたり。

(竹越與三郎「新日本史」より)

注：ギョウシュン……中国古代、伝説の聖天子

	解答	解説
01	轟き	音読 轟（ゴウ）
02	昂然	意気が盛んな様子。
03	却って・反って	
04	下賤	いやしいこと。
05	尭舜	訓読 尭（たかい）
ア	ひそかに	
イ	きっし	
ウ	いよいよ	訓読 愈（いよいよ・いえる・いやす）　音読 愈（ユ）
エ	しばしば	表外読み 数（サク・シュ・ソク・しばしば）
オ	ひく	
カ	また	
キ	よろん	世間一般の人々の考え。「世論」に同じ。
ク	でんぽ・でんぼ	田畑のこと。
ケ	ゆずる	
コ	とうぜん	流されたようにあとかたもないさま。

文章題②

文章中の＿＿線（01〜05）の**カタカナ**を**漢字**に直し、波線（**ア〜コ**）の**漢字**の**読み**を**ひらがな**で答えよ。

A 花火の鳴る日はいつもこうなのだ。村人はこぞって丘の向かい側の遊園地に出かけてしまうのである。**01ミカン**の盛り時に一年分の貯えが出来る村だった。そして次のミカンの季節までは遊びの村であった。今年はミカンが**02マレ**な豊穫であったのに加えて、冬中の漁業が更に大当たりだった。樽野はここの窓掛けに正吉が撮って来た小さな映画で見たのであるが、夕暮れ時に沖から帰って来る多くの漁船は日毎に豊漁の満艦飾をおしたてて威風堂々と**03ガイセン**した。すると港内で待ち構えていた無数のランチは水雷艇のように**04スサ**まじく波を蹴立てて船と**05ナギサ**の間を往き交い、**ア**忽ちのうちに砂浜は**イ**大鮪の山で埋まった。

（牧野信一「村のストア派」より）

B 彼は或る日城の傍の崖の蔭に立派な井戸があるのを見つけた。**ウ**其処は昔の**エ**士の屋敷跡のように思えた。畑とも庭ともつかない地面には、梅の老木があったり**オ**南瓜が植えてあったり紫蘇があったりした。城の崖からは太い逞《たくま》しい**カ**喬木や古い椿が緑の**キ**衝立を作っていて、井戸はその蔭に坐っていた。大きな井桁、堂々とした石の組み様、がっしりしていて立派であった。

若い女の人が二人、洗濯物を大盥《おおだらい》で**ク**濯いでいた。彼のいた所からは見えなかったが、その仕掛けははね釣瓶になっているらしく、汲みあげられて来る水は大きい木製の釣瓶桶に**ケ**溢れ、樹々の緑が**コ**瑞々しく映っている。盥の方の女の人が持つふりをすると、釣瓶の方の女の人は水を空けた。盥の水が躍り出して水玉の虹が立つ。其処へも緑は影を映して、美しく洗われた花崗岩《かこうがん》の畳石の上を、また女の人の素足の上を水は豊かに流れる。

（梶井基次郎「城のある町にて」より）

合格点 12/15　1回目 月 日 /15　2回目 月 日 /15

	解答	解説
01	蜜柑	
02	稀・希	訓読 稀（まれ・まばら・うすい） 表外読み 希（ケ・まれ・こいねがう）
03	凱旋	
04	凄まじく	訓読 凄（すごむ・すごい・すさまじい・さむい）
05	渚・汀	
ア	たちまち	音読 忽（コツ）
イ	おおまぐろ	
ウ	そこ	
エ	さむらい	
オ	かぼちゃ	
カ	きょうぼく	背丈の高い木。 出例 喬木《きょうぼく》は風に折らる
キ	ついたて	表外読み 衝（すすぐ・あらう）
ク	すすいで	
ケ	あふれ	
コ	みずみずしく	

文章題③

文章中の＿＿線（**01〜05**）の**カタカナ**を**漢字**に直し、
波線（**ア〜コ**）の**漢字**の**読み**を**ひらがな**で答えよ。

A　その年の十一月、彼は漸く健康を取り戻してサモアに帰った。（中略）其処はアピア市の南方三**ア**哩、休火山ヴァエアの山腹で、五つの渓流と三つの瀑布《ばくふ》と、その他幾つかの峡谷**01**ダンガイを含む六百呎《フィート》から千三百呎に**イ**亘る高さの台地である。（中略）**02**ウッソウたる熱帯林や渺茫《びょうぼう》たる南太平洋の眺望を持つこうした土地に、自分の力で一つ一つ生活の礎石を築いて行くのは、スティヴンスンにとって、子供の時の箱庭遊びに似た純粋な**ウ**歓びであった。自分の生活が自分の手によって最も直接に支えられていることの意識——その敷地に自分が一杙《くい》打ち込んだ家に住み、自分が**03**ノコギリをもってその製造の手伝いをした**04**イスに掛け、自分が**05**クワを入れた畠の野菜や果実を何時も喰べていること——これは幼時始めて自力で作り上げた手工品を卓子の上に置いて眺めた時の新鮮な自尊心を**エ**蘇らせてくれる。

（中島敦「光と風と夢」より）

B　食後、詩を**オ**纏めようとしたが**カ**巧く行かぬ。銀笛《フラジオレット》を吹く。一時から又外へ出てヴァイトリンガ河岸への径《みち》を開きにかかる。**キ**斧を手に、独りで密林に入って行く。頭上は、重なり合う巨木、巨木。その葉の隙から時々白く、殆ど銀の斑点の如く光って見える空。地上にも所々倒れた巨木が道を拒んでいる。攀《よ》じ登り、垂れ下がり、絡みつき、輪索を作る蔦葛類の氾濫。**ク**総状に盛り上げる蘭類。毒々しい触手を伸ばした**ケ**羊歯類。巨大な白星海芋。汁気の多い**コ**稚木の茎は、斧の一振りでサクリと気持ちよく切れるが、しなやかな古枝はなかなかうまく切れない。

（同前）

	解答	解説
01	断崖	表外読み 崖（かどだつ）
02	鬱蒼	樹木が茂り、薄暗いさま。
03	鋸	
04	椅子	
05	鍬	
ア	マイル	
イ	わたる	音読 亘（コウ・セン）
ウ	よろこび	
エ	よみがえらせ	音読 蘇（テン）
オ	まとめ	表外読み 纏（たくむ・うまい）
カ	うまく	
キ	おの	
ク	ふさ	表外読み 総（すべる・すべて・ふさ）
ケ	しだ	シダ植物。(豆)「歯朶（「朶」は1級用漢字）」とも書く
コ	わかぎ	表外読み 稚（わかい・いとけない）

模擬試験問題

制限時間 **60** 分

合格点 **160** 点

得点

／**200**

解答はP.503〜502
[巻末9〜10]

（一）

次の傍線部分の読みを**ひらがな**で記せ。**1〜20**は**音読み**、**21〜30**は**訓読み**である。

／30

1×30

1 共通の文字が両国の紐帯だ。

2 厩舎から馬を引き出す。

3 師の慧眼によって見出された。

4 これは稗史に出てくる逸話だ。

5 鮮やかな一本勝ちに快哉を叫ぶ。

6 特別企画は三人の作家による鼎談だ。

7 今年も豊稔の年になりそうだ。

8 広い藪沢は貴重な植物の宝庫だ。

9 この件については過去に屢述した通りだ。

10 葉書に蠅頭の文字が並ぶ。

11 書笈を負うて故郷を出た。

12 矛戟を揮って敵を倒す。

13 梁上の君子とは泥棒のことだ。

14 約束に背馳する行動を取った。

15 車窓には美しい緑埜が広がる。

16 鉄楯で矢を防ぐ。

17 空襲で全てが烏有に帰した。

18 病竈を胃カメラが捉えていた。（　　）

19 弛まぬ努力で夙志を遂げた。（　　）

20 増税に反対して騒擾事件が相次いだ。（　　）

21 彼の力は国際的にも擢んでている。（　　）

22 甑に坐するが如き暑さが続く。（　　）

23 我が言を忽せに聞くなかれ。（　　）

24 その問題は姑く放置されていた。（　　）

25 野菜を市で粥ぐ。（　　）

26 動物の話に寓けた人生訓だ。（　　）

27 今後は愈忙しくなりそうだ。（　　）

28 弥が上にも意気が高まった。（　　）

29 幼君を丞けて政治を行った。（　　）

30 点滴石をも穿つ。（　　）

(二) 次の傍線部分は常用漢字である。その**表外**の**読み**を**ひらがな**で記せ。

/10
1×10

1 屋上からの眺めを縦にする。（　　）

2 優勝は偏に努力の賜物だ。（　　）

3 肩の凝りをもみほぐす。（　　）

4 身分の違いを弁えさせる。（　　）

5 謙って席を譲る。（　　）

6 古い創が時々痛む。（　　）

7 転んで砂塗れになった。（　　）

8 熱った頬を冷やす。（　　）

9 末っ子なので一入かわいい。（　　）

10 荒んだ街に心を痛める。（　　）

（三）

次の**熟語**の**読み**（**音読み**）と、その**語義**にふさわしい**訓読み**を（送りがなに注意して）**ひらがな**で記せ。

〈例〉 健勝……勝れる → けんしょう／すぐ

/10　1×10

ア 1 遁辞（　　）……2 遁れる（　　）

イ 3 靱帯（　　）……4 靱やか（　　）

ウ 5 砥礪（　　）……6 礪く（　　）

エ 7 狭窄（　　）……8 窄まる（　　）

オ 9 宥恕（　　）……10 宥す（　　）

（四）

次の各組の二文の（　）には**共通する漢字**が入る。その読みを後の□から選び、**常用漢字**（**一字**）で記せ。

/10　2×5

1
- みごとな墨（1）の書だ。
- 疑獄事件の事（1）を検証する。

（　　）

2
- 友人は皆（2）籍に入った。
- 債（2）に追い回される。

（　　）

3
- 和洋折（3）の家を建てる。
- 微（3）をお汲み取り下さい。

（　　）

4
- （4）買品の車を改造する。
- まったく世（4）に長けた男だ。

（　　）

5 恥を（5）天下にさらす。
（5）腔の祝意を表す。（　）

き・こ・こん・しょう・せき・そく・ちゅう・まん

（五）次の傍線部分の**カタカナ**を**漢字**で記せ。

/40
2×20

1 家事をするのが**オックウ**だ。（　）
2 **ロウソク**に火を点す。（　）
3 **キママ**な一人旅に出掛ける。（　）
4 **セッコウ**で型取りする。（　）
5 眼を閉じて**モクトウ**を捧げた。（　）
6 鳥が木の実を**ツイバ**んでいる。（　）
7 屋根を杉板で**フ**く。（　）
8 一日に千里を行く**シュンメ**に跨がる。（　）
9 花模様の**シシュウ**をする。（　）
10 台風で川の**ミズカサ**が増した。（　）
11 最後**ツウチョウ**を突き付ける。（　）
12 会社の金を**カイタイ**する。（　）
13 障子の桟に**ハタ**きをかける。（　）
14 畳の上に**ギョウガ**して天井を眺めた。（　）
15 **ショウカイ**艇が密漁船を捕らえた。（　）
16 夏の日が**サンサン**と照っている。（　）
17 頂上まで険しい**リョウセン**が続く。（　）
18 **リョウセン**に続いて沖に出る。（　）
19 鶴のような**ソウク**が目を引いた。（　）
20 権力の**ソウク**として使われる。（　）

（六）

次の各文にまちがって使われている**同じ音訓の漢字**が**一字**ある。**上に誤字**を、**下に正しい漢字**を記せ。

／10
2×5

1 朝廷内の錯争した権力関係が終に兵乱を起こし都は焼け野原となった。（　・　）

2 団体戦での殊勲は個人優勝を果たした彼がチームを懸引したお蔭だ。（　・　）

3 師走は売上が倍増する搔き入れ時なので食事を摂る暇も無いくらいだ。（　・　）

4 蔵には米俵が積まれ井戸も穿たれて長期の牢城戦は成功するかに見えた。（　・　）

5 銅像には一国の指導者として畏厳に満ちた彼の風貌が刻まれている。（　・　）

（七）

次の問1と問2の四字熟語について答えよ。

／30
問1／2×10
問2／2×5

問1 次の四字熟語の（1～10）に入る適切な語を後の□から選び、**漢字二字**で記せ。

（1）凝議
（2）蜜語
（3）万里
（4）択木
（5）無窮

赤手（6）
筆耕（7）
臨淵（8）
杯酒（9）
通暁（10）

かいえん・きゅうしゅ・くうけん・けんでん・せんぎょ・ちょうたつ・てんげん・てんじょう・ほうてい・りょうきん

問2 次の**1～5**の**解説・意味**にあてはまる四字熟語を後の□から選び、その**傍線部分だけの読み**を**ひらがな**で記せ。

1 この世にはあり得ないもの。（　　）

2 うるさいだけの無用の言論。（　　）

3 物事の要点を正確にとらえる。（　　）

4 疑われるような言動は慎め。（　　）

5 古びて趣のあるさま。（　　）

鎧袖一触	古色蒼然	春蛙秋蟬
情緒纏綿	兎角亀毛	不失正鵠
放蕩無頼	李下瓜田	

（八）

次の**1～5**の**対義語**、**6～10**の**類義語**を後の□の中から選び、**漢字**で記せ。□の中の語は一度だけ使うこと。

／20　2×10

対義語

1 公平（　　）

2 枯渇（　　）

3 秩序（　　）

4 安泰（　　）

5 賢明（　　）

類義語

6 出版（　　）

7 糊塗（　　）

8 流布（　　）

9 切迫（　　）

10 隠蔽（　　）

うぐ・きたい・こんとん・じょうし・しょうび
でんぱ・ひとく・びほう・へんぱ・ゆうしゅつ

（九）次の故事・成語・諺の**カタカナ**の部分を**漢字**で記せ。

／20
2×10

1 **キョウボク**は風に折らる。（　　）
2 **ノレン**に腕押し。（　　）
3 身から出た**サビ**。（　　）
4 **アブハチ**取らず。（　　）
5 巧詐は**セッセイ**にしかず。（　　）
6 紺屋の**シロバカマ**。（　　）
7 酒は天の**ビロク**。（　　）
8 **ウド**の大木。（　　）
9 **リッスイ**の余地も無い。（　　）
10 **モッケ**の幸い。（　　）

（十）文章中の傍線（1〜5）の**カタカナ**を**漢字**に直し、波線（ア〜コ）の**漢字の読み**を**ひらがな**で記せ。

／20
書き／2×5
読み／1×10

A 夫れ江戸時代の初に当たりては、邦人頗る冒険の気象に富み居りしことにして、功業を海外に立て、名声を異域に輝かさんと欲し、雄志[1]**ボツボツ**たるもの、実に其の人に乏しからざりき。国民は決して退縮[2]**エイシュ**の態度を採り居りしものに非ず、実に著しき進取の傾向を有し、正に外に向かって膨張せんとしつつありし也。（中略）最初抱持したる開国の主義は永く之を持続するを得ず、海外貿易を盛んにして、以て国の富を致さんとの企図は、[3]**タチマ**ちにして之を抛棄《ほうき》せざるを得ざるに至りき。かくて内外の交通は、次第に制限せられ、遂に寛永中一般に邦人の異国渡海を禁ずることとなりしを以て、[4]**ジライ**久

しき間、国民海外膨張の5**スウセイ**は、為に抑圧せらるるに至りたる也。

（内田銀蔵「日本近世史」より）

B ア倭人の名は山海経、漢書、論衡の古書に散見すれども、其の紀事イ何れも簡単にして、之に因りては未だ上代に於ける倭国の状態をウ窺うには足らず。然るに独り魏志《ぎし》の倭人伝に至りては、倭国の事を叙すること頗る詳密にして、而も伝中の主人公たる卑弥呼の人物は、エ赫灼として紙上に輝き、読者をしてオ恰も暗黒のカ裡に光明を認むるが如き感あらしむ。魏志は晋《しん》の陳寿のキ編纂に成れりと雖《いえど》も、其のク東夷伝は主として魏の魚豢《かん》の著作魏略に拠り、殊に倭人伝に載せたる事実は、当代の人が実際に目に睹《み》、耳に聞ける所を記述せしもの多ければ、史料として最も尊重すべきものなり。本朝には古事記、日本書紀の二書備わりて上代のケ事蹟を伝えたりと雖も、漢魏時代に当たる頃は固よりコ口碑伝説によりて、幽かにその状況を彷彿《ほうふつ》するに過ぎざるを思えば、当時支那人が我が国に渡りて、親しく目撃したる事実を伝えたる、魏志の倭人伝の如きは、実に我が国の太古史上に一大光明を与うる者と謂うべし。

（白鳥庫吉「倭女王卑弥呼考」より）

1（　　）
2（　　）
3（　　）
4（　　）
5（　　）

ア（　　）
イ（　　）
ウ（　　）
エ（　　）
オ（　　）

カ（　　）
キ（　　）
ク（　　）
ケ（　　）
コ（　　）

模擬試験（P.511～504 [巻末1～8]）解答

問題を解いたら、必ず答え合わせをして、得点を出してみましょう。間違えた問題はそのままにせず、復習しましょう。

10 ようとう
11 しょきゅう
12 ぼうげき
13 りょうじょう
14 はいち
15 りょくや
16 てつじゅん
17 うゆう
18 びょうそう
19 しゅくし
20 そうじょう
21 ぬき
22 こしき
23 ゆるが
24 しばら
25 ひさ
26 かこつ

(三) 熟語の読み・一字訓読み

⇨1問1点

ア
1 とんじ
2 のが

イ
3 じんたい
4 しな

ウ
5 しれい
6 みが

エ
7 きょうさく
8 せば

オ
9 ゆうじょ
10 ゆる

17 稜線
18 僚船
19 痩軀
20 走狗

(六) 誤字訂正

⇨1問2点

	誤	正
1	争	綜
2	懸	牽
3	搔	書
4	牢	籠
5	畏	威

(七) 四字熟語

⇨1問2点

問1 書き取り

1 鳩首
2 甜言
6 空拳
7 硯田

(九) 故事・諺

⇨1問2点

1 喬木
2 暖簾
3 錆（銹）
4 虻蜂
5 拙誠
6 白袴
7 美禄
8 独活
9 立錐
10 勿怪・物怪

(十) 文章題

⇨1問2点

1 勃勃・勃々

(　)は1級用漢字

(一) 読み

⇨1問1点

1 ちゅうたい・じゅうたい
2 きゅうしゃ
3 けいがん
4 はいし
5 かいさい
6 ていだん
7 ほうじん
8 そうたく
9 るじゅつ
27 いよいよ
28 いや
29 たす
30 うが

(二) 表外の読み

⇨1問1点

1 ほしいまま
2 ひとえ
3 しこ
4 わきま
5 へりくだ
6 きず
7 まみ
8 ほて
9 ひとしお
10 すさ

(四) 共通の漢字

⇨1問2点

1 跡
2 鬼
3 衷
4 故
5 満

(五) 書き取り

⇨1問2点

1 億劫
2 蠟燭
3 気儘
4 石膏
5 黙禱
6 啄
7 茸
8 駿馬
9 刺繡
10 水嵩
11 通牒
12 拐帯
13 叩
14 仰臥
15 哨戒
16 燦燦・燦々・(粲粲・粲々)

3 鵬程
4 良禽
5 天壌
8 羨魚
9 解怨
10 暢達

問2 意味と読み

1 とかく
2 しゅうぜん
3 せいこく
4 かでん
5 そうぜん

(八) 対義語・類義語

⇨1問2点

1 偏頗
2 湧出・涌出
3 混(渾)沌
4 危殆
5 迂愚
6 上梓
7 弥縫
8 伝播
9 焦眉
10 秘匿

2 嬰守
3 怱
4 爾来
5 趨勢

ア わじん
イ いず
ウ うかが
エ かくしゃく
オ あたたか
カ うち
キ へんさん
ク とうい
ケ じせき
コ こうひ

⇨1問1点

準1級用漢字表

漢字検定準1級では、この「準1級用漢字」が非常に重要です。赤シートを使って音訓読みを確認してください。用例とともに覚えるとよいでしょう。

854字

漢字 赤字は国字(和字)。( )内は許容字体

音読み

訓読み ( )内は送りがな

部首と部首名

用例・出題例 ( )内の用例は熟字訓や一般的に広く知られているもの。「・」は1級用漢字

娃

音［ア］［アイ］

訓［うつく(しい)］

女 おんな おんなへん

娃《うつく》しい女性《じょせい》

＊印は他に字体のデザインなどの差異があっても正解とする場合があるもの。詳しくは、「漢検要覧1／準1級対応」（公益財団法人日本漢字能力検定協会発行）を参照してください。

ア

阿

音［ア］

訓［くま］［よ(る)］［おもね(る)］［ひさし］［お］

阜 阝 こざとへん

阿●吽《あうん》の呼吸

阿漕《あこぎ》

他人《たにん》に阿《おもね》る

阿多福《おたふく》

阿国《おくに》

娃

音［ア］［アイ］

訓［うつく(しい)］

女 おんな おんなへん

娃《うつく》しい女性《じょせい》

啞（唖）

音［ア］［アク］

訓［ああ］［わら(う)］

口 くち くちへん

啞然《あぜん》とする

大声《おおごえ》で啞《わら》う

蛙

音［ア］［ワ］

訓［かえる］［みだ(ら)］

虫 むし むしへん

蛙声《あせい》

雨蛙《あまがえる》

蛙《みだ》らな行為《こうい》

偓

音［アク］

訓［かか(わる)］

人 亻 にんべん ひとやね

偓促働《あくせくはたら》く

物事《ものごと》に偓《かか》わる

渥

音［アク］

訓［あつ(い)］［うるお(い)］［こ(い)］

水 氵 さんずい したみず

優渥《ゆうあく》

手渥《てあつ》い待遇《たいぐう》

斡

音［アツ］［カン］

訓［めぐ(る)］［つかさど(る)］

斗 とます

斡旋《あっせん》

時《とき》が斡《めぐ》る

国家《こっか》を斡《つかさど》る

按

音［アン］

訓［おさ(える)］［かんが(える)］［しら(べる)］

手 扌 て てへん

按摩《あんま》

指《ゆび》で按《おさ》える

細《こま》かく按《しら》べる

イ

漢字	音	訓	部首	用例
庵	[アン]	[いおり]	广 まだれ	草庵《そうあん》 山中《さんちゅう》の庵《いおり》
鞍	[アン]	[くら]	革 かくのかわ つくりがわ かわへん	鞍上《あんじょう》 馬《うま》に鞍《くら》を付《つ》ける
伊	[イ]	[かれ] [これ] [ただ]	亻 人 にんべん ひとやね	伊賀《いが》 (伊達《だて》)
夷	[イ]	[たい(らか)] [たい(らげる)] [ころ(す)] [うずくま(る)] [おご(る)] [えびす] [えみし]	大 だい	征夷大将軍《せいいたいしょうぐん》 夷《たい》らかな土地《とち》 敵《てき》を夷《ころ》す 夷《おご》った態度《たいど》
倭	[イ] [ワ]	[やまと]	亻 人 にんべん ひとやね	倭人《わじん》 倭魂《やまとだましい》
惟	[イ] [ユイ]	[おも(う)] [これ] [ただ]	忄 小 りっしんべん したごころ	思惟《しい》《しゆい》 心《こころ》に惟《おも》う 惟《ただ》泣《な》くばかりだ
葦*	[イ]	[あし] [よし]	艹 艹 艹 くさかんむり そうこう	葦原《あしはら》 葦切《よしきり》
飴(飴)	[イ]	[あめ]	食 飠 飠 しょく しょくへん	含飴弄孫《がんいろうそん》 飴《あめ》と鞭《むち》
謂	[イ]	[い(う)] [いわ(れ)] [いい]	言 げん ごんべん	謂《い》うところの 謂《いわ》れを調《しら》べる
鮪	[イ] [ユウ]	[まぐろ] [しび]	魚 うお うおへん さかなへん	黒鮪《くろまぐろ》 鮪節《しびぶし》
郁	[イク]	[かぐわ(しい)] [さか(ん)]	邑 阝 おおざと	郁郁《いくいく》 郁《かぐわ》しい香《かお》り 芸術《げいじゅつ》が郁《さか》んな地域《ちいき》
溢(溢)	[イツ]	[あふ(れる)] [す(ぎる)] [おご(る)] [み(ちる)] [こぼ(れる)]	氵 水 さんずい したみず	溢水《いっすい》 横溢《おういつ》 気力《きりょく》が溢《あふ》れる 気力《きりょく》が溢《み》ちる 水《みず》が溢《こぼ》れる
鰯(鰯)		[いわし]	魚 うお うおへん さかなへん	鰯雲《いわしぐも》
允	[イン]	[まこと] [まこと(に)] [ゆる(す)] [じょう]	儿 ひとあし にんにょう	允可《いんか》 允《まこと》に文《ぶん》、允《まこと》に武《ぶ》 謁見《えっけん》を允《ゆる》す
胤	[イン]	[たね]	肉 月 にく にくづき	後胤《こういん》 落胤《らくいん》 胤違《たねちが》いの兄弟《きょうだい》
寅	[イン]	[つつし(む)] [とら]	宀 うかんむり	寅畏《いんい》 行動《こうどう》を寅《つつし》む 甲寅《きのえとら》

蔭	音［イン］	訓［かげ］［おかげ］［おお(う)］［しげ(る)］	艹 艹 くさかんむり そうこう	樹蔭《じゅいん》・木蔭《こかげ》 友人《ゆうじん》の蔭《おかげ》 草《くさ》が生《お》い蔭《しげ》る

ウ

佑	音［ウ］［ユウ］	訓［たす(ける)］［たす(け)］	亻 人 にんべん ひとやね	佑助《ゆうじょ》・天佑《てんゆう》 友《とも》を佑《たす》ける 神《かみ》の佑《たす》け
迂（迂）	音［ウ］	訓［まが(る)］［うと(い)］［とお(い)］	辶 辶 しんにょう しんにゅう	迂回《うかい》・迂曲《うきょく》 角《かど》を迂《まが》る 世事《せじ》に迂《うと》い
烏	音［ウ］［オ］	訓［からす］［くろ(い)］［いずく(んぞ)］［なん(ぞ)］	灬 れんが れっか	烏合《うごう》 旅烏《たびがらす》 烏《いずく》んぞ知《し》らんや
蔚	音［ウツ］［イ］		艹 くさかんむり そうこう	蔚蔚《うつうつ》 蔚然《うつぜん》
云	音［ウン］	訓［い(う)］	二 に	云為《うんい》 云云《うんぬん》

エ

曳	音［エイ］	訓［ひ(く)］	曰 ひらび いわく	曳航《えいこう》 曳《ひ》き船《ふね》
洩	音［エイ］［セツ］	訓［の(びる)］［も(れる)］	氵 氺 さんずい したみず	漏洩《ろうえい・ろうせつ》 秘密《ひみつ》が洩《も》れる
盈	音［エイ］	訓［み(ちる)］［あま(る)］	皿 さら	盈虚《えいきょ》・盈満《えいまん》 月《つき》が盈《み》ちる 身《み》に盈《あま》る
瑛	音［エイ］		玉 王 たま・たまへん おう・おうへん	玉瑛《ぎょくえい》
叡	音［エイ］	訓［かしこ(い)］	又 また	叡断《えいだん》 叡智《えいち》 叡《かしこ》い子供《こども》
穎（頴）	音［エイ］	訓［ほさき］［すぐ(れる)］	禾 のぎ のぎへん	穎才《えいさい》 穎脱《えいだつ》 穎《すぐ》れた才能《さいのう》
嬰	音［エイ］	訓［めぐ(る)］［ふ(れる)］［あかご］	女 おんな おんなへん	嬰児《えいじ》 塀《へい》を嬰《めぐ》らす 嬰《あかご》の手《て》を捻《ひね》る
亦	音［エキ］	訓［また］	亠 なべぶた けいさんかんむり	亦歩亦趨《えきほえきすう》 亦《また》もや騙《だま》された
苑	音［エン］［オン］［ウツ］	訓［その］［ふさ(がる)］	艹 くさかんむり そうこう	御苑《ぎょえん》 紫苑《しおん》 学《まな》びの苑《その》
奄	音［エン］	訓［おお(う)］［ふさ(がる)］［たちま(ち)］	大 だい	気息奄奄《きそくえんえん》 奄《おお》い隠《かく》す 気分《きぶん》が奄《ふさ》がる
掩	音［エン］	訓［おお(う)］［かば(う)］［たちま(ち)］	手 扌 て てへん	掩護《えんご》・掩蔽《えんぺい》 蓋《ふた》で掩《おお》う 部下《ぶか》を掩《かば》う
堰	音［エン］	訓［せき］［いせき］［せ(く)］	土 つち つちへん どへん	堰塞《えんそく》 堰《せき》を切《き》る 堰《せ》き止《と》める

焰（焔）

音[エン]
訓[も(える)][ほのお]

火　ひ　ひへん

気焰《きえん》・余焰《よえん》
城《しろ》が焰《も》える
焰《ほのお》が上《あ》がる

淵（渕）

音[エン]
訓[ふち][ふか(い)][おくぶか(い)]

氵　氺　さんずい　したみず

深淵《しんえん》
千鳥ケ淵《ちどりがふち》
淵《ふか》い沼《ぬま》

鳶

音[エン]
訓[とび][とんび]

鳥　とり　とりへん

紙鳶《しえん》
鳶色《とびいろ》

厭

音[エン][オン][ヨウ]
訓[おさ(える)][いと(う)][あ(きる)][いや]

厂　がんだれ

厭悪《えんお》
厭世《えんせい》
厭離《おんり・えんり》
苦労《くろう》を厭《いと》わない
聞《き》き厭《あ》きる

燕

音[エン]
訓[つばめ][さかもり][くつろ(ぐ)]

灬　れんが　れっか

燕尾服《えんびふく》
燕返《つばめがえ》し

鴛

音[エン]
訓[おしどり]

鳥　とり　とりへん

鴛鴦《えんおう》の契《ちぎ》り
鴛　夫婦《おしどりふうふ》

薗

音[エン][オン]
訓[その]

艹 艹　くさかんむり　そうこう

庭薗《ていえん》
花薗《はなぞの》

於

オ

音[オ]
訓[お(いて)][お(ける)]

方　ほう　ほうへん　かたへん

於邑《おゆう》
東京《とうきょう》に於《お》いて

姶

音[オウ]
訓[みめよ(い)]

女　おんな　おんなへん

姶《みめよ》い女性《じょせい》

凰

音[オウ][コウ]
訓[おおとり]

几　つくえ

鳳凰《ほうおう》

襖（襖）

音[オウ]
訓[わたいれ][ふすま][あお]

衣　衤　ころも　ころもへん

防寒用《ぼうかんよう》の襖《わたいれ》
襖絵《ふすまえ》

鴨

音[オウ]
訓[かも]

鳥　とり　とりへん

家鴨《かおう(あひる)》
鴨鍋《かもなべ》

鴦

音[オウ]
訓[おしどり]

鳥　とり　とりへん

鴛鴦《えんおう》の契《ちぎ》り
鴦　夫婦《おしどりふうふ》

鶯（鴬）

音[オウ]
訓[うぐいす]

鳥　とり　とりへん

鶯遷《おうせん》
鶯色《うぐいすいろ》
鶯張《うぐいすば》り

鷗（鴎）

音[オウ]
訓[かもめ]

鳥　とり　とりへん

森鷗外《もりおうがい》
鷗《かもめ》の大群《たいぐん》

鸚

音[オウ][イン]

鳥　とり　とりへん

鸚鵡《おうむ》

禾

カ

音[カ]
訓[いね][のぎ]

禾　のぎ　のぎへん

禾黍《かしょ》・禾穂《かすい》
禾《いね》の穂《ほ》
禾偏《のぎへん》

瓜（瓜）

音［カ］
訓［うり］

瓜　瓜　うり

甜瓜《てんか》
瓜二《うりふた》つ
瓜《うり》に爪《つめ》あり

伽

音［カ］［ガ］［キャ］
訓［とぎ］

亻　人　にんべん　ひとやね

伽藍《がらん》
伽羅《きゃら》
御《お》伽話《とぎばなし》

茄

音［カ］
訓［はす］［なす］［なすび］

艹　艹　くさかんむり　そうこう

蕃茄《ばんか》
茄子《なすび(なす)》

卦

音［カ］［ケ］
訓［うらな(う)］［うらな(い)］

卜　と　うらない

有卦《うけ》に入《い》る
八卦《はっけ》
吉凶《きっきょう》を卦《うらな》う

珂

音［カ］

玉　王　たま・たまへん　おう・おうへん

那珂川《なかがわ》

迦（迦）

音［カ］

辶　辶　しんにょう　しんにゅう

迦藍《がらん》
釈迦《しゃか》に説法《せっぽう》
迦陵頻伽《かりょうびんが》

嘩*

音［カ］
訓［かまびす(しい)］

口　くち　くちへん

喧嘩《けんか》
嘩《かまびす》しい蟬《せみ》の声《こえ》

嘉

音［カ］
訓［よ(い)］［よみ(する)］

口　くち　くちへん

嘉肴《かこう》・嘉尚《かしょう》
日柄《ひがら》が嘉《よ》い
功績《こうせき》を嘉《よみ》する

樺

音［カ］
訓［かば］

木　き　きへん

白樺《しらかば》

榎

音［カ］
訓［えのき］

木　き　きへん

榎茸《えのきだけ》
榎草《えのきぐさ》

蝦

音［カ］［ガ］
訓［えび］［がま］

虫　むし　むしへん

蝦固《えびがた》め
（蝦夷《えぞ》《えみし》）

霞

音［カ］
訓［かすみ］［かす(む)］

雨　あめ　あめかんむり　あまかんむり

雲霞《うんか》・晩霞《ばんか》
春霞《はるがすみ》
雨《あめ》に霞《かす》む

臥

音［ガ］
訓［ふ(す)］［ふしど］

臣　しん

臥薪嘗胆《がしんしょうたん》
病臥《びょうが》
病《やまい》に臥《ふ》す

俄

音［ガ］
訓［にわ(か)］［にわか］

亻　人　にんべん　ひとやね

俄然《がぜん》
俄雨《にわかあめ》
俄仕込《にわかじこ》み

峨（峩）

音［ガ］
訓［けわ(しい)］

山　やま　やまへん

峨峨《がが》たる山々《やまやま》
嵯峨《さが》
峨《けわ》しい山《やま》

駕

音［ガ］
訓［の(る)］［のりもの］［あつか(う)］［しの(ぐ)］

馬　うま　うまへん

車駕《しゃが》・鳳駕《ほうが》
来駕《らいが》
他者《たしゃ》を駕《しの》ぐ

蛾

音［ガ］［ギ］
訓［まゆげ］［あり］

虫　むし　むしへん

蛾眉《がび》
誘蛾灯《ゆうがとう》

芥

音［カイ］［ケ］
訓［からし］［あくた］［ちい(さい)］

艹　艹　くさかんむり　そうこう

芥子《かいし・からし・けし》
塵芥《じんかい・ちりあくた》
芥子粒《けしつぶ》

漢字	音・訓	部首	用例
恢	音[カイ] 訓[おお(きい)] [ひろ(い)]	心 忄 𣥂 こころ りっしんべん したごころ	失地恢復《しっちかいふく》 天網恢恢《てんもうかいかい》 度量《どりょう》が恢《おお》きい
廻	音[カイ][エ] 訓[まわ(す)] [まわ(る)] [めぐ(る)] [めぐ(らす)]	廴 えんにょう いんにょう	廻船問屋《かいせんどんや》 北廻船《きたかいせん》・廻向《えこう》 戒壇廻《かいだんめぐ》り
咳	音[カイ][ガイ] 訓[せき][せ(く)] [しわぶき] [しわぶ(く)]	口 くち くちへん	鎮咳薬《ちんがいやく》 百日咳《ひゃくにちぜき》 咳込《せきこ》む
晦(晦)	音[カイ] 訓[みそか] [つごもり] [くら(い)] [くら(ます)]	日 ひ ひへん にちへん	晦蔵《かいぞう》・(大晦日《おおみそか》) 学問《がくもん》に晦《くら》い 行方《ゆくえ》を晦《くら》ます
堺	音[カイ] 訓[さかい]	土 つち つちへん どへん	大阪府堺市《おおさかふさかいし》
凱	音[カイ] [ガイ] 訓[かちどき] [やわ(らぐ)]	几 つくえ	凱歌《がいか》・凱旋門《がいせんもん》 凱《かちどき》をあげる 風《かぜ》が凱《やわ》らぐ

漢字	音・訓	部首	用例
魁	音[カイ] 訓[かしら] [さきがけ] [おお(きい)] [おさ]	鬼 おに きにょう	容貌魁偉《ようぼうかいい》 首魁《しゅかい》・魁星《かいせい》 魁《さきがけ》の功名《こうみょう》
漑*(漑)	音[カイ] [ガイ] 訓[そそ(ぐ)] [すす(ぐ)]	氵 氺 さんずい したみず	灌漑《かんがい》 水《みず》を漑《そそ》ぐ
檜(桧)	音[カイ] 訓[ひのき] [ひ]	木 き きへん	檜皮《かいひ(ひわだ)》 檜造《ひのきづく》りの家《いえ》 檜垣《ひがき》
鎧	音[カイ] [ガイ] 訓[よろい] [よろ(う)]	金 かね かねへん	鎧●冑《がいちゅう》 鎧戸《よろいど》 鎧武者《よろいむしゃ》
蟹(蠏)	音[カイ] 訓[かに]	虫 むし むしへん	蟹行《かいこう》 沢蟹《さわがに》 蟹工船《かにこうせん》
亥	音[ガイ] 訓[い]	亠 なべぶた けいさんかんむり	亥月《がいげつ》 辛亥革命《しんがいかくめい》 亥《い》の刻《こく》

漢字	音・訓	部首	用例
苅	音[ガイ] 訓[か(る)]	艹 艹 くさかんむり そうこう	斬将苅旗《ざんしょうがいき》 雑草《ざっそう》を苅《か》る
碍	音[ガイ] [ゲ] 訓[さまた(げる)] [ささ(える)]	石 いし いしへん	阻碍《そがい》・妨碍《ぼうがい》 融通無碍《ゆうずうむげ》 進行《しんこう》を碍《さまた》げる
塙	音[カク] [コウ] 訓[かた(い)] [はなわ]	土 つち つちへん どへん	塙保己一《はなわほきいち》
廓	音[カク] 訓[ひろ(い)] [ひろ(げる)] [むな(しい)] [くるわ]	广 まだれ	遊廓《ゆうかく》・城廓《じょうかく》 廓落《かくらく》 廓言葉《くるわことば》・廓話《くるわばなし》
赫	音[カク] 訓[あか(い)] [さか(ん)] [かがや(く)] [あつ(い)]	赤 あか	赫灼《かくしゃく》・赫怒《かくど》 赫《さか》んな勢《いきお》い 赫《かがや》くような炎《ほのお》
摑(掴)	音[カク] 訓[つか(む)]	手 扌 て てへん	手摑《てづか》み 鷲摑《わしづか》み

漢字	音・訓	部首	用例
劃	音 [カク] 訓 [わ(かつ)] [くぎ(る)]	刀 かたな 刂 りっとう	劃然《かくぜん》・劃定《かくてい》 区劃整理《くかくせいり》 劃《わ》かち書《が》き
鍔	音 [ガク] 訓 [つば]	金 かね かねへん	剣鍔《けんがく》 鍔《つば》迫《ぜ》り合《あ》い
鰐	音 [ガク] 訓 [わに]	魚 うお うおへん さかなへん	鮫鰐《こうがく》之《の》淵《ふち》 鰐皮《わにがわ》 鰐口《わにぐち》
樫	訓 [かし]	木 き きへん	樫《かし》の木《き》
恰	音 [カッ] [コウ] 訓 [あたか(も)]	心 忄 㣺 こころ りっしんべん したごころ	恰好《かっこう》 恰幅《かっぷく》がよい 時恰《ときあたか》も
筈	音 [カツ] 訓 [やはず] [はず]	竹 たけ たけかんむり	手筈《てはず》 矢筈《やはず》 そんな筈《はず》はない
侃	音 [カン] 訓 [つよ(い)]	亻 人 にんべん ひとやね	侃侃諤諤《かんかんがくがく》 侃《つよ》い態度《たいど》
柑	音 [カン] 訓 [みかん] [こうじ]	木 き きへん	柑橘類《かんきつるい》 蜜柑《みかん》
函 (凾)	音 [カン] 訓 [い(れる)] [はこ] [よろい]	凵 うけばこ かんがまえ	投函《とうかん》 函館《はこだて》
竿	音 [カン] 訓 [さお] [ふだ]	竹 たけ たけかんむり	立竿見影《りっかんけんえい》 竹竿《ちくかん》《たけざお》 旗竿《はたざお》
莞	音 [カン] 訓 [い] [むしろ]	艹 艸 くさかんむり そうこう	莞爾《かんじ》として笑《わら》う 莞《むしろ》を織《お》る
桓	音 [カン]	木 き きへん	桓武天皇《かんむてんのう》
菅	音 [カン] 訓 [すげ] [すが]	艹 艸 くさかんむり そうこう	菅《すげ》で縄《なわ》を編《あ》む 菅原道真《すがわらのみちざね》
姦	音 [カン] 訓 [よこしま] [みだら] [かしま(しい)]	女 おんな おんなへん	姦淫《かんいん》・大姦《たいかん》 姦《よこしま》な考《かんが》え 姦《みだら》な関係《かんけい》
萱	音 [カン] [ケン] 訓 [かや] [わすれぐさ]	艹 艸 くさかんむり そうこう	萱堂《けんどう》 萱葺《かやぶ》き
澗 (澗)	音 [カン] [ケン] 訓 [たに] [たにみず]	氵 氺 さんずい したみず	澗水《かんすい》 澗谷《かんこく》
舘	音 [カン] 訓 [やかた] [たて] [たち]	舌 した	迎賓舘《げいひんかん》 貴族《きぞく》の舘《やかた》
翰 (翰)	音 [カン] 訓 [ふで] [ふみ] [てがみ] [と(ぶ)] [みき]	羽 はね	翰墨《かんぼく》・翰林《かんりん》 書翰《しょかん》 翰《ふみ》《てがみ》を送《おく》る

漢字	読み	部首	用例
諫（諌）	音[カン] 訓[いさ(める)]	言 げん ごんべん	諫言《かんげん》 苦諫《くかん》 逐事《ちくじ》は諫《いさ》めず
灌（潅）	音[カン] 訓[そそ(ぐ)]	氵 氺 さんずい したみず	灌漑用水《かんがいようすい》 水《みず》を灌《そそ》ぐ
雁（鴈）	音[ガン] 訓[かり]	隹 ふるとり	雁行《がんこう》・落雁《らくがん》 雁擬《がんもど》き 雁《かり》の鳴《な》き声《ごえ》
巌	音[ガン] 訓[けわ(しい)] [いわ] [いわお] [がけ]	山 やま やまへん	巌窟王《がんくつおう》・巌棲《がんせい》 巌上無心《がんじょうむしん》 巌《がけ》の上《うえ》に立《た》つ
癌	音[ガン]	疒 やまいだれ	胃癌《いがん》 社会《しゃかい》の癌《がん》 癌腫《がんしゅ》
贋	音[ガン] 訓[にせ]	貝 かい こがい かいへん	贋作《がんさく》・真贋《しんがん》 贋札《にせさつ》 贋金《にせがね》
翫（翫）	音[ガン] 訓[もてあそ(ぶ)] [あじ(わう)] [あなど(る)] [むさぼ(る)]	羽 はね	翫弄《がんろう》・賞翫《しょうがん》 運《うん》に翫《もてあそ》ばれる 相手《あいて》を翫《あなど》る
其 キ	音[キ] 訓[そ(の)] [それ]	八 ハ はち は	其《そ》れ式《しき》 其《そ》の一《いち》
祁（祁）	音[キ] 訓[おお(いに)] [おお(きい)] [さか(んに)]	示 礻 しめす しめすへん	祁寒《きかん》の候《こう》 祁《おお》いに奨励《しょうれい》する 祁《さか》んな勢《いきお》い
葵	音[キ] 訓[あおい]	艹 艹 くさかんむり そうこう	葵心《きしん》・双葉葵《ふたばあおい》 葵《あおい》の上《うえ》・葵《あおい》の紋《もん》 （山葵《わさび》）
稀	音[キ][ケ] 訓[まれ] [まば(ら)] [うす(い)]	禾 のぎ のぎへん	稀薄《きはく》・稀少価値《きしょうかち》 稀有《けう》な存在《そんざい》 稀《まれ》にみる才能《さいのう》
箕	音[キ] 訓[み] [ちりとり]	竹 たけ たけかんむり	箕坐《きざ》 箕《み》で籾《もみ》をふる
嬉	音[キ] 訓[たの(しむ)] [うれ(しい)] [あそ(ぶ)]	女 おんな おんなへん	嬉嬉《きき》として働《はたら》く 嬉《たの》しい時間《じかん》 嬉《うれ》し涙《なみだ》
槻	音[キ] 訓[つき]	木 き きへん	槻弓《つきゆみ・つくゆみ》 大槻文彦《おおつきふみひこ》
毅	音[キ] 訓[つよ(い)] [たけ(し)]	殳 るまた ほこづくり	毅然《きぜん》とした態度《たいど》 果毅《かき》・剛毅《ごうき》 気持《きも》ちが毅《つよ》い
窺	音[キ] 訓[うかが(う)] [のぞ(く)]	穴 あな あなかんむり	窺知《きち》 窺《うかが》い知《し》る 窺《のぞ》き見《み》る
徽（徽）	音[キ] 訓[よ(い)] [しるし]	彳 ぎょうにんべん	徽章《きしょう》 徽《よ》い言動《げんどう》 味方《みかた》の徽《しるし》
磯	音[キ] 訓[いそ]	石 いし いしへん	漁磯《ぎょき》 磯遊《いそあそ》び 磯辺《いそべ》

麒
音[キ]
訓[きりん]
鹿 しか
麒麟《きりん》
麒麟児《きりんじ》

鰭
音[キ]
訓[ひれ][はた]
魚 うお うおへん さかなへん
尾鰭《おひれ》
河豚《ふぐ》の鰭酒《ひれざけ》

妓
音[ギ]
訓[わざおぎ][あそびめ][こ]
女 おんな おんなへん
芸妓《げいぎ》
舞妓《まいこ》

（祇）祇
音[ギ]
訓[くにつかみ]
示 礻 しめす しめすへん
祇園精舎《ぎおんしょうじゃ》

誼
音[ギ]
訓[よ(い)][すじみち][よしみ]
言 げん ごんべん
交誼《こうぎ》を結《むす》ぶ
友誼《ゆうぎ》
昔《むかし》の誼《よしみ》

蟻
音[ギ]
訓[あり][くろ][くろ(い)]
虫 むし むしへん
蟻酸《ぎさん》
蟻走感《ぎそうかん》に悩《なや》む
働《はたら》き蟻《あり》

掬
音[キク]
訓[すく(う)][むす(ぶ)]
手 扌 て てへん
掬水《きくすい》・一掬《いっきく》の水《みず》
水《みず》を掬《すく》う
水《みず》を掬《むす》ぶ

鞠
音[キク]
訓[まり][やしな(う)][とりしら(べる)][かが(む)]
革 かくのかわ つくりがわ かわへん
鞠育《きくいく》
●鞠躬如《きっきゅうじょ》
手鞠《てまり》
蹴鞠《けまり》
容疑者《ようぎしゃ》を鞠《とりしら》べる

（麹）麴
音[キク]
訓[こうじ][さけ]
麥 麦 ばくにょう
麴菌《こうじきん》
●鰆《さわら》の麴漬《こうじづけ》
米麴《こめこうじ》

吃
音[キツ]
訓[ども(る)][く(う)][す(う)]
口 くち くちへん
吃音《きつおん》・吃驚《きっきょう》
吃水線《きっすいせん》
緊張《きんちょう》して吃《ども》る

（迄）迄
音[キツ]
訓[いた(る)][およ(ぶ)][まで]
辶 辶 しんにょう しんにゅう
迄今《きっこん》
今迄《いままで》

桔
音[キツ][ケツ]
木 き きへん
桔梗《きっこう・ききょう》

橘
音[キツ]
訓[たちばな]
木 き きへん
柑橘類《かんきつるい》
橘中《きっちゅう》の楽《たの》しみ

仇
音[キュウ]
訓[かたき][あだ][つれあい]
亻 人 にんべん ひとやね
仇敵《きゅうてき》
仇討《かたきう》ち
仇《あだ》は情《なさ》け

灸
音[キュウ]
訓[やいと]
火 ひ ひへん
お灸《きゅう》
灸《きゅう》を据《す》える

（汲）汲
音[キュウ]
訓[く(む)][ひ(く)]
氵 氺 さんずい したみず
汲汲《きゅうきゅう》とする
水汲《みずく》み
意向《いこう》を汲《く》む

玖
音[キュウ][ク]
玉 王 たま・たまへん おう・おうへん
玖馬《キューバ》
玖珠川《くすがわ》

笈*

音[キュウ]
訓[おい]

竹 たけ たけかんむり

書笈《しょきゅう》
笈《おい》の小文《こぶみ》
後笈《あとおい》

韮（韭）

音[キュウ]
訓[にら]

艹 艹 くさかんむり そうこう

韮山城址《にらやまじょうし》
黄韮《きにら》

鳩

音[キュウ][ク]
訓[はと]
[あつ(める)]
[あつ(まる)]
[やす(んずる)]

鳥 とり とりへん

鳩舎《きゅうしゃ》・鳩首会談《きゅうしゅかいだん》
土鳩《どばと》・山鳩《やまばと》
首脳《しゅのう》が鳩《あつ》まる

厩*（廐）（廏）（厩）

音[キュウ]
訓[うまや]

厂 がんだれ

厩舎《きゅうしゃ》
厩肥《きゅうひ》
厩戸皇子《うまやどのおうじ》

渠*

音[キョ][みぞ]
訓[おお(きい)]
[かしら]
[かれ]
[なん(ぞ)]

氵 氺 さんずい したみず

暗渠《あんきょ》・渠魁《きょかい》
犯罪《はんざい》組織《そしき》の渠《かしら》
(何渠《なんぞ》)

嘘（噓）

音[キョ]
訓[ふ(く)]
[は(く)]
[すすりな(く)]
[うそ]

口 くち くちへん

吹嘘《すいきょ》・嘘八《うそっぱち》
嘆《なげ》き、嘘《すすりな》く
嘘吐《うそつ》き

鋸

音[キョ]
訓[のこぎり]
[のこ]

金 かね かねへん

鋸歯《きょし》・鋸歯文《きょしもん》
鋸鮫《のこぎりざめ》
鋸屑《のこくず》

禦

音[ギョ]
訓[ふせ(ぐ)]
[つよ(い)]

礻 示 しめす しめすへん

制禦装置《せいぎょそうち》
猛攻《もうこう》を禦《ふせ》ぐ

叶

音[キョウ]
訓[かな(う)]

口 くち くちへん

叶韻《きょういん》
夢《ゆめ》を叶《かな》える
願《ねが》いが叶《かな》う

兇

音[キョウ]
訓[わる(い)]
[おそ(れる)]

儿 ひとあし にんにょう

兇刃《きょうじん》・兇賊《きょうぞく》
兇犯《きょうはん》
兇《わる》い輩《やから》

匡

音[キョウ]
訓[ただ(す)]
[すく(う)]

匚 はこがまえ

匡済《きょうさい》・匡弼《きょうひつ》
匡輔《きょうほ》
過《あやま》ちを匡《ただ》す

杏

音[キョウ]
[アン]
訓[あんず]

木 き きへん

杏林《きょうりん》
杏《あんず》の実《み》

劫

音[キョウ]
[コウ][ゴウ]
訓[おびや(かす)]
[かす(める)]

力 ちから

劫奪《こうだつ・きょうだつ》
劫略《きょうりゃく》・未来永劫《みらいえいごう》
地位《ちい》を劫《おびや》かす

亨

音[キョウ]
[コウ][ホウ]
訓[とお(る)]
[に(る)]

亠 なべぶた けいさんかんむり

亨通《こうつう》
魚《さかな》を亨《に》る

怯

音[キョウ]
[コウ]
訓[おび(える)]
[お(じる)]
[ひる(む)]

心 忄 㣺 こころ りっしんべん したごころ

怯夫《きょうふ》・卑怯者《ひきょうもの》
物音《ものおと》に怯《おび》える
敵《てき》の強《つよ》さに怯《ひる》む

俠（侠）

音[キョウ]
訓[おとこだて]
[きゃん]

亻 人 にんべん ひとやね

任俠映画《にんきょうえいが》
俠客《きょうかく》
御俠《おきゃん》な娘《むすめ》

喬

音[キョウ]
訓[たか(い)]
[おご(る)]

口 くち くちへん

喬木《きょうぼく》
喬《たか》い樹木《じゅもく》

僑

音[キョウ]
訓[やど(る)]
[かりずまい]

亻 人 にんべん ひとやね

華僑《かきょう》
僑舎《きょうしゃ》

蕎

音[キョウ]

艹 艹 くさかんむり そうこう

蕎麦《きょうばく》
（蕎麦《そば》）

彊

音[キョウ]
訓[つよ(い)]
[つと(める)]
[し(いる)]

弓 ゆみ ゆみへん

彊食自愛《きょうしょくじあい》
彊《つよ》い記憶力《きおくりょく》

橿

音[キョウ]
訓[かし]

木 き きへん

橿原神宮《かしはらじんぐう》
橿原《かしはら》の史跡《しせき》

馨

音[キョウ]
[ケイ]
訓[かお(り)]
[かお(る)]

香 か かおり

馨香《けいこう》・馨聞《けいぶん》
芳馨《ほうけい》
ほのかな馨《かお》り

饗*（饗）

音[キョウ]
訓[あえ]
[もてな(す)]
[う(ける)]

食 𩙿 飠 しょく しょくへん

饗宴《きょうえん》
饗応《きょうおう》
客《きゃく》を饗《もてな》す

尭

音[ギョウ]
訓[たか(い)]

土 つち つちへん どへん

尭風舜雨《ぎょうふうしゅんう》

旭

音[キョク]
訓[あさひ]

日 ひ ひへん にちへん

旭光《きょっこう》
旭日《きょくじつ》
旭《あさひ》が昇《のぼ》る

粁

音[キロメートル]

米 こめ こめへん

百粁《ひゃくキロメートル》

芹

音[キン]
訓[せり]

艹 艹 くさかんむり そうこう

献芹《けんきん》
芹藻《きんそう》
芹科《せりか》の植物《しょくぶつ》

欣

音[キン]
[ゴン]
訓[よろこ(ぶ)]

欠 あくび かける

欣喜雀躍《きんきじゃくやく》
欣求浄土《ごんぐじょうど》
無事《ぶじ》を欣《よろこ》ぶ

衿

音[キン]
訓[えり]

衣 衤 ころも ころもへん

山河衿帯《さんがきんたい》
青衿《せいきん》

欽

音[キン]
訓[つつし(む)]
[うやま(う)]

欠 あくび かける

欽慕《きんぼ》の念《ねん》
欽定《きんてい》
師《し》を欽《うやま》う

禽

音[キン]
訓[とり]
[とら(える)]
[いけど(り)]

禸 じゅう

猛禽類《もうきんるい》・鳴禽《めいきん》
禽獲《きんかく》
生禽《せいきん》

檎

音[キン]
[ゴ]

木 き きへん

林檎《りんご》

矩 ク

音[ク]
訓[さしがね]
[のり]

矢 や やへん

矩形《くけい》
矩《のり》を越《こ》えず

狗

音[ク]
[コウ]
訓[いぬ]

犬 犭 いぬ けものへん

羊頭狗肉《ようとうくにく》
天狗《てんぐ》
狗鷲《いぬわし》

倶*

音[ク]
[グ]
訓[とも(に)]

亻 人 にんべん ひとやね

不倶戴天《ふぐたいてん》
倶《とも》に天《てん》を戴《いただ》かず

漢字	音	訓	部首	用例
鉤 (鈎)	[ク] [コウ]	[かぎ] [つりばり] [か(ける)] [おびどめ] [ま(がる)]	金 かね かねへん	鉤餌《こうじ》 鉤縄規矩《こうじょうきく》 鉤括弧《かぎかっこ》 鉤《つりばり》を付《つ》ける 針《はり》が鉤《ま》がる
駈	[ク]	[か(ける)]	馬 うま うまへん	疾駈《しっく》 駈《か》け回《まわ》る 野原《のはら》を駈《か》ける
軀 (躯)	[ク]	[からだ] [むくろ]	身 み みへん	長身痩軀《ちょうしんそうく》 短軀《たんく》な体型《たいけい》 冷《つめ》たい軀《むくろ》と化《か》す
寓	[グ][グウ]	[よ(せる)] [やど(る)] [かりずまい] [かこつ(ける)]	宀 うかんむり	寓意《ぐうい》・寓話《ぐうわ》 寄寓《きぐう》・寓居《ぐうきょ》 動物《どうぶつ》に寓《かこつ》けた昔話《むかしばなし》
腔 (腔)	[クウ] [コウ]	[から] [からだ]	肉 月 にく にくづき	口腔《こうくう》外科《げか》 鼻腔《びこう》 満腔《まんこう》の謝意《しゃい》

漢字	音	訓	部首	用例
粂		[くめ]	米 こめ こめへん	粂《くめ》の仙人《せんにん》
喰*		[く(らう)] [く(う)]	口 くち くちへん	蚊《か》に喰《く》われる 不意《ふい》を喰《く》らう
袈 ケ	[ケ]		衣 衤 ころも ころもへん	袈裟《けさ》
圭	[ケイ]	[たま] [かどだ(つ)]	土 つち つちへん どへん	圭角《けいかく》 玉圭《ぎょくけい》 言動《げんどう》が圭《かどだ》つ
荊 (荆)	[ケイ]	[いばら] [むち]	艸 艹 くさかんむり そうこう	荊妻豚児《けいさいとんじ》 荊《いばら》の道《みち》を往《ゆ》く
桂	[ケイ]	[かつら]	木 き きへん	桂皮《けいひ》 将棋《しょうぎ》の桂馬《けいま》 桂離宮《かつらりきゅう》

漢字	音	訓	部首	用例
珪	[ケイ]	[たま]	玉 王 たま・たまへん おう・おうへん	珪華《けいか》 二酸化珪素《にさんかけいそ》 珪藻土《けいそうど》
畦	[ケイ]	[うね] [あぜ]	田 た たへん	圃畦《ほけい》を耕《たがや》す 畑《はたけ》に畦《うね》を作《つく》る 田《た》の畦道《あぜみち》
卿 (卿)(卿)	[ケイ] [キョウ]	[きみ] [くげ]	卩 㔾 わりふ ふしづくり	卿相《けいしょう》・六卿《りくけい》 卿相雲客《けいしょううんかく》 大蔵卿《おおくらきょう》
罫	[ケイ]		网 罒 あみがしら あみめ よこめ	罫線《けいせん》を引《ひ》く
慧	[ケイ] [エ]	[さと(い)] [かしこ(い)]	心 忄 ⺗ こころ りっしんべん したごころ	慧悟《けいご》・慧眼《けいがん》 知慧《ちえ》を授《さず》ける 慧《さと》《かしこ》い子供《こども》
頸 (頚)	[ケイ]	[くび]	頁 おおがい	頸椎《けいつい》 頸木《くびき》を争《あらそ》う

鮭

音 [ケイ] [カイ]
訓 [さけ] [さかな]

魚 うお うおへん さかなへん

鮭鱒漁《けいそんりょう》
鮭菜《かいさい》
塩鮭《しおざけ》

繋（繫）

音 [ケイ]
訓 [つな(ぐ)] [つな(がる)] [か(かる)] [とら(える)] [きずな]

糸 いと いとへん

繋属《けいぞく》
繋留《けいりゅう》
馬を繋《つな》ぐ

戟

音 [ケキ] [ゲキ]
訓 [ほこ]

戈 ほこづくり ほこがまえ

剣戟《けんげき》
鮮烈《せんれつ》な刺戟《しげき》
戟《ほこ》を向《む》ける

頁

音 [ケツ] [ヨウ]
訓 [かしら] [ページ]

頁 おおがい

頁岩《けつがん》
頁《ページ》をめくる

訣

音 [ケツ]
訓 [わか(れる)] [おくぎ]

言 げん ごんべん

永訣《えいけつ》・訣別《けつべつ》
秘訣《ひけつ》
同志《どうし》と訣《わか》れる

蕨

音 [ケツ]
訓 [わらび]

艹 艹 くさかんむり そうこう

蕨手《けつ(けっ)しゅ》
早蕨《さわらび》
蕨餅《わらびもち》

牽

音 [ケン]
訓 [ひ(く)] [つら(なる)]

牛 うし うしへん

牽引《けんいん》・牽制《けんせい》
牽牛《けんぎゅう》と織姫《おりひめ》
牛《うし》を牽《ひ》く

倦（倦）

音 [ケン]
訓 [う(む)] [あ(きる)] [あぐ(む)] [つか(れる)]

亻 人 にんべん ひとやね

倦怠感《けんたいかん》
攻《せ》め倦《あぐ》む

喧

音 [ケン]
訓 [かまびす(しい)] [やかま(しい)]

口 くち くちへん

都会《とかい》の喧騒《けんそう》
喧伝《けんでん》
喧《かまびす》しく鳴《な》く

絢

音 [ケン]
訓 [あや]

糸 いと いとへん

絢飾豪華《けんしょくごうか》
絢模様《あやもよう》
織物《おりもの》の絢《あや》

硯

音 [ケン] [ゲン]
訓 [すずり]

石 いし いしへん

筆耕硯田《ひっこうけんでん》
筆硯《ひっけん》
硯石《すずりいし》

捲（捲）

音 [ケン]
訓 [ま(く)] [まく(る)] [めく(る)] [いさ(む)]

手 扌 て てへん

捲土重来《けんどちょうらい》
席捲《せっけん》・腕捲《うでまく》り
頁《ページ》を捲《めく》る

蜎

音 [ケン]
訓 [うつく(しい)]

虫 むし むしへん

蟬蜎《せんけん》

鰹

音 [ケン]
訓 [かつお]

魚 うお うおへん さかなへん

猫《ねこ》に鰹節《かつおぶし》

鹼（鹸）

音 [ケン]
訓 [しおけ] [あく]

鹵 しお

石鹼《せっけん》

彦

音 [ゲン]
訓 [ひこ]

彡 さんづくり

俊彦《しゅんげん》
海幸彦《うみさちひこ》

絃

音 [ゲン]
訓 [いと] [つる]

糸 いと いとへん

絃楽器《げんがっき》
弓《ゆみ》の絃《つる》

漢字	音・訓	部首	用例
諺（諺）	音［ゲン］ 訓［ことわざ］	言 ごんべん げん	俚諺《りげん》 古諺《こげん》・俗諺《ぞくげん》 古《ふる》い諺《ことわざ》
乎（コ）	音［コ］ 訓［か］［や］［を］［かな］	ノ の はらいぼう	断乎《だんこ》たる態度《たいど》 確乎不抜《かっこふばつ》
姑	音［コ］ 訓［しゅうとめ］［しゅうと］［おんな］［しばら（く）］	女 おんな おんなへん	姑息《こそく》な手段《しゅだん》 姑《しゅうとめ》の涙汁《なみだじる》 姑《しばら》く置《お》く
狐（狐）	音［コ］ 訓［きつね］	犬 犭 いぬ けものへん	白狐《びゃっこ》 銀狐《ぎんぎつね》
胡	音［コ］［ゴ］［ウ］ 訓［あごひげ］［えびす］［なん（ぞ）］［でたらめ］［ながい（き）］［みだ（り）］［いずくんぞ］	肉 月 にく にくづき	胡椒《こしょう》・胡弓《こきゅう》 胡馬北風《こばほくふう》 胡麻《ごま》 胡言乱説《こげんらんせつ》 胡乱《うろん》な輩《やから》
袴	音［コ］ 訓［はかま］［ももひき］	衣 衤 ころも ころもへん	着袴《ちゃっこ》の儀《ぎ》 袴下《こした》 羽織袴《はおりはかま》
壺（壺）	音［コ］ 訓［つぼ］	士 さむらい	壺中《こちゅう》の天《てん》 思《おも》う壺《つぼ》 壺口《つぼくち》
菰（菰）	音［コ］ 訓［こも］［まこも］	艹 艹 くさかんむり そうこう	菰畳《こもだたみ》 菰僧《こもそう》 荷《に》を菰《こも》で被《おお》う
跨	音［コ］ 訓［また（ぐ）］［また（がる）］［よ（る）］［また］	足 あし あしへん	跨線橋《こせんきょう》 年《とし》を跨《また》ぐ 猫跨《ねこまた》ぎ
鈷	音［コ］	金 かね かねへん	一本独鈷《いっぽんどっこ》
瑚	音［コ］［ゴ］	玉 王 たま・たまへん おう・おうへん	珊瑚《さんご》の指輪《ゆびわ》
糊	音［コ］ 訓［のり］［くちす（ぎ）］	米 こめ こめへん	糊口《ここう》を凌《しの》ぐ 糊化《こか》・糊代《のりしろ》 内職《ないしょく》で糊《くちす》ぎをする
醐	音［コ］［ゴ］	酉 ひよみのとり こよみのとり とりへん	醍醐味《だいごみ》
伍	音［ゴ］ 訓［くみ］［いつ（つ）］	人 亻 にんべん ひとやね	列強《れっきょう》に伍《ご・くみ》する 落伍《らくご》
吾	音［ゴ］ 訓［われ］［わ（が）］	口 くち くちへん	吾人《ごじん》 吾木香《われもこう》の花《はな》 吾《わ》が輩《はい》
冴*	音［ゴ］ 訓［さ（える）］	冫 にすい	冴寒《ごかん》 冴《さ》え渡《わた》る
梧	音［ゴ］ 訓［あおぎり］	木 き きへん	梧桐《ごとう(どう)》の琴《こと》 （梧桐《あおぎり》）

叩

音 [コウ]

訓 [たた(く)] [はた(く)] [ひか(える)]

卩 㔾 わりふ ふしづくり

叩頭拝礼《こうとうはいれい》
肩叩《かたたた》き

弘

音 [コウ] [グ]

訓 [ひろ(い)] [ひろ(める)]

弓 ゆみ ゆみへん

弘法大師《こうぼうだいし》
弘毅《こうき》
弘誓《ぐぜい》を立《た》てる

亙

音 [コウ]

訓 [わた(る)]

二 に

綿亙《めんこう》・亙古《こうこ》
五日《いつか》に亙《わた》る行事《ぎょうじ》

亘

音 [コウ] [セン]

訓 [わた(る)]

二 に

連亘《れんこう》する山並《やまなみ》
武芸十八般《ぶげいじゅうはっぱん》に亘《わた》る

宏

音 [コウ]

訓 [ひろ(い)] [おお(きい)]

宀 うかんむり

寛宏《かんこう》
宏壮《こうそう》な邸宅《ていたく》
宏《ひろ》い敷地《しきち》

佼

音 [コウ]

訓 [うつく(しい)]

亻 人 にんべん ひとやね

佼人《こうじん》
佼童《こうどう》
佼《うつく》しい立《た》ち姿《すがた》

庚

音 [コウ]

訓 [かのえ] [とし]

广 まだれ

庚申《こうしん・かのえさる》
君《きみ》と同庚《どうこう》だ

杭

音 [コウ]

訓 [わた(る)] [くい]

木 き きへん

杭材《こうざい》
橋杭《はしぐい》
出《で》る杭《くい》

肴

音 [コウ]

訓 [さかな]

肉 月 にく にくづき

佳肴《かこう》
酒《さけ》の肴《さかな》

肱

音 [コウ]

訓 [ひじ]

肉 月 にく にくづき

股肱《ここう》の臣《しん》
肱打《ひじう》ち

昂

音 [コウ] [ゴウ]

訓 [たかぶ(る)] [あ(がる)] [たか(い)]

日 ひ ひへん にちへん

昂然《こうぜん》たる態度《たいど》
昂揚《こうよう》
気《き》が昂《たか》ぶる

垢

音 [コウ] [ク]

訓 [あか] [よご(れる)] [けが(れる)] [はじ]

土 つち つちへん どへん

歯垢《しこう》をとる
白無垢《しろむく》
垢《けが》れを落《お》とす

巷（巷）

音 [コウ]

訓 [ちまた]

己 おのれ

巷間《こうかん》の噂《うわさ》
街談巷説《がいだんこうせつ》
巷《ちまた》の流行歌《りゅうこうか》

倖

音 [コウ]

訓 [さいわ(い)] [へつら(う)]

亻 人 にんべん ひとやね

射倖心《しゃこうしん》を煽《あお》る
倖《さいわ》いにも成功《せいこう》した

晃

音 [コウ]

訓 [あき(らか)] [ひか(る)]

日 ひ ひへん にちへん

晃晃《こうこう》と輝《かがや》く

浩

音 [コウ]

訓 [おお(きい)] [ひろ(い)] [おお(い)] [おご(る)]

氵 水 さんずい したみず

浩然《こうぜん》の気《き》を養う
浩《ひろ》い心《こころ》

紘

音 [コウ]

訓 [おおづな] [ひろ(い)]

糸 いと いとへん

八紘一宇《はっこういちう》

袷

音 [コウ]

訓 [あわせ]

衣 衤 ころも ころもへん

袷衣《こうい》
袷羽織《あわせばおり》
袷《あわせ》の着物《きもの》

漢字	音	訓	部首	部首名	用例
鈎	[コウ]	[かざ(る)] [ボタン]	金	かね かねへん	制服《せいふく》の金鈎《きんぼたん》 飾《かざ》り鈎《ぼたん》
皐（皋）	[コウ]	[さわ] [さつき]	白	しろ	皐月《こうげつ・さつき》 九皐《きゅうこう》
蛤	[コウ]	[はまぐり]	虫	むし むしへん	蛤柱《こうちゅう》 蛤《はまぐり》御門《ごもん》の変《へん》
幌	[コウ]	[ほろ]	巾	はば はばへん きんべん	札幌市《さっぽろし》 幌馬車《ほろばしゃ》
膏	[コウ]	[あぶら] [こ(える)] [うるお(す)] [めぐ(む)]	肉 月	にく にくづき	膏薬《こうやく》・膏沃《こうよく》 膏血《こうけつ》を絞《しぼ》る 膏《こ》えた土地《とち》
閤	[コウ]	[くぐりど] [へや] [たかどの]	門	もん もんがまえ	太閤《たいこう》 重閤《ちょうこう》 宮閤《きゅうこう》
縞	[コウ]	[しろぎぬ] [しま]	糸	いと いとへん	縞巾《こうきん》 格子縞《こうしじま》 縞馬《しまうま》
鴻	[コウ]	[おおとり] [おお(きい)]	鳥	とり とりへん	泰山鴻毛《たいざんこうもう》 鴻恩《こうおん》 鴻儒《こうじゅ》
鮫	[コウ]	[さめ]	魚	うお うおへん さかなへん	鮫函《こうかん》 鮫肌《さめはだ》 鮫皮《さめがわ》
糠	[コウ]	[ぬか]	米	こめ こめへん	糟糠《そうこう》の妻《つま》 糠《ぬか》に釘《くぎ》
藁	[コウ]	[わら]	艹 艹	くさかんむり そうこう	藁魚《こうぎょ》 藁葺《わらぶ》き屋根《やね》
鵠*	[コウ][コク]	[くぐい] [しろ(い)][まと] [ただ(しい)] [おお(きい)]	鳥	とり とりへん	鴻鵠《こうこく》 正鵠《せいこく・せいこう》 鵠《まと》を射《い》る
礦（砿）	[コウ]	[あらがね]	石	いし いしへん	炭礦《たんこう》 礦石《こうせき》 礦《あらがね》を精錬《せいれん》する
攪（撹）	[コウ] [カク]	[みだ(す)] [ま(ぜる)]	手 扌	て てへん	攪乱《こうらん・かくらん》 秩序《ちつじょ》を攪《みだ》す
壕	[ゴウ]	[ほり]	土	つち つちへん どへん	防空壕《ぼうくうごう》 壕《ほり》の周《まわ》りを歩《ある》く
濠	[ゴウ]	[ほり]	水 氺 氵	さんずい したみず	環濠集落《かんごうしゅうらく》 城《しろ》の濠《ほり》
嚙（噛）	[ゴウ]	[か(む)] [かじ(る)]	口	くち くちへん	嚙《か》み潰《つぶ》す 林檎《りんご》を嚙《かじ》る
轟	[ゴウ]	[とどろ(く)] [おお(いに)]	車	くるま くるまへん	轟音《ごうおん》 轟沈《ごうちん》 名《な》を轟《とどろ》かす

忽
音 [コツ]
訓 [ゆるが(せ)] [たちま(ち)]

心 忄 ⺗ こころ りっしんべん したごころ

忽然《こつぜん》
忽《ゆるが》せにしない
忽《たちま》ち消《き》える

惚
音 [コツ]
訓 [ほ(れる)] [ほう(ける)] [ぼ(ける)] [とぼ(ける)]

心 忄 ⺗ こころ りっしんべん したごころ

●恍惚《こうこつ》の表情《ひょうじょう》
惚《ほ》れ惚《ぼ》れ
遊《あそ》び惚《ほう》ける

艮
音 [コン] [ゴン]
訓 [うしとら]

艮 ねづくり こんづくり

艮《うしとら》は鬼門《きもん》だ

坤
音 [コン]
訓 [つち] [ひつじさる]

土 つち つちへん どへん

坤軸《こんじく》
乾坤一擲《けんこんいってき》の●勝負《しょうぶ》
坤《ひつじさる》の方位《ほうい》

昏
音 [コン]
訓 [く(れ)] [くら(い)] [くら(む)]

日 ひ ひへん にちへん

黄昏《こうこん(たそがれ)》
昏睡《こんすい》
貧血《ひんけつ》で昏倒《こんとう》した

梱
音 [コン]
訓 [こり] [こうり] [しきみ]

木 き きへん

荷物《にもつ》の梱包《こんぽう》
柳梱《やなぎごうり》

サ

乍
音 [サ]
訓 [たちま(ち)] [なが(ら)]

ノ の はらいぼう

乍《さ》雨《う》乍《さ》晴《せい》
居乍《いなが》らにして

些
音 [サ]
訓 [いささ(か)] [すこ(し)]

二 に

些細《ささい》な出来事《できごと》
些事《さじ》
些《いささ》か心配《しんぱい》だ

裟
音 [サ]

衣 衤 ころも ころもへん

住職《じゅうしょく》の袈裟《けさ》

瑳
音 [サ]
訓 [みが(く)]

玉 王 たま・たまへん おう・おうへん

切瑳琢磨《せっさたくま》
腕《うで》を瑳《みが》く

坐
音 [ザ]
訓 [すわ(る)] [いなが(ら)] [そぞろ(に)] [いま(す)] [おわ(す)] [ましま(す)]

土 つち つちへん どへん

行住坐臥《ぎょうじゅうざが》
坐視《ざし》
坐禅《ざぜん》
坐《いなが》らにして
気《き》も坐《そぞろ》になる

叉
音 [サ] [シャ]
訓 [また] [さ(す)] [こまね(く)] [こまぬ(く)]

又 また

三叉路《さんさろ》
夜叉《やしゃ》の面《めん》
手を叉《こまね》《こまぬ》く

紗
音 [サ] [シャ]
訓 [うすぎぬ]

糸 いと いとへん

更紗《さらさ》
羅紗《らしゃ》

蓑
音 [サ] [サイ]
訓 [みの]

艹 艹 くさかんむり そうこう

蓑笠《さりゅう・さりつ・みのかさ》
蓑《みの》になり笠《かさ》になる

(嵳)嵯
音 [サ]
訓 [けわ(しい)]

山 やま やまへん

嵯峨路《さがじ》
嵯嵯《ささ》として立《た》つ
嵯《けわ》しい山《やま》

哉
音 [サイ]
訓 [かな] [や] [か]

口 くち くちへん

快哉《かいさい》を叫《さけ》ぶ
悲《かな》しい哉《かな》

栖
音 [サイ] [セイ]
訓 [す(む)] [すみか]

木 き きへん

栖息《せいそく》
●鄙《ひな》に幽栖《ゆうせい》する
仙人《せんにん》の栖《すみか》

漢字	読み	部首	用例
晒	音[サイ] 訓[さら(す)]	日 ひ / ひへん・にちへん	晒書《さいしょ》 雨晒《あまざら》し 晒《さら》し者《もの》
柴	音[サイ] 訓[しば] [まつ(り)] [ふさ(ぐ)]	木 き / きへん	柴扉《さいひ》を出《で》る 鹿柴《ろくさい》を結《ゆ》う 小柴垣《こしばがき》
砦	音[サイ] 訓[とりで]	石 いし / いしへん	砦柵《さいさく》 城砦《じょうさい》をめぐらす 最後《さいご》の砦《とりで》
啐	音[サイ] [ソツ] 訓[な(める)] [なきごえ]	口 くち / くちへん	啐啄同時《そったくどうじ》 鳥《とり》の啐《なきごえ》
犀	音[サイ] [セイ] 訓[かた(い)] [するど(い)]	牛 うし / うしへん	犀利《さいり》な刃物《はもの》 金木犀《きんもくせい》 犀《かた》い角《つの》
榊 (榊)	訓[さかき]	木 き / きへん	榊《さかき》を供《そな》える
朔	音[サク] 訓[ついたち] [きた]	月 つき / つきへん	朔日《さくじつ》 朔北《さくほく》の地《ち》 朔《ついたち》の未明《みめい》
窄	音[サク] 訓[せま(い)] [せば(まる)] [すぼ(む)] [つぼ(む)]	穴 あな / あなかんむり	狭窄《きょうさく》 視野《しゃ》が窄《せば》まる 花《はな》が窄《すぼ》む
笹	訓[ささ]	竹 たけ / たけかんむり	笹身《ささみ》 笹《ささ》の葉《は》 鶯《うぐいす》の笹鳴《ささな》き
撒	音[サツ] [サン] 訓[ま(く)]	手 扌 て / てへん	農薬撒布《のうやくさんぷ》 豆撒《まめま》き
薩 (薩)	音[サツ]	艹 艹 くさかんむり / そうこう	薩摩芋《さつまいも》 大菩薩峠《だいぼさつとうげ》
珊* (珊)	音[サン]	玉 王 たま・たまへん / おう・おうへん	珊瑚礁《さんごしょう》
蒜	音[サン] 訓[ひる] [にんにく]	艹 艹 くさかんむり / そうこう	野蒜《のびる》を摘《つ》む 蒜料理《にんにくりょうり》
餐	音[サン] 訓[く(う)] [の(む)] [たべもの]	食 飠 飠 しょく / しょくへん	晩餐会《ばんさんかい》 粗酒粗餐《そしゅそさん》
燦	音[サン] 訓[あき(らか)] [あざ(やか)] [きら(めく)]	火 ひ / ひへん	燦然《さんぜん》たる輝《かがや》き 燦《きら》めく星座《せいざ》
纂	音[サン] 訓[あつ(める)] [くみひも] [つ(ぐ)]	糸 いと / いとへん	編纂《へんさん》 資料《しりょう》を纂《あつ》める
讃 (讃)	音[サン] 訓[ほ(める)] [たた(える)] [たす(ける)]	言 げん / ごんべん	自然讃歌《しぜんさんか》 絶讃《ぜっさん》 功績《こうせき》を讃《たた》える
シ 之	音[シ] 訓[これ] [こ(の)] [の] [ゆ(く)]	ノ の / はらいぼう	之《これ》とそれ 外国《がいこく》へ之《ゆ》く

巳
音[シ]
訓[み]

己
おのれ

上巳《じょうし》を祝《いわ》う
辰巳《たつみ》
巳《み》の刻《こく》

仔
音[シ]
訓[た(える)]
[こま(か)]
[こ]

亻 人
にんべん
ひとやね

仔細《しさい》に尋《たず》ねる
仔《こま》かな用事《ようじ》
仔犬《こいぬ》

只
音[シ]
訓[ただ]

口
くち
くちへん

只管打坐《しかんたざ》
只今《ただいま》
只者《ただもの》ではない

此
音[シ]
訓[こ(の)]
[これ]
[か(く)]
[ここ]

止
とめる
とめへん

彼岸《ひがん》と此岸《しがん》
彼此《ひし》
此度《こたび》

弛
音[シ]
[チ]
訓[たる(む)]
[ゆる(む)]
[たゆ(む)]

弓
ゆみ
ゆみへん

筋肉《きんにく》の弛緩《しかん》
気《き》が弛《ゆる》む
弦《げん》が弛《たゆ》む

孜
音[シ]
訓[つと(める)]

攵 攴
のぶん
ぼくづくり

孜孜《しし》として励《はげ》む
勉学《べんがく》に孜《つと》める

屍
音[シ]
訓[しかばね]
[かばね]

尸
かばね
しかばね

死屍累累《ししるいるい》
屍骸《しがい》・屍斑《しはん》
獣《けもの》の屍《しかばね》

砥
音[シ]
訓[と]
[といし]
[と(ぐ)]
[みが(く)]

石
いし
いしへん

砥礪切磋《しれいせっさ》
砥石《といし》で刃《は》を研《と》ぐ

梓
音[シ]
訓[あずさ]
[はんぎ]
[だいく]

木
き
きへん

自伝《じでん》を上梓《じょうし》する
梓弓《あずさゆみ》

笥
音[シ]
[ス]
訓[け]
[はこ]

竹
たけ
たけかんむり

箪笥《たんす》
笥籠《けこ》
笥《はこ》に入《い》れる

匙
音[シ]
訓[さじ]

匕
ひ

薬匙《やくし》
匙《さじ》を投《な》げる
茶匙《ちゃさじ》・匙加減《さじかげん》

偲
音[シ]
訓[しの(ぶ)]

亻 人
にんべん
ひとやね

偲偲《しし》
父《ちち》を偲《しの》ぶ
昔《むかし》を偲《しの》ぶ

痔
音[ジ]
訓[しもがさ]

疒
やまいだれ

痔疾《じしつ》に苦《くる》しむ

覗
音[シ]
訓[うかが(う)]
[のぞ(く)]

見
みる

好機《こうき》を覗《うかが》う
様子《ようす》を覗《うかが》う
覗《のぞ》き見《み》る

斯
音[シ]
訓[こ(の)]
[これ]
[か(く)]
[か(かる)]

斤
きん
おのづくり

斯界《しかい》の有名人《ゆうめいじん》
斯道《しどう》を歩《あゆ》む
斯《か》かる状況《じょうきょう》

蒔
音[シ]
[ジ]
訓[う(える)]
[ま(く)]

艹
くさかんむり
そうこう

蒔植《じしょく》
蒔絵《まきえ》
種蒔《たねま》き

獅
音[シ]
訓[しし]

犬 犭
いぬ
けものへん

獅子奮迅《ししふんじん》の活躍《かつやく》

髭
音[シ]
訓[くちひげ]
[ひげ]

髟
かみがしら
かみかんむり

髭剃《ひげそ》り
髭面《ひげづら》の男《おとこ》

漢字	読み	部首	用例
而	音［ジ］ 訓［しか(して)］［しか(れども)］［しか(も)］［しか(るに)］［なんじ］	而 しかして しこうして	形而上学《けいじじょうがく》 而立《じりつ》 而《しか》る後《のち》に
馳	音［ジ］［チ］ 訓［は(せる)］	馬 うま うまへん	御馳走《ごちそう》 馳《は》せ参《さん》じる 思《おも》いを馳《は》せる
爾	音［ジ］［ニ］ 訓［なんじ］［そ(の)］	爻 まじわる	爾汝《じじょ》の交《まじ》わり 率爾《そつじ》 爾《なんじ》の隣人《りんじん》を愛《あい》せ
鴫	訓［しぎ］	鳥 とり とりへん	茄子《なす》の鴫焼《しぎや》き 鴫立沢《しぎたつさわ》
宍	音［ジク］［ニク］ 訓［しし］	宀 うかんむり	宍色《ししいろ》
悉	音［シツ］ 訓［つく(す)］［ことごと(く)］［つぶさ(に)］	心 忄 ⺗ こころ りっしんべん したごころ	悉皆《しっかい》 全《すべ》てを知《し》り悉《つく》す 悉《ことごと》く失敗《しっぱい》する 悉《つぶさ》に報告《ほうこく》する
蛭	音［シツ］［テツ］ 訓［ひる］	虫 むし むしへん	肝蛭《かんてつ》は寄生虫《きせいちゅう》だ 蛭《ひる》に塩《しお》
櫛（櫛）（櫛）	音［シツ］ 訓［くし］［くしけず(る)］	木 き きへん	商家《しょうか》が櫛比《しっぴ》する 櫛形《くしがた》に切《き》る 髪《かみ》を櫛《くしけず》る
柘	音［シャ］ 訓［やまぐわ］［つげ］	木 き きへん	柘黄《しゃこう(おう)》 (柘植《つげ》)
這（這）	音［シャ］ 訓［こ(の)］［これ］［は(う)］	辶 辶 しんにょう しんにゅう	這箇《しゃこ》 這般《しゃはん》の事情《じじょう》 地《ち》を這《は》う
勺	音［シャク］	勹 つつみがまえ	一合《いちごう》は十勺《じっしゃく》 勺飲《しゃくいん》
灼*	音［シャク］ 訓［や(く)］［あき(らか)］［あらたか］［やいと］	火 ひ ひへん	灼熱《しゃくねつ》の太陽《たいよう》 霊験《れいげん》灼《あらたか》
杓（杓）	音［シャク］［ヒョウ］ 訓［ひしゃく］［しゃく(う)］	木 き きへん	柄杓《ひしゃく》・坏杓《はいしゃく》 斗杓《とひょう》 お茶《ちゃ》を杓《しゃく》う
錫	音［シャク］［セキ］［シ］ 訓［すず］［つえ］［たまもの］	金 かね かねへん	錫杖《しゃくじょう》 錫《つえ》を使《つか》う 努力《どりょく》の錫《たまもの》
雀	音［ジャク］ 訓［すずめ］	隹 ふるとり	燕雀《えんじゃく》 欣喜雀躍《きんきじゃくやく》 雀《すずめ》の涙《なみだ》
惹	音［ジャク］［ジャ］ 訓［ひ(く)］［まね(く)］	心 忄 ⺗ こころ りっしんべん したごころ	問題《もんだい》を惹起《じゃっき》する 容姿《ようし》に惹《ひ》かれる 人目《ひとめ》を惹《ひ》く

諏

音 [シュ] [ス]
訓 [はか(る)] [と(う)]

言　げん　ごんべん

諏謀《しゅぼう》
（諏訪湖《すわこ》）

嬬

音 [ジュ]
訓 [つま] [よわ(い)]

女　おんな　おんなへん

嬬恋《つまごい》

濡

音 [ジュ]
訓 [うるお(う)] [ぬ(れる)] [とどこお(る)] [こら(える)]

氵 氺　さんずい　したみず

濡滞《じゅたい》
濡《ぬ》れ手《て》で粟《あわ》
水流《すいりゅう》が濡《とどこお》る

綬

音 [ジュ]
訓 [ひも] [くみひも]

糸　いと　いとへん

印綬《いんじゅ》
紫綬褒章《しじゅほうしょう》
勲章《くんしょう》をさげる綬《ひも》

竪（豎）

音 [ジュ]
訓 [た(つ)] [たて] [こども] [こもの]

立　たつ　たつへん

竪子《じゅし》
竪琴《たてごと》

酋（酋）

音 [シュウ]
訓 [おさ] [かしら]

酉　ひよみのとり　こよみのとり　とりへん

酋長《しゅうちょう》
部族《ぶぞく》の酋《おさ(かしら)》

柊（柊）

音 [シュウ]
訓 [ひいらぎ]

木　き　きへん

柊葉《しゅうよう》
柊南天《ひいらぎなんてん》

洲

音 [シュウ]
訓 [す] [しま]

氵 氺　さんずい　したみず

欧洲《おうしゅう》
三角洲《さんかくす》
東京《とうきょう》八重洲《やえす》

萩

音 [シュウ]
訓 [はぎ]

艹艹　くさかんむり　そうこう

秋《あき》の七草《ななくさ》、萩《はぎ》
萩《はぎ》の乱《らん》

葺

音 [シュウ]
訓 [ふ(く)] [つくろ(う)]

艹艹　くさかんむり　そうこう

葺屋《しゅうおく》・葺繕《しゅうぜん》
瓦葺《かわらぶ》き
家屋《かおく》を葺《つくろ》う

嵩

音 [シュウ] [スウ]
訓 [かさ] [かさ(む)] [たか(い)]

山　やま　やまへん

嵩高《すうこう》・嵩山《すうざん》
荷《に》が嵩張《かさば》る
嵩高《かさだか》な態度《たいど》

楢（楢）

音 [シュウ] [ユウ]
訓 [なら]

木　き　きへん

楢茸《ならたけ》
楢《なら》の実《み》

蒐

音 [シュウ]
訓 [あつ(める)] [か(り)]

艹艹　くさかんむり　そうこう

蒐集《しゅうしゅう》
土鈴《どれい》を蒐《あつ》める

輯

音 [シュウ]
訓 [あつ(める)] [やわ(らぐ)]

車　くるま　くるまへん

集輯《しゅうしゅう》・編輯《へんしゅう》
資料《しりょう》を輯《あつ》める
関係《かんけい》が輯《やわ》らぐ

鰍

音 [シュウ]
訓 [どじょう] [いなだ] [かじか]

魚　うお　うおへん　さかなへん

鰍掬《どじょうすく》い
清流《せいりゅう》の鰍《かじか》

繡（繍）

音 [シュウ]
訓 [ぬいとり] [にしき] [うつく(しい)]

糸　いと　いとへん

錦繡《きんしゅう》の候《こう》
刺繡《ししゅう》
繡《うつく》しい設《しつら》え

龝（穐）

音 [シュウ]
訓 [あき] [とき]

禾　のぎ　のぎへん

千龝楽《せんしゅうらく》
読書《どくしょ》の龝《あき》

鷲

音 [シュウ] [ジュ]
訓 [わし]

鳥　とり　とりへん

鷲山《じゅせん》
鷲鼻《わしばな》
鷲摑《わしづか》み

	什	廿	戎	紐	夙
音	［ジュウ］	［ジュウ］	［ジュウ］	［ジュウ］ ［チュウ］	［シュク］
訓	［とお］	［にじゅう］	［えびす］ ［いくさ］ ［おお(きい)］ ［つわもの］	［ひも］	［つと(に)］ ［はや(い)］ ［まだき］
部首	亻 人 にんべん ひとやね	十 じゅう	戈 ほこづくり ほこがまえ	糸 いと いとへん	夕 た ゆうべ
例	佳什《かじゅう》 什器《じゅうき》	廿万円《にじゅうまんえん》 （廿日市市《はつかいちし》）	戎夷《じゅうい》 戎器《じゅうき》 戎馬《じゅうば》の手入《てい》れ 戎講《えびすこう》 戎《いくさ》に勝《か》つ	紐帯《ちゅうたい(じゅうたい)》 謎《なぞ》を紐解《ひもと》く	夙志《しゅくし》・夙夜《しゅくや》 夙起《しゅっき(しゅくき)》する 夙《つと》に有名《ゆうめい》だ

	粥	峻	竣	隼	馴
音	［シュク］ ［イク］	［シュン］	［シュン］	［シュン］ ［ジュン］	［シュン］ ［ジュン］ ［クン］
訓	［かゆ］ ［ひさ(ぐ)］	［たか(い)］ ［けわ(しい)］ ［おお(きい)］ ［きび(しい)］	［お(わる)］	［はやぶさ］	［な(れる)］ ［な(らす)］ ［すな(お)］ ［よ(い)］ ［おし(え)］
部首	米 こめ こめへん	山 やま やまへん	立 たつ たつへん	隹 ふるとり	馬 うま うまへん
例	粥粥《しゅくしゅく》 粥文《いくぶん》 白粥《しらがゆ》	急峻《きゅうしゅん》な地形《ちけい》 峻厳《しゅんげん》 峻《けわ》しい道《みち》のり	竣工《しゅんこう》 工事《こうじ》が竣《お》わる	鷹隼《ようしゅん》 薩摩《さつま》（隼人《はやと》）	環境《かんきょう》に馴化《じゅんか》する 幼馴染《おさななじ》み 馴《な》れ親《した》しむ 馴《な》れ合《あ》い 馴《すな》おに従《したが》う

	舜*	醇	駿	淳	惇	閏
音	［シュン］	［シュン］ ［ジュン］	［シュン］ ［スン］	［ジュン］	［ジュン］ ［トン］	［ジュン］
訓	［むくげ］	［もっぱ(ら)］ ［あつ(い)］	［すぐ(れる)］	［あつ(い)］ ［すなお］	［あつ(い)］ ［まこと］	［うるう］
部首	舛 まいあし	酉 ひよみのとり こよみのとり とりへん	馬 うま うまへん	氵 氺 さんずい したみず	忄 㣺 りっしんべん したごころ	門 もん もんがまえ
例	舜天王《しゅんてんおう》 尭鼓《ぎょうこ》舜木《しゅんぼく》	醇朴《じゅんぼく》 芳醇《ほうじゅん》なワイン	駿足《しゅんそく》ランナー 駿馬《しゅんめ》	淳風《じゅんぷう》 淳朴《じゅんぼく》な性格《せいかく》 情《じょう》に淳《あつ》い人柄《ひとがら》	惇厚《とんこう》な青年《せいねん》 人情《にんじょう》に惇《あつ》い 惇《まこと》の心《こころ》	閏統《じゅんとう》 閏年《うるうどし・じゅんねん》

楯

音 [ジュン]
訓 [たて]

木 き きへん

鉄楯《てつじゅん》
楯《たて》と矛《ほこ》

疋

音 [ショ]
[ソ]
[ヒツ]
訓 [あし]
[ひき]

疋 ひき ひきへん

疋夫《ひっぷ》
一疋《いっぴき》は布《ぬの》二《に》反《たん》

杵

音 [ショ]
訓 [きね]

木 き きへん

杵声《しょせい》
臼《うす》と杵《きね》

恕

音 [ショ]
[ジョ]
訓 [おもいや(る)]
[ゆる(す)]

心 忄 㣺 こころ りっしんべん したごころ

寛恕《かんじょ》の精神《せいしん》
忠恕《ちゅうじょ》
罪《つみ》を恕《ゆる》す

渚

音 [ショ]
訓 [なぎさ]
[みぎわ]

氵 氺 さんずい したみず

汀渚《ていしょ》に佇《たたず》む
渚《なぎさ》《みぎわ》に集《あつ》まる鳥《とり》

黍

音 [ショ]
訓 [きび]

黍 きび

禾黍《かしょ》
麦秀黍離《ばくしゅうしょり》
砂《さ》糖黍《とうきび》

疏（疏）

音 [ショ]
[ソ]
訓 [とお(す)]
[とお(る)]
[うと(い)]
[うと(む)]
[おろそ(か)]
[あら(い)]
[まば(ら)]
[ふみ]

疋 ひき ひきへん

意志《いし》疏通《そつう》
弁疏《べんそ》に窮《きゅう》す
水《みず》を疏《とお》す
友人《ゆうじん》を疏《うと》む
学業《がくぎょう》を疏《おろそ》かにする

鋤

音 [ショ]
[ジョ]
訓 [すき]
[す(く)]

金 かね かねへん

鋤簾《じょれん》
鋤《すき》で耕《たがや》す
鋤鍬《すきくわ》

薯（薯）

音 [ショ]
[ジョ]
訓 [いも]

艹 艹 くさかんむり そうこう

甘薯《かんしょ》
自然薯《じねんじょ》
薯《いも》掘《ほ》り

曙

音 [ショ]
訓 [あけぼの]

日 ひ ひへん にちへん

東雲《しののめ》の曙光《しょこう》
春《はる》は曙《あけぼの》

藷（藷）

音 [ショ]
訓 [いも]
[さとうきび]

艹 艹 くさかんむり そうこう

甘藷《かんしょ》
藷畑《さとうきびばたけ》

汝

音 [ジョ]
訓 [なんじ]

氵 氺 さんずい したみず

爾汝《じじょ》の仲《なか》
汝《なんじ》の隣人《りんじん》を愛《あい》せ

庄

音 [ショウ]
[ソウ]
訓 [いなか]
[むらざと]

广 まだれ

庄屋《しょうや》
山間《やまあい》の庄《むらざと》

丞

音 [ショウ]
[ジョウ]
訓 [たす(ける)]

一 いち

丞相《じょうしょう》《しょうじょう》
長官《ちょうかん》を丞《たす》ける

妾

音 [ショウ]
訓 [めしつかい]
[めかけ]
[わらわ]

女 おんな おんなへん

愛妾《あいしょう》・臣妾《しんしょう》
廃妾論《はいしょうろん》
妾《めかけ》や側室《そくしつ》

昌

音 [ショウ]
訓 [さか(ん)]
[うつく(しい)]
[みだ(れる)]

日 ひ ひへん にちへん

昌運《しょううん》・繁昌《はんじょう》
昌《さか》んな取引《とりひき》
昌《うつく》しい言葉《ことば》

漢字	読み	部首	用例
秤（秤）	音［ショウ］［ビン］ 訓［はかり］	禾 のぎ のぎへん	秤量《しょうりょう(ひょうりょう)》 天秤《てんびん》に掛《か》ける 秤売《はかりう》り
哨（哨）	音［ショウ］ 訓［みはり］	口 くち くちへん	哨兵《しょうへい》・歩哨《ほしょう》 前哨戦《ぜんしょうせん》 哨《みはり》を配置《はいち》する
菖	音［ショウ］ 訓［しょうぶ］	艹 くさかんむり そうこう	花菖蒲《はなしょうぶ》
娼	音［ショウ］ 訓［あそびめ］	女 おんな おんなへん	娼館《しょうかん》 娼婦《しょうふ》 娼妓《しょうぎ》
捷	音［ショウ］ 訓［か(つ)］［はや(い)］	手 扌 て てへん	捷報《しょうほう》・敏捷《びんしょう》 戦《いくさ》に捷《か》つ 仕事《しごと》が捷《はや》い
梢	音［ショウ］ 訓［こずえ］［かじ］	木 き きへん	梢頭《しょうとう》 末梢神経《まっしょうしんけい》 梢《こずえ》の秋《あき》
湘	音［ショウ］	氵 氺 さんずい したみず	湘南海岸《しょうなんかいがん》
甥	音［ショウ］［セイ］ 訓［おい］	生 うまれる	外甥《がいせい》 甥御《おいご》
蛸（蛸）	音［ショウ］ 訓［たこ］	虫 むし むしへん	蛸壺《たこつぼ》 蛸足配線《たこあしはいせん》
裳	音［ショウ］ 訓［も］［もすそ］	衣 衤 ころも ころもへん	衣裳部屋《いしょうべや》 裳裾《もすそ》が濡《ぬ》れる
嘗	音［ショウ］［ジョウ］ 訓［な(める)］［かつ(て)］［こころ(みる)］	口 くち くちへん	嘗試《しょうし》 臥薪嘗胆《がしんしょうたん》 新嘗祭《にいなめさい》
摺（摺）	音［ショウ］［ロウ］ 訓［たた(む)］［ひだ］［す(る)］［くじ(く)］	手 扌 て てへん	摺本《しょうほん》 折《お》り摺《たた》む 摺《す》り足《あし》
蔣（蒋）	音［ショウ］ 訓［まこも］	艹 くさかんむり そうこう	蔣介石《しょうかいせき》 蔣《まこも》が群生《ぐんせい》する
蕉	音［ショウ］	艹 くさかんむり そうこう	松尾《まつお》芭蕉《ばしょう》 芭蕉布《ばしょうふ》
廠（厰）	音［ショウ］ 訓［かりや］［うまや］［しごとば］	广 まだれ	廠舎《しょうしゃ》・船廠《せんしょう》 工廠《こうしょう》 武器補給廠《ぶきほきゅうしょう》
樟	音［ショウ］ 訓［くす］［くすのき］	木 き きへん	樟脳《しょうのう》 樟《くすのき》の香気《こうき》
橡	音［ショウ］ 訓［とち］［くぬぎ］［つるばみ］	木 き きへん	橡餅《とちもち》・橡《とち》の実《み》 橡色《つるばみいろ》 黒橡《くろつるばみ》
錆（錆）	音［ショウ］［セイ］ 訓［さび］［さ(びる)］	金 かね かねへん	鉄錆《てつさび》 錆鮎《さびあゆ》

樵

音［ショウ］［ゾウ］
訓［きこり］［こ(る)］［きこ(る)］

木 き きへん

樵夫《しょうふ》
漁樵《ぎょしょう》
山《やま》の樵《きこり》

鞘（鞘）

音［ショウ］
訓［さや］

革 かくのかわ つくりがわ かわへん

刀鞘《とうしょう》
刀《かたな》の鞘《さや》
利鞘《りざや》を稼《かせ》ぐ

鍾

音［ショウ］
訓［さかずき］［あつ(める)］［つりがね］

金 かね かねへん

鍾乳洞《しょうにゅうどう》
鍾美《しょうび》
愛情《あいじょう》を鍾《あつ》める

鍬

音［ショウ］［シュウ］
訓［すき］［くわ］

金 かね かねへん

火鍬《かしゅう》
鋤《すき》と鍬《くわ》
鋤鍬《すきくわ》

篠（篠）

音［ショウ］
訓［しの］

竹 たけ たけかんむり

篠突《しのつ》く雨《あめ》

醬（醤）

音［ショウ］
訓［ししびしお］［ひしお］

酉 ひよみのとり こよみのとり とりへん

醬油《しょうゆ》
肉醬《にくしょう・ししびしお》

鎗

音［ショウ］［ソウ］
訓［やり］

金 かね かねへん

鎗金《そうきん》を施《ほどこ》す
手鎗《てやり》

鯖（鯖）

音［ショウ］［セイ］
訓［さば］［よせなべ］

魚 うお うおへん さかなへん

五侯鯖《ごこうせい》
鯖《さば》の味噌煮《みそに》
鯖《さば》の生《い》き腐《ぐさ》れ

擾

音［ジョウ］
訓［な(らす)］［みだ(れる)］［わずら(わしい)］［さわ(ぐ)］

手 扌 て てへん

擾乱《じょうらん》・紛擾《ふんじょう》
飼《か》い擾《な》らす
規律《きりつ》が擾《みだ》れる

穣

音［ジョウ］
訓［ゆた(か)］［みの(る)］

禾 のぎ のぎへん

豊穣《ほうじょう》
穣《ゆた》かに実《みの》る
穣《みの》りの秋《あき》

茸

音［ジョウ］
訓［しげ(る)］［ふくろづの］［たけ］［きのこ］

⺿ 艹 くさかんむり そうこう

鹿茸《ろくじょう》
草《くさ》が生《お》い茸《しげ》る
椎茸《しいたけ》

杖

音［ジョウ］
訓［つえ］

木 き きへん

戒杖《かいじょう》
錫杖《しゃくじょう》
杖《つえ》をつく

瀞（瀞）

音［ジョウ］［セイ］
訓［とろ］

氵 氺 さんずい したみず

清瀞《せいじょう》
長瀞《ながとろ》の川下《かわくだ》り

鄭（鄭）

音［ジョウ］［テイ］
訓［ねんご(ろ)］

邑 阝 おおざと

鄭声《ていせい》
鄭重《ていちょう》
鄭《ねんご》ろにもてなす

埴

音［ショク］
訓［はに］

土 つち つちへん どへん

埴輪《はにわ》

粟

音［ショク］［ゾク］
訓［もみ］［あわ］［ふち］

米 こめ こめへん

稲粟《とうぞく》の倉庫《そうこ》
濡《ぬ》れ手《て》で粟《あわ》
粟餅《あわもち》

蝕（蝕）

音［ショク］
訓［むしば(む)］

虫 むし むしへん

日蝕《にっしょく》
蝕害《しょくがい》
神経《しんけい》を蝕《むしば》む

漢字	音	訓	部首	用例
燭	[ショク] [ソク]	[ともしび]	火 ひ ひへん	燭台《しょくだい》 華燭《かしょく》の典《てん》 蠟燭《ろうそく》
辰	[シン]	[たつ] [ひ] [とき]	辰 しんのたつ	佳辰《かしん》を選《えら》ぶ 辰巳《たつみ》の方位《ほうい》
矧	[シン]	[は(ぐ)]	矢 や やへん	矢《や》を矧《は》ぐ
晋	[シン]	[すす(む)]	日 ひ ひへん にちへん	晋山《しんざん》 晋書《しんじょ》 前《まえ》へ晋《すす》む
疹	[シン]	[はしか]	疒 やまいだれ	風疹《ふうしん》 湿疹《しっしん》が痒《かゆ》い 疹《はしか》にかかる
秦	[シン]	[はた]	禾 のぎ のぎへん	秦《しん》の始皇帝《しこうてい》
訊	[シン] [ジン]	[たず(ねる)] [と(う)] [き(く)] [たよ(り)]	言 げん ごんべん	審訊《しんじん》・訊問《じんもん》 責任《せきにん》を訊《と》う 訊《たよ》りがない
榛	[シン]	[はしばみ] [はり] [くさむら]	木 き きへん	榛荒《しんこう》 榛色《はしばみいろ》・榛《はしばみ》の実《み》 榛《はん》の木《き》
賑	[シン]	[ほどこ(す)] [にぎ(わう)] [にぎ(やか)]	貝 かい こがい かいへん	殷賑《いんしん》を極《きわ》める 賑給《しんきゅう》 賑賑《にぎにぎ》しい 商店街《しょうてんがい》の賑《にぎ》わい
槙	[シン] [テン]	[まき]	木 き きへん	柏槙《びゃくしん》 槙《まき》が自生《じせい》する
壬	[ジン] [ニン]	[みずのえ] [おもね(る)]	士 さむらい	壬申《じんしん》の乱《らん》 十干《じっかん》の壬《みずのえ》
荏	[ジン] [ニン]	[え] [やわ(らか)]	艹 艹 艹 くさかんむり そうこう	荏苒《じんぜん》と過《す》ごす
稔	[ジン] [ニン] [ネン]	[みの(る)] [とし] [つ(む)]	禾 のぎ のぎへん	豊稔《ほうじん》祈願《さがん》 稲《いね》が稔《みの》る
靱（靱）（靭）	[ジン]	[しな(やか)]	革 かくのかわ つくりがわ かわへん	強靱《きょうじん》な精神《せいしん》 靱帯《じんたい》を痛《いた》める 靱《しな》やかな動《うご》き
塵	[ジン]	[ちり]	土 つち つちへん どへん	砂塵《さじん》・塵芥《じんかい》 塵取《ちりと》り 塵紙《ちりがみ》
儘	[ジン]	[ことごと(く)] [まま]	亻 入 にんべん ひとやね	儘《ことごと》く失敗《しっぱい》する 気儘《きまま》・我儘《わがまま》 儘《まま》ならぬ世間《せけん》

ス

翠（翆）
音［スイ］
訓［かわせみ］［みどり］

羽 はね

翠黛《すいたい》・翠緑《すいりょく》
水辺《みずべ》の翠《かわせみ》
翠色《みどりいろ》

錘
音［スイ］
訓［つむ］［おもり］

金 かね かねへん

紡錘形《ぼうすいけい》
錘《おもり》頭巾《ずきん》

錐
音［スイ］
訓［きり］［するど(い)］

金 かね かねへん

三角錐《さんかくすい》
立錐《りっすい》の余地《よち》もない
囊中《のうちゅう》の錐《きり》

瑞
音［ズイ］
訓［しるし］［めでた(い)］［みず］

玉 王 たま・たまへん おう・おうへん

瑞雲《ずいうん》・瑞祥《ずいしょう》
喜《よろこ》ばしい瑞《しるし》
瑞穂《みずほ》の国《くに》

蕊（蕋）（蘂）
音［ズイ］
訓［しべ］

艹 艹 くさかんむり そうこう

花蕊《かずい》
雌蕊《めしべ・しずい》
雄蕊《おしべ・ゆうずい》

趨
音［スウ］［ソク］［シュ］
訓［はし(る)］［おもむ(く)］［はや(い)］［うなが(す)］

走 はしる そうにょう

帰趨《きすう》
趨向《すうこう》
世論《よろん》の趨勢《すうせい》
任地《にんち》へ趨《おもむ》く
決断《けつだん》を趨《うなが》す

雛
音［スウ］［ス］
訓［ひな］［ひよこ］

隹 ふるとり

雛僧《すうそう》
雛飾《ひなかざ》り
雛祭《ひなまつ》り

椙
訓［すぎ］

木 き きへん

椙《すぎ》の大木《たいぼく》

吋
音［スン］［トウ］［インチ］

口 くち くちへん

吋《インチ》は長《なが》さの単位《たんい》

セ

脆（脃）
音［セイ］［ゼイ］
訓［もろ(い)］［よわ(い)］［やわ(らかい)］［かる(い)］

肉 月 にく にくづき

脆弱《ぜいじゃく》・脆味《ぜいみ》
涙脆《なみだもろ》い
脆《やわ》らかい肉《にく》

棲
音［セイ］
訓［す(む)］［すみか］

木 き きへん

群棲《ぐんせい》
棲息地《せいそくち》
野生動物《やせいどうぶつ》の棲《すみか》

貰
音［セイ］
訓［もら(う)］［か(りる)］［ゆる(す)］

貝 かい こがい かいへん

貰貸《せいたい》・貰赦《せいしゃ》
貰《もら》い泣《な》き
罪《つみ》を貰《ゆる》す

靖
音［セイ］
訓［やす(い)］［やす(んじる)］

立 たつ たつへん

靖国《せいこく》
靖難《せいなん》の変《へん》
靖国神社《やすくにじんじゃ》

鉦
音［セイ］［ショウ］
訓［かね］

金 かね かねへん

鉦鼓《しょうこ・しょうご》
鉦《かね》や太鼓《たいこ》
鉦打《かねう》ち

汐
音［セキ］
訓［しお］［うしお］

氵 氺 さんずい したみず

潮汐《ちょうせき》
汐時《しおどき》
汐焼《しおや》け

碩
音［セキ］
訓［おお(きい)］

石 いし いしへん

碩学《せきがく》
碩徳《せきとく》
度量《どりょう》が碩《おお》きい

蹟	音[セキ][シャク]	訓[あと]	足 あし あしへん	遺蹟《いせき》 蹟行《せきこう》 足蹟《あしあと》
屑（屑）	音[セツ]	訓[いさぎよ(い)][くず]	尸 かばね しかばね	竹頭木屑《ちくとうぼくせつ》 屑《いさぎよ》い態度《たいど》 屑籠《くずかご》
鱈（鱈）	音[セツ]	訓[たら]	魚 うお うおへん さかなへん	鱈鍋《たらなべ》 矢鱈《やたら》 助宗鱈《すけそうだら》
尖	音[セン]	訓[とが(る)][するど(い)][さき]	小 しょう	舌尖《ぜっせん》・尖鋭《せんえい》 尖《とが》った刃先《はさき》 筆《ふで》の尖《さき》
舛*	音[セン]	訓[そむ(く)][あやま(る)][いりま(じる)]	舛 まいあし	舛馳《せんち》・舛午《せんご》 命令《めいれい》に舛《そむ》く 玉石《ぎょくせき》が舛《いりま》じる
苫	音[セン]	訓[とま][むしろ]	艹 艹 くさかんむり そうこう	苫小牧《とまこまい》 苫屋《とまや》
茜	音[セン]	訓[あかね]	艹 艹 くさかんむり そうこう	茜雲《あかねぐも》 茜色《あかねいろ》
栴	音[セン]		木 き きへん	栴檀《せんだん》は双葉《ふたば》より 芳《かんば》し
穿*	音[セン]	訓[うが(つ)][は(く)][つらぬ(く)][ほじ(る)][ほじく(る)]	穴 あな あなかんむり	穿孔《せんこう》・朝穿暮塞《ちょうせんぼそく》 雨垂《あまだ》れ石《いし》を穿《うが》つ 過去《かこ》を穿《ほじく》る
閃	音[セン]	訓[ひらめ(く)]	門 もん もんがまえ	一閃《いっせん》 閃光《せんこう》 妙案《みょうあん》が閃《ひらめ》く
釧	音[セン]	訓[うでわ][くしろ]	金 かね かねへん	根釧台地《こんせんだいち》 釧路市《くしろし》
銑	音[セン]	訓[ずく]	金 かね かねへん	銑鉄《せんてつ・ずくてつ》 銑銭《ずくせん(ぜに)》
揃（揃）	音[セン]	訓[そろ(う)][そろ(える)][そろ(い)]	手 扌 て てへん	揃刈《せんがい》 揃平《せんぺい》 勢揃《せいぞろ》い
煽（煽）	音[セン]	訓[あお(る)][おだ(てる)][おこ(る)][あお(り)]	火 ひ ひへん	煽情的《せんじょうてき》・煽動《せんどう》 暴動《ぼうどう》を煽《あお》る 上役《うわやく》を煽《おだ》てる
箭（箭）	音[セン]	訓[や]	竹 たけ たけかんむり	弓箭《きゅうせん》の道《みち》 箭文《やぶみ》
撰（撰）	音[セン][サン]	訓[えら(ぶ)]	手 扌 て てへん	新撰組《しんせんぐみ》 勅撰和歌集《ちょくせんわかしゅう》 良《よ》い句《く》を撰《えら》ぶ
賤（賎）	音[セン][ゼン]	訓[やす(い)][いや(しい)][あや(しい)][いや(しめる)][しず]	貝 かい こがい かいへん	職業《しょくぎょう》に貴《き》賤《せん》無《な》し 下賤《げせん》の身《み》 賤称《せんしょう》 他人《たにん》を賤《いや》しめる 賤《しず》ケ《が》岳《たけ》の戦《たたか》い 賤《しず》の男《お》

漢字	読み	部首	用例
蟬（蝉）	音[セン][ゼン] 訓[せみ][うつく(しい)][つづ(く)]	虫 むし むしへん	蟬脱《せんだつ》 蟬時雨《せみしぐれ》 蟬《うつく》しい女性《じょせい》
苒（苒）	音[ゼン]	艹 くさかんむり そうこう	荏苒《じんぜん》
糎	音[センチメートル]	米 こめ こめへん	百糎《ひゃくセンチメートル》
岨	音[ソ] 訓[そば][そばだ(つ)]	山 やま やまへん	険岨《けんそ》な山並《やまなみ》 岨伝《そばづた》い 岩山《いわやま》が岨《そばだ》つ
姐	音[ソ][シャ] 訓[あね][あねご][ねえ]	女 おんな おんなへん	姐御肌《あねごはだ》
楚	音[ソ] 訓[いばら][しもと][むち][すわえ]	木 き きへん	清楚《せいそ》・四面楚歌《しめんそか》 楚《いばら》の道《みち》 痛楚《つうそ》
鼠	音[ソ][ショ][ス] 訓[ねずみ]	鼠 ねずみ ねずみへん	窮鼠《きゅうそ》猫《ねこ》を嚙《か》む 鼠盗《そとう》・鼠算《ねずみざん》 鼠小僧《ねずみこぞう》
蘇	音[ソ][ス] 訓[ふさ][よみがえ(る)]	艹 くさかんむり そうこう	蘇生術《そせいじゅつ》 青紫蘇《あおじそ》 記憶《きおく》が蘇《よみがえ》る
匝（帀）	音[ソウ] 訓[めぐ(る)]	巾 はば はばへん きんべん	周匝《しゅうそう》 匝旬《そうじゅん》 諸国《しょこく》を匝《めぐ》る
宋	音[ソウ]	宀 うかんむり	宋学《そうがく》 宋《そう》の時代《じだい》
蚤	音[ソウ] 訓[のみ][はや(い)][つめ]	虫 むし むしへん	蚤起《そうき》・蚤夜《そうや》 蚤《のみ》の夫婦《ふうふ》 朝《あさ》が蚤《はや》い
惣	音[ソウ] 訓[すべ(て)]	心 忄 㣺 こころ りっしんべん したごころ	惣菜《そうざい》 惣領息子《そうりょうむすこ》 惣《すべ》ての民《たみ》
葱	音[ソウ] 訓[ねぎ][き][あお(い)]	艹 くさかんむり そうこう	葱花《そうか》が咲《さ》く 葱坊主《ねぎぼうず》 鴨《かも》が葱《ねぎ》を背負《しょ》う
湊	音[ソウ] 訓[みなと][あつ(まる)]	氵 氺 さんずい したみず	湊泊《そうはく》・湊理《そうり》 湊川《みなとがわ》の戦《たたか》い 珍品《ちんぴん》が湊《あつ》まる
蒼	音[ソウ] 訓[あお][あお(い)][しげ(る)][ふる(びる)][あわただ(しい)]	艹 くさかんむり そうこう	古色蒼然《こしょくそうぜん》 蒼白《そうはく》・蒼《あお》い海原《うなばら》 草《くさ》が蒼《しげ》る
搔（掻）	音[ソウ] 訓[か(く)]	手 扌 て てへん	隔靴搔痒《かっかそうよう》 悪《わる》足《あ》搔《が》き 足《あ》搔《が》く
噌（噌）	音[ソウ][ソ] 訓[かまびす(しい)]	口 くち くちへん	味噌《みそ》 噌《かまびす》しい鳥《とり》の声《こえ》
聡	音[ソウ] 訓[さと(い)]	耳 みみ みみへん	聡明《そうめい》 聡察《そうさつ》 耳聡《みみざと》い

漢字	音・訓	部首	用例
綜	音[ソウ] 訓[す(べる)] [おさ] [まじ(える)]	糸 いと いとへん	錯綜《さくそう》 綜合《そうごう》 国《くに》を綜《す》べる
漕	音[ソウ] 訓[はこ(ぶ)] [こ(ぐ)]	氵 氺 さんずい したみず	回漕業《かいそうぎょう》 船《ふね》で荷《に》を漕《はこ》ぶ 船《ふね》を漕《こ》ぐ
槍	音[ソウ] 訓[やり]	木 き きへん	槍術《そうじゅつ》の名手《めいしゅ》 槍玉《やりだま》 横槍《よこやり》を入《い》れる
甑（甑）	音[ソウ] 訓[こしき]	瓦 かわら	甑塵《そうじん》釜《ふ》魚《ぎょ》 甑《こしき》落《お》とし 甑島列島《こしきじまれっとう》
糟	音[ソウ] 訓[かす]	米 こめ こめへん	糟糠《そうこう》の妻《つま》 糟汁《かすじる》 糟《かす》漬《づ》け
叢	音[ソウ] 訓[くさむら] [むら(がる)]	又 また	叢雲《そううん・むらくも》・叢書《そうしょ》 叢《くさむら》に隠《かく》れる 虫が叢《むら》がる
竈（竈）（竃）	音[ソウ] 訓[かまど] [へっつい]	穴 あな あなかんむり	釜竈《ふそう》 病竈《びょうそう》 竈神《かまどがみ》
藪（薮）	音[ソウ] 訓[さわ] [やぶ]	艹 艹 くさかんむり そうこう	藪沢《そうたく》 藪蛇《やぶへび》 竹藪《たけやぶ》
鰺（鯵）	音[ソウ] 訓[あじ]	魚 うお うおへん さかなへん	縞鰺《しまあじ》 鰺《あじ》の刺身《さしみ》
巽	音[ソン] 訓[たつみ] [ゆず(る)]	己 おのれ	巽位《そんい》 巽《たつみ》の方角《ほうがく》 他人《たにん》に巽《ゆず》る
噂（噂）	音[ソン] 訓[うわさ]	口 くち くちへん	噂議《そんぎ》 噂沓《そんとう》 噂《うわさ》をすれば影《かげ》
樽（樽）	音[ソン] 訓[たる]	木 き きへん	樽酒《そんしゅ・たるざけ》
鱒（鱒）	音[ソン] [ゾン] 訓[ます]	魚 うお うおへん さかなへん	養鱒業《ようそんぎょう》 鮭鱒漁《さけますりょう》 虹鱒《にじます》
タ 柁	音[タ] [ダ] 訓[かじ]	木 き きへん	柁手《だしゅ》 柁《かじ》をとる
舵	音[タ] [ダ] 訓[かじ]	舟 ふね ふねへん	操舵手《そうだしゅ》 面舵《おもかじ》 舵《かじ》取《と》り
詑	音[タ] 訓[あざむ(く)]	言 げん ごんべん	己《おのれ》を詑《あざむ》く
詫	音[タ] 訓[わ(びる)] [ほこ(る)] [わび]	言 げん ごんべん	お詫《わ》び 詫《わ》び状《じょう》 功績《こうせき》を詫《ほこ》る
陀	音[ダ] [タ]	阝 阜 こざとへん	阿弥陀如来《あみだにょらい》 陀羅尼《だらに》・仏陀《ぶっだ》 曼陀羅《まんだら》

漢字	音訓	部首	用例
雫	音[ダ] 訓[しずく]	雨 あめ あめかんむり あまかんむり	雨《あめ》の雫《しずく》 雫《しずく》が滴《したた》る
楕（橢）	音[ダ] 訓[こばんがた]	木 き きへん	楕円《だえん》 楕《こばんがた》の判子《はんこ》
岱	音[タイ]	山 やま やまへん	岱山《たいざん》
苔	音[タイ] 訓[こけ]	艹 艹 くさかんむり そうこう	湿地《しっち》の緑苔《りょくたい》 苔類《たいるい》・杉苔《すぎごけ》 苔《こけ》むした岩《いわ》
殆	音[タイ] 訓[ほとん(ど)][あや(うい)][ほとほと]	歹 かばねへん いちたへん がつへん	危殆《きたい》に瀕《ひん》す 殆《あや》うきを欠《か》く 殆《ほとほと》手《て》を焼《や》く
梯	音[タイ][テイ] 訓[はしご]	木 き きへん	階梯《かいてい》 雲梯《うんてい》 縄梯《なわばしご》
碓	音[タイ] 訓[うす]	石 いし いしへん	碓声《たいせい》 碓氷峠《うすいとうげ》
腿（腿）	音[タイ] 訓[もも]	肉 月 にく にくづき	大腿骨《だいたいこつ》 太腿《ふともも》
黛	音[タイ] 訓[まゆずみ][かきまゆ][まゆ]	黑 黒 くろ	翠黛《すいたい》 粉黛《ふんたい》 黛《まゆずみ》で眉《まゆ》をかく
鎚（鎚）	音[タイ][ツイ] 訓[つち][かなづち]	金 かね かねへん	鎚金《ついきん》 鉄鎚《てっつい》 鎚《つち・かなづち》で打《う》つ
乃	音[ダイ][ナイ] 訓[の][すなわ(ち)][なんじ]	ノ の はらいぼう	乃父《だいふ》・乃公《だいこう》 金《きん》、乃至《ないし》は銀《ぎん》 乃《すなわ》ち交情《こうじょう》を知《し》る
悌	音[ダイ][テイ] 訓[やわ(らぐ)]	忄 小 りっしんべん したごころ	孝悌忠信《こうていちゅうしん》 気分《きぶん》が悌《やわ》らぐ
迺（迺）（廼）	音[ダイ][ナイ] 訓[なんじ][すなわ(ち)][の]	辶 辶 しんにょう しんにゅう	迺公《だいこう》 迺《すなわ》ち遂《つい》に去《さ》る
醍	音[ダイ][テイ]	酉 ひよみのとり こよみのとり とりへん	醍醐味《だいごみ》 後醍醐天皇《ごだいごてんのう》
托	音[タク] 訓[お(す)][お(く)][たの(む)]	手 扌 て てへん	一蓮托生《いちれんたくしょう》 托鉢《たくはつ》・茶托《ちゃたく》 用事《ようじ》を托《たの》む
啄	音[タク][トク] 訓[ついば(む)]	口 くち くちへん	石川啄木《いしかわたくぼく》 啄害《たくがい》 餌《えさ》を啄《ついば》む鳥《とり》
琢	音[タク] 訓[みが(く)]	玉 王 たま・たまへん おう・おうへん	●切磋琢磨《せっさたくま》・彫琢《ちょうたく》 玉《たま》を琢《みが》く

漢字	音	訓	部首	用例
擢(擢)	[タク][テキ]	[ぬ(く)][ぬき(んでる)]	手 扌 て てへん	抜擢《ばってき》 擢出《てきしゅつ》 擢《ぬき》んでた才能《さいのう》
鐸	[タク]	[すず]	金 かね かねへん	仏堂《ぶつどう》の風鐸《ふうたく》 社会《しゃかい》の木鐸《ぼくたく》 鐸《すず》を鳴《な》らす
凧		[たこ]	几 つくえ	凧《たこ》揚《あ》げ 凧糸《たこいと》
韃(韃)	[タツ][ダツ]	[むち][むちう(つ)]	革 かくのかわ つくりがわ かわへん	鞭韃《べんたつ》 愛《あい》の韃《むち》 老体《ろうたい》に韃《むちう》つ
捺	[ダツ][ナツ]	[お(す)]	手 扌 て てへん	指紋押捺《しもんおうなつ》 捺印《なついん》 判子《はんこ》を捺《お》す
坦	[タン]	[たい(ら)]	土 つち つちへん どへん	虚心坦懐《きょしんたんかい》 平坦《へいたん》・坦夷《たんい》 坦《たい》らかな土地《とち》
耽	[タン]	[ふけ(る)][おくぶか(い)]	耳 みみ みみへん	耽溺《たんでき》 耽読《たんどく》 読書《どくしょ》に耽《ふけ》る
蛋	[タン]	[あま][えびす][たまご]	虫 むし むしへん	蛋白質《たんぱくしつ》 皮蛋《ぴーたん》 鶏《とり》の蛋《たまご》
湛	[タン][チン]	[たた(える)][あつ(い)][しず(む)][ふか(い)][ふけ(る)]	氵 氺 さんずい したみず	湛然《たんぜん》たる大河《たいが》 湛水《たんすい》 湛湛《たんたん》 水《みず》を湛《たた》える 瞑想《めいそう》に湛《ふけ》る
椴	[タン][ダン]	[とど][とどまつ]	木 き きへん	椴松《とどまつ》
歎(歎)	[タン]	[たた(える)][なげ(く)]	欠 あくび かける	歎傷《たんしょう》・歎息《たんそく》 努力《どりょく》を歎《たた》える 悲運《ひうん》を歎《なげ》く
檀	[タン][ダン]	[まゆみ]	木 き きへん	栴檀《せんだん》 白檀《びゃくだん》の香《かお》り 檀《まゆみ》の木《き》
簞(箪)	[タン]	[わりご][はこ][ひさご]	竹 たけ たけかんむり	簞笥《たんす》 簞食瓢飲《たんしひょういん》
驒(騨)	[タン][タ][ダ]		馬 うま うまへん	飛《ひ》驒《だ》山脈《さんみゃく》
灘(灘)	[ダン][タン]	[はやせ][なだ]	氵 氺 さんずい したみず	灘響《だんきょう》・急灘《きゅうたん》 灘船《なだぶね》 玄界灘《げんかいなだ》
智 チ	[チ]	[ちえ][さと(い)]	日 ひ ひへん にちへん	叡智《えいち》 智慧《ちえ》 智《さと》い子供《こども》
蜘	[チ]	[くも]	虫 むし むしへん	蜘網《ちもう》 蜘蛛《ちちゅ・ちちゅう・くも》

漢字	音訓	部首	用例
筑*	音[チク] [ツク]	竹 たけ たけかんむり	筑前煮《ちくぜんに》 筑豊《ちくほう》 筑波山《つくばさん》
蛛	音[チュ] [チュウ] [シュ] 訓[くも]	虫 むし むしへん	蛛形類《ちゅけいるい・しゅけいるい・くもがたるい》 蛛網《ちゅうもう》
丑	音[チュウ] 訓[うし]	一 いち	丑旦《ちゅうたん》 丑三《うしみ》つ時《どき》 丑《うし》の刻参《こくまい》り
紬	音[チュウ] 訓[つむぎ] [つむ(ぐ)]	糸 いと いとへん	繭紬《けんちゅう》 大島紬《おおしまつむぎ》 糸《いと》を紬《つむ》ぐ
註*	音[チュウ] 訓[ときあか(す)]	言 げん ごんべん	註釈《ちゅうしゃく》 註文《ちゅうもん》 意味《いみ》を註《ときあか》す
(廚)厨	音[チュウ] [ズ] 訓[くりや] [はこ]	厂 がんだれ	厨房《ちゅうぼう》 厨子《ずし》 厨女《くりやめ》
苧	音[チョ] 訓[からむし] [お]	艹艹艹 くさかんむり そうこう	苧麻《ちょま》 苧殻《おがら》
猪	音[チョ] 訓[い] [いのしし]	犬 犭 いぬ けものへん	猪突猛進《ちょとつもうしん》 猪首《いくび》 猪《い》の目《め》
樗	音[チョ] 訓[おうち]	木 き きへん	樗材《ちょざい》 樗散《ちょさん》 樗色《おうちいろ》
(儲)儲	音[チョ] 訓[そえ] [もう(ける)] [たくわ(える)]	亻 人 にんべん ひとやね	儲君《ちょくん》の誕生《たんじょう》 儲《もう》け物《もの》 地道《じみち》に儲《たくわ》える
(潴)瀦	音[チョ] 訓[みずたま(り)] [た(まる)]	氵 氺 さんずい したみず	瀦溜装置《ちょりゅうそうち》 瀦《みずたま》りができた
吊	音[チョウ] 訓[つ(る)] [つる(す)]	口 くち くちへん	懸吊《けんちょう》 吊《つ》り革《かわ》
帖	音[チョウ] [ジョウ] 訓[かきもの] [た(れる)] [やす(める)]	巾 はば はばへん きんべん	帖簿《ちょうぼ》・手帖《しゅちょう》 法帖《ほうじょう》 耳《みみ》を帖《た》れる
釘	音[チョウ] [テイ] 訓[くぎ]	金 かね かねへん	釘頭《ていとう》 釘《くぎ》を刺《さ》す
(凋)凋	音[チョウ] 訓[しぼ(む)]	冫 にすい	凋残《ちょうざん》 凋落《ちょうらく》 夢《ゆめ》が凋《しぼ》む
喋	音[チョウ] 訓[しゃべ(る)] [ふ(む)]	口 くち くちへん	喋喋喃喃《ちょうちょうなんなん》 お喋《しゃべ》り
牒	音[チョウ] [ジョウ] 訓[ふだ]	片 かた かたへん	符牒《ふちょう》 最後通牒《さいごつうちょう》 牒《ふだ》に書《か》き記《しる》す
脹	音[チョウ] 訓[ふく(れる)] [は(れる)] [ふく(よか)]	肉 月 にく にくづき	腫脹《しゅちょう》・膨脹《ぼうちょう》 傷口《きずぐち》が脹《は》れる 脹《ふく》よかな体《からだ》

漢字	音	訓	部首	用例
蔦	[チョウ]	[つた]	艹 くさかんむり そうこう	蔦《つた》の葉《は》 蔦葛《つたかずら》
銚	[チョウ][ヨウ]	[なべ][すき][とくり]	金 かね かねへん	銚子《ちょうし》
暢	[チョウ]	[の(びる)][とお(る)][の(べる)]	日 ひ ひへん にちへん	暢達《ちょうたつ》・流暢《りゅうちょう》 草《くさ》が暢《の》びる 意味《いみ》が暢《とお》る
肇	[チョウ]	[はじ(める)][はじ(め)]	聿 ふでづくり	肇造《ちょうぞう》・肇始《ちょうし》 肇国《ちょうこく》 事業《じぎょう》を肇《はじ》める
蝶	[チョウ]		虫 むし むしへん	胡蝶《こちょう》の夢《ゆめ》
諜	[チョウ]	[うかが(う)][さぐ(る)][しめ(す)][ふだ]	言 げん ごんべん	間諜《かんちょう》 諜報機関《ちょうほうきかん》 秘密《ひみつ》を諜《さぐ》る

漢字	音	訓	部首	用例
寵	[チョウ]	[めぐ(む)][めぐ(み)][いつく(しむ)]	宀 うかんむり	寵愛《ちょうあい》・寵臣《ちょうしん》 寵《めぐ》みを受《う》ける 子《こ》を寵《いつく》しむ
鯛	[チョウ][トウ]	[たい]	魚 うお うおへん さかなへん	真鯛《まだい》 鯛飯《たいめし》
砧	[チン]	[きぬた]	石 いし いしへん	砧骨《きぬたこつ・ちんこつ》 砧《きぬた》を打《う》つ
椿	[チン]	[つばき]	木 き きへん	椿事《ちんじ》 椿寿《ちんじゅ》 椿油《つばきあぶら》・椿《つばき》の花《はな》
ツ 槌（槌）	[ツイ]	[つち][う(つ)]	木 き きへん	鉄槌《てっつい》を下《くだ》す 木槌《きづち》
辻（辻）		[つじ]	辶 辶 しんにょう しんにゅう	四《よ》つ辻《つじ》 辻占《つじうらな》い

漢字	音	訓	部首	用例
テ 汀	[テイ]	[みぎわ][なぎさ]	氵 氺 さんずい したみず	汀渚《ていしょ》 汀《てい(みぎわ)》線《せん》
剃	[テイ]	[そ(る)]	刀 刂 かたな りっとう	剃髪《ていはつ》・剃刀《ていとう》 剃《そ》り跡《あと》 ひげを剃《そ》る
挺*	[テイ][チョウ]	[ぬ(く)][ぬき(んでる)]	手 扌 て てへん	挺身《ていしん》・挺然《ていぜん》 空挺部隊《くうていぶたい》 時流《じりゅう》を挺《ぬ》く
碇	[テイ]	[いかり]	石 いし いしへん	碇泊《ていはく》 碇《いかり》をおろす
禎	[テイ]	[さいわ(い)]	示 礻 しめす しめすへん	禎祥《ていしょう》 禎瑞《ていずい》 禎《さいわ》いに満《み》ちる
鼎	[テイ]	[かなえ][まさ(に)]	鼎 かなえ	鼎談《ていだん》・鼎立《ていりつ》 九鼎大呂《きゅうていたいりょ》 鼎《かなえ》の軽重《けいちょう》

綴

音[テイ][テツ]
訓[つづ(る)][と(じる)][あつ(める)]

糸 いと いとへん

補綴《ほてい・ほてつ》
綴《つづ》れ織《お》り
名文《めいぶん》を綴《あつ》める

蹄*

音[テイ]
訓[ひづめ][わな]

足 あし あしへん

蹄鉄《ていてつ》
馬《うま》の蹄《ひづめ》

薙

音[テイ][チ]
訓[な(ぐ)][か(る)][そ(る)]

艹 艹 くさかんむり そうこう

薙髪《ちはつ・ていはつ》
薙《な》ぎ払《はら》う
草《くさ》を薙《か》る

鵜

音[テイ]
訓[う]

鳥 とり とりへん

鵜飼《うか》い
鵜呑《うの》みにする

禰（祢）

音[デイ][ネ]
訓[みたまや][かたしろ]

示 礻 しめす しめすへん

禰宜《ねぎ》
禰《みたまや》を訪《おとず》れる

荻

音[テキ]
訓[おぎ]

艹 艹 くさかんむり そうこう

荻花《てきか・てっか》
荻州《てきしゅう》
荻《おぎ》の花《はな》

鏑

音[テキ]
訓[やじり][かぶら][かぶらや]

金 かね かねへん

鏑矢《かぶらや》を射《い》る
（流鏑馬《やぶさめ》）

姪

音[テツ]
訓[めい]

女 おんな おんなへん

甥姪《せいてつ》
姪孫《てっそん》
姪御《めいご》

畷

音[テツ]
訓[なわて]

田 た たへん

四条畷《しじょうなわて》の戦《たたか》い
畷道《なわてみち》

轍

音[テツ]
訓[わだち][あとかた][のり]

車 くるま くるまへん

覆轍《ふくてつ》・車轍《しゃてつ》
轍《てつ》を踏《ふ》む
轍《わだち》の鮒《ふな》

佃

音[テン][デン]
訓[たがや(す)][つくだ][か(り)]

亻 人 にんべん ひとやね

佃作《でんさく》に励《はげ》む
田畑《たはた》を佃《たがや》す
佃煮《つくだに》

辿（辿）

音[テン]
訓[たど(る)]

辶 辶 しんにょう しんにゅう

辿《たど》り着《つ》く

甜

音[テン]
訓[あま(い)][うま(い)]

甘 かん あまい

甜言蜜語《てんげんみつご》
甜《あま》い汁《しる》を吸《す》う
甜《うま》い酒《さけ》

淀

音[テン][デン]
訓[よど][よど(む)]

氵 氺 さんずい したみず

淀河《てんが》・淀江《でんこう》
淀君《よどぎみ》
淀《よど》み無《な》い

澱

音[テン][デン]
訓[おり][よど(む)][よど]

氵 氺 さんずい したみず

沈澱物《ちんでんぶつ》
澱粉《でんぷん》・澱《おり》を濾《こ》す
水《みず》が澱《よど》む

顚（顛）

音[テン]
訓[いただき][たお(れる)][くつがえ(る)]

頁 おおがい

事《こと》の顚末《てんまつ》
動顚《どうてん》
意見《いけん》が顚《くつがえ》る

纏（纒）（纏）

音[テン]
訓[まと(う)][まつ(わる)][まと(める)][まつ(る)][まとい]

糸 いと いとへん

纏足《てんそく》
纏着《てんちゃく》
半纏《はんてん》
纏《まと》わりつく
纏持《まといも》ち
足手纏《あして(で)まとい》

漢字	音	訓	部首	部首名	用例
撚	[デン] [ネン]	[ひね(る)] [よ(る)] [よ(り)]	扌手	て てへん	撚糸《ねんし》 ●鬚《ひげ》を撚《ひね》る 糸《いと》を撚《よ》る
鮎	[デン] [ネン]	[あゆ]	魚	うお うおへん さかなへん	若鮎《わかあゆ》
杜 ト	[ト] [ズ]	[と(じる)] [ふさ(ぐ)] [やまなし] [もり]	木	き きへん	杜絶《とぜつ》 杜　氏職人《とうじ・とじしょくにん》 杜撰《ずさん》 口《くち》を杜《ふさ》ぐ 鎮守《ちんじゅ》の杜《もり》
兎*（兔）（兔）	[ト]	[うさぎ]	儿	ひとあし にんにょう	脱兎《だっと》のごとく 兎《と》に角《かく》 兎小屋《うさぎごや》
菟*（莵）（莬）（菟）	[ト]	[うさぎ]	艹艹艹	くさかんむり そうこう	菟《と》●裘《きゅう》の地《ち》 於菟《おと》
堵（堵）	[ト]	[かき]	土	つち つちへん どへん	堵列《とれつ》 安堵《あんど》する 堵《かき》で仕切《しき》る
鍍	[ト]	[めっき]	金	かね かねへん	鍍金《ときん(めっき)》
沓	[トウ]	[かさ(なる)] [むさぼ(る)] [くつ]	曰	ひらび いわく	都会《とかい》の雑沓《ざっとう》 沓《かさ》なり合《あ》う 沓石《くついし》
宕	[トウ]	[ほしいまま] [ほらあな]	宀	うかんむり	豪宕《ごうとう》 権力《けんりょく》を宕《ほしいまま》にする
套	[トウ]	[かさ(ねる)] [おお(い)]	大	だい	旧套墨守《きゅうとうぼくしゅ》 外套《がいとう》・常套句《じょうとうく》 布《ぬの》を套《かさ》ねる
桶	[トウ]	[おけ]	木	き きへん	湯桶《ゆとう》読《よ》み 鉄桶《てっとう》 手桶《ておけ》
董	[トウ]	[ただ(す)] [とりし(まる)]	艹艹艹	くさかんむり そうこう	骨董品《こっとうひん》 董狐《とうこ》の筆《ふで》 誤《あやま》ちを董《ただ》す
淘	[トウ]	[よな(げる)]	氵氺	さんずい したみず	自然淘汰《しぜんとうた》 米《こめ》を淘《よな》げる
逗（逗）	[トウ] [ズ]	[とど(まる)] [くぎ(り)]	辶辶	しんにょう しんにゅう	逗留《とうりゅう》 逗子《ずし》海岸《かいがん》 旅先《たびさき》に逗《とど》まる
兜	[トウ] [ト]	[かぶと]	儿	ひとあし にんにょう	兜巾《ときん》 兜《かぶと》を脱《ぬ》ぐ 兜虫《かぶとむし》

萄

音［トウ］［ドウ］

艹 艹　くさかんむり　そうこう

葡萄酒《ぶどうしゅ》

塘（塘）

音［トウ］

訓［つつみ］

土　つち　つちへん　どへん

池《ち》塘春草《とうしゅんそう》の夢《ゆめ》

池《いけ》の塘《つつみ》

嶋

音［トウ］

訓［しま］

山　やま　やまへん

嶋巡《しまめぐ》り

蕩

音［トウ］

訓［うご(く)］［とろ(ける)］［の(びやか)］［ほしいまま］［みだ(す)］［はら(う)］［あら(う)］

艹 艹　くさかんむり　そうこう

蕩尽《とうじん》

放蕩《ほうとう》無頼《ぶらい》

蕩《とろ》けるうまさ

風紀《ふうき》を蕩《みだ》す

汚《よご》れを蕩《あら》い流《なが》す

樋（樋）

音［トウ］

訓［ひ］［とい］

木　き　きへん

雨樋《あまどい》

撞

音［トウ］［ドウ］［シュ］

訓［つ(く)］

手 扌　て　てへん

撞球《どうきゅう》・撞着《どうちゃく》

撞木《しゅもく》

鐘《かね》を撞《つ》く

濤（涛）

音［トウ］

訓［なみ］

氵 氺　さんずい　したみず

濤声《とうせい》

波濤《はとう》

大《おお》きな濤《なみ》

檮（梼）

音［トウ］

訓［きりかぶ］［おろ(か)］

木　き　きへん

檮昧《とうまい》

檮《おろ》かな行為《こうい》

禱（祷）

音［トウ］

訓［いの(る)］［まつ(る)］

示 礻　しめす　しめすへん

祈禱《きとう》・黙禱《もくとう》

冥福《めいふく》を禱《いの》る

神《かみ》を禱《まつ》る

鐙

音［トウ］

訓［たかつき］［あぶみ］

金　かね　かねへん

馬鐙《ばとう》

鐙骨《あぶみこつ》

桐

音［ドウ］［トウ］

訓［きり］［こと］

木　き　きへん

桐油《とうゆ》

桐簞笥《きりだんす》

五三《ごさん》の桐《きり》

膿

音［ドウ］［ノウ］

訓［うみ］［う(む)］

肉 月　にく　にくづき

化膿《かのう》・膿血《のうけつ》

膿《うみ》を出《だ》す

傷口《きずぐち》が膿《う》む

栂

訓［とが］［つが］

木　き　きへん

栂《とが》の尾《お》

栂《とが》の木《き》

栂尾山《とがのおさん》

禿

音［トク］

訓［はげ］［は(げる)］［ち(びる)］［かむろ］

禾　のぎ　のぎへん

禿筆《とくひつ》・禿《は》げ頭《あたま》

禿《ち》びた鉛筆《えんぴつ》

禿髪《かむろがみ》

竺

音［トク］［ジク］

訓［あつ(い)］

竹　たけ　たけかんむり

天竺《てんじく》

竺経《じくきょう》

瀆（涜）

音［トク］

訓［みぞ］［けが(す)］［あなど(る)］

氵 氺　さんずい　したみず

瀆職《とくしょく》・冒瀆《ぼうとく》

位《くらい》を瀆《けが》す行為《こうい》

敵《てき》を瀆《あなど》る

沌

音［トン］

訓［ふさ(がる)］

氵 氺　さんずい　したみず

混沌《こんとん》

道《みち》が沌《ふさ》がる

漢字	読み	部首	用例
呑*	音[トン][ドン] 訓[の(む)]	口 くち くちへん	呑吐《どんと》・併呑《へいどん》 活剝生呑《かっぱくせいどん》 清濁併《せいだくあわ》せ呑《の》む
敦	音[トン] 訓[あつ(い)][とうと(ぶ)]	攵 攴 のぶん ぼくづくり	敦厚《とんこう》 敦朴《とんぼく》 人情《にんじょう》に敦《あつ》い
遁（遁）	音[トン][シュン][ジュン] 訓[のが(れる)][しりご(みする)]	辶 辶 しんにょう しんにゅう	隠遁《いんとん》 遁世《とんせい》 遁走《とんそう》 遁辞《とんじ》を弄《ろう》する 言《い》い遁《のが》れ
噸	音[トン]	口 くち くちへん	一噸《いっとん》
ナ 凪	訓[なぎ][な(ぐ)]	几 つくえ	朝凪《あさなぎ》 夕凪《ゆうなぎ》 凪《な》いだ海《うみ》
楠	音[ナン] 訓[くすのき]	木 き きへん	楠公《なんこう》
ノ 嚢（嚢）	音[ノウ][ドウ] 訓[ふくろ]	口 くち くちへん	胆嚢《たんのう》 土嚢《どのう》 嚢《ふくろ》に詰《つ》める
ハ 巴	音[ハ] 訓[うずまき][ともえ]	己 おのれ	巴里《パリ》 巴投《ともえな》げ
芭	音[ハ][バ]	艹 艹 艹 くさかんむり そうこう	芭蕉《ばしょう》の句《く》
杷	音[ハ] 訓[さらい]	木 き きへん	枇杷《びわ》の実《み》 杷《さらい》で落葉《おちば》を集《あつ》める
琶	音[ハ]	玉 王 たま・たまへん おう・おうへん	琵琶湖《びわこ》
頗	音[ハ] 訓[かたよ(る)][すこぶ(る)]	頁 おおがい	偏頗《へんぱ・へんぱ》 頗《かたよ》った意見《いけん》 頗《すこぶ》る付《つ》きの美人《びじん》
播	音[ハ][バン] 訓[ま(く)][し(く)][さすら(う)]	手 扌 て てへん	播種《はしゅ》 播告《はこく》 種《たね》を播《ま》く
簸	音[ハ] 訓[ひ(る)][あお(る)]	竹 たけ たけかんむり	旧弊簸却《きゅうへいはきゃく》 穀物《こくもつ》を簸《ひ》る
吠	音[ハイ][バイ] 訓[ほ(える)]	口 くち くちへん	邑犬群吠《ゆうけんぐんばい》 吠《ほ》え面《づら》をかく
盃	音[ハイ] 訓[さかずき]	皿 さら	盃《はい》を重《かさ》ねる 固《かた》めの盃《さかずき》 盃《さかずき》を交《か》わす
牌（牌）	音[ハイ] 訓[ふだ]	片 かた かたへん	位牌《いはい》・招牌《しょうはい》 骨牌《こっぱい》 手牌《てふだ》

稗	音[ハイ] 訓[ひえ] [こま(かい)]	禾 のぎ のぎへん	稗史《はいし》 稗飯《ひえめし》 稗《こま》かい粒《つぶ》
狽	音[バイ]	犬 犭 いぬ けものへん	狼狽《ろうばい》
楳	音[バイ] 訓[うめ]	木 き きへん	楳《うめ》の実《み》
煤	音[バイ] 訓[すす] [すす(ける)]	火 ひ ひへん	煤煙《ばいえん》 煤払《すすはら》い
狛	音[ハク] 訓[こま] [こまいぬ]	犬 犭 いぬ けものへん	狛犬《こまいぬ》
柏	音[ハク] [ビャク] 訓[かしわ]	木 き きへん	松柏《しょうはく》 柏餅《かしわもち》

粕	音[ハク] 訓[かす]	米 こめ こめへん	糟粕《そうはく》を嘗《な》める 粕漬《かすづ》け 粕汁《かすじる》
箔	音[ハク] 訓[すだれ] [のべがね]	竹 たけ たけかんむり	金箔《きんぱく》 箔《はく》が付《つ》く 箔《すだれ》を掛《か》ける
駁	音[バク][ハク] 訓[まだら] [ぶち] [なじ(る)] [ま(じる)]	馬 うま うまへん	反駁《はんばく》 甲論乙駁《こうろんおつばく》 他人《たにん》を駁《なじ》る
曝	音[バク] [ホク] 訓[さら(す)] [さら(ける)] [さらば(える)]	日 ひ ひへん にちへん	曝書《ばくしょ》・曝露《ばくろ》 悪事《あくじ》を曝《さら》け出《だ》す 老《お》い曝《さらば》える
硲	訓[はざま]	石 いし いしへん	山《やま》の硲《はざま》
畠	訓[はた] [はたけ]	田 た たへん	田畠《たはた》を耕《たがや》す 畠《はたけ》の作物《さくもつ》

捌	音[ハチ][ハツ] [ベツ] 訓[さば(く)] [さば(ける)] [は(ける)][は(かす)]	手 扌 て てへん	荷捌《にさば》き場《ば》 水捌《みずは》けの良《よ》い土地《とち》
筏	音[ハツ] [バツ] 訓[いかだ]	竹 たけ たけかんむり	舟筏《しゅうばつ》 筏乗《いかだの》り
潑 (溌)	音[ハツ] 訓[そそ(ぐ)] [は(ねる)]	氵 氺 さんずい したみず	潑剌《はつらつ》とした態度《たいど》 水潑《みずは》ねを拭《ふ》く
醱 (醗)	音[ハツ] 訓[かも(す)]	酉 ひよみのとり こよみのとり とりへん	醱酵食品《はっこうしょくひん》 物議《ぶつぎ》を醱《かも》す
噺	訓[はなし]	口 くち くちへん	人情噺《にんじょうばなし》 小噺《こばなし》 噺家《はなしか》
扮	音[ハン] [フン] 訓[よそお(う)] [かざ(る)]	手 扌 て てへん	刑事《けいじ》に扮《ふん》する 扮装《ふんそう》 派手《はで》に扮《よそお》う

漢字	音	訓	部首	部首名	用例
叛(叛)	[ハン][ホン]	[そむ(く)][はな(れる)]	又	また	叛逆者《はんぎゃくしゃ》 謀叛《むほん》 親《おや》に叛《そむ》く
磐	[ハン][バン]	[いわ][わだかま(る)]	石	いし いしへん	磐石《ばんじゃく》 落磐《らくばん》 巨大《きょだい》な磐《いわ》
幡	[ハン][マン][ホン]	[はた][のぼり][ひるがえ(る)]	巾	はば はばへん きんべん	幡然《はんぜん》 八幡宮《はちまんぐう》 旗《はた》が幡《ひるがえ》る
挽(挽)	[バン]	[ひ(く)]	手 扌	て てへん	挽歌《ばんか》 挽回《ばんかい》 石臼《いしうす》で挽《ひ》く
蔓	[バン][マン]	[つる][はびこ(る)][から(む)]	艹 艹 艹	くさかんむり そうこう	蔓延《まんえん》 蔓草《つるくさ》 雑草《ざっそう》が蔓《はびこ》る
蕃	[バン][ハン]	[しげ(る)][ふ(える)][まがき][えびす]	艹 艹 艹	くさかんむり そうこう	蕃殖《はんしょく》 蕃族《ばんぞく》 雑草《ざっそう》が蕃《しげ》る

ヒ

漢字	音	訓	部首	部首名	用例
鰻	[バン][マン]	[うなぎ]	魚	うお うおへん さかなへん	養鰻業《ようまんぎょう》 鰻《うなぎ》の蒲焼《かばや》き 鰻上《うなぎのぼ》り
庇	[ヒ]	[ひさし][かば(う)]	广	まだれ	高庇《こうひ》 庇護《ひご》 部下《ぶか》を庇《かば》う
枇	[ヒ][ビ]	[さじ][くし]	木	き きへん	枇杷《びわ》の実《み》
毘(毗)	[ヒ][ビ]	[たす(ける)]	比	ならびひ くらべる	金毘羅参《こんぴらまい》り 毘沙門天《びしゃもんてん》
匪	[ヒ]	[わるもの][あら(ず)]	匸	はこがまえ	匪賊《ひぞく》 匪《わるもの》を懲《こ》らしめる 人《ひと》に匪《あら》ず
斐	[ヒ]	[あや]	文	ぶん ぶんにょう	(甲斐《かい》) 斐然《ひぜん》
緋	[ヒ]	[あか]	糸	いと いとへん	緋色《ひいろ》 緋鯉《ひごい》
誹	[ヒ]	[そし(る)]	言	げん ごんべん	●誹謗中傷《ひぼうちゅうしょう》 悪《あ》し様《ざま》に誹《そし》る
轡	[ヒ]	[たづな][くつわ]	車	くるま くるまへん	●轡勒《ひろく》・猿轡《さるぐつわ》 轡《くつわ》を並《なら》べる
梶	[ビ]	[かじ][こずえ]	木	き きへん	梶棒《かじぼう》 梶《かじ》の木《き》
琵	[ビ]		玉 王	たま・たまへん おう・おうへん	琵琶《びわ》法師《ほうし》
畢*	[ヒツ]	[お(わる)][ことごと(く)]	田	た たへん	●畢竟《ひっきょう》・畢生《ひっせい》 生命《せいめい》が畢《お》わる 畢《ことごと》く失敗《しっぱい》した

漢字	音・訓	部首	用例
弼	音[ヒツ] 訓[たす(ける)] [たす(け)] [すけ]	弓 弓 ゆみ ゆみへん	匡弼《きょうひつ》 輔弼《ほひつ》 天子《てんし》を弼《たす》ける
(逼)逼	音[ヒツ] [ヒョク] 訓[せま(る)]	辶 辶 しんにょう しんにゅう	逼塞《ひっそく》 財政逼迫《ざいせいひっぱく》 危機《きき》が逼《せま》る
(豹)豹	音[ヒョウ]	豸 むじなへん	君子豹変《くんしひょうへん》 豹文《ひょうもん》
彪	音[ヒュウ] [ヒョウ] 訓[あや] [まだら]	彡 さんづくり	彪乎《ひゅう(ひょう)こ》
(瓢)瓢	音[ヒョウ] 訓[ふくべ] [ひさご]	瓜 瓜 うり	瓢箪《ひょうたん》 瓢《ふくべ・ひさご》に酒を入れる
(謬)謬	音[ビュウ] 訓[あやま(る)]	言 げん ごんべん	謬見《びゅうけん》・誤謬《ごびゅう》 錯謬《さくびゅう》 謬《あやま》った考《かんが》え
鋲	音[ビョウ]	金 かね かねへん	画鋲《がびょう》
廟*	音[ビョウ] 訓[たまや] [みたまや] [おもてごてん] [やしろ]	广 まだれ	廟宇《びょうう》 霊廟《れいびょう》
錨	音[ビョウ] 訓[いかり]	金 かね かねへん	投錨《とうびょう》 錨《いかり》を下《お》ろす
牝	音[ヒン] 訓[め] [めす]	牛 うし うしへん	牝馬《ひんば・めうま》 牝牡《ひんぼ》 牝《めす》の馬《うま》
彬	音[ヒン] 訓[あき(らか)] [そな(わる)]	彡 さんづくり	文質彬彬《ぶんしつひんぴん》
斌	音[ヒン] 訓[うるわ(しい)]	文 ぶん ぶんにょう	斌斌《ひんぴん》 斌《うるわ》しい姿《すがた》
(瀕)瀕	音[ヒン] 訓[みぎわ] [せま(る)] [そ(う)]	氵 氺 さんずい したみず	瀕死《ひんし》 瀕海《ひんかい》 死《し》が瀕《せま》る
芙 フ	音[フ] 訓[はす]	艹 艹 くさかんむり そうこう	芙蓉《ふよう》 芙《はす》の花《はな》
斧	音[フ] 訓[おの]	斤 きん おのづくり	斧正《ふせい》 斧斤《ふきん》 金《きん》の斧《おの》
埠	音[フ] 訓[つか] [はとば]	土 つち つちへん どへん	商埠《しょうふ》 埠頭《ふとう》 埠《はとば》で見送《みおく》る
輔	音[フ] [ホ] 訓[たす(ける)] [すけ]	車 くるま くるまへん	輔佐《ほさ》・輔翼《ほよく》 輔弼《ほひつ》 任務《にんむ》を輔《たす》ける
撫	音[フ] [ブ] 訓[な(でる)]	手 扌 て てへん	愛撫《あいぶ》・慰撫《いぶ》 鎮撫《ちんぶ》・大和撫子《やまとなでしこ》 頭《あたま》を撫《な》でる

漢字	音訓	部首	用例
鮒	音[フ] 訓[ふな]	魚 うお うおへん さかなへん	轍鮒《てっぷ》の急《きゅう》 / 鮒《ふな》ずし / 鮒釣《ふなつ》り
蕪	音[ブ][ム] 訓[あ(れる)][しげ(る)][みだ(れる)][かぶら]	艹 艹 くさかんむり そうこう	荒蕪《こうぶ》・蕪辞《ぶじ》 / 土地《とち》が蕪《あ》れる / 蕪菜《かぶらな》・蕪蒸《かぶらむ》し
鵡	音[ブ][ム]	鳥 とり とりへん	鸚鵡《おうむ》
楓	音[フウ] 訓[かえで]	木 き きへん	楓林《ふうりん》 / 楓《かえで》の樹液《じゅえき》 / 楓鳥《かえでちょう》
鳳	音[ブウ][ホウ] 訓[おおとり]	鳥 とり とりへん	竜章鳳姿《りょうしょうほうし》 / 鳳凰《ほうおう》 / 鳳駕《ほうが》
弗	音[フツ][ホツ][ドル] 訓[…ず]	弓 ゆみ ゆみへん	弗素《ふっそ》 / 弗箱《どるばこ》
吻	音[フン] 訓[くちさき][くちびる]	口 くち くちへん	吻合《ふんごう》 / 口吻《こうふん》 / 吻《くちさき》を尖《とが》らせる
焚	音[フン] 訓[や(く)][た(く)]	火 ひ ひへん	焚書坑儒《ふんしょこうじゅ》 / 焚刑《ふんけい》 / 焚《た》き火《び》
糞	音[フン] 訓[くそ][けが(れ)][はら(う)][つちか(う)]	米 こめ こめへん	糞尿《ふんにょう》 / 糞壌《ふんじょう》 / 糞《くそ》を食《く》らえ / 糞味噌《くそみそ》に罵《ののし》る
へ 箆（篦）	音[ヘイ] 訓[へら][すきぐし][かんざし][の]	竹 たけ たけかんむり	竹箆《ちくへい・たけべら》 / 箆鮒釣《へらぶなつ》り
碧	音[ヘキ] 訓[みどり][あお]	石 いし いしへん	紺碧《こんぺき》 / 紅毛碧眼《こうもうへきがん》 / 碧色《みどりいろ》の海《うみ》
僻	音[ヘキ][ヘイ] 訓[かたよ(る)][ひが(む)][ひめがき]	亻 人 にんべん ひとやね	僻見《へきけん》・僻地《へきち》 / 僻《かたよ》った考《かんが》え / 僻言《ひがごと》・僻事《ひがごと》
瞥（瞥）	音[ベツ] 訓[み(る)]	目 め めへん	一瞥《いちべつ》 / 瞥見《べっけん》 / ちらりと瞥《み》る
篇*	音[ヘン] 訓[ふだ][ふみ][まき]	竹 たけ たけかんむり	詩篇《しへん》 / 篇目《へんもく》 / 千篇一律《せんぺんいちりつ》
鞭	音[ヘン][ベン] 訓[むち][むちう(つ)]	革 かくのかわ つくりがわ かわへん	鞭撻《べんたつ》● / 老骨《ろうこつ》に鞭打《むちう》つ
娩（娩）	音[ベン] 訓[う(む)][うつく(しい)]	女 おんな おんなへん	分娩室《ぶんべんしつ》 / 子《こ》を娩《う》む
緬	音[ベン][メン] 訓[はる(か)][とお(い)]	糸 いと いとへん	緬羊《めんよう》・緬想《めんそう》 / 緬然《めんぜん》 / 緬《とお》い世界《せかい》

甫

音［ホ］［フ］
訓［はじ(め)］［おお(きい)］

用 もちいる

甫田《ほでん》
杜甫《とほ》
物事《ものごと》の甫《はじ》め

圃

音［ホ］
訓［はた］［はたけ］

口 くにがまえ

花圃《かほ》
田圃《でんぽ・たんぼ》
田圃《たはた》を耕《たがや》す

菩

音［ホ］［ボ］

艹艹 くさかんむり そうこう

菩薩《ぼさつ》
菩提樹《ぼだいじゅ》

葡

音［ホ］［ブ］

艹艹 くさかんむり そうこう

日葡辞書《にっぽじしょ》
葡萄《ぶどう》

蒲

音［ホ］［ブ］［フ］
訓［がま］［かわやなぎ］［むしろ］

艹艹 くさかんむり そうこう

蒲柳《ほりゅう》の質《しつ》
蒲団《ふとん》
蒲《がま》の穂《ほ》
蒲《むしろ》を敷《し》く

鋪

音［ホ］
訓［し(く)］［みせ］

金 かね かねへん

鋪道《ほどう》

戊

音［ボ］［ボウ］
訓［つちのえ］

戈 ほこづくり ほこがまえ

戊辰戦争《ぼしんせんそう》
十干《じっかん》の戊《つちのえ》

牡

音［ボ］［ボウ］
訓［お］［おす］

牛 うし うしへん

牝牡《ひんぼ》
牡丹《ぼたん》の花《はな》
牡牛《おうし》

姥

音［ボ］［モ］
訓［うば］［ばば］

女 おんな おんなへん

姥捨山《うばすてやま》
姥桜《うばざくら》

莫

音［ボ］［バク］［マク］［モ］
訓［く(れ)］［な(い)］［なかれ］［さび(しい)］

艹艹 くさかんむり そうこう

莫春《ぼしゅん》
莫逆《ばくぎゃく》の友《とも》
年《とし》の莫《く》れ
驚《おどろ》く莫《なかれ》

呆

音［ホウ］［ボウ］［タイ］
訓［あき(れる)］［おろ(か)］

口 くち くちへん

阿呆《あほう》・呆然《ぼうぜん》
呆気《あっけ》にとられる
呆《あき》れ果《は》てる

朋

音［ホウ］
訓［とも］［なかま］

月 つき つきへん

朋輩《ほうばい》・朋故《ほうこ》
朋友《ほうゆう》
竹馬《ちくば》の朋《とも》

(庖)庖

音［ホウ］
訓［くりや］

广 まだれ

庖厨《ほうちゅう》
庖丁《ほうちょう》
庖《くりや》で働《はたら》く

峯

音［ホウ］
訓［みね］［やま］

山 やま やまへん

秀峯富士《しゅうほうふじ》
そびえる峯《みね》

烹

音［ホウ］
訓［に(る)］

灬 れんが れっか

割烹着《かっぽうぎ》
烹煎《ほうせん》
野菜《やさい》を烹《に》る

捧

音［ホウ］
訓［ささ(げる)］［かか(える)］

手扌 て てへん

捧腹絶倒《ほうふくぜっとう》
捧心《ほうしん》・捧負《ほうふ》
捧《ささ》げ銃《つつ》

漢字	音	訓	部首	用例
逢（逢）	[ホウ]	[あ(う)] [むか(える)] [おお(きい)] [ゆた(か)]	辶 辶 しんにょう しんにゅう	逢着《ほうちゃく》・逢迎《ほうげい》 旧友《きゅうゆう》と逢《あ》う 客《きゃく》を逢《むか》える
蔀	[ホウ] [ブ]	[しとみ] [おお(い)]	艹 艹 くさかんむり そうこう	蔀《しとみ》戸《ど》 半《は》蔀《じとみ》
蓬（蓬）	[ホウ]	[よもぎ]	艹 艹 くさかんむり そうこう	蓬髪《ほうはつ》 蓬頭垢面《ほうとうこう(く)めん》 蓬餅《よもぎもち》
鞄（鞄）	[ホウ]	[かばん] [なめしがわ]	革 かくのかわ つくりがわ かわへん	手《て》提《さ》げ鞄《かばん》 鞄《かばん》持《も》ち
鋒	[ホウ]	[ほこさき] [きっさき] [ほこ] [さきがけ]	金 かね かねへん	鋭鋒《えいほう》 舌鋒《ぜっぽう》 先鋒《せんぽう》 鋒《ほこさき》を向《む》ける
鴇	[ホウ]	[のがん] [とき]	鳥 とり とりへん	鴇《ほう》児《じ》 鴇《とき》色《いろ》
鵬	[ホウ]	[おおとり]	鳥 とり とりへん	鵬雲《ほううん》 図《と》南《なんの》鵬翼《ほうよく》
卯	[ボウ]	[う]	卩 㔾 わりふ ふしづくり	卯月《うづき・ぼうげつ》 卯《う》の花《はな》 卯《う》の刻《こく》
牟	[ボウ] [ム]	[な(く)] [むさぼ(る)] [かぶと]	牛 うし うしへん	牟食《ぼうしょく》 釈《しゃ》迦《か》牟《む》尼《に》 暴利《ぼうり》を牟《むさぼ》る
茅	[ボウ]	[かや] [ち] [ちがや]	艹 艹 くさかんむり そうこう	茅屋《ぼうおく・かやや》 草茅《そうぼう》危《き》言《げん》 茅葺《かやぶ》きの家《いえ》
虻*（蝱）	[ボウ] [モウ]	[あぶ]	虫 むし むしへん	蚊虻走牛《ぶんぼうそうぎゅう》 虻蜂《あぶはち》取《と》らず
萌（萠）	[ボウ] [ホウ]	[めば(え)] [めぐ(む)] [きざ(す)] [も(える)] [も(やし)] [たみ]	艹 艹 くさかんむり そうこう	萌兆《ぼうちょう》 萌《ほう》芽《が》 萌　生《ほう(ぼう)せい》 春《はる》の萌《きざ》し 萌《も》え出《い》づる
鉾	[ボウ] [ム]	[ほこ] [きっさき]	金 かね かねへん	鉾先《ほこさき》 蒲鉾《かまぼこ》 山鉾《やまぼこ》
蒙	[ボウ] [モウ]	[おお(う)] [こうむ(る)] [くら(い)] [おさ(ない)]	艹 艹 くさかんむり そうこう	啓蒙《けいもう》 無《む》知《ち》蒙昧《もうまい》 道理《どうり》に蒙《くら》い
卜	[ホク] [ボク]	[うらな(う)] [うらな(い)]	卜 と うらない	亀《き》卜《ぼく》 卜占《ぼくせん》 行《ゆ》く末《すえ》を卜《うらな》う
穆	[ボク] [モク]	[やわ(らぐ)]	禾 のぎ のぎへん	清穆《せいぼく》・穆穆《ぼくぼく》 穆然《ぼくぜん》 表情《ひょうじょう》が穆《やわ》らぐ

マ

柾
訓 [まさ] [まさき]
木 き きへん
柾目《まさめ》の下駄《げた》

俣
訓 [また]
亻 入 にんべん ひとやね
水俣《みなまた》
二俣《ふたまた》

沫
音 [マツ]
訓 [あわ] [しぶき] [よだれ]
氵 氺 さんずい したみず
飛沫《ひまつ》
沫雪《あわゆき》
沫《しぶき》をあげる

麿
訓 [まろ]
麻 麻 あさ あさかんむり
麿《まろ》

ミ

粍
音 [ミリメートル]
米 こめ こめへん
長《なが》さ一粍《いちミリメートル》

メ

棉
音 [メン]
訓 [わた]
木 き きへん
棉花《めんか》
棉《わた》を入《い》れる

モ

摸
音 [モ] [バク] [ボ]
訓 [さぐ(る)] [うつ(す)]
手 扌 て てへん
摸索《もさく》
手摸《てさぐ》り
手本《てほん》を摸《うつ》す

孟
音 [モウ] [ボウ] [マン]
訓 [はじ(め)]
子 こ こへん
孟月《もうげつ》
孟母《もうぼ》三遷《さんせん》
物事《ものごと》の孟《はじ》め

杢
訓 [もく]
木 き きへん
杢目《もくめ》模様《もよう》

勿
音 [モチ] [ブツ]
訓 [なか(れ)]
勹 つつみがまえ
勿論《もちろん》
勿体《もったい》無《な》い
驚《おどろ》く勿《なか》れ

籾 (籾)
訓 [もみ]
米 こめ こめへん
稲《いね》の籾殻《もみがら》
籾蔵《もみぐら》

椛
訓 [もみじ]
木 き きへん
椛《もみじ》狩《が》り

悶
音 [モン]
訓 [もだ(える)]
心 忄 ⺗ こころ りっしんべん したごころ
悶絶《もんぜつ》・悶着《もんちゃく》
悶悶《もんもん》
嫉妬《しっと》に悶《もだ》える

匁
訓 [もんめ] [め]
勹 つつみがまえ
銀一匁《ぎんいちもんめ》

ヤ

也
音 [ヤ]
訓 [なり] [や] [か] [また]
乙 乚 おつ
児雷也《じらいや》
可也《かなり》の金額《きんがく》

耶
音 [ヤ]
訓 [か]
邑 阝 おおざと
有耶無耶《うやむや》
耶蘇教《やそきょう》

埜
音 [ヤ]
訓 [の]
(野(の)異体字)
土 つち つちへん どへん
春《はる》の緑埜《りょくや》

爺
音 [ヤ]
訓 [じじ] [おやじ]
父 ちち
好好爺《こうこうや》
爺婆《じじばば》

ユ

鑓（鑓）
訓 [やり]

金 かね　かねへん

一番鑓《いちばんやり》
鑓《やり》の権三《ごんざ》

柚
音 [ユ] [ユウ]
訓 [ゆず]

木 き　きへん

柚味噌《ゆみそ》・柚柑《ゆこう》
柚湯《ゆずゆ》
柚《ゆず》の実《み》

愈（愈）
音 [ユ]
訓 [いよいよ] [い(える)] [い(やす)]

心 忄 小 こころ　りっしんべん　したごころ

愈愈《ゆゆ》
愈本番《いよいよほんばん》だ
傷《きず》が愈《い》える

尤
音 [ユウ]
訓 [とが(める)] [もっと(も)] [すぐ(れる)]

尢 だいのまげあし

尤物《ゆうぶつ》
過失《かしつ》を尤《とが》める
尤《もっと》もな意見《いけん》

酉
音 [ユウ]
訓 [とり] [ひよみのとり]

酉 ひよみのとり　こよみのとり　とりへん

酉《とり》の市《いち》
酉《とり》の刻《こく》

邑
音 [ユウ] [オウ]
訓 [むら] [みやこ] [くに] [うれ(える)]

邑 阝 おおざと

邑犬群吠《ゆうけんぐんばい》
都邑《とゆう》
封邑《ほうゆう》

祐
音 [ユウ]
訓 [たす(け)] [たす(ける)]

示 礻 しめす　しめすへん

天祐《てんゆう》
祐筆《ゆうひつ》
神《かみ》の祐《たす》け

宥
音 [ユウ]
訓 [ゆる(す)] [なだ(める)]

宀 うかんむり

宥和《ゆうわ》・宥恕《ゆうじょ》
罪《つみ》を宥《ゆる》す
泣《な》く子《こ》を宥《なだ》める

揖
音 [ユウ] [シュウ]
訓 [ゆず(る)] [へりくだ(る)] [あつ(まる)]

手 扌 て　てへん

一揖《いちゆう》・揖譲《ゆうじょう》
揖揖《しゅうしゅう》
揖《へりくだ》った態度《たいど》

猷（猷）
音 [ユウ]
訓 [はか(る)] [はかりごと] [みち]

犬 犭 いぬ　けものへん

遠猷《えんゆう》
猷念《ゆうねん》
変革《へんかく》を猷《はか》る

ヨ

輿
音 [ヨ]
訓 [こし] [くるま] [の(せる)] [おお(い)] [めしつかい] [はじ(め)]

車 くるま　くるまへん

乗輿《じょうよ》・輿地《よち》
輿望《よぼう》を担《にな》う
御輿《みこし》
神輿《みこし・しんよ》
玉《たま》の輿《こし》に乗る
輿《おお》くの人望《じんぼう》

涌
音 [ヨウ] [ユウ]
訓 [わ(く)]

氵 氺 さんずい　したみず

涌泉《ようせん・ゆうせん》
涌出《ゆうしゅつ》
虫《むし》が涌《わ》く

遥
音 [ヨウ]
訓 [さまよ(う)] [はる(か)] [とお(い)] [なが(い)]

辶 辶 しんにょう　しんにゅう

遥遠《ようえん》・逍遥《しょうよう》
遠路《えんろ》遥遥《はるばる》
遥《はる》か彼方《かなた》

傭
音 [ヨウ]
訓 [やと(う)]

亻 人 にんべん　ひとやね

傭兵部隊《ようへいぶたい》
人《ひと》を傭《やと》う

楊
音 [ヨウ]
訓 [やなぎ]

木 き　きへん

爪楊枝《つまようじ》
楊貴妃《ようきひ》

蓉
音 [ヨウ]

艹 艹 くさかんむり　そうこう

芙蓉《ふよう》の花《はな》

熔（鎔）
音 [ヨウ]
訓 [いがた] [と(かす)] [と(ける)] [い(る)]

火 ひ　ひへん

熔接《ようせつ》
熔鉱炉《ようこうろ》
鉄《てつ》を熔《と》かす

蠅（蝿）（蝿）

音［ヨウ］
訓［はえ］

虫 むし むしへん

蠅利《ようり》
蠅頭《ようとう》
蠅叩《はえたた》き

耀（耀）

音［ヨウ］
訓［かがや（く）］

羽 はね

栄耀栄華《えいようえいが》
光耀《こうよう》
光耀《ひかりかがや》く

鷹

音［ヨウ］［オウ］
訓［たか］

鳥 とり とりへん

鷹揚《おうよう・ようよう》
禿鷹《はげたか》

慾

音［ヨク］
訓［ほっ（する）］

心 忄 ⺗ こころ りっしんべん したごころ

情慾《じょうよく》
慾望《よくぼう》
正義《せいぎ》を慾《ほっ》する

ラ

螺

音［ラ］
訓［つぶ］［にし］［にな］［ほらがい］

虫 むし むしへん

螺旋階段《らせんかいだん》
田螺《たにし》
螺《ほらがい》を吹《ふ》く

萊（莱）

音［ライ］
訓［あかざ］［あれち］

艹 艹 くさかんむり そうこう

萊蕪《らいぶ》
蓬萊《ほうらい》
萊《あかざ》の杖《つえ》

洛

音［ラク］
訓［みやこ］［つら（なる）］

氵 氺 さんずい したみず

上洛《じょうらく》・洛北《らくほく》
洛陽《らくよう》
京《きょう》の洛《みやこ》

蘭

音［ラン］
訓［ふじばかま］［あららぎ］

艹 艹 くさかんむり そうこう

芝蘭玉樹《しらんぎょくじゅ》
鈴蘭《すずらん》
一本《ひともと》の蘭《あららぎ》

リ

李

音［リ］
訓［すもも］［おさ（める）］

木 き きへん

李下《りか》に冠《かんむり》を正《ただ》さず
李《すもも》の木

哩

音［リ］［マイル］

口 くち くちへん

港《みなと》まで一哩《いちマイル》

浬

音［リ］
訓［かいり］［ノット］

氵 氺 さんずい したみず

二百浬《にひゃくかいり》
速《はや》さ十浬《じゅうノット》

狸

音［リ］
訓［たぬき］［ねこ］

犬 犭 いぬ けものへん

狐狸妖怪《こりようかい》
狸《たぬき》寝《ね》入《い》り
古狸《ふるだぬき》

裡

音［リ］
訓［うら］［うち］

衣 衤 ころも ころもへん

秘密裡《ひみつり》

鯉

音［リ］
訓［こい］［てがみ］

魚 うお うおへん さかなへん

養鯉場《ようりじょう》
鯉《こい》の滝登《たきのぼ》り

栗

音［リツ］［リ］
訓［くり］［おのの（く）］［きび（しい）］

木 き きへん

栗烈《りつれつ》
栗鼠《りっそ・りす》
甘栗《あまぐり》
恐怖《きょうふ》に栗《おのの》く

葎

音［リツ］
訓［むぐら］

艹 艹 くさかんむり そうこう

八重葎《やえむぐら》

漢字	読み	部首	用例
掠	音［リャク］［リョウ］ 訓［かす(める)］［かす(る)］［かす(れる)］［さら(う)］［むちう(つ)］	手 扌 て てへん	掠奪《りゃくだつ》／掠《かす》め取《と》る／掠《かす》り傷《きず》／声《こえ》が掠《かす》れる／足《あし》を掠《さら》われる
笠	音［リュウ］ 訓［かさ］	竹 たけ たけかんむり	蓑笠《さりゅう・みのがさ》／衣笠《きぬがさ》
琉	音［リュウ］［ル］	玉 王 たま・たまへん おう・おうへん	琉球《りゅうきゅう》／琉璃《るり》
溜	音［リュウ］ 訓［したた(る)］［た(まる)］［た(める)］［ため］	氵 氺 さんずい したみず	溜飲《りゅういん》／雨《あめ》が溜《したた》る／溜《た》め息《いき》
劉	音［リュウ］ 訓［ころ(す)］［つら(ねる)］	刀 刂 かたな りっとう	劉覧《りゅうらん》／項羽《こうう》と劉邦《りゅうほう》
亮	音［リョウ］ 訓［あき(らか)］［すけ］	亠 なべぶた けいさんかんむり	亮然《りょうぜん》／亮《あき》らかにする
凌	音［リョウ］ 訓［しの(ぐ)］	冫 にすい	凌駕《りょうが》／飢《う》えを凌《しの》ぐ
梁	音［リョウ］ 訓［はり］［うつばり］［はし］［やな］	木 き きへん	梁木《りょうぼく》／梁上《りょうじょう》の君子《くんし》／梁《やな》で漁《りょう》をする
菱	音［リョウ］ 訓［ひし］	艹 艹 くさかんむり そうこう	菱花鏡《りょうかきょう》／菱形《ひしがた》
椋	音［リョウ］ 訓［むく］	木 き きへん	椋鳥《むくどり》の群《む》れ
稜	音［リョウ］［ロウ］ 訓［かど］［いきお(い)］	禾 のぎ のぎへん	山《やま》の稜線《りょうせん》
綾	音［リョウ］［リン］ 訓［あや］	糸 いと いとへん	綾羅錦繡《りょうらきんしゅう》／綾子《りんず》／言葉《ことば》の綾《あや》
諒	音［リョウ］ 訓［まこと］［おもいや(る)］［さと(る)］	言 げん ごんべん	諒闇《りょうあん》／諒解《りょうかい》／真相《しんそう》を諒《さと》る
遼	音［リョウ］ 訓［はる(か)］	辶 辶 しんにょう しんにゅう	前途遼遠《ぜんとりょうえん》／遼《はる》かな未来《みらい》
嶺	音［リョウ］［レイ］ 訓［みね］	山 やま やまへん	銀嶺《ぎんれい》・峻嶺《しゅんれい》／嶺雲《れいうん》／嶺《みね》が連《つら》なる
淋	音［リン］ 訓［そそ(ぐ)］［したた(る)］［さび(しい)］［りんびょう］	氵 氺 さんずい したみず	淋雨《りんう》／淋菌《りんきん》・淋病《りんびょう》／一人《ひとり》淋《さび》しい
琳	音［リン］	玉 王 たま・たまへん おう・おうへん	尾形光琳《おがたこうりん》／琳派《りんぱ》

燐*	鱗*	麟*	婁 ル	屢（屡）	伶 レ
音［リン］	音［リン］ 訓［うろこ］	音［リン］ 訓［きりん］	音［ル］［ロウ］ 訓［つな（ぐ）］［つな（がれる）］	音［ル］ 訓［しばしば］	音［レイ］ 訓［さか（しい）］［わざおぎ］
火 ひ ひへん	魚 うお うおへん さかなへん	鹿 しか	女 おんな おんなへん	尸 かばね しかばね	亻 人 にんべん ひとやね
燐鉱石《りんこうせき》 燐火《りんか》 燐酸《りんさん》	逆鱗《げきりん》 鱗粉《りんぷん》 魚《さかな》の鱗《うろこ》	麒麟《きりん》	離婁《りろう》の明《めい》 紐《ひも》で婁《つな》ぐ	屢次《るじ》 屢《しばしば》起《お》こる	伶人《れいじん》 伶《さか》しい子供《こども》

怜	苓	玲	礪（砺）	蠣（蛎）	煉（煉）
音［レイ］ 訓［さと（い）］	音［レイ］［リョウ］ 訓［みみなぐさ］	音［レイ］	音［レイ］ 訓［あらと］［と（ぐ）］［みが（く）］	音［レイ］ 訓［かき］	音［レン］ 訓［ね（る）］
忄 小 りっしんべん したごころ	艹 艹 くさかんむり そうこう	玉 王 たま・たまへん おう・おうへん	石 いし いしへん	虫 むし むしへん	火 ひ ひへん
怜悧《れいり》 怜《さと》い子供《こども》	苓落《れいらく》	玲瓏《れいろう》	砥礪《しれい》 礪行《れいこう》 刃物《はもの》を礪《と》ぐ	牡蠣《ぼれい》 蠣《かき》の殻《から》	煉瓦《れんが》 土《つち》を煉《ね》る

憐*	蓮	漣（漣）	聯（聨）	簾（簾）	櫓 ロ
音［レン］ 訓［あわ（れむ）］［あわ（れみ）］	音［レン］ 訓［はす］［はちす］	音［レン］ 訓［さざなみ］	音［レン］ 訓［つら（なる）］［つら（ねる）］	音［レン］ 訓［す］［すだれ］	音［ロ］ 訓［おおだて］［やぐら］
忄 小 心 りっしんべん したごころ こころ	艹 艹 くさかんむり そうこう	氵 水 さんずい したみず	耳 みみ みみへん	竹 たけ たけかんむり	木 き きへん
憐憫《れんびん》の情《じょう》 哀憐《あいれん》・可憐《かれん》 己《おのれ》を憐《あわ》れむ	紅蓮《ぐれん》・蓮華《れんげ》 蓮根《れんこん》 蓮《はす》の花《はな》	漣漣《れんれん》たる涙《なみだ》 漣《さざなみ》が立《た》つ	聯亙《れんこう》 聯句《れんく》 宝珠《ほうじゅ》を聯《つら》ねる	簾政《れんせい》 御簾《みす》	櫓《ろ》で船《ふね》を漕《こ》ぐ 櫓太鼓《やぐらだいこ》

漢字	音訓	部首	用例
魯	音[ロ] 訓[おろ(か)]	魚 うお うおへん さかなへん	魯魚章草《ろぎょしょうそう》 魯鈍《ろどん》 魯《おろ》かな考《かんが》え
蕗	音[ロ] 訓[ふき]	艹 艹 くさかんむり そうこう	蕗《ふき》の姑《しゅうとめ》 蕗《ふき》の台《だい》
鷺	音[ロ] 訓[さぎ]	鳥 とり とりへん	朱《しゅ》鷺《ろ(とき)》 鷺草《さぎそう》 白鷺《しらさぎ》
牢	音[ロウ] 訓[いけにえ] [ごちそう] [ひとや] [かた(い)] [さび(しい)]	牛 うし うしへん	牢獄《ろうごく》 堅牢《けんろう》な建物《たてもの》 牢《かた》く規律《きりつ》を守《まも》る 牢《さび》しく心細《こころぼそ》い
狼	音[ロウ] 訓[おおかみ] [みだ(れる)]	犬 犭 いぬ けものへん	狼戻《ろうれい》・狼顧《ろうこ》 周章狼狽《しゅうしょうろうばい》 気《き》が狼《みだ》れる
蠟（蝋）	音[ロウ]	虫 むし むしへん	蠟燭《ろうそく》 蜜蠟《みつろう》
聾	音[ロウ]	耳 みみ みみへん	聾唖《ろうあ》 耳《みみ》を聾《ろう》する
肋	音[ロク] 訓[あばら]	肉 月 にく にくづき	鶏肋《けいろく》 肋骨《ろっこつ(あばらぼね)》
禄	音[ロク] 訓[さいわ(い)] [ふち]	示 礻 しめす しめすへん	禄高《ろくだか》 貫禄《かんろく》
漉	音[ロク] 訓[こ(す)] [したた(らせる)] [す(く)]	氵 氺 さんずい したみず	水《みず》を漉《こ》す 和紙《わし》を漉《す》く
窪（ワ）	音[ワ] [ア] 訓[くぼ] [くぼ(む)]	穴 あな あなかんむり	窪目《くぼめ》 窪地《くぼち》 落《お》ち窪《くぼ》んだ眼窩《がんか》
歪	音[ワイ] 訓[ゆが(む)] [いが(む)] [ひず(む)] [いびつ]	止 とめる とめへん	歪曲《わいきょく》 事実《じじつ》を歪《ゆが》める 政策《せいさく》の歪《ひず》み 歪《いびつ》な形《かたち》
隈	音[ワイ] 訓[くま] [すみ]	阜 阝 こざとへん	界隈《かいわい》 歌舞伎《かぶき》の隈取《くまどり》 隈隈《すみずみ》
或	音[ワク] 訓[あ(る)] [ある(いは)]	戈 ほこづくり ほこがまえ	或問形式《わくもんけいしき》 或《あ》る女《おんな》
椀	音[ワン] 訓[はち]	木 き きへん	汁《しる》の椀種《わんだね》
碗（盌）	音[ワン] 訓[こばち]	石 いし いしへん	茶碗《ちゃわん》

試験に出る四字熟語

四字熟語の問題では、前半か後半のどちらか二字が問われます。どちらを問われても答えられるようにしっかりと覚えましょう。また、意味に沿う四字熟語を選んでその読みも問われるので、意味も覚えましょう。

相《あい》碁《ご》井《せい》目《もく》
何事にも実力の差はさまざまで、何をするにも力の差はあるものだということ。

阿《あ》鼻《び》叫《きょう》喚《かん》
非常に惨たらしいさま。「阿鼻」は無間地獄。現世で父母を殺すなどの最悪の罪を犯した者が落ちて、そこで猛火に焼かれるとされる。

阿《あ》附《ふ》迎《げい》合《ごう》
相手の機嫌をとり、へつらい、おもねること。「阿附」は人の言うことをそのまま真似すること。

暗《あん》中《ちゅう》模《も》索《さく》
手がかりのないまま、いろいろと試してみること。「模索」は「摸索」とも書く。

意《い》気《き》軒《けん》昂《こう》
意気込んで、威勢の良いさま。「軒昂」は高くあがること。

衣《い》錦《きん》還《かん》郷《きょう》
都に出て立身出世したものが故郷に帰ること。「錦を衣て郷に還る」とも読む。

一《いち》目《もく》瞭《りょう》然《ぜん》
一目で明らかにわかるさま。「瞭然」は「了然」とも書く。

一《いち》竜《りょう》一《いっ》猪《ちょ》
学ぶものと学ばないものには大きな差ができるということ。「一竜」は「いちりゅう」とも読む。

一《いち》蓮《れん》托《たく》生《しょう》	善行をした者が極楽浄土の同じ蓮の花の上に生まれ変わること。転じて、事の善悪にかかわらず、仲間として行動や運命を共にすること。
一《いっ》虚《きょ》一《いち》盈《えい》	「虚」は空しい、「盈」は満ちる意。あるときは空しく、あるときは満ちて、常に変化し、予測しにくいことのたとえ。
一《いっ》顧《こ》傾《けい》城《せい》	絶世の美女。美女がちらりと見るだけで君主が夢中になり、国を滅ぼしてしまうこと。ここから転じて、江戸時代には遊女のことを「傾城」といった。
一《いっ》世《せい》木《ぼく》鐸《たく》	世の中を正しく導く人。社会の指導者。
一《いっ》張《ちょう》一《いっ》弛《し》	弓の弦を強く張ったりゆるめたりすることから転じて、人に厳しく接したり、やさしく接したりすること。政治家や教育者の心得。
一《いっ》碧《ぺき》万《ばん》頃《けい》	海などの水面が青々と広がっていること。
意《い》馬《ば》心《しん》猿《えん》	煩悩のために心が乱れて落ち着かないことのたとえ。「心猿意馬」ともいう。
因《いん》循《じゅん》姑《こ》息《そく》	古い習慣や方法にとらわれて改めず、その場しのぎに終始する。
内《うち》股《また》膏《こう》薬《やく》	あちらについたり、こちらについたりする人をあざけっていう語。
烏《う》飛《ひ》兎《と》走《そう》	年月が慌ただしく過ぎ去ること。月日が速く過ぎること。

雲《うん》集《しゅう》霧《む》散《さん》

たくさんのものが集まったり、散ったりすること。

運《うん》否《ぷ》天《てん》賦《ぷ》

人の運不運は天命であること。「運否」は運不運。「天賦」は天が与えたもの。

雲《うん》竜《りょう》井《せい》蛙《あ》

地位や賢愚などの差が非常に大きいことのたとえ。「竜」は「りゅう」とも読む。

永《えい》劫《ごう》回《かい》帰《き》

宇宙は永遠に循環運動を繰り返すもので、人間は今の一瞬を大切に生きるべきである。

栄《えい》耀《よう》栄《えい》華《が》

富や権勢を持ち、華やかに栄えること。

掩《えん》耳《じ》盗《とう》鐘《しょう》

自分の耳をふさいで鐘を盗む。良心に反する行いをしながら、そのことを考えないように努める。

鳶《えん》飛《ぴ》魚《ぎょ》躍《やく》

万物がその本性に従って自由に楽しんでいることのたとえ。また、君主の恩徳が遍くゆきわたり、人々がその能力によってそれぞれ所を得ているたとえ。

円《えん》木《ぼく》警《けい》枕《ちん》

苦労をいとわず勉学に励むたとえ。丸木を枕とし、熟睡するのを防いだ。

横《おう》説《せつ》竪《じゅ》説《せつ》

自由自在に述べること。縦横に説くこと。

屋《おく》梁《りょう》落《らく》月《げつ》

心底から友人を思うこと。唐代の詩人杜甫が友人の李白を思いやった故事から。

温《おん》柔《じゅう》敦《とん》厚《こう》
やさしく穏やかなこと。「敦厚」は手厚いこと。

蓋《がい》棺《かん》事《じ》定《てい》
生前の評価は当てにならず、棺に入りふたをして初めて本当の値打ちが決まる。

鎧《がい》袖《しゅう》一《いっ》触《しょく》
相手にならないほどの実力差で打ち負かしてしまうこと。

街《がい》談《だん》巷《こう》語《ご》
つまらない噂話。風説。「街談巷説」ともいう。

街《がい》談《だん》巷《こう》説《せつ》
世間のつまらない噂。「街談巷語」ともいう。

開《かい》門《もん》揖《ゆう》盗《とう》
自ら災いを招くたとえ。門を開いて会釈して盗人を招き入れる意から。

鶴《かく》髪《はつ》童《どう》顔《がん》
老人が元気なこと。老いてなお精気盛ん。

画《が》虎《こ》類《るい》狗《く》
無能な者がすぐれた人の真似をしようとしても、却って自分の拙さを露呈してしまうことのたとえ。虎を描こうとして犬のような絵を描いてしまうことから。

河《か》山《ざん》帯《たい》礪《れい》
永遠に変わらない堅い誓約。また、国が永久に栄えること。

加《か》持《じ》祈《き》禱《とう》
病気や災難を除こうと神仏に祈ること。

禾《か》黍《しょ》油《ゆう》油《ゆう》

稲や黍などがつやつやと勢いよく生長していること。

臥《が》薪《しん》嘗《しょう》胆《たん》

将来の成功のため、長い間苦しみに耐えること。特に復讐《ふくしゅう》のために苦労を耐え忍ぶこと。呉王夫差、越王勾践の故事から。

嘉《か》辰《しん》令《れい》月《げつ》

めでたい月日。「嘉」も「令」もよいという意味。「辰」は日。「嘉辰」は「佳辰」とも書く。

確《かっ》乎《こ》不《ふ》抜《ばつ》

意志がしっかりしていて動じないこと。また、固く定まり変えることができないこと。

活《かっ》剝《ぱく》生《せい》呑《どん》

他人のものをそのまま盗用すること。また、受け売りするだけで、独自性がないこと。

河《か》図《と》洛《らく》書《しょ》

とても珍しく、手に入れることがめったにない書物のこと。昔、黄河から竜馬が、洛水から神亀が神秘的な絵図を背負って浮かび出て、聖王の出現と太平の世の到来を告げたという伝説から。

瓦《が》釜《ふ》雷《らい》鳴《めい》

小人物が得意げに威張り、わめきちらすたとえ。

臥《が》竜《りょう》鳳《ほう》雛《すう》

才能がありながら機会に恵まれず実力を発揮できない者のこと。「竜」は「りゅう」とも読む。

含《がん》飴《い》弄《ろう》孫《そん》

気楽な老後の生活のこと。飴を口に含み、孫と遊ぶ意。

閑《かん》雲《うん》野《や》鶴《かく》	何ものにも拘束されない自由な生活のたとえ。大空にゆったりと浮かぶ雲と、野に遊ぶ鶴の意から。
眼《がん》高《こう》手《しゅ》低《てい》	知識はあり批評もするが実際の能力は低いこと。また、理想は高いが実力が伴わないこと。
管《かん》中《ちゅう》窺《き》豹《ひょう》	見識が極端に狭いこと。
玩《がん》物《ぶつ》喪《そう》志《し》	物に心を奪われて、大切な志を失うこと。
冠《かん》履《り》顛《てん》倒《とう》	地位や立場などの上下が乱れおかしいこと。価値や秩序が乱れていること。
規《き》矩《く》準《じゅん》縄《じょう》	物事や行為の標準・法則・手本。「規」はコンパス、「矩」は曲尺、「準」は水準器、「縄」は墨縄（直線を引く道具）。
気《き》息《そく》奄《えん》奄《えん》	息も絶え絶えで今にも死にそうなさま。
吉《きち》日《じつ》良《りょう》辰《しん》	縁起の良い日。めでたい日。「吉日」は「きちにち・きつじつ・きつにち」とも読む。
鬼《き》斧《ふ》神《しん》工《こう》	人の技とは思えないような素晴らしい技で作られたもの。「神工鬼斧」ともいう。
泣《きゅう》血《けつ》漣《れん》恕《じょ》	血の涙を流すぐらいに激しく泣く。

鳩《きゅう》首《しゅ》協《きょう》議《ぎ》

集まって真剣に話し合うこと。「鳩首」は頭・額を集めてつき合わせること。「鳩首凝議」ともいう。

鳩《きゅう》首《しゅ》凝《ぎょう》議《ぎ》

人々が額を寄せ合って熱心に相談すること。「鳩」は集める意。「鳩首協議」ともいう。

窮《きゅう》鼠《そ》嚙《ごう》猫《びょう》

行き詰った弱者が思いがけない力を発揮して強者に刃向かうたとえ。「窮鼠猫を嚙む」という成句で用いられる。

九《きゅう》鼎《てい》大《たい》呂《りょ》

貴重な物や重要な地位のたとえ。「九鼎」は夏王朝の開祖禹が九つの州から献上させた銅で作った鼎で天子の地位の象徴。「大呂」は周王朝の大廟に供えた鐘。

旧《きゅう》套《とう》墨《ぼく》守《しゅ》

古いしきたりや方法を固く守ること。

行《ぎょう》住《じゅう》坐《ざ》臥《が》

日常の立ち居振る舞い。転じて、日常のこと。「坐臥」は「座臥」とも書く。

尭《ぎょう》風《ふう》舜《しゅん》雨《う》

神話時代の皇帝である尭や舜のような聖天子の恵みが世界に行き渡っている。

曲《きょく》学《がく》阿《あ》世《せい》

真理を曲げて、世間が気に入るような説を立てること。また、そのような人。「阿世」は世間におもねる意。

玉《ぎょく》砕《さい》瓦《が》全《ぜん》

名誉を守るため死ぬことと、なすことなく長く生きること。

旭《きょく》日《じつ》昇《しょう》天《てん》	朝日が勢いよく天に昇る意から、勢力がきわめて盛んなたとえ。
曲《きょく》眉《び》豊《ほう》頬《きょう》	美しい女性のこと。「曲眉」は三日月のような綺麗な形をした眉、「豊頬」はふっくらとしている頬のこと。
虚《きょ》心《しん》坦《たん》懐《かい》	心に何のわだかまりもなく、平静に事にのぞむさま。「坦懐」はわだかまりがなく、さっぱりした心持ち。
挙《きょ》措《そ》進《しん》退《たい》	立ち居振舞い。仕草。
魚《ぎょ》網《もう》鴻《こう》離《り》	求めていたものではなく、意外なものが手に入るたとえ。魚の網に鴻（おおとり、または大きな雁）がかかることから。「離」は網にかかること。
魚《ぎょ》目《もく》燕《えん》石《せき》	本物と紛らわしい無価値なもの。魚の目玉と燕山（河北省にある山）の石は、一見珠玉に似ているが偽物であることから。
金《きん》烏《う》玉《ぎょく》兎《と》	歳月のこと。「金烏」は太陽、「玉兎」は月の異称。
欣《きん》喜《き》雀《じゃく》躍《やく》	大喜びすること。「雀躍」はスズメが飛びはねるさま。
勤《きん》倹《けん》力《りっ》行《こう》	仕事に励んで慎ましく、精一杯の努力をすること。
錦《きん》心《しん》繡《しゅう》口《こう》	詩文の才能に優れていることを称えていう。美しい心情と優美な言葉。

君《くん》子《し》豹《ひょう》変《へん》

「優れた人間は、過ちは直ちに改め、速やかに正しい方向に向かう」というのが本来の意味。現在では「要領よく今までの主張や態度を変えてしまう」という、どちらかと言えば悪い意味で使われている。

荊《けい》妻《さい》豚《とん》児《じ》

妻や子供を卑下していう言葉。

卿《けい》相《しょう》雲《うん》客《かく》

高位高官のこと。「月卿雲客」ともいう。

経《けい》世《せい》済《さい》民《みん》

世を治め、民を救うこと。

繋《けい》風《ふう》捕《ほ》影《えい》

話や物事の見込みがないこと。

刑《けい》鞭《べん》蒲《ほ》朽《きゅう》

痛みの少ない蒲の鞭で処刑していたら、犯罪が減りその鞭も朽ちてしまった。世の中が平和なこと。

鶏《けい》鳴《めい》狗《く》盗《とう》

つまらない技能を持った人のたとえ。「鶏鳴」は鶏の鳴きまねがうまい人、「狗盗」はこそこそと物を盗むのがうまい人。どんなつまらない才能の持ち主でも、役に立つことがある、という意味でも用いられる。

月《げっ》卿《けい》雲《うん》客《かく》

公卿や殿上人のこと。高位高官。「卿相雲客」ともいう。

牽《けん》衣《い》頓《とん》足《そく》

別れを惜しむこと。

犬《けん》牙《が》相《そう》制《せい》

隣接する国の領土を犬のきばのように入り組ませ、お互いに牽制させる。

牽《けん》強《きょう》附《ふ》会《かい》

自分の都合のよいように無理にこじつけること。「附会」は「付会」とも書く。

捲《けん》土《ど》重《ちょう》来《らい》

一度失敗した者が勢いを盛り返し、再挙を図ること。「捲」は砂ぼこりを巻き上げる意で、「巻」とも書く。また「けんどじゅうらい」とも読む。

堅《けん》牢《ろう》堅《けん》固《ご》

とてもかたく、丈夫なこと。守りが非常に堅くて簡単には破られないさま。

膏《こう》火《か》自《じ》煎《せん》

財産や才能があるがために、却って身を滅ぼすことになるというたとえ。あぶらは燃えて明るくなるが、自らを焼いて燃え尽きてしまうことから。

傲《ごう》岸《がん》不《ふ》遜《そん》

おごり高ぶって人を見下し他人に頭を下げないこと。

剛《ごう》毅《き》果《か》断《だん》

意志がしっかりとして、決断力に富んでいるさま。

綱《こう》挙《きょ》網《もう》疏《そ》

細部にこだわらず、根本を捉えることに力を入れる。

光《こう》彩《さい》陸《りく》離《り》

美しい光がまばゆく輝くさま。「光彩」は「光采」とも書く。

鉤《こう》縄《じょう》規《き》矩《く》

標準や基準になるもの。物事の手本やきまり。

宏《こう》大《だい》無《む》辺《へん》

限りなく広く大きいこと。「宏大」は「広大」「洪大」とも書く。

孝《こう》悌《てい》忠《ちゅう》信《しん》

真心を持って目上の人に仕えること。

向《こう》天《てん》吐《と》唾《だ》

他者を害しようとして自らにその害がかえってくること。「天に向かって唾を吐く」とも読む。

荒《こう》唐《とう》無《む》稽《けい》

話や考えがでたらめで取り留めがないさま。「無稽」は根拠がないさま。

紅《こう》毛《もう》碧《へき》眼《がん》

赤い髪の毛、青い眼の人。西洋人。

甲《こう》論《ろん》乙《おつ》駁《ばく》

互いにあれこれ主張して議論がまとまらないこと。

五《ご》穀《こく》豊《ほう》穣《じょう》

穀物が豊かに実ること。「五穀」は米・麦・粟・豆・黍または稗。

古《こ》色《しょく》蒼《そう》然《ぜん》

たいへん古めかしいさま。また、古びて趣のあること。「蒼然」は古びた色のさま。

克《こっ》己《き》復《ふく》礼《れい》

己の欲望に打ち勝って、礼儀にかなった行いをする。

胡《こ》馬《ば》北《ほく》風《ふう》	ふるさとを懐かしむこと。
鼓《こ》腹《ふく》撃《げき》壌《じょう》	平和なようす。争いごとがなく安楽な生活を楽しむさま。
枯《こ》木《ぼく》寒《かん》巌《がん》	枯れた木と冷たい岩。世俗に超然とした悟りの境地のたとえ。
狐《こ》狸《り》妖《よう》怪《かい》	人間をだます悪い生き物。ひそかに悪事を働く者のたとえ。
欣《ごん》求《ぐ》浄《じょう》土《ど》	極楽浄土に往生することを心から願うこと。「欣求」は積極的に願い求めること。
金《こん》剛《ごう》不《ふ》壊《え》	堅固でこわれないこと。志を変えないたとえ。
才《さい》子《し》佳《か》人《じん》	才能あふれる男と、美人の誉れ高い女。理想的な男女。
採《さい》薪《しん》汲《きゅう》水《すい》	自然の中で質素に暮らすことをいう。「採」は「采」とも書く。
坐《ざ》臥《が》行《こう》歩《ほ》	立ち居振る舞いのこと。
山《さん》河《が》襟《きん》帯《たい》	襟のように山が囲み、帯のように河が流れる自然の要害。

三《さん》者《しゃ》鼎《てい》立《りつ》

三つの勢力が拮抗して並び立つ状態。

蚕《さん》食《しょく》鯨《げい》呑《どん》

強大なものが弱小のものを侵略して一気に飲み込むこと。

斬《ざん》新《しん》奇《き》抜《ばつ》

着想が独創的で、それまでに類を見ないほど新しいさま。

自《じ》家《か》撞《どう》着《ちゃく》

同一人物の言動が前後で矛盾していること。自分で自分の言行に反すること。

只《し》管《かん》打《た》座《ざ》

ただひたすらに座禅すること。

師《し》資《し》相《そう》承《しょう》

師の教えを受け継ぐこと。師から弟子へ受け継いでいくこと。

獅《し》子《し》奮《ふん》迅《じん》

獅子が奮い立って猛進するように、激しく活動することをいう。

梓《し》匠《しょう》輪《りん》輿《よ》

「梓」は家具職人、「匠」は大工、「輪」は車輪職人、「輿」は車台職人のことで、それらの職人のこと。

死《し》屍《し》累《るい》累《るい》

沢山の死体が重なって倒れているさま。

自《し》然《ぜん》淘《とう》汰《た》

生態的条件や環境に適する生物は生き残り、適しない生物は滅びること。

七《しち》堂《どう》伽《が》藍《らん》	寺院の主要な七つの建物。塔・金堂・講堂・鐘楼・経蔵・僧房・食堂だが、宗派によって異なる。
疾《しっ》風《ぷう》怒《ど》濤《とう》	激しい風と荒れ狂う波。時代が激しく変化するさま。ドイツ語「シュトルム・ウント・ドラング（文学革新運動）」の訳語。
紫《し》電《でん》一《いっ》閃《せん》	事態の急激な変化の形容。「紫電」は剣を一振りするとき、一瞬閃く鋭い光のことをいう。
資《し》弁《べん》捷《しょう》疾《しつ》	生まれつき口が上手く、行動も素早いこと。
四《し》面《めん》楚《そ》歌《か》	周り中が敵ばかりで、一人の味方もいないこと。楚の項羽が滅びるときの故事から。
釈《しゃく》根《こん》灌《かん》枝《し》	末節にこだわって、根本を忘れること。
杓《しゃく》子《し》果《か》報《ほう》	非常についていること。おいしいご飯に恵まれること。「杓子」は食事を盛る道具のこと。「果報」は幸せの意。
杓《しゃく》子《し》定《じょう》規《ぎ》	ある基準や形式ですべてを律しようとすること。融通がきかないこと。
寂《じゃく》滅《めつ》為《い》楽《らく》	迷いから離れた悟りの境地が、楽しいものであるということ。
周《しゅう》章《しょう》狼《ろう》狽《ばい》	大いにあわてふためくこと。「周章」と「狼狽」はともにあわてる意。

秋《しゅう》風《ふう》索《さく》莫《ばく》	夏が過ぎ秋風が吹いたら、ものさみしい風景に変わること。「索莫」は「落漠」とも書く。
熟《じゅく》読《どく》玩《がん》味《み》	文章をよく読み、じっくりと味わうこと。
首《しゅ》鼠《そ》両《りょう》端《たん》	迷ってどちらとも決めかねるさま。鼠が穴から首だけ出して、辺りをうかがっているさまから。
出《しゅっ》処《しょ》進《しん》退《たい》	職や地位にとどまることと、辞めて退くこと。身のふり方。身の処し方。
春《しゅん》蛙《あ》秋《しゅう》蟬《ぜん》	うるさいだけで役に立たない無用の言論。
舜《しゅん》日《じつ》尭《ぎょう》年《ねん》	神話の聖天子、舜と尭が治めていた世の中。平和な年月。
純《じゅん》情《じょう》可《か》憐《れん》	邪念がなく、すなおで愛らしい。
純《じゅん》真《しん》無《む》垢《く》	自然体で飾り気のないようす。清らかで汚れのない心を持っていること。
醇《じゅん》風《ぷう》美《び》俗《ぞく》	思いやりのある美しい生活態度、風俗や習慣。「醇風」は「淳風」とも書く。
城《じょう》狐《こ》社《しゃ》鼠《そ》	君主や権力者の陰に隠れて悪事を働く者。身を安全なところに置いて悪事を働く者のたとえ。

情《じょう》緒《しょ》纏《てん》綿《めん》	情緒が深くて離れがたいさま。「情緒」は「じょうちょ」とも読む。
笑《しょう》面《めん》夜《や》叉《しゃ》	笑っていても腹に一物あること。
芝《し》蘭《らん》玉《ぎょく》樹《じゅ》	すぐれた人材のたとえ。「芝」は霊芝で蘭とともに香草。「玉樹」は玉のように美しい木。
参《しん》差《し》錯《さく》落《らく》	ふぞろいの物がいろいろと入り混じっている。「参差」を「さんさ」と読まないこと。
脣《しん》歯《し》輔《ほ》車《しゃ》	たがいが助け合うことで成り立つ関係。もちつもたれつの関係。「脣」は「唇」とも書く。「輔車脣（唇）歯」ともいう。
水《すい》到《とう》渠《きょ》成《せい》	学問を十分に行えば自然に道徳も身につくということ。また、物事は時が来れば自然に成就するということ。水が流れると自然に溝ができることから。
推《すい》本《ほん》遡《そ》源《げん》	物事の根源を考え、そのすべてを知ろうとする。「遡源」は「溯源」とも書く。
杜《ず》撰《さん》脱《だつ》漏《ろう》	著作などに誤りが多いこと。また、物事のやり方がいい加減でぞんざいなこと。
凄《せい》凄《せい》切《せつ》切《せつ》	非常に物さびしいこと。
清《せい》濁《だく》併《へい》呑《どん》	包容力の大きいことのたとえ。「清濁」は善と悪、また正と邪。

碩《せき》学《がく》大《たい》儒《じゅ》	学問の広い儒者または大学者。
碩《せき》師《し》名《めい》人《じん》	偉大な学者と徳のある人物。「碩」は大きいこと。転じて、偉大なの意。「名人」は名高い意。
赤《せき》手《しゅ》空《くう》拳《けん》	武器も持たずに立ち向かうこと。助けを借りずに物事を行うこと。
積《せき》善《ぜん》余《のよ》慶《けい》	善行を積めば必ず慶ばしいことが訪れる。
尺《せき》短《たん》寸《すん》長《ちょう》	優れた人にも劣ったところはあり、劣った人にも優れたところはある。
折《せっ》衝《しょう》禦《ぎょ》侮《ぶ》	相手の攻撃を防いで恐れさせること。
舌《ぜっ》端《たん》月《げっ》旦《たん》	言葉で批評すること。
旋《せん》乾《けん》転《てん》坤《こん》	天下国家の情勢を一変させること。「乾」は天、「坤」は地。「乾坤」で天地・世界を指す。
前《ぜん》虎《こ》後《こう》狼《ろう》	前に虎、後ろから狼。次々と災難に襲われること。
前《ぜん》途《と》遼《りょう》遠《えん》	目的達成までの道のりがまだ遠くて困難なさま。

全《ぜん》豹《ぴょう》一《いっ》斑《ぱん》	物事の一部を見ただけで、全体を推測したり批評したりすること。見識が狭いことのたとえ。
千《せん》篇《べん》一《いち》律《りつ》	変わりばえがせず、面白味に欠けること。「千篇」は「千編」とも書く。
甑《そう》塵《じん》釜《ふ》魚《ぎょ》	炊事ができないほど貧しいこと。
象《ぞう》箸《ちょ》玉《ぎょく》杯《はい》	贅沢な生活。また、贅沢を求める欲が出始めること。
草《そう》茅《ぼう》危《き》言《げん》	国政に対する民間の批判の声。「草茅」は草むら、転じて民間・在野。「危言」は厳しい言葉。
楚《そ》材《ざい》晋《しん》用《よう》	ある部門に所属している人物を他の場所で上手く活用すること。また、国の人材が流出し他国で重用されること。
粗《そ》酒《しゅ》粗《そ》餐《さん》	粗末な酒と食事のこと。
啐《そっ》啄《たく》同《どう》時《じ》	絶好の機会。逃すことのできない好機。「啐」は卵からかえろうとする雛が殻の中で鳴く声。「啄」は親鳥が殻をつつくこと。本来は禅で悟りに教導することをいう。
堆《たい》金《きん》積《せき》玉《ぎょく》	莫大な富をかき集めること。金や玉をつみあげることから。

泰《たい》山《ざん》鴻《こう》毛《もう》

非常に重いものと非常に軽いもの。隔たりが大きいことのたとえ。

多《た》岐《き》亡《ぼう》羊《よう》

選択肢がいろいろあり、どうしていいか迷うこと。

断《だん》崖《がい》絶《ぜっ》壁《ぺき》

非常に危険な状況のこと。「断崖」と「絶壁」はともに切り立った崖。

断《だん》簡《かん》零《れい》墨《ぼく》

ちょっとしたメモや、きれぎれになった書き物。文書の断片。

簞《たん》食《し》瓢《ひょう》飲《いん》

清貧に甘んじるさま。孔子の弟子、顔回は貧窮に耐えながら学問に励んだ。それを孔子が称賛して言った言葉。

竹《ちく》頭《とう》木《ぼく》屑《せつ》

役に立たないもののたとえ。また、つまらないものでも何かに役立てるため、粗末にしないこと。「竹頭」は竹の切れ端。

知《ち》小《しょう》謀《ぼう》大《だい》

才知をもたないにもかかわらず、大きなことを企画すること。

中《ちゅう》原《げん》逐《ちく》鹿《ろく》

帝位・政権の争奪戦。「中原に鹿を逐う」と読む。中原は黄河流域の平原地帯中央部で、天下を意味する語。群雄の争いを、鹿を追う猟にたとえた。

朝《ちょう》盈《えい》夕《せき》虚《きょ》

朝に栄えて夕べに滅びる意で、人生がはかないことをいう。

張《ちょう》三《さん》李《り》四《し》

ごくありふれた平凡な人々。張家の三男と李家の四男。「張」や「李」は中国のありふれた姓。

長《ちょう》身《しん》痩《そう》軀《く》	背が高く、痩せていること。
朝《ちょう》秦《しん》暮《ぼ》楚《そ》	留まらずにふらふら放浪すること。また、信念や主義がすぐに変わる人のこと。
朝《ちょう》穿《せん》暮《ぼ》塞《そく》	短期間で頻繁に壊したり作ったりすること。
長《ちょう》汀《てい》曲《きょく》浦《ほ》	長く続くみぎわと曲がりくねった入り江。
凋《ちょう》氷《ひょう》画《が》脂《し》	努力も無駄に終わること。
長《ちょう》鞭《べん》馬《ば》腹《ふく》	いくら強大な力があっても、及ばないことがあるというたとえ。長い鞭でも馬の腹まで届かない場合があることから。
朝《ちょう》蠅《よう》暮《ぼ》蚊《ぶん》	取るに足らぬ小人物がはびこること。
凋《ちょう》零《れい》磨《ま》滅《めつ》	文物などが滅んでなくなること。「凋零」は花などがしぼんで落ちること。「磨滅」はすり減ってなくなる意。
猪《ちょ》突《とつ》猛《もう》進《しん》	目標に対して向こう見ずに突進すること。
治《ち》乱《らん》興《こう》亡《ぼう》	世の中が治まり栄えることと、乱れて衰えること。

沈《ちん》魚《ぎょ》落《らく》雁《がん》

美人の形容。その美しさに圧倒されて魚は水中深く隠れ、雁は見とれて空から落ちてしまうほどだということ。

通《つう》暁《ぎょう》暢《ちょう》達《たつ》

ある事柄に通じていて、文章や言葉がのびのびしていること。

剃《てい》髪《はつ》落《らく》飾《しょく》

髪をおろして仏門に入ること。「剃髪」は「薙髪」とも書く。

鉄《てつ》網《もう》珊《さん》瑚《ご》

珍品や才人を得るために探すこと。

甜《てん》言《げん》蜜《みつ》語《ご》

蜜のように甘い言葉。聞いて快いへつらいの言葉。

天《てん》壌《じょう》無《む》窮《きゅう》

天地とともに永遠、永久に続くこと。

天《てん》神《しん》地《ち》祇《ぎ》

すべての神のこと。「天神」は「てんじん」とも読む。

点《てん》滴《てき》穿《せん》石《せき》

わずかな力でも根気よく続けていけば、いつかは成し遂げることができるという意味。「雨垂れ、石を穿つ」という表現でも用いられる。

天《てん》佑《ゆう》神《しん》助《じょ》

天や神の助け。ご加護。「天佑」は「天祐」とも書く。

東《とう》窺《き》西《せい》望《ぼう》

あっちこっちを見て落ち着きがないこと。

陶《とう》犬《けん》瓦《が》鶏《けい》
役に立たないもののたとえ。陶製の犬と素焼きの鶏。

道《どう》聴《ちょう》塗《と》説《せつ》
学問などを正しく理解せず、生半可に知ったかぶりをして人に話すこと。

堂《どう》塔《とう》伽《が》藍《らん》
寺院の建物の総称。「七堂伽藍」に同じ。

党《とう》同《どう》伐《ばつ》異《い》
ことの善悪にかかわらず、仲間に味方して敵を攻撃すること。

稲《とう》麻《ま》竹《ちく》葦《い》
たくさんの人や物が入り乱れて群がっていること。また、何重にも囲まれていること。

桃《とう》李《り》満《まん》門《もん》
優秀な人材が一門に多く集まるたとえ。

土《ど》階《かい》茅《ぼう》茨《し》
質素な建物のたとえ。「土階」は土でできた階段、「茅茨」はかやで葺いた屋根のこと。古代中国の神話に登場する君主である尭と舜の宮殿を指す言葉。

兎《と》角《かく》亀《き》毛《もう》
あり得ないもの。この世に存在するはずがないもの。

菟《と》糸《し》燕《えん》麦《ばく》
名前と実体が合わないこと。

徒《と》手《しゅ》空《くう》拳《けん》
手に何も持たず、身一つで他に頼むものがないこと。「赤手空拳」ともいう。

兎《と》走《そう》烏《う》飛《ひ》	年月が経つのは早いこと。「烏」は太陽のこと。「兎」は月のこと。
図《と》南《なんの》鵬《ほう》翼《よく》	大事業を計画するたとえ。南方に飛び立とうとする鵬の翼という意味から。
土《ど》崩《ほう》瓦《が》解《かい》	物事が根本から崩れてしまい、手がつけられない状態のこと。
頓《とん》首《しゅ》再《さい》拝《はい》	頭を下げて、うやうやしく礼をすること。
熱《ねつ》願《がん》冷《れい》諦《てい》	熱意をもって願うことと冷静に物事の本質を見極めること。「諦」は明らかによく見ること。
杯《はい》酒《しゅ》解《かい》怨《えん》	酒を仲立ちとして、互いに心のわだかまりを解いていくこと。
馬《ば》牛《ぎゅう》襟《きん》裾《きょ》	学識も教養もない者。礼儀知らずな者。
白《はく》虹《こう》貫《かん》日《じつ》	白い虹が太陽を貫くようにかかる現象。真心が天に通じた表れとも、兵乱が起こる前兆ともいう。「白虹、日を貫く」と読む。
麦《ばく》秀《しゅう》黍《しょ》離《り》	都の跡が荒れ地になっているのを見て、祖国が滅亡したことを嘆く。
拍《はく》手《しゅ》喝《かっ》采《さい》	手をたたき、大声でたたえること。「喝采」は「喝彩」とも書く。

白《はく》兎《と》赤《せき》烏《う》
時間のこと。月日のこと。

博《はく》聞《ぶん》彊《きょう》識《しき》
物事を広く知って、よく記憶していること。「彊識」は「強識」とも書く。また、「きょうし」とも読む。

破《は》綻《たん》百《ひゃく》出《しゅつ》
意見や言動などに、次々と欠点やほころびが出てくること。

抜《ばっ》山《ざん》蓋《がい》世《せい》
山を引き抜くほど強大な力と、世を覆い尽くすほどの盛んな意気込み。楚の項羽が最期を迎えるときに歌った詩が語源。

抜《ばっ》本《ぽん》塞《そく》源《げん》
物事の根本にさかのぼって対処すること。災いの原因を取り除くこと。木の根を抜いて水源をふさぐ意。

波《は》濤《とう》万《ばん》里《り》
遠方の外国。また、遠く離れた外国へ行くための航路。

盤《ばん》根《こん》錯《さく》節《せつ》
複雑に入り組んで、解決しづらいこと。また、ある勢力がはびこり排除しがたいこと。

美《び》酒《しゅ》佳《か》肴《こう》
美味い酒と、美味い肴（さかな）。美味しいごちそう。「佳肴」は「嘉肴」とも書く。

披《ひ》星《せい》戴《たい》月《げつ》
夜が明ける前から夜遅くまで仕事をすること。

筆《ひっ》耕《こう》硯《けん》田《でん》
文筆で暮らしを立てること。筆で硯の田を耕す意。

眉《び》目《もく》秀《しゅう》麗《れい》

容貌が優れ、美しいさま。男性について用いる。

百《ひゃく》尺《せき》竿《かん》頭《とう》

到達することのできる最高点のこと。「百尺竿頭一歩を進む」で、最高点に達してさらに努力を重ねて先に進む意味。「百尺」は「ひゃくしゃく」とも読む。

氷《ひょう》肌《き》玉《ぎょっ》骨《こつ》

美しい女性。また、梅の花のこと。

飛《ひ》鷹《よう》走《そう》狗《く》

鷹を飛ばし、犬を走らせて狩りをすること。

風《ふう》餐《さん》露《ろ》宿《しゅく》

旅、また野宿の苦労。「風餐」は風に吹きさらされて食事すること。

浮《ふ》花《か》浪《ろう》蕊《ずい》

長所もなく、どこにでもあるようなもの。

不《ふ》倶《ぐ》戴《たい》天《てん》

どうしても許せないほど深く恨むこと。「倶に天を戴かず」と読み、同じ天の下に生かしてはおけない、の意。君主や父の仇についていう。

伏《ふく》竜《りょう》鳳《ほう》雛《すう》

優れた才能を持ちながら機会を得ず、力を発揮できないまま世に隠れている者のたとえ。「伏竜」は「ふくりゅう」とも読む。「鳳雛」は鳳凰の雛のこと。

不《ふ》失《しっ》正《せい》鵠《こく》

物事の要点を的確にとらえること。

不《ふ》惜《しゃく》身《しん》命《みょう》

仏道のため身も命もささげて惜しまないこと。

釜《ふ》底《てい》抽《ちゅう》薪《しん》

根本原因を取り除かなければ、解決することはできない。

焚《ふん》琴《きん》煮《しゃ》鶴《かく》

殺風景なこと。また、風流でないこと。

文《ぶん》質《しつ》彬《ひん》彬《ぴん》

外見の立派さと内面の実質がほどよく調和していること。

焚《ふん》書《しょ》坑《こう》儒《じゅ》

学者が迫害を受け、思想・学問が弾圧されること。「坑儒」は儒者を穴埋めにすること。秦の始皇帝の暴政を象徴するものとされる。

蚊《ぶん》虻《ぼう》走《そう》牛《ぎゅう》

微小なものが強大なものを制すること。また、小さなことが原因で大きな災難が起こることをいう。「蚊虻」はかとあぶ。微小なもののたとえ。

並《へい》駕《が》斉《せい》駆《く》

能力・地位などに差がないこと。「駕」は馬車、乗り物。「斉駆」は並んで馬を走らせること。

平《へい》談《だん》俗《ぞく》語《ご》

普段の会話で用いるごく普通の言葉。

碧《へき》落《らく》一《いっ》洗《せん》

雨があがったあとに空がきれいに晴れること。

報《ほう》怨《えん》以《い》徳《とく》

受けた恨みに恩徳を以て報いること。

鵬《ほう》程《てい》万《ばん》里《り》

前途の遠大なことのたとえ。また、前途洋洋たることや大自然の広大さについてもいう。

蓬《ほう》頭《とう》垢《こう》面《めん》	無頓着で、むさくるしいこと。また、疲れて貧しいようす。
放《ほう》蕩《とう》無《ぶ》頼《らい》	酒色にふけり、勝手気ままにふるまって素行のよくないさま。
捧《ほう》腹《ふく》絶《ぜっ》倒《とう》	腹をかかえて笑い転げること。「捧」は「抱」とも書く。
泡《ほう》沫《まつ》夢《む》幻《げん》	人生のはかなさをいう語。
亡《ぼう》羊《よう》補《ほ》牢《ろう》	羊が逃げた後で、その囲いを修繕することから、失敗した後であわてて改善することのたとえ。あとのまつり。
暮《ぼ》色《しょく》蒼《そう》然《ぜん》	夕暮れ時に、辺りが薄暗くなっていくようす。
煩《ぼん》悩《のう》菩《ぼ》提《だい》	悟りの障害となる煩悩も、そのまま悟りに達するきっかけとなること。
磨《ま》穿《せん》鉄《てっ》硯《けん》	強い意志を、物事を達成するまで変えないこと。また、鉄の硯がすりへって穴があくほど学問に励むこと。
未《み》来《らい》永《えい》劫《ごう》	これから先、無限に続く長い年月のこと。いついつまで。永遠。「劫」はインドで最長を表す時間の単位。
矛《む》盾《じゅん》撞《どう》着《ちゃく》	前後のつじつまが合わないこと。論理が一貫しないこと。「撞着」は「撞著」とも書く。

名《めい》声《せい》赫《かく》赫《かく》	世間で盛んによい評判が立つこと。「赫赫」は勢いが盛んなさまで、「かっかく」とも読む。
鳴《めい》蟬《せん》潔《けっ》飢《き》	高尚な人物はいかなる場合でも節操を変えないということ。蟬は高潔なので、飢えても汚れたものは食べない、ということから。
明《めい》哲《てつ》保《ほ》身《しん》	聡明な人は危険を避けて身の安全を保つこと。
名《めい》誉《よ》挽《ばん》回《かい》	失敗して一度失った名誉や信用を取り戻すこと。
盲《もう》亀《き》浮《ふ》木《ぼく》	めったにないことのたとえ。百年に一度だけ水面に浮かび上がってくる盲目の亀が、漂っている木の穴に入ろうとしても容易にできないということから、仏の教えに出合うことの難しさをいった語。
孟《もう》母《ぼ》三《さん》遷《せん》	子供の教育には環境が大切であるという教え。孟子の母が、孟子の教育のために環境を選び、三度、居を移した故事から。
孟《もう》母《ぼ》断《だん》機《き》	学問を途中でやめてはならないと戒めること。「断機《だんき》之《の》戒《いましめ》」ともいう。
門《もん》前《ぜん》雀《じゃく》羅《ら》	訪問客が減って寂しい家の様子。人が来ないので、家の前に雀を捕らえる網を張ることができるほどだという意味。

問《もん》鼎《てい》軽《けい》重《ちょう》	権力や地位を持っている人を軽くみて、取って代わろうとすること。人の権力や能力を軽くみること。
冶《や》金《きん》踊《よう》躍《やく》	自分の今の立場や地位に満足できないこと。
夜《や》郎《ろう》自《じ》大《だい》	自分の力のほどを知らずに、いばっている者。
邑《ゆう》犬《けん》群《ぐん》吠《ばい》	つまらない人物が、人のうわさなどを盛んに言い合うさま。また、賢人を非難するさま。
融《ゆう》通《ずう》無《む》礙《げ》	考えや行動が自由で、とらわれることのないこと。「無礙」は「無碍」とも書く。
遊《ゆ》戯《げ》三《ざん》昧《まい》	悟りを開いた仏のような、何にもとらわれない自由な境地のこと。「遊戯」の読み方に注意。
妖《よう》怪《かい》変《へん》化《げ》	あやしい不思議な現象を引き起こす化け物。
用《よう》管《かん》窺《き》天《てん》	狭い管から天を窺い見るように、見識が狭いさま。
妖《よう》言《げん》惑《わく》衆《しゅう》	あやしげな言説で人々を惑わせること。
羊《よう》質《しっ》虎《こ》皮《ひ》	外見は立派だが、内容が伴わないこと。虎の皮をかぶった羊の意。見掛け倒し。「羊頭狗肉」ともいう。

羊《よう》頭《とう》狗《く》肉《にく》

外面と内容が一致しないことのたとえ。「羊頭を懸けて狗肉を売る」を略したもの。「羊質虎皮」ともいう。

容《よう》貌《ぼう》魁《かい》偉《い》

姿かたちが堂々と大きく、立派なさま。

抑《よく》揚《よう》頓《とん》挫《ざ》

文や声の調子を上下させて、勢いを変えたりする。また、勢いが急になくなること。

落《らく》雁《がん》沈《ちん》魚《ぎょ》

雁は落ち、魚は沈んで身を隠すほどの美人。「沈魚落雁」ともいう。

落《らく》筆《ひつ》点《てん》蠅《よう》

過ちを上手にとりつくろうこと。

李《り》下《か》瓜《か》田《でん》

人に疑われるような行いはしないほうがよいというたとえ。「李下」はスモモの木の下、「瓜田」はウリの畑のこと。

六《りく》菖《しょう》十《じゅう》菊《ぎく》

適切な時期が過ぎてしまい、役に立たなくなったもの。「六菖」は五月五日の端午の節句の翌日の菖蒲、「十菊」は九月九日の重陽の節句の翌日の菊。「六」は「ろく」とも読む。

竜《りょう》章《しょう》鳳《ほう》姿《し》

竜や鳳凰のように立派な姿。威厳に満ちた容姿。「竜章」は「りゅうしょう」とも読む。

良《りょう》禽《きん》択《たく》木《ぼく》

環境や職業などはよく見定めて選択すべきであるということのたとえ。また、賢人は立派な主君を選んで仕えるという意味。賢い鳥は棲む木を選ぶということから。

綾《りょう》羅《ら》錦《きん》繡《しゅう》

目を見はるくらい美しいもの。また、美しく着飾ること。

臨《りん》淵《えん》羨《せん》魚《ぎょ》

ただ望むだけでなく、適切な手段を講じなければ願い事はかなわないという教訓。魚がほしければ、淵に立って願うだけでなく、まず網を用意しなければならないという意。

鱗《りん》次《じ》櫛《しっ》比《ぴ》

鱗や櫛の歯のように整然と並ぶこと。

麟《りん》子《し》鳳《ほう》雛《すう》

前途有望である子供のたとえ。

輪《りん》廻《ね》転《てん》生《しょう》

人が、車輪が回り続けるように、生まれ変わり続けること。

老《ろう》萊《らい》斑《はん》衣《い》

親孝行すること。孝養を尽くすこと。

魯《ろ》魚《ぎょ》章《しょう》草《そう》

文字の書き間違い。字形の似た字を写し間違えること。

六《ろっ》根《こん》清《しょう》浄《じょう》	欲望や迷いがなくなり、心身が清らかになること。
論《ろん》功《こう》行《こう》賞《しょう》	手柄を調べてその程度に応じてふさわしい賞を与えること。
和《わ》光《こう》同《どう》塵《じん》	自分の才能を和らげ隠して、俗世間に調和して交わること。

故事・諺

準1級には「故事・諺」の知識を問う問題が出題されます。意味は出題されませんが、一緒におさえておきましょう。

愛屋烏《あいおくう》に及《およ》ぶ	人を愛すると、その相手に関するすべてに愛情が及ぶこと。
匕首《あいくち》に鍔《つば》を打《う》ったよう	匕首（小刀）に鍔は不釣り合い。不調和なもののたとえ。
挨拶《あいさつ》は時《とき》の氏神《うじがみ》	「挨拶」は争いごとの仲裁をすること。喧嘩や口論の仲裁をしてくれる人のことはありがたい氏神様と思い、素直にその調停に従うほうがよいということ。 **類** **仲裁《ちゅうさい》は時《とき》の氏神《うじがみ》**
開《あ》いた口《くち》へ牡丹餅《ぼたもち》	思いがけなく幸運がくること。
秋《あき》の日《ひ》は釣瓶《つるべ》落《お》とし	秋の太陽が急に沈むことを、井戸に落とす釣瓶にたとえていう言葉。
朝鳶《あさとび》に蓑《みの》を着《き》よ、夕鳶《ゆうとび》に笠《かさ》を脱《ぬ》げ	朝に鳶が舞うときは雨、夕方に鳶が舞うときは晴れる。

朝《あした》に紅顔《こうがん》ありて夕《ゆう》べに白骨《はっこつ》となる	人の生死は予測できない。
痘痕《あばた》もえくぼ	好きになったら醜いあばたも可愛いえくぼに見える。
虻蜂取《あぶはちと》らず	二つのものを同時に取ろうとして両方とも得られないこと。
阿弥陀《あみだ》の光《ひかり》も金次第《かねしだい》	阿弥陀様のご利益も供える金銭の多寡によるものだということ。この世は全てお金で動くという皮肉。
網呑舟《あみどんしゅう》の魚《うお》を漏《も》らす	目が粗い網は舟をのむほどの大魚も逃す。法が大まかであるために罪人を逃してしまうこと。
飴《あめ》と鞭《むち》	相手に、甘く接する場合と、厳しく接する場合の二つの面を、じょうずに使い分けること。
危《あや》うきこと累卵《るいらん》の如《ごと》し	いつ崩れるかわからないような、非常に危険な状態。
荒馬《あらうま》の轡《くつわ》は前《まえ》からとれ	暴れて危険な馬の轡はかえって正面からとりに行ったほうが安全であるということから、下手な小細工を弄さず正攻法で行ったほうがよいという意。
蟻《あり》の思《おも》いも天《てん》に届《とど》く	弱小な者でも一心に念じれば望みが達せられること。
慌《あわ》てる蟹《かに》は穴《あな》へ這《は》入《い》れぬ	ふだん慣れていることでも慌てると失敗する。

家《いえ》貧《まず》しくして孝子《こうし》顕《あらわ》れ、世《よ》乱《みだ》れて忠臣《ちゅうしん》を識《し》る	逆境の時にこそ人物の真価がわかるということ。親が貧しければ子の孝行ぶりが世間に知られ、世が乱れて初めて忠臣がわかることから。
戦《いくさ》を見《み》て矢《や》を矧《は》ぐ	事が起こってからあわてて準備を始める愚かさをいうたとえ。
石臼《いしうす》を箸《はし》に刺《さ》す	箸で石臼を刺すことはできないことから、無理なことを言うこと。
医者《いしゃ》の薬《くすり》も匙加減《さじかげん》	医者が出す薬であっても、その量によっては毒にもなるということ。何事も程度が重要だということ。
衣食《いしょく》足《た》りて栄辱《えいじょく》を知《し》る	物質的に不自由がなくなって、初めて礼儀に心を向ける余裕ができてくる。
磯際《いそぎわ》で舟《ふね》を破《やぶ》る	港の近くまで来たのに難破してしまう意から、物事を達成する直前で失敗すること。
磯《いそ》のあわびの片思《かたおも》い	自分が慕っているだけで、相手にはその気のない恋。
一《いち》富《ふ》士《じ》二《に》鷹《たか》三《さん》茄子《なすび》	初夢に見ると縁起がよいとされるものを順にあげた言葉。
逸物《いちもつ》の鷹《たか》も放《はな》さねば捕《と》らず	どんなに能力のある者でも、実際に使わなければ何の役にもたたない。
逸物《いちもつ》の猫《ねこ》は爪《つめ》を隠《かく》す	本当に能力のある者は、それをひけらかすようなことはしない。

一文銭《いちもんせん》で生爪《なまづめ》剝《は》がす

わずかな金を惜しんで、体を壊しても悔いないこと。けちのこと。

一家《いっか》は遠《とお》のく、蚤《のみ》は近寄《ちかよ》る

困窮するとみな疎遠になって、近くによってくるのは蚤ばかりである。

一擲乾坤《いってきけんこん》を賭《と》す

運を天に任せ、一世一代の大勝負に出ること。

一敗地《いっぱいち》に塗《まみ》れる

二度と立ち上がれない程徹底的に敗れること。

一斑《いっぱん》を見《み》て全豹《ぜんぴょう》を卜《ぼく》す

一部分を見ただけでその全体を判断すること。一つの斑点から、豹の皮全体を推し測る意から。

一片《いっぺん》の氷心玉壺《ひょうしんぎょくこ》に在《あ》り

玉でできた壺にある氷のような澄み切った心のこと。

逸民《いつみん》を挙《あ》ぐれば、天下《てんか》の民《たみ》、心《こころ》を帰《き》す

俗世を離れた人物を推挙すれば人々の心を得ることができるという意。

犬骨折《いぬほねお》って鷹《たか》の餌食《えじき》

疲れるだけで何も良いことがないこと。類 **鷹骨折《たかほねお》って旦那《だんな》の餌食《えじき》／骨折《ほねお》り損《ぞん》の草臥《くたび》れ儲《もう》け**

命長《いのちなが》ければ蓬萊《ほうらい》を見《み》る

「蓬萊」は中国の伝説で、仙人の住む不老不死の地と考えられている霊山。長生きをすればこそ幸運にも巡り会うことがある。長生きをすべきだということ。

類 **命長《いのちなが》ければ恥多《はじおお》し**

衣鉢《いはつ》を継《つ》ぐ

弟子が師からその道の奥義を継承する。教法や奥義を受け継ぐこと。

未《いま》だ覚《さ》めず池塘春草《ちとうしゅんそう》の夢《ゆめ》、階前《かいぜん》の梧葉已《ごようすで》に秋声《しゅうせい》

沼地にある堤の上に咲く春草の上でまだ寝ているが、階段の前のアオギリの葉からは既に秋の声が聞こえてきている。

鰯《いわし》の頭《あたま》も信心《しんじん》から

鰯の頭のようなつまらないものでも信じる人には尊く思われる。

餓《う》えたる者《もの》は糟糠《そうこう》を甘《あま》んず

飢えたときは何事もありがたく物を選ぶことはしない。

魚《うお》の釜中《ふちゅう》に遊《あそ》ぶが如《ごと》し

災難が迫っているのも知らずにのんきにかまえていること。

有卦《うけ》に入《い》る

「有卦」は、陰陽道で定められた七年間続くとされる幸運の年回り。よいことばかりで、幸運が続くこと。

嘘《うそ》も誠《まこと》も話《はなし》の手管《てくだ》

本当のことだけでなく、嘘も混ぜて話すことが上手い話術だということ。

独活《うど》の大木《たいぼく》

身体ばかりが大きくて役に立たない人のこと。

鵜《う》の真似《まね》する烏《からす》

姿かたちが似ているからといって真似をしても同じ結果が得られるわけではないこと。

膿《うみ》の出《で》る目《め》に気遣《きづか》いなし

膿が出てくるような眼病ならば心配はいらないということ。

瓜《うり》の蔓《つる》に茄子《なすび》はならぬ	平凡な親から非凡な子どもは生まれないことのたとえ。また、ある事柄からは、それ相応の結果しか生じないということ。
烏鷺《うろ》の争《あらそ》い	烏は黒く鷺は白いことから、囲碁で勝負を争うこと。
膿《う》んだら潰《つぶ》せ	根本となる原因を排除すべきだということ。
嬰児《えいじ》の貝《かい》を以《もっ》て巨海《きょかい》を測《はか》る	とうていできないことのたとえ。
笑顔《えがお》に当《あ》てる拳《こぶし》は無《な》い	こちらに向かってきた人には笑顔で接するほうが効果がある。
得手《えて》に帆《ほ》を揚《あ》げる	得意なことで力を発揮する好機を得て、はりきってそれを行うこと。
鴛鴦《えんおう》の契《ちぎ》り	夫婦仲のむつまじいこと。
燕雀安《えんじゃくいずく》んぞ鴻鵠《こうこく》の志《こころざし》を知《し》らんや	小さな鳥には大きな鳥の志は理解できない。小人物には大人物の考えや志がわからない。
遠慮《えんりょ》なければ近憂《きんゆう》あり	将来のことを考えないでいると、必ず近いうちに困ることが起こる。
鸚鵡《おうむ》能《よ》く言《い》えども飛鳥《ひちょう》を離《はな》れず	鸚鵡は人をまねてうまく話すが鳥でしかない。口ばかり達者で行動が伴わないこと。

鬼《おに》の女房《にょうぼう》に夜叉《やしゃ》がなる

鬼のような夫には釣り合う同じような女が女房になる。

尾鰭《おひれ》がつく

話が伝わる間に事実以上のことが付け加わって大げさになる。

親《おや》の欲目《よくめ》と他人《たにん》の僻目《ひがめ》

親は自分の子供を実際よりも良く見ようとするが、他人に対しては少しでも悪く見ようとする。

尾《お》を塗中《とちゅう》に曳《ひ》く

仕えて束縛されるより、貧しくても里で気楽に暮らすほうが良い。

会稽《かいけい》の恥《はじ》を雪《すす》ぐ

ひどい目にあわされた相手に対して雪辱を果たすこと。

骸骨《がいこつ》を乞《こ》う

主人に身をささげて仕えたが、老いさらばえた骨だけは返していただきたい。辞職を願い出る。

海中《かいちゅう》より盃中《はいちゅう》に溺死《できし》する者《もの》多《おお》し

海で溺死するよりも、酒が原因で命をおとす人のほうが多い。

外面《げめん》似菩薩《じぼさつ》、内心《ないしん》如夜叉《にょやしゃ》

顔は菩薩のように優しいが、心は夜叉のように険悪で恐ろしい。

買《か》うは貰《もら》うに勝《まさ》る

物をもらうよりも自分で買うほうが気楽で良い。

佳景《かけい》に寵辱《ちょうじょく》皆《みな》忘《わす》る

良い景色の前では主君の寵愛も辱めも全て忘れてしまうということ。

佳肴《かこう》ありと雖《いえど》も食《く》らわずんばその旨《うま》きを知《し》らず

おいしいごちそうも食べてみなければその味はわからないことから、聖人の立派な学問も学ばなければその価値はわからないということ。また、才能ある人も、用いてみなければその器量を知ることはできないということ。「佳肴」は「嘉肴」とも書く。

傘《かさ》と提灯《ちょうちん》は戻《もど》らぬつもりで貸《か》せ

必要なとき以外は忘れがちな物は返してもらえないつもりで貸せということ。

苛政《かせい》は虎《とら》よりも猛《たけ》し

人民を苦しめる苛酷な政治は、虎に襲われて死ぬことよりも恐ろしいということ。

風《かぜ》が吹《ふ》けば桶屋《おけや》が儲《もう》かる

思いもよらないところに影響が出る。また、あてにならない期待をすること。

片手《かたて》で錐《きり》はもめぬ

物事は単独で行うのではなく協力が大切である。

火中《かちゅう》の栗《くり》を拾《ひろ》う

自分の利益にならないのに、他人のために危険を冒すたとえ。

渇《かっ》して井《せい》を穿《うが》つ

必要に迫られてから慌てて準備をしても間に合わないこと。

渇《かっ》しても盗泉《とうせん》の水《みず》を飲《の》まず、熱《ねっ》しても悪木《あぼく》の陰《かげ》に息《いこ》わず

どんなに困っていても悪事に手を染めたり、悪人の助けを借りないこと。

河童《かっぱ》の寒稽古《かんげいこ》

他人には辛そうに見えても、本人は平気なこと。

瓜田《かでん》に履《くつ》を納《い》れず

瓜泥棒の疑いをかけられないように、瓜畑で靴が脱げてもかがんで靴を履き直さない意から、疑いをかけられるようなことは慎むべきだという戒め。類 李下《りか》に冠《かんむり》を正《ただ》さず／李下瓜田《りかかでん》

門松《かどまつ》は冥土《めいど》の旅《たび》の一里塚《いちりづか》

門松はめでたいものだが、毎年設置されることから、めでたいものであっても死に近づく人生の一里塚のようだという意。

鼎《かなえ》の軽重《けいちょう》を問《と》う

権力者の能力・力量を疑い、その地位にいることに異議を唱える。

鼎《かなえ》を列《つら》ねて食《しょく》す

料理がたくさん並んだ、豪勢な食事。

金槌《かなづち》の川流《かわなが》れ

頭の上がらないことのたとえ。また、出世の見込みがないこと。

鐘《かね》も撞木《しゅもく》の当《あ》たりがら

接し方しだいで反応も変わってくるということ。

鉦《かね》や太鼓《たいこ》で捜《さが》す

迷子を探すときに鉦や太鼓を打ち鳴らしたことから、大騒ぎをしてあちこちを探し回ること。

禍福《かふく》は糾《あざな》える縄《なわ》の如《ごと》し

不幸と幸福は表裏一体で、より合わせた縄のように交互にやってくるということ。類 吉凶《きっきょう》は糾《あざな》える縄《なわ》の如《ごと》し／沈《しず》む瀬《せ》あれば浮《う》かぶ瀬《せ》あり

画餅《がべい》飢《う》えを充《み》たさず

絵に描いた餅は腹を満たさない。

画《が》餅《べい》に帰《き》す	考えたり計画したりしたことが、実際の役に立たず無駄になる。絵に描いた餅。
亀《かめ》の年《とし》を鶴《つる》が羨《うらや》む	千年の寿命をもつ鶴が、万年の亀をうらやましがる。欲に限りのないこと。
鴨《かも》が葱《ねぎ》を背負《しょ》って来《く》る	好都合であること、おあつらえむきであること。
粥《かゆ》腹《ばら》も一時《いっとき》	わずかなものでも、一時しのぎになること。
枯《か》れ木《き》も山《やま》の賑《にぎ》わい	枯れ木も山に趣を添える程度には役立つ意から、つまらないものでもないよりはましだということのたとえ。**類** **蟻《あり》も軍勢《ぐんぜい》**
眼《がん》光《こう》紙《し》背《はい》に徹《てっ》す	書を読んで、文面の奥にある深い意味まで見抜く。
姦《かん》人《じん》の前《まえ》には機《き》巧《こう》を言《い》うことなかれ	悪人の前で他聞をはばかるような計画や相談ごとを口にしてはいけない。
肝《かん》胆《たん》相《あい》照《て》らす	たがいに心の底まで打ち明けて親しくつきあう。
歓《かん》楽《らく》極《きわ》まりて哀《あい》情《じょう》多《おお》し	喜びや楽しみが極まると、かえって悲しみの情がわく。
冠《かん》履《り》を貴《たっと》んで頭《とう》足《そく》を忘《わす》る	本来大切にすべきことを軽んじて枝葉末節を重んじる。

奇《き》貨《か》居《お》くべし	珍しい品物は、あとで大きな利益が得られるだろうから買っておくとよいという意から、得難い好機は逃さず利用しなければならないというたとえ。
騎《き》虎《こ》の勢《いきお》い	やりかけた物事を、行きがかり上途中でやめることができなくなること。
帰《き》心《しん》矢《や》の如《ごと》し	ふるさとや家に帰りたいと思う気持ちが非常に強いこと。
貴《き》賤《せん》の分《わ》かつところは行《おこな》いの善《ぜん》悪《あく》にあり	人の尊卑は、行いの善悪により決まるものであり、身分や地位によって決まるものではない。
伽《きゃ》羅《ら》の仏《ほとけ》に箔《はく》を置《お》く	良いものをよりいっそう良くすること。
窮《きゅう》鼠《そ》猫《ねこ》を噛《か》む	弱者も逃げられない窮地に追い込まれれば強者に反撃をして苦しめる。
胸《きょう》襟《きん》を開《ひら》く	思っていることをすべて打ち明ける。
喬《きょう》木《ぼく》は風《かぜ》に折《お》らる	高い地位の人ほど、他人からねたまれて失脚することが多い。
錐《きり》の嚢《のう》中《ちゅう》に処《お》るが若《ごと》し	錐の先が袋から突き出るように、才人は隠れていてもいつか真価を現す。

麒麟《きりん》も老《お》いては駑馬《どば》に劣《おと》る	どんなに才能があっても、年齢を重ねて衰えると平凡な人にも及ばなくなる。
気《き》を吐《は》き眉《まゆ》を揚《あ》ぐ	喜びを爆発させているさま。気勢を上げているさま。
錦上《きんじょう》に花《はな》を添《そ》う	美しい錦の布の上に、さらに美しい花を飾る意。美しいものに、さらに美しいものを添えることや、喜ばしいこと、めでたいことが重なることのたとえ。
禽鳥《きんちょう》百《もも》を数《かぞ》うると雖《いえど》も一鶴《いっかく》に如《し》かず	たくさんの雀の鳴き声でも、鶴の一声にはおよばない。
金箔《きんぱく》がはげる	上辺だけの飾りがとれて、隠れていた実質・本性が現れる。
金蘭《きんらん》の契《ちぎ》り	きわめて親密な交わり。
金《きん》を山《やま》に蔵《ぞう》し、珠《たま》を淵《ふち》に蔵《ぞう》す	黄金も真珠も本来の場所に置くこと。物欲を離れた清廉さ。
公家《くげ》の達者《たっしゃ》は歌《うた》・蹴鞠《けまり》	蹴鞠と短歌は公家のたしなみであるということ。
薬《くすり》の灸《きゅう》は身《み》に熱《あつ》く、毒《どく》な酒《さけ》は甘《あま》い	ためになる苦言は聞きづらく、お世辞は耳に快いものである。
轡《くつわ》の音《おと》にも目《め》を覚《さ》ます	用心深く、油断のないたとえ。仕事が身についた習性。

轡《くつわ》を急《きゅう》にしてしばしば策《むち》うつ者《もの》は千里《せんり》の御《ぎょ》に非《あら》ず	いつもがんばりすぎていては、長丁場には耐えられない。
靴《くつ》を隔《へだ》てて痒《かゆ》きを掻《か》く	物事が思うようにならず、歯がゆいことのたとえ。
国《くに》に諫《いさ》める臣《しん》あればその国《くに》必《かなら》ず安《やす》し	君主の政治や行為を諫める臣下があれば、その国は安全である。
窪《くぼ》きに水《みず》溜《た》まる	悪い境遇にある人には、さまざまな困難が集まる。「窪き」は「凹き」とも書く。
蜘《く》蛛《も》の子《こ》を散《ち》らす	大勢が四方に散りぢりになって逃げていくこと。
鞍《くら》掛《が》け馬《うま》の稽古《けいこ》	実際には役に立たない無駄な修業のたとえ。
車《くるま》を借《か》る者《もの》は之《これ》を馳《は》せ、衣《ころも》を借《か》る者《もの》は之《これ》を被《き》る	借りたものは、一般に粗末に扱われる。
君子《くんし》庖厨《ほうちゅう》に入《はい》るに忍《しの》びず	君子は生を憐れむ気持ちが強いので、殺生がおこなわれる台所に近づくのは忍びない。
鶏群《けいぐん》の一鶴《いっかく》	凡人の中に優れた人が一人だけまじっていること。
怪我《けが》の功名《こうみょう》	失敗と思われたこと、なにげなくやった事が、意外によい結果になること。

袈裟《けさ》と衣《ころも》は心《こころ》に着《き》よ	袈裟を身につけただけでは信仰とはいえない。それらを心の上につけることで、はじめて真の仏道信仰になる。外見よりも中身が重要だということ。 **類** **頭《あたま》剃《そ》るより心《こころ》を剃《そ》れ**
芥子《けし》の中《なか》に須弥山《しゅみせん》あり	芥子の粒のように小さな人間の中にも一つの世界がある。
喧嘩両成敗《けんかりょうせいばい》	喧嘩や争いをした者を、理非を問わないで双方とも処罰すること。
鯉《こい》の滝登《たきのぼ》り	勢いのよいことのたとえ。
紅旗征戎《こうきせいじゅう》我《わ》が事《こと》に非《あら》ず	大義名分をもった戦であろうと自分には関係ない。
巧詐《こうさ》は拙誠《せっせい》に如《し》かず	巧みに偽りごまかすのは、拙くても誠意があるのに及ばないということ。
香餌《こうじ》の下《もと》必《かなら》ず死魚《しぎょ》あり	よい匂いの餌の下には必ず死んだ魚がかかっているように、利益の陰には必ず危険がある。
好事魔多《こうじまおお》し	良いことには邪魔が入りやすい。
浩然《こうぜん》の気《き》を養《やしな》う	何事にもとらわれず、広く大きな気持ちを持つこと。「浩然の気」は、もともとは天地間にみなぎる万物の活力や生命力の源となる気。

黄泉《こうせん》の路上《ろじょう》老少《ろうしょう》無《な》し

死は年齢に関係なくおとずれるということ。

口中《こうちゅう》の雌黄《しおう》

自らの言葉の誤りを正すこと。「雌黄」は文字を書き誤った際に使用された塗料のこと。

紺屋《こうや》の白袴《しろばかま》

紺屋が忙しさのあまり自分の袴を染められないことから、他人のことに忙しく、自分のことには手が回らないことのたとえ。「紺屋」は「こんや」、「白袴」は「しらばかま」とも読む。類 医者《いしゃ》の不養生《ふようじょう》

香炉峰《こうろほう》の雪《ゆき》は簾《すだれ》をかかげて看《み》る

中国の白居易の漢詩の一節。香炉峰の雪景色を簾を上げて眺める、悠悠自適な生活を歌った詩。

虚仮《こけ》の後思案《あとじあん》

愚かな者は、必要なときに知恵が出ず、事が過ぎてから考えが浮かぶものである。

孤掌《こしょう》鳴《な》らし難《がた》し

人間は一人だけでは生きられないこと、事をなしとげられないこと。

胡蝶《こちょう》の夢《ゆめ》の百年目《ひゃくねんめ》

晩年に人生を振り返った時に、夢であったかのように思うこと。

事《こと》が延《の》びれば尾鰭《おひれ》が付《つ》く

長引くと余計なものが付け加わり面倒になる。

言葉《ことば》に鞘《さや》がある

言葉にどこか真実とは思えないところがある。

子供《こども》の喧嘩《けんか》に親《おや》が出《で》る	つまらない争いごとに当事者以外が出てきて、余計なことをする。
虎豹《こひょう》は其《そ》の爪《つめ》を外《そと》にせず	優れた才能を持つ人は、その才能をひけらかすことはしない。
采薪《さいしん》の憂《うれ》え有《あ》りて朝《ちょう》に造《いた》る能《あた》わず	病にかかってしまい薪もとりに行けない状態であるため、朝廷に参内することができないという意。
采配《さいはい》を振《ふ》る	陣頭に立って指図をする。指揮する。采配をとる。
鷺《さぎ》は洗《あら》わねどもその色白《いろしろ》し	生まれついたものは変わらない、変えられないこと。
鷺《さぎ》を烏《からす》と言《い》いくるめる	白い鷺を烏と言い張ることから、明らかに間違っていることを、正しいと主張して無理矢理押し通すこと。「鷺を烏」とも言う。
酒《さけ》は天《てん》の美禄《びろく》	美禄は酒の美称。禄には上から下に賜るものという意味がある。
栄螺《さざえ》に金平糖《こんぺいとう》	たがいに角を突き合せて理屈を並べ、自説を譲らない者を皮肉った言葉。
座敷《ざしき》の塵取《ちりとり》団扇《うちわ》ですます	内輪と団扇をかけたしゃれで、内祝いを身内で済ませること。
錆《さび》に腐《くさ》らせんより砥《と》で減《へ》らせ	能力を無駄にせず、精一杯を出し切って生きなさいということ。

三軍《さんぐん》も帥《すい》を奪《うば》うべし、匹夫《ひっぷ》も志《こころざし》を奪《うば》うべからず

大軍であってもまとまっていなければその総大将を討ち取ることができるが、たとえ身分の低い男でも意志が堅ければその志を変えさせることはできない。

秋刀魚《さんま》が出《で》ると按摩《あんま》が引《ひ》っ込《こ》む

秋刀魚が出回る秋になると、気候もよく食欲も出て元気になり、按摩が不要になること。「さんま」「あんま」の語呂合わせ。

類 柚子が色づけば医者が青くなる

自家薬籠中《じかやくろうちゅう》の物《もの》

自分の薬箱の中にある薬のように、自分の思うままに使える物、または人。

敷居《しきい》を跨《また》げば七人《しちにん》の敵《てき》あり

社会に出て活動すれば、多くの敵ができるものである。

至貴《しき》は爵《しゃく》を待《ま》たず

本当に貴い者には爵位など必要ない。

地獄《じごく》の沙汰《さた》も金次第《かねしだい》

地獄の裁きも金を出せば有利になる。世の中のことはすべて金の力で思うままにできるということのたとえ。

獅子身中《しししんちゅう》の虫《むし》

組織などの内部にいながら、組織に対して害をなす人物のこと。

死屍《しし》に鞭打《むちう》つ

死んだ人の言動や行いを非難する。

爾汝《じじょ》の交《まじ》わりを結《むす》ぶ

たがいに「きさま」「おまえ」などと呼び合えるほどの親密な交わり。

七《しち》皿《さら》食《く》うて鮫《さめ》臭《くさ》い	思う存分に食べたあとで、まずいと文句を言うこと。 **類** 下種《げす》の謗《そし》り食《ぐ》い
私聴《しちょう》すれば耳《みみ》をして聾《ろう》せしむ	都合の良い話だけを聞き、不都合な意見には耳を貸さないこと。
漆喰《しっくい》の上塗《うわぬ》りに借金《しゃっきん》の目塗《めぬ》り	しっくいの上に塗ってもはげるのと同様に、借金もその場はしのげても解決にはならない。
失策《しっさく》は人《ひと》にあり、寛恕《かんじょ》は神《かみ》にあり	失敗するのは人、許すのは神。過ちは人の常、許すは神の業。
篠《しの》を乱《みだ》す雨《あめ》	激しい雨に風が加わって荒れるさま。
死《し》は或《ある》いは泰山《たいざん》より重《おも》く或《ある》いは鴻毛《こうもう》より軽《かる》し	「泰山」は中国山東省の名山。「鴻毛」は鴻の羽毛。命を重んじて大切にすべきときと、潔く投げ捨てるべきときがあるということ。
自慢《じまん》の糞《くそ》は犬《いぬ》も食《く》わぬ	自慢する人はだれも相手にしない。
霜《しも》を履《ふ》んで堅氷《けんぴょう》至《いた》る	物事の兆候が現れれば、やがて大事がくるということ。
釈迦《しゃか》に宗旨《しゅうし》なし	すべて釈迦の教えなのだから、宗派同士の争いなどは無意味である。
杓子《しゃくし》で腹《はら》を切《き》る	できるはずがないこと、また、形式だけのことをするたとえ。

喋《しゃべ》る者《もの》は半人足《はんにんそく》
口が達者な者は半人前の働きしかできない。

修身《しゅうしん》斉家《せいか》治国《ちこく》平天下《へいてんか》
天下を治めるには、自分の行いを正しくして家庭をととのえ、次に国家を治め天下を平和にすべきである。

重箱《じゅうばこ》の隅《すみ》を楊枝《ようじ》で穿《ほじく》る
重箱の隅についたものを楊枝でほじくって食べるように、とるに足らない細かいことまであげつらって口うるさく言うこと。「楊枝」は「楊子」とも書く。重箱の隅をつつく。

戎馬《じゅうば》を殺《ころ》して狐狸《こり》を求《もと》む
小さな利益のために、大きな犠牲を払う。

愁眉《しゅうび》を開《ひら》く
心配事がなくなり、ほっとした顔つき。

竪子《じゅし》とともに謀《はか》るに足《た》らず
知恵の浅い者には、大事なことについて話しても意味がない。

竪子《じゅし》をして名《な》を成《な》さしむ
未熟な人物に手柄を立てさせてしまうこと。

出藍《しゅつらん》の誉《ほま》れ
弟子がその師よりもすぐれていること。

駿馬《しゅんめ》痴漢《ちかん》を乗《の》せて走《はし》る
美人がつまらない男と結婚することのたとえ。世の中思うようにいかないこと。

正直《しょうじき》貧乏《びんぼう》横着《おうちゃく》栄耀《えよう》
正直者はその正直さゆえ貧乏なのに対し、ずる賢い者は成功して栄える。

猩猩《しょうじょう》は血《ち》を惜《お》しむ、犀《さい》は角《つの》を惜《お》しむ、日本《にほん》の武士《ぶし》は名《な》を惜《お》しむ	だれにでも大切にして守り抜くべきものがある。
小智《しょうち》は菩提《ぼだい》の妨《さまた》げ	うわべだけの浅はかな知恵のある者はそれが妨げとなり、悟りを開くことができない。
知《し》らぬ神《かみ》より馴染《なじ》みの鬼《おに》	疎遠な人より、付き合いの深い人のほうが良い。
芝蘭《しらん》の室《しつ》に入《い》るが如《ごと》し	立派な人と付き合うと、自然とよい影響を受けるというたとえ。
深淵《しんえん》に臨《のぞ》んで薄氷《はくひょう》をふむが如《ごと》し	危険な立場にあることのたとえ。
尋常《じんじょう》の溝《みぞ》には呑舟《どんしゅう》の魚《うお》なし	小さな溝で舟を飲み込むような大魚を見ることはない。小さなところからは大人物は生まれない。
人生字《じんせいじ》を識《し》るは憂患《ゆうかん》の始《はじ》め	人は字を覚え学問に励むようになることで悩みや疑問を感じるようになる。無学のほうが気が楽であるということ。
身体髪膚《しんたいはっぷ》之《これ》を父母《ふぼ》に受《う》く	人の身体はすべて親から恵まれたものであるから、傷つけずにいるのが孝行の始めである。
身体《しんたい》は芭蕉《ばしょう》の如《ごと》し、風《かぜ》に従《したが》って破《やぶ》れ易《やす》し	芭蕉の葉は大きいけれど、破れ易い。それに幹に芯が無い。人間の体も同じようなものだ。前世の因縁で転生してきたもので、この身体は借りもの。儚《はかな》く消えてゆくものだ。
信《しん》は菩提《ぼだい》の源《みなもと》	信じることこそが悟りを開くための源である意。

新聞《しんぶん》は社会《しゃかい》の木鐸《ぼくたく》	新聞は世の人々を導く存在である意。
錐刀《すいとう》を以《もっ》て太山《たいざん》を堕《こぼ》つ	錐のような小さな刃物で大きな山を切り崩そうとしても無謀である。
頭巾《ずきん》と見《み》せて頬《ほお》かぶり	上辺だけ立派で、中身はお粗末であること。
煤掃《すすは》きの米《こめ》びつ	隅に置けないの意。普段は隅っこに置かれている米びつも大掃除の際には引き出して掃除されることから。
井蛙《せいあ》は以《もっ》て海《うみ》を語《かた》るべからず	見識の無い人に、道理を説いても理解できない。
正鵠《せいこく》を射《い》る	物事の本質や急所を正確につくこと。
正鵠《せいこく》を失《うしな》わず	「正鵠」は、的の中心にある黒い点。矢が的の中心に命中することから、物事の要点、核心をつくことのたとえ。**類** 正鵠《せいこく》を射《い》る
生《せい》は塵垢《じんこう》なり、死生《しせい》は昼夜《ちゅうや》たり	生命とは塵や垢と同じで、生まれて死ぬことは昼が夜になるのと同じ当たり前のことだということ。
積善《せきぜん》の家《いえ》には必《かなら》ず余慶《よけい》あり	善い行いをしている家は、必ず子孫に幸福がおとずれる。
赤貧洗《せきひんあら》うが如《ごと》し	非常に貧しくて、全てを洗い流してしまったように何も持っていないこと。

雪駄《せった》の裏《うら》に灸《きゅう》	長居する客を帰らせるまじない。
前車《ぜんしゃ》の覆轍《ふくてつ》を踏《ふ》まず	前の人が行った過ちと同じ過ちは繰り返さないようにするという意。
千丈《せんじょう》の堤《つつみ》も蟻穴《ぎけつ》より崩《くず》る	少しの不注意や油断から大事になること。
先祖《せんぞ》の屋敷《やしき》を茄子《なす》畑《ばたけ》	先祖から受け継いだ財産を子孫がすっかり失うこと。
栴檀《せんだん》は双葉《ふたば》より芳《かんば》し	「栴檀」は香木の名で、白檀のこと。白檀は双葉のころから芳香を放つ意から、大成する人は幼いときから人並みはずれてすぐれているというたとえ。 **類** 鳳凰《ほうおう》は卵《かいご》の中《うち》にして超境《ちょうきょう》の勢《いきお》いあり
創業《そうぎょう》は易《やす》く守成《しゅせい》は難《かた》し	新たに事業を興すことよりも、それが衰えないように維持していくことのほうが難しいということ。
糟糠《そうこう》の妻《つま》は堂《どう》より下《くだ》さず	「糟糠」は米かすと米ぬかのことで、粗末な食べ物を表す。貧しいときから苦労を共にしてきた妻は、成功して富貴になってからも大切にするべきであるということ。
素麺《そうめん》で首《くび》くくる	素麺で首をくくれないことから、簡単な仕事もできないこと。

蕎麦《そば》の花見《はなみ》て蜜《みっ》を取《と》れ

何事も時機をみて行えということ。

蕎麦《そば》の花《はな》も一盛《ひとさか》り

どんな人でも年ごろになると、それなりの魅力が出てくるということ。

損《そん》せぬ人《ひと》に儲《もう》けなし

損をする覚悟がなければ、大きな儲けもできない。

大海《たいかい》は芥《あくた》を択《えら》ばず

海は何でも受け入れることから、度量が広くどんな人物でも受け入れることのたとえ。

大海《たいかい》を耳搔《みみか》きで測《はか》る

大きい力に小さい力で対抗することのたとえ。狭い考えで大きな問題を解決するのは無理である。

大姦《たいかん》は忠《ちゅう》に似《に》たり

大悪人は自分の本性を巧みに隠して、まるで忠臣のようであること。表面だけにまどわされてはいけない。

大行《たいこう》は細謹《さいきん》を顧《かえり》みず、大礼《たいれい》は小譲《しょうじょう》を辞《じ》せず

大事を成す者は小さなことにはこだわらない。

大山《たいざん》も蟻穴《ぎけつ》より崩《くず》る

大きな山も小さな穴からしだいに崩れる。少しの油断がもとで大きな災難を招く。

大道《だいどう》廃《すた》れて仁義《じんぎ》有《あ》り

道理が自然に行われていた昔は、道徳は必要なかった。世の道理が失われ、仁義をことさらに唱えるようになった。

大《だい》は小《しょう》を兼《か》ねるも杓《しゃく》子《し》は耳搔《みみか》きにならぬ

大きい物は小さい物の役目を果たすが、すべてがそうというわけではない。

大勇《だいゆう》は怯《きょう》なるが如《ごと》く大智《たいち》は愚《おろ》かなるが如《ごと》し	真に勇気や知恵のあるものはそれをひけらかしたりしないものなので、勇気がなかったり愚かにみえたりするという意。
鷹匠《たかじょう》の子《こ》は鳩《はと》を馴《な》らす	子供は見よう見まねでいつの間にか親の仕事を覚えるようになること。
薪《たきぎ》は割《わ》って焚《た》け、米《こめ》はついて食《く》え	薪はしっかり割ってから使えばよく燃えることと、米は精米してから食べるとよりおいしいという意。米を炊く際の要点。
沢庵《たくあん》のおもしに茶袋《ちゃぶくろ》	効果がないこと。
叩《たた》くに小《しょう》を以《もっ》てすれば、則《すなわ》ち小鳴《しょうめい》す	小さく叩けば鳴る音も小さい。
棚《たな》から牡丹餅《ぼたもち》	棚から落ちてきた牡丹餅が開いていた口に入る意から、苦労せずに思いがけない幸運に恵まれること。
旅《たび》の犬《いぬ》が尾《お》を窄《すぼ》める	家では威張っているのに、外では意気地がなくなる。
多忙《たぼう》な蜜蜂《みつばち》には悲《かな》しむ暇《ひま》がない	忙しくしていると悲しんでいる暇すらないこと。イギリスの詩人の名言。
環《たまき》の端《はし》無《な》きが如《ごと》し	いつまでも巡り巡って、終わるところのないたとえ。
玉《たま》の輿《こし》に乗《の》る	女性が身分の高い人やお金持ちの人に見初められ、妻となること。

矯《た》めるなら若木《わかぎ》のうち

悪い癖や欠点は若いうちに直さないと、手遅れになることのたとえ。

田《た》も遣《や》ろう、畔《あぜ》も遣《や》ろう

可愛がっている者に考えなく何もかも与えること。

断《だん》じて行《おこな》えば鬼神《きしん》も之《これ》を避《さ》く

断固とした態度で行えば鬼神でさえもその勢いに気おされて避けて行くということから、強く決心して断行すれば、どんなことも成功させられるということ。

澹泊《たんぱく》の士《し》は必《かなら》ず濃艶《のうえん》の者《もの》の疑《うたが》うところとなる

欲のない人は、欲深い人から必ず疑われるということ。良いことでも他人に疑いをもたれるほど表に出してはいけない。

知者《ちしゃ》は未《いま》だ萌《きざ》さざるに見《み》る

知恵のある者は先が見えるので、何かが起こる前にわかる。

蜘《ち》蛛《ちゅう》が網《あみ》張《は》りて鳳凰《ほうおう》を待《ま》つ

力の弱い者が大きな力を持った者に立ち向かう。無謀な大それた計画。

茶殻《ちゃがら》も肥《こえ》になる

捨てるような物でも使い道はある。まったく役に立たない物は世の中にない。

中流《ちゅうりゅう》に舟《ふね》を失《うしな》えば一瓢《いっぴょう》も千金《せんきん》

つまらない物でも時と場合によって価値がある。

朝菌《ちょうきん》は晦朔《かいさく》を知《し》らず

朝菌（朝生えて夕枯れるキノコ）は晦（つごもり）や朔日（ついたち）を知らないこと。限られた環境にある者には広い世界を理解できない。

長鞭《ちょうべん》馬腹《ばふく》に及《およ》ばず

大きな力があってもどうすることもできないことがあること。また、大きすぎるのも役に立たない。

頂門《ちょうもん》の一針《いっしん》	急所をついて痛烈に戒めること。急所を押さえた教訓。
直諫《ちょっかん》は一番槍《いちばんやり》より難《かた》し	目上の人に意見することは、敵陣に一番で突入するより難しい。
珍客《ちんきゃく》も長座《ちょうざ》に過《す》ぎれば厭《いと》われる	珍しい客でも、長居をしすぎると嫌われる。
付《つ》け焼《や》き刃《ば》は鈍《なま》りやすい	一時しのぎの知識や技はすぐに底が割れてしまう。
繋《つな》がぬ舟《ふね》の浮《う》きたる例《れい》なし	一つの場所に落ち着かないでふらふらとしていることのたとえ。
爪《つめ》の垢《あか》を煎《せん》じて飲《の》む	優秀な人の爪の垢を飲みでもして、その人にあやかるように心がける。
泥中《でいちゅう》の蓮《はす》	悪い環境の中でもそれに影響されずに、清らかさを保っていること。「蓮」は「はちす」とも読む。
轍鮒《てっぷ》の急《きゅう》	「轍鮒」は、轍にできた水たまりであえいでいる鮒。生きるか死ぬかという差し迫った危機に瀕することのたとえ。
手前味噌《てまえみそ》を並《なら》べる	自画自賛すること。
天機洩漏《てんきせつろう》すべからず	重要な機密はけっして外に漏らしてはならない。

天地《てんち》は万物《ばんぶつ》の逆旅《げきりょ》、光陰《こういん》は百代《はくたい》の過客《かかく》

天と地は常に変わることはないが、万物ははかなく変わりやすいこと。

点滴《てんてき》石《いし》を穿《うが》つ

根気よく続けていけば小さな努力でも最後には成功する。

天《てん》は尊《とうと》く地《ち》は卑《いや》しくして乾坤《けんこん》定《さだ》まる

高い者と低い者、それぞれが役割を果たせば社会はうまくいく。

天網《てんもう》恢恢《かいかい》疎《そ》にして失《うしな》わず

天が張った網は一見目が粗いようだが、悪人を漏らすことはない。悪事を働いた者には必ずその報いがあるということ。**類** 天網《てんもう》恢恢《かいかい》疎《そ》にして漏《も》らさず

天《てん》を仰《あお》いで唾《つば》する

他者を害しようとして、かえって自らがその害を受けるような結果となること。自業自得。

豆腐《とうふ》にかすがい、糠《ぬか》に釘《くぎ》

手応えや効果がまったく無い、無意味なこと。

桃李《とうり》もの言《い》わざれども下自《したおのずか》ら蹊《みち》を成《な》す

桃は何も言わなくてもその綺麗な花や実に人々が惹かれることで自然と道ができるように、徳のある人物の下へ世の人々が慕い集まる様子のこと。

蟷螂《とうろう》ひじを怒《いか》らして車轍《しゃてつ》に当《あ》たる

力のない者が身の程もわきまえずに強敵に立ち向かい、無謀な抵抗をすること。

歳《とし》寒《さむ》くして松柏《しょうはく》の凋《しぼ》むに後《おく》るるを知《し》る

人の真価はつらいときこそ初めて知られる。

どじょう汁《じる》に金鍔《きんつば》

取り合わせの悪いものの代表。鰻に梅干し、など。

塗炭《とたん》の苦《くる》しみ	泥や火の中にいるような、ひどい苦しみ。
賭博《とばく》に耽《ふけ》る―これは破滅《はめつ》への門《もん》である	賭け事に夢中になることは、破滅への第一歩である意。
土《ど》用《よう》丑《うし》に鰻《うなぎ》	土用の日に鰻を食べると体によいということ。
虎《とら》に翼《つばさ》、獅子《しし》に鰭《ひれ》	強いものが有利な条件を得て、ますます強くなること。
虎《とら》の能《よ》く狗《いぬ》を服《ふく》する所以《ゆえん》のものは爪牙《そうが》なり	虎が犬を服従させられるのは、強力な爪と牙があるからである。
鳥窮《とりきゅう》すれば則《すなわ》ち啄《ついば》む	弱者も追いつめられれば大胆に打って出る。
鳶《とんび》が鷹《たか》を生《う》む	平凡な親が優秀な子を生むこと。
鳶《とんび》に油《あぶら》揚《あ》げをさらわれる	突然横から大事な物を奪われること。
長口上《ながこうじょう》は欠伸《あくび》の種《たね》	会合の際に行う長い挨拶は聞いている人達を退屈にさせる意。
梨《なし》の皮《かわ》は姑《しゅうとめ》に剝《む》かせ、柿《かき》の皮《かわ》は嫁《よめ》に剝《む》かせ	梨の皮は薄く、柿の皮は厚くむくのがよい。何事も適不適があること。

茄子《なす》の花《はな》と親《おや》の意見《いけん》は千《せん》に一《ひと》つも仇《あだ》はない

茄子の花は咲くとすべて実をつけるように、親が子を思ってする意見は必ず役に立つ。

難波《なにわ》の葦《あし》は伊勢《いせ》の浜荻《はまおぎ》

その土地によって物の名前や習慣などは違うこと。

鍋釜《なべかま》が賑《にぎ》わう

生活に欠かせない鍋と釜が揃うことから、暮らし向きが豊かで楽な状態になること。

握《にぎ》れば拳《こぶし》、開《ひら》けば掌《てのひら》

たとえ同じ物であっても心の持ちようでいかようにも変わるという意。手を握れば他人を殴る拳になり、手を開けば他人をなでる掌になることから。

鶏《にわとり》の肋骨《あばらぼね》を惜《お》しむ

食べるほどの肉はないが、捨てるのは惜しい。それほどの値打ちはないこと。

人間《にんげん》万事《ばんじ》塞翁《さいおう》が馬《うま》

塞翁という老人の馬が、幸運と不運を交互にもたらしたことから、人生の幸・不幸は転々として予測できないということ。単に「塞翁が馬」とも言う。

糠《ぬか》に釘《くぎ》

何の手ごたえもないこと。軟らかい糠に釘を打っても手ごたえがないことから。**類** 暖簾《のれん》に腕押《うでお》し

盗人《ぬすっと》猛猛《たけだけ》しい

盗みをはたらいたものが、ふてぶてしい態度をとったり居直ったりするさま。

塗箸《ぬりばし》で素麺《そうめん》を食《く》う

塗箸はつるつるすべって素麺を挟みにくいことから、物事がうまくできず、まどろっこしいことのたとえ。

濡《ぬ》れ手《て》で粟《あわ》

濡れた手で粟をつかむと粟粒がたくさんくっつくことから。楽をして多くの利益を得ること。

類 一攫千金《いっかくせんきん》

能《のう》事《じ》畢《お》わる	自分のやることはすべて終わった。すべきことは全部した。
蚤《のみ》の息《いき》も天《てん》に上《あ》がる	蚤のような弱小のものでも、努力を続ければ何事もなしとげることができる。
蚤《のみ》の頭《かしら》を斧《おの》で割《わ》る	小さなことの解決に過剰な道具を使うこと。蚤の頭を割るのに斧を使ってもどうにもならないことから。
蚤《のみ》の眼《まなこ》に蚊《か》のまつげ	非常に小さい物のたとえ。
暖簾《のれん》に腕《うで》押《お》し	暖簾を押しても何の抵抗もないことから、少しも手ごたえがないことのたとえ。**類** 糠《ぬか》に釘《くぎ》
蠅《はえ》が飛《と》べば虻《あぶ》も飛《と》ぶ	互いが互いを真似したがることのたとえ。むやみやたらに他者の意見に賛成することのたとえ。
這《は》えば立《た》て、立《た》てば歩《あゆ》めの親心《おやごころ》	子供がはいはいをすれば次は早く立って欲しいと思い、子供が立てば今度は早く歩いて欲しいと思う、子の成長を待ちわびる親心のこと。
馬《ば》革《かく》に屍《しかばね》をつつむ	馬の革で戦死者を包む意。転じて、戦死すること。戦場で死ぬことは戦士として本望であることのたとえ。
掃《は》き溜《だ》めに鶴《つる》	つまらない所に似合わぬ優れたものや美しいものがあること。
破鏡《きょう》再《ふたた》び照《て》らさず	壊れた鏡はもとのように映したりしない。壊れたら元には戻らない。

莫逆《ばくぎゃく》の友《とも》	気心が通じ合っている親友。
莫逆《ばくぎゃく》の交《まじ》わり	たがいに争うことのない非常に親しい間柄。
麦秀《ばくしゅう》の嘆《たん》	滅んでしまった祖国の都が荒れ果ててしまっている様子を嘆くこと。
化《ば》けの皮《かわ》が剝《は》がれる	隠していた素顔や本性が現れる。
箸《はし》にも棒《ぼう》にも掛《か》からぬ	何のとりえもないこと。どうしようもないこと。
裸《はだか》で柚子《ゆず》の木《き》に登《のぼ》る	無謀・無茶なこと。柚子の木はトゲが多くて裸で登るのは困難であることから。「柚子」は「柚」とも書く。
白駒《はっく》の隙《げき》を過《す》ぐるが若《ごと》し	白馬が走り去るのをすきまから覗き見るように、月日の流れは早い。
八朔《はっさく》は麦《むぎ》まんじゅうの食《く》い終《じま》い	八朔は旧暦の八月一日のことで、この日を過ぎると農作業が忙しくなるため、麦饅頭《まんじゅう》を食べるなどのんびりすることができなくなることから。
八朔《はっさく》は婿《むこ》の泣《な》き節供《せっく》	八朔は農家の行事。非常に忙しくなるため、あまり嬉しくない行事。
花《はな》は三月《さんがつ》菖蒲《しょうぶ》は五月《ごがつ》	桜は三月、菖蒲は五月が見ごろである。

腹《はら》の皮《かわ》が張《は》れば目《め》の皮《かわ》が弛《たる》む	腹が満たされると自然と眠くなる。
腹《はら》は立《た》て損《ぞん》、喧嘩《けんか》は仕損《しぞん》	腹を立てれば損をし、喧嘩をしても損をする。怒りは抑えたほうが良い。
玻璃《はり》も瑠璃《るり》も磨《みが》けば光《ひか》る	優れた才能をもつ人物はどこへ行ってもよく目立つことのたとえ。
晩学《ばんがく》といえども碩学《せきがく》に昇《のぼ》る	年をとってから勉強を始めたとしても、深く学問を修めることは可能だということ。
盤根錯節《ばんこんさくせつ》に遇《あ》いて利器《りき》を知《し》る	人は苦労して初めて力量や価値がわかる。
万緑叢中紅一点《ばんりょくそうちゅうこういってん》	大勢の男性の中に一人だけ女性がいること。
卑下《ひげ》も自慢《じまん》のうち	上辺で謙遜していても、それを美徳として自慢している。
菱蔓《ひしづる》ほど子《こ》ができる	多数の枝分かれをするヒシのつるほど子ができる意。
肘鉄砲《ひじでっぽう》を食《く》わす	誘いや申し出などをはねつける。
日西山《ひせいざん》にせまりて気息奄奄《きそくえんえん》たり	太陽が西の山に沈もうとしているように息も絶え絶えで死が近いさま。

飛鳥《ひちょう》尽《つ》きて良弓《りょうきゅう》蔵《かく》れ、狡兎《こうと》死《し》して走狗《そうく》烹《に》らる

捕まえる鳥がいなくなれば良い弓も捨てられ、兎がいなくなれば猟犬も食われる。

羊《ひつじ》を亡《うしな》いて牢《ろう》を補《おぎな》う

羊を失ってから囲いを修理する。失敗した後で慌てて悔い改める。

人《ひと》の頭《あたま》の蝿《はえ》を追《お》うな

他人の世話を焼くよりも、自分のことをしっかりしろということ。

人《ひと》を呪《のろ》わば穴《あな》二《ふた》つ

人に害を与えれば、自分にかえってくるものである。穴二つは、他人と自分の墓穴のこと。

百尺竿頭《ひゃくせきかんとう》一歩《いっぽ》を進《すす》む

すでに言い尽くしたうえでさらに説くこと。努力を尽くしたうえに、さらに尽力すること。

氷炭《ひょうたん》相《あい》容《い》れず

氷は火で溶け、炭火は水で消えることから、性質が正反対で合わないことのたとえ。

瓢箪《ひょうたん》から駒《こま》が出《で》る

「駒」は馬のこと。瓢箪から馬が出るような、ありそうにないことが現実になること。冗談が実現すること。

瓢箪《ひょうたん》に釣《つ》り鐘《がね》

物の大小や軽重などがひどく違うこと。

蛭《ひる》に塩《しお》

蛭に塩をかけると縮んでしまうことから、恐ろしいものや苦手なものの前で縮み上がるようすのたとえ。

類 **青菜《あおな》に塩《しお》／蛞蝓《なめくじ》に塩《しお》**

枇杷《びわ》が黄色《きいろ》くなると医者《いしゃ》が忙《いそが》しくなる

枇杷が黄色く熟す初夏には病人が増えだすため医者が多忙になる。

貧賤《ひんせん》の知《ち》は忘《わす》るべからず、糟糠《そうこう》の妻《つま》は堂《どう》より下《くだ》さず

貧しかったときの友人を忘れたり、苦労をともにした妻を追い出すようなことをしてはいけない。

富貴《ふうき》にして故郷《こきょう》に帰《かえ》らざるは、繡《しゅう》を衣《き》て夜行《よるい》くがごとし

出世しても故郷に帰らなければ、これを古い知人に知らせることができない。

富貴《ふうき》も淫《いん》する能《あた》わず、貧賤《ひんせん》も移《うつ》す能《あた》わず

出世したからといって心を乱されることもなく、貧しくなったからといって生き方を変えることはない。

夫婦喧嘩《ふうふげんか》は犬《いぬ》も食《く》わぬ

夫婦喧嘩の原因はつまらないものや小さいものであり、すぐに仲直りするから仲裁に入る必要はないという意。

河豚《ふぐ》好《ず》きで灸嫌《きゅうぎら》い

死ぬおそれもある河豚を好み、健康のことなど少しも考えず灸も嫌いなこと。

武士《ぶし》は食《く》わねど高楊枝《たかようじ》

武士は貧しくて食事ができなくても、腹一杯食べたかのように楊枝を使って見せる。武士の体面を重んじる気風を表した言葉。また、やせがまんすること。「楊枝」は「楊子」とも書く。

二股膏薬《ふたまたごうやく》

その時その時の状況に応じて対立している両者のどちらかにつくこと。あっちにつき、こっちにつき、ふらふらしていること。

淵《ふち》に臨《のぞ》みて魚《うお》を羨《うらや》むは退《しりぞ》いて網《あみ》を結《むす》ぶに如《し》かず

他人の幸せを何もせずうらやむより、自らも幸せになるために努力を行ったほうがよいというたとえ。

筆《ふで》を誤《あやま》りて蠅《はえ》を作《つく》る

失敗を上手に処理して逆にうまく仕上げること。

船《ふね》に懲《こ》りて輿《こし》を忌《い》む

船でひどい目に遭った人が、同じ乗り物であれば輿でも嫌う。

芙蓉《ふよう》の顔《かんばせ》、柳《やなぎ》の眉《まゆ》

美人のこと。ハスの花のように美しい顔と、柳のように美しい眉。

文章《ぶんしょう》は経国《けいこく》の大業《たいぎょう》にして不朽《ふきゅう》の盛事《せいじ》なり

文章は国を治めるための重要な事業であり、永久に朽ちることのない盛大な仕事である。

蚊虻牛羊《ぶんぼうぎゅうよう》を走《はし》らす

カやアブのような虫が、牛や羊のような大きな動物に集まり、かゆさで走らせること。転じて、小さなものが大きなものを制すること。小さなものでも油断していると、それが原因で大きな災いを引き起こすことがあるというたとえ。

下手《へた》な按摩《あんま》と仲裁《ちゅうさい》は初《はじ》めより悪《わる》くなる

下手な按摩や下手な仲裁をすると、かえってこじらせてしまうということ。

下手《へた》な鍛冶屋《かじや》も一度《いちど》は名剣《めいけん》

長年同じことをしていれば、一度はよい仕事ができることもある。

鳳凰群鶏《ほうおうぐんけい》と食《しょく》を争《あらそ》わず

鳥の王者である鳳凰は鶏の群れに混じって食べ物を争わないことから、俗界を超越していること。

蓬莱弱水《ほうらいじゃくすい》の隔《へだ》たり

遠い隔たりがあること。東の果てにある蓬莱と、北の果てにある弱水に遠い隔たりがあることから。

牡丹《ぼたん》に唐獅子《からじし》、竹《たけ》に虎《とら》

とりあわせがよいこと。絵柄として調和しているもの。

骨折《ほねお》り損《ぞん》の草臥《くたび》れ儲《もう》け	努力のかいもなく効果が上がらず、疲れだけが残る。
洞《ほら》が峠《とうげ》を決《き》め込《こ》む	有利な方へ味方しようと形勢を見守り動かぬこと。
法螺《ほら》と喇叭《らっぱ》は大《おお》きく吹《ふ》け	嘘をつくならすぐ嘘とわかるような大きなほうが悪意がなくてよい。
惚《ほ》れた腫《は》れたは当座《とうざ》のうち	相手に惚れて夢中になっているのは、恋の初めのときだけである。
惚《ほ》れて通《かよ》えば千里《せんり》も一里《いちり》	好きになった人物に会いに行くのであれば、どんなに遠くても苦にならない意。
煩悩《ほんのう》の犬《いぬ》は追《お》えども去《さ》らず	煩悩は人につきまとい、飼い犬がまといつくように離れない。
負《ま》け犬《いぬ》の遠吠《とおぼ》え	負け惜しみを言うこと。弱い人物が陰口を言うこと。
負《ま》け相撲《ずもう》の痩《や》せ四股《しこ》	負けた後に強がっても、少しも力強さを感じない。
纏《まと》まる家《いえ》には金《かね》もたまる	団結できる家族（組織）なら金も自然とたまる。
学《まな》びて厭《いと》わず、教《おし》えて倦《う》まず	学ぶことも人に教えることも嫌にならない。

眉《まゆ》に唾《つば》をつける

眉に唾をつけると狸に化かされないという俗信から、だまされないように用心する。

鞠《まり》と手《て》と歌《うた》は公家《くげ》の業《わざ》

蹴鞠と書と短歌は公家のたしなみであるということ。

身《み》から出《で》た錆《さび》

刀身から出た錆がその刀を腐らせることから、自らの犯した悪行が原因で自らを苦しめること。自業自得。

類 **刃《やいば》の錆《さび》は刃《やいば》より出《い》でて刃《やいば》を腐《くさ》らす**

微塵《みじん》積《つ》もりて山《やま》となる

塵のようなごく小さくわずかなものであっても多数集まれば山となること。小さなことでも蔑ろにすべきではないということ。

御簾《みす》を隔《へだ》てて高座《こうざ》を覗《のぞ》く

ぼんやりとしてはっきりと認識できず、歯がゆいこと。

味噌《みそ》漉《こ》しで水《みず》を掬《すく》う

いくらやっても無駄なこと。

三《み》たび諫《いさ》めて聴《き》かざれば則《すなわ》ち退《しりぞ》く

三度いさめても聞き入れてもらえないのであれば身を退けたほうが良い。

蓑笠《みのかさ》を着《き》て人《ひと》の家《いえ》に入《はい》らぬもの

濡れた蓑や笠を着て家に入ると、水滴で汚してしまうから外で脱いでから入れということ。

蓑作《みのつく》る人《ひと》は笠《かさ》を着《き》る

作った人は使わずに、他の人が使う。

蓑《みの》になり笠《かさ》になる

風雨をしのぐ蓑となり、日差しをさえぎる笠になる。

昔《むかし》とった杵柄《きねづか》	若い頃に身につけた米つきの技量は年をとっても衰えないことから、昔磨いたもので、今も自信のある技術や腕前。
昔《むかし》は槍《やり》が迎《むか》えに来《き》た	現在は落ちぶれているが、昔は立派な人物であった意。槍持ちをお供に連れるような家柄の武士であったことから。
麦藁蛸《むぎわらだこ》に祭《まつり》はも	タコの旬は6月ごろであり、はもの旬は夏祭りのころである意。
葎《むぐら》の雫《しずく》、萩《はぎ》の下露《したつゆ》	雫や下露が大河の源流となるように人間も日々の小さな行いを積んでいくことが大切だという意。
無稽《むけい》の言《げん》は聴《き》くことなかれ	根拠のないでたらめな話は聞く必要がないということ。
盲亀《もうき》の浮木《ふぼく》、優曇華《うどんげ》の花《はな》	非常に珍しいことのたとえ。
儲《もう》けぬ前《まえ》の胸算用《むなざんよう》	まだ儲けを手にしていないのに、あれこれとその使い道を考えるなどすること。
勿怪《もっけ》の幸《さいわ》い	思いがけない幸福、想像もしなかった幸運。
元《もと》の鞘《さや》に収《おさ》まる	一時絶交または離縁していた者が、再びもとの関係に戻る。
桃栗三年柿八年《ももくりさんねんかきはちねん》、柚《ゆず》は九年《くねん》の花盛《はなざか》り	何事も年月がかかることから、辛抱強くいなさいということ。

貰《もら》う物《もの》は夏《なつ》も小袖《こそで》

貰える物なら役に立たなくてももらう。欲深いこと。

門前雀羅《もんぜんじゃくら》を張《は》る

「雀羅」は雀を獲る網。門前で群れ遊んでいる雀を網で捕らえられるくらい閑散としている。訪れる人もなく、さびれていることのたとえ。

類 **閑古鳥《かんこどり》が鳴《な》く／門前市《もんぜんいち》を成《な》す**

薬餌《やくじ》に親《した》しむ

病気がちなようす。病弱なさま。

焼《や》け木杭《ぼっくい》に火《ひ》がつく

一度燃えたことのある棒は再び火がつきやすいことから、過去に関係のあった間柄は再度関係を結びやすいということ。特に男女の仲について用いられる。

野《や》に遺賢《いけん》無《な》し

優秀な人はすべて官について民間に残っていない。人材が集まり正しい政治が行われていること。

やはり野《の》に置《お》け蓮華草《れんげそう》

自然はあるがままが一番よいということ。蓮華草は野原に咲いているときが一番美しいことから。

藪《やぶ》をつついて蛇《へび》を出《だ》す

余計なことをしたばかりに恐ろしい目にあうこと。

闇夜《やみよ》に烏《からす》雪《ゆき》に白鷺《しらさぎ》

闇夜の烏や雪の中にいる白鷺のように、見つけにくいこと。見分けにくいことのたとえ。「闇夜に烏雪に鷺」とも言う。

幽谷《ゆうこく》より出《い》でて喬木《きょうぼく》に遷《うつ》る

低位から高位に昇ることを望む。出世を望むこと。

幽明境《ゆうめいさかい》を異《こと》にする

「幽明」は、明るいことと暗いこと。転じて、あの世とこの世。死に別れること。

類 幽明処《ゆうめいところ》を隔《へだ》つ／幽明相隔《ゆうめいあいへだ》てる

歪《ゆが》み木《ぎ》も山《やま》の賑《にぎ》わい

つまらないくだらないものでも、ないよりはまし。役立たずでも数いれば賑やかである。

湯《ゆ》の辞儀《じぎ》は水《みず》になる

熱い湯も譲り合っていると冷めて水になってしまう。遠慮もほどほどに。

弓《ゆみ》は袋《ふくろ》に太刀《たち》は鞘《さや》

弓は弓袋に刀は鞘に収まる。世の中が平和であることのたとえ。

楊柳《ようりゅう》の風《かぜ》に吹《ふ》かるるが如《ごと》し

柳が風を受け流すように適当にあしらうこと。逆らわないこと。

欲《よく》の熊鷹《くまたか》股《また》裂《さ》くる

欲張ると良いことはない。

葦《よし》の髄《ずい》から天井《てんじょう》を覗《のぞ》く

細い葦の茎の管を通して天井を見て、それで天井の全体を見たと思い込むこと。

世渡《よわた》りの殺生《せっしょう》は釈迦《しゃか》も許《ゆる》す

生活のために動物を捕まえるなどの多少の無慈悲は仕方がないという意。

洛陽《らくよう》の紙価《しか》を高《たか》める

著書が好評を博して盛んに売れること。晋の左思が「三都賦」を作ったとき、人々が争って書写したため紙が品薄になり、洛陽の紙の値段が高騰したという故事に基づく。

類 洛陽《らくよう》の紙価《しか》貴《たか》し

梨《り》花《か》一《いっ》枝《し》春雨《はるあめ》を帯《お》ぶ

美しい人が悲しむ姿のたとえ。

李《り》下《か》に冠《かんむり》を正《ただ》さず

人から疑われるようなことは避けるべきである。

六《りく》親《しん》和《わ》せずして孝《こう》慈《じ》あり

六親（親子、兄弟、夫婦）の間が不仲になると、孝行や慈悲が必要となる。孝慈が持ち上がるときは六親の仲が悪い証である。

理《り》屈《くつ》と膏《こう》薬《やく》は何《ど》処《こ》へでも付《つ》く

膏薬を体のどこにでもつけられるように、理屈もどこにでももっともらしくつけられるものだということ。

立《りっ》錐《すい》の余《よ》地《ち》も無《な》い

大勢集まって、少しのすきまもない。

溜《りゅう》飲《いん》を下《さ》げる

腹立たしい気持ちがすっとすること。

柳《りゅう》下《か》恵《けい》は飴《あめ》を見《み》て老《ろう》人《じん》を養《やしな》う物《もの》とし、盗《とう》跖《せき》は錠《じょう》を開《あ》けるに良《よ》き物《もの》とす

柳《りゅう》下《か》恵《けい》は徳の高い人物。盗《とう》跖《せき》は盗賊。その人によって見方は変わるものである。

竜《りゅう》の髭《ひげ》を撫《な》で虎《とら》の尾《お》を踏《ふ》む

とても危険な行いのたとえ。

良《りょう》禽《きん》は樹《き》を択《えら》ぶ

賢い鳥が良い木を選んで巣を作ることから、賢い臣下は自分が仕える君主をよく選んで士官するということ。**類** **良禽《りょうきん》は木《き》を相《み》て棲《す》む**

梁上《りょうじょう》の君子《くんし》	泥棒、盗賊。ねずみを言うこともある。
両天秤《りょうてんびん》を掛《か》ける	二つのものを比較する。対立するもの両方のどちらを選んでも損がないようにする。
琉璃《るり》の光《ひかり》も磨《みが》きがら	琉璃も磨かないと輝かない。素材が良くても努力を怠れば大成しない。「琉璃」は「瑠璃」とも書く。
礼儀《れいぎ》は富足《ふそく》に生《しょう》じ、盗窃《とうせつ》は貧窮《ひんきゅう》に起《お》こる	豊かさから礼儀が生まれ、貧しさから盗みが生じる。
蠟燭《ろうそく》は身《み》を減《へ》らして人《ひと》を照《て》らす	自分自身を顧みず他者のために尽くすことのたとえ。
魯魚《ろぎょ》の誤《あやま》り	似通った字を書き間違える。写し間違えること。
賄賂《わいろ》には誓紙《せいし》を忘《わす》る	わいろに目がくらんで誓いを忘れること。
我《わ》が物《もの》食《く》えば竈将軍《かまどしょうぐん》	自分で自分の食い扶持を稼いでいれば、立派な一家の主人である意。
山葵《わさび》と浄瑠璃《じょうるり》は泣《な》いて賞《ほ》める	良質のわさびは辛くて涙が出る。浄瑠璃も泣かされるものが良い。
破《わ》れ鍋《なべ》に綴《と》じ蓋《ぶた》	壊れた鍋にもそれに合った蓋がある。どんな人にもふさわしい相手がいる。

本書記載の情報は制作時点のものです。受検をお考えの方は、必ずご自身で下記の公益財団法人 日本漢字能力検定協会の発表する最新情報をご確認ください。

公益財団法人 日本漢字能力検定協会
ホームページ　https://www.kanken.or.jp/
〈本部〉　京都市東山区祇園町南側551番地
ホームページにある「よくある質問」を読んで該当する質問がみつからなければメールフォームでお問合せください。電話でのお問合せ窓口は0120-509-315（無料）です。

◆「漢検」「漢字検定」は公益財団法人 日本漢字能力検定協会の登録商標です。

本書に関する正誤等の最新情報は、下記のアドレスでご確認ください。
https://www.seibidoshuppan.co.jp/info/pocket-kankenj1-2405

◎上記アドレスに掲載されていない箇所で、正誤についてお気づきの場合は、書名・質問事項・氏名・住所（またはFAX番号）を明記の上、**成美堂出版**まで**郵送**または**FAX**でお問い合わせください。**お電話でのお問い合わせはお受けできません。**
◎内容によってはご質問をいただいてから回答を発送するまでお時間をいただくこともございます。
◎本書の内容を超える質問等にはお答えできませんので、あらかじめご了承ください。

よくあるお問い合わせ

Q　持っている辞書に掲載されている読みと、本書に掲載されている読みが違いますが、どちらが正解でしょうか？

A　辞書によっては、準1級用漢字や常用漢字の表外読みが異なることがあります。**漢検の採点基準では、「漢検要覧1／準1級対応」（日本漢字能力検定協会発行）で示しているものを正解**としていますので、本書もこの基準に従っています。そのため、お持ちの辞書と読みが異なることがあります。また、準1級用漢字のなかには、標準字体のほかに正解となる許容字体があります。本書の準1級用漢字表では、（　）内に許容字体を表記していますが、「漢検要覧1／準1級対応」（日本漢字能力検定協会発行）で詳しく参照することができます。但し、ランク問題や模擬試験問題では、（　）内に1級用漢字を表記しています。

Q　持っている辞書に掲載されている故事・諺が本書に掲載されているものと異なりますが、どちらが正解でしょうか？

A　故事・諺については、辞書によって読み方や表現が異なる場合がありますが、本書では、過去に実際の試験で出題されたものを掲載しています。

ポケット漢検準1級問題集

編　著　成美堂出版編集部
発行者　深見公子
発行所　成美堂出版
〒162-8445　東京都新宿区新小川町1-7
電話(03)5206-8151　FAX(03)5206-8159
印　刷　大盛印刷株式会社

ISBN978-4-415-23263-8
落丁·乱丁などの不良本はお取り替えします
定価はカバーに表示してあります